PETER NEUNER
ÖKUMENISCHE THEOLOGIE

PETER NEUNER

ÖKUMENISCHE THEOLOGIE

Die Suche nach der Einheit der christlichen Kirchen

WISSENSCHAFTLICHE BUCHGESELLSCHAFT
DARMSTADT

Einbandgestaltung: Neil McBeath, Kornwestheim.
Einbandbild: Ausgießung des Hl. Geistes.
Perikopenbuch aus St. Erentrud in Salzburg, um 1140.
Bayer. Staatsbibl. München, Clm 15903, fol. 63r.

Die Deutsche Bibliothek – CIP-Einheitsaufnahme

Neuner, Peter:
Ökumenische Theologie: die Suche nach der
Einheit der christlichen Kirchen / Peter Neuner. –
Darmstadt: Wiss. Buchges., 1997
ISBN 3-534-12071-X

Bestellnummer 12071-X

© 1997 by Wissenschaftliche Buchgesellschaft, Darmstadt
Gedruckt auf säurefreiem und alterungsbeständigem Werkdruckpapier
Satz: Setzerei Gutowski, Weiterstadt
Druck und Einband: Frotscher Druck GmbH, Darmstadt
Printed in Germany
Schrift: Linotype Walbaum, 9.5/11

ISBN 3-534-12071-X

Den Freunden
Fritz Hoffmann zum Beginn des 85. Lebensjahres
und
Lothar Ullrich zur Vollendung des 65. Lebensjahres
als Dank für ihr ökumenisches Zeugnis.

INHALT

VORWORT

Ökumene ist ein Fremdwort, oft nicht nur hinsichtlich der Etymologie, sondern auch bezüglich des Inhalts. In den Studienordnungen der theologischen Fakultäten heißt es zumeist, Ökumene sei eine Dimension, eine durchgehende Perspektive aller Theologie. Diese Festschreibung ist zweifellos zu begrüßen. Selbst wenn heute manche theologische Disziplin bereits in einem „postökumenischen" Zeitalter zu leben scheint und etwa für die Exegese das Problem der Konfessionsverschiedenheit kaum noch eine Rolle spielt, kommen viele Themen und Fragestellungen von ökumenischer Relevanz in den verschiedenen theologischen Fächern vor, etwa in der Kirchengeschichte, in der Fundamentaltheologie, Dogmatik und Moraltheologie, in der Pastoraltheologie und im Kirchenrecht. Das Thema Ökumene beschäftigt nicht nur eine Einzeldisziplin, so daß sich die anderen Fächer davon dispensieren könnten, sondern es steht in der Verantwortung der Theologie als ganzer. Doch aus dieser allgemeinen Zuständigkeit kann die Gefahr erwachsen, daß sich letztlich niemand verantwortlich fühlt, daß Ökumene zwar in verschiedensten Zusammenhängen eher beiläufig angesprochen, aber nirgendwo als solche und in ihrer Gesamtheit thematisiert wird. Dies hat dazu geführt, daß es für viele Betroffene und Interessierte, aber selbst für Fachtheologen oft nicht einfach ist, aus verstreuten Einzelaussagen und der verwirrenden Vielfalt von Dokumenten einen Überblick über die derzeitige ökumenische Situation, ihre Themen und ihre Entwicklungslinien zu gewinnen. Zudem ist Ökumene eine Sache nicht allein der Theologen, sondern auch der Gemeinden und der Kirchenleitungen. An beiden gehen die Ergebnisse der ökumenischen Theologie häufig unbeachtet vorüber, dort folgt der Prozeß der Einigung der Christenheit – oder auch einer neuen Abgrenzung – vielfach anderen Gesetzen, als sie für die theologische Diskussion gelten. Zwischen diesen Dimensionen ökumenischen Lebens und Denkens gibt es Ungleichzeitigkeiten und auch Gegenbewegungen. Fortschritte im Prozeß der Annäherung und Verhärtungen konfessioneller Standpunkte stehen nebeneinander und können gleichzeitig beobachtet werden. Ökumene zeigt sich vielgestaltig und oft sogar verwirrend.

In diesem Buch wird die theologische Dimension der Ökumene thematisiert, also der Beitrag der Theologie zur Einigung der Christenheit umrissen. Natürlich vermag die Theologie allein die Gemeinschaft der

Kirchen nicht zu verwirklichen. Aber sie konnte Steine wegräumen, die der Einheit im Wege standen, an denen sie auch heute noch zerbrechen müßte, wenn sie nicht zu überwinden wären. In dieser Bemühung war die ökumenische Theologie überaus erfolgreich. Ein Blick in die einschlägigen Dokumente vermittelt den Eindruck, daß an vielen der überkommenen Kirchenspaltungen um der christlichen Wahrheit willen nicht mehr festgehalten werden müßte. Es gilt heute, diese Fortschritte zunächst einmal zur Kenntnis zu nehmen, damit wäre ein entscheidender Schritt auf dem Weg zur Einigung der Christenheit getan. Diesem Prozeß der Rezeption der ökumenischen Arbeit in der Theologie, bei den Kirchenleitungen und in den Gemeinden will dieses Buch dienen. Es zeigt die Geschichte der Kirchenspaltungen und der Bemühungen um ihre Überwindung, umreißt ökumenische Durchbrüche und versucht in den traditionellen Kontroversfragen Aussagen zu formulieren, die den verschiedenen Kirchen, oft unter differierender Terminologie, gemeinsam sind oder die ihnen zumindest als akzeptabel erscheinen könnten.

Danken möchte ich an dieser Stelle meinen Mitarbeitern im Institut für Dogmatik. Mein Dank gilt insbesondere Frau Marianne Sieger, die geduldig und zuverlässig das Typoskript erstellte, Herrn Matthias Eckermann, der es für den Druck aufbereitete, sowie den wissenschaftlichen Assistenten Frau Petra Vad und Herrn Martin Brüske für vielfältige Anregungen und Kritik in langjähriger Zusammenarbeit und für konkrete Hilfestellung bei der Korrektur und bei der Erstellung der Register.

Zueignen möchte ich das Buch meinen Freunden Prof. Dr. Fritz Hoffmann und Prof. Dr. Lothar Ullrich. Sie haben über Jahrzehnte hinweg in schwieriger Zeit unter großen persönlichen Opfern das Theologische Studium in Erfurt in entscheidender Weise getragen und geprägt und an Luthers früher Wirkungsstätte ein Zeugnis für die ökumenische Verpflichtung von Kirche und Theologie gegeben. Ihnen gilt mein Dank und meine Hochachtung.

München, im Februar 1997					Peter Neuner

ABKÜRZUNGEN

Apol	Apologie zur Augsburger Konfession (in: BSLK).
BEM	Baptism, Eucharist, Ministry (= Lima-Papier).
BSLK	Die Bekenntnisschriften der evangelisch-lutherischen Kirche, hrsg. v. Deutschen Evangelischen Kirchenausschuß. Göttingen [10]1986.
CA	Confessio Augustana.
CVJF	Christlicher Verein Junger Frauen.
CVJM	Christlicher Verein Junger Männer.
DH	Denzinger-Hünermann, Freiburg. i. Br. [37]1991.
DÖSTA	Deutscher Ökumenischer Studienaussschuß.
DwÜ I u. II	Dokumente wachsender Übereinstimmung, hrsg. und eingel. v. H. Meyer u. a., Paderborn – Frankfurt a.M., Bd. I 1983, Bd. II. 1992.
EKD	Evangelische Kirche in Deutschland.
EKU	Evangelische Kirche der Union.
Frieling	R. Frieling, Der Weg des ökumenischen Gedankens, Göttingen 1992.
GS	Vat. II.: Gaudium et Spes, Pastorale Konstitution über die Kirche in der Welt von heute.
HerKorr	Herder Korrespondenz.
HÖ	Handbuch der Ökumenik, hrsg. v. H.J. Urban u. H. Wagner, 3 in 4 Bdn., Paderborn 1985–87.
HWP	Historisches Wörterbuch der Philosophie, hrsg. v. J. Ritter u. a., Basel 1971 ff.
IMR	Internationaler Missionsrat.
JPIC	Justice, Peace and Integrity of Creation (= Konziliarer Prozeß).
LG	Vat. II.: Lumen Gentium, Dogmatische Konstitution über die Kirche.
LThK. E	LThK[2]. Das Zweite Vatikanische Konzil. Dokumente und Kommentare, 3 Bde., Freiburg i. Br. 1966–68.
LV	Lehrverurteilungen – kirchentrennend?, hrsg. v. K. Lehmann – W. Pannenberg, Freiburg – Göttingen 1986.
LWB	Lutherischer Weltbund
LXX	Septuaginta
MThZ	Münchener Theologische Zeitschrift

ÖL	Ökumene-Lexikon, Frankfurt a. M. ²1987.
ÖR	Ökumenische Rundschau, Stuttgart 1952ff.
ÖR.B.	Ökumenische Rundschau, Beihefte.
ÖRK	Ökumenischer Rat der Kirchen.
PO	Vat. II.: Presbyterorum Ordinis, Dekret über Dienst und Leben der Priester.
RGG	Religion in Geschichte und Gegenwart.
Rouse-Neill	R. Rouse-St. Ch. Neill, Geschichte der Ökumenischen Bewegung 1517–1948, 2 Bde., Göttingen 1957f., weitergeführt in: H. E. Fey (Hrsg.), Geschichte der Ökumenischen Bewegung 1948–1968, Göttingen 1974.
RWB	Reformierter Weltbund.
SC	Vat. II.: Sacrosanctum Concilium, Konstitution über die Heilige Liturgie.
SODEPAX	Sekretariat für Gesellschaft, Entwicklung und Frieden (Society, Development, Pax).
TEH	Theologische Existenz heute.
ThWNT	Theologisches Wörterbuch zum Neuen Testament, begr. v. G. Kittel, Stuttgart 1933–79.
TRE	Theologische Realenzyklopädie.
tzt D	Texte zur Theologie – Dogmatik. Graz u. a. 1989ff.
UR	Vat. II.: Unitatis redintegratio, Dekret über den Ökumenismus.
US	Una Sancta, Meitingen 1954ff.
WA	M. Luther: Werke („Weimarer Ausgabe").
WCC	World Council of Churches.

A. BEGRIFFSGESCHICHTE UND ÖKUMENISCHE MOTIVATION

Eine erste Annäherung an das Verständnis von „Ökumene" erfolgt hier auf begriffsgeschichtlichem Weg. Martin Luther mahnte zu sauberer philologischer Arbeit: „Zuerst wollen wir das Grammatische ansehen, das ist wahrhaft etwas Theologisches"[1]. Die Sprachuntersuchung soll folglich den Weg in die theologische Deutung öffnen.

I. Der klassische und altkirchliche Sprachgebrauch

Das griechische Wort *Ökumene* (οἰκουμένη) leitet sich von *oikeo* (οἰκέω), wohnen, und damit letztlich von *oikia* (οἰκία), Haus, her. Seit Herodot und Xenophanes (5. Jh. v. Chr.) bezeichnete *he oikumene gé* (ἡ οἰκουμένη γῆ) die ganze von Menschen bewohnte Welt bzw. die gesamte Menschheit im Gegensatz zu den unbewohnten Regionen der Erde. Hier umfaßt die Ökumene also die Welt der Griechen und die der Barbaren. Im Gefolge der Eroberungen Alexanders d. Gr. im 4. Jh. erfuhr der Begriff eine Einengung. Er umschrieb nun die griechisch sprechende, die hellenisierte Welt, das Großreich Alexanders im Gegensatz zu den Gebieten, wo man sich mit den Einwohnern nicht verständigen konnte. Als Gegenbegriff zur *Polis* (πόλις) und ihrer engen räumlichen Begrenzung bedeutete *Ökumene* in der Folge die gesamte von der hellenistischen Kultur geprägte Welt. Der Terminus nahm damit eine deutlich politische Note an.[2] Damit war die Brücke geschlagen, durch die eine Übertragung auf das römische Imperium möglich wurde, das man nur allzu gerne als mit der zivilisierten Welt identisch ansah. Die Ökumene war nun das Reich und der Kaiser damit ihr Herr und Beschützer. So wurde im römischen Kaiserkult Nero ebenso wie Marc Aurel als „guter Geist der Ökumene", als „Wohltäter und Heiland der ganzen Ökumene" verehrt. Das griechisch sprechende Judentum hat diesen Kult nicht mitgemacht. In der Septuaginta gibt Ökumene unterschiedliche hebräische Begriffe vorwiegend aus dem Umfeld von Welt, Erde und vor allem bebautes Land wieder.

Die in hellenistischer Zeit vorherrschenden Bedeutungsinhalte

---

[1] W. A. 5, S. 27,8.
[2] Zum ganzen Abschnitt vgl. A. Seigfried, Ökumene, in: HWP 6, Sp. 1174–1177.

„Welt" und „Imperium" begegnen auch im Neues Testament, in dem der
Begriff Ökumene nicht sehr häufig vorkommt, wohl wegen seiner politischen Belastetheit[3]. Vom Kaiser Augustus erging der Befehl, die ganze
Ökumene in Steuerlisten aufzuzeichnen (Lk 2,1), die ersten Jünger
wurden vor die Gerichte geschleppt unter der Anklage, sie brächten die
ganze Ökumene in Aufruhr. An diesen Stellen besagt Ökumene das römische Imperium und seine Ordnung, wobei dieser Begriff höchst ne-
gativ besetzt blieb. Dies wird besonders deutlich in der Versuchungsge-
schichte, wo Satan Jesus alle Reiche der Ökumene zeigt (Lk 4,5), und in
Apokalypse, wo Ökumene die satanische Herrschaft über die ganze
Welt besagt (12,9; 16,14). Wenn es dagegen heißt, das Evangelium vom
Gottesreich müsse in der ganzen Ökumene verkündet werden (Mt
24,14) und Gott habe den Tag festgesetzt, „an dem er die Ökumene in Gerechtigkeit richten wird" (Apg 17,31), ist hier jeweils der Erdkreis bzw.
die gesamte Menschheit als Adressat der Frohen Botschaft und ihres
Heils im Blick. Ökumene ist in neutestamentlicher Terminologie jedenfalls eine ambivalente Sache. So spricht Hebr 2,5 von der kommenden
Ökumene unter der Herrschaft Jesu Christi und stellt sie der vergäng-
lichen, der gegenwärtigen Ökumene gegenüber.

In der frühen Kirche wurden die Bedeutungsgehalte: die ganze Welt,
und das Imperium und seine Ordnung, beibehalten. So spricht der Kle-
mensbrief in einem Dankgebet davon, daß Gott den Erdkreis (= die *oikumene*) gegründet habe[4]. Im Martyrium des Polykarp wird die Formulierung *katholike ekklesia* (καθολικὴ ἐκκλησία) jeweils weitergeführt und
erklärt durch die Wendung: „in der ganzen Ökumene"[5]. Katholizität und
Ökumenizität werden zu sich gegenseitig erklärenden Begriffen. Damit
war der überkommene Bedeutungsgehalt *Weltkreis* festgehalten, der
Begriff Ökumene zugleich aber auf den kirchlichen Bereich übertragen. Die Kirche ist „katholisch", weil sie über die ganze Ökumene hin
verbreitet ist. Bei Origenes und Basilius erscheint Kirche als die neue
Ökumene, als der durch das Evangelium geheiligte Kosmos. Ihre
Glieder sind die Bewohner der Ökumene, sie werden den *ethne* (ἔθνη),
d. h. den Nationen und Heiden, gegenübergestellt, die außerhalb der
Ökumene leben. Diese Vorstellung begegnet auch im Westen: zufolge
Augustin ist die Rechtgläubigkeit mit der weltweiten Ausdehnung verbunden. Während sich die häretischen Gruppen jeweils auf bestimmte

---

[3] Die Verwendung in LXX sowie die Belegstellen im NT sind dargelegt und in
ihrem Bedeutungsgehalt umrissen durch O. Michel, in: ThWNT Bd. 5, S. 159–161.

[4] 1 Clem 60,1. Hier ist wohl die Wirklichkeit in ihrer Gesamtheit, einschließlich der Engels- und Geistermächte mit eingeschlossen.

[5] Martyrium des Polykarp VIII, 1, Sources Chrétiennes 10, S. 252.

Regionen beschränken, gewährleistet die universale Kirche den rechten Glauben. In Afrika gibt es Donatisten, aber keine Eunomianer. Diese sind im Orient, wo es keine Donatisten gibt. Die katholische Kirche dagegen findet sich auf der ganzen Welt, sie überzieht sie gleich einem Weinstock. Die Häresien haben dagegen immer nur eine regionale Verbreitung. Nur die universale Kirche ist die wahre und legitime, im Gegensatz zu den regionalen Häresien. Ökumene wird hier zu einem Synonym für die gesamte Kirche des Ostens und des Westens. Aus ihrer universalen Verbreitung wird ihre Rechtgläubigkeit abgeleitet.

In den kirchenoffiziellen Gebrauch kam der Begriff „Ökumene" durch die Einführung der Konzilien. Kaiser Konstantin berief 325 das Konzil von Nizäa ein, „um den Leib der ganzen Ökumene zu heilen."[6] Der *einen* Herrschaft des Kaisers über die Ökumene sollte „die eine katholische Kirche in der Ökumene" entsprechen.[7] Dieser Sprachgebrauch wurde vom Konzil von Konstantinopel (381) aufgegriffen, als man das Konzil von Nizäa als „ökumenische Synode" bezeichnete. Ökumenisch ist nach dieser Terminologie, was in der ganzen Kirche als gültig und universal, und damit als reichsrechtlich verbindlich anerkannt wird. In diesem Kontext heißt ökumenisch: amtlich, allgemein verpflichtend und rechtgläubig. Was ein ökumenisches Konzil definitiv beschlossen hat, war Ausdruck der verbindlichen christlichen Lehre, wer sich dagegen verfehlte und dessen Aussagen nicht annahm, stellte sich außerhalb des rechten Glaubens, der Kirche und der gesellschaftlichen Ordnung. Gegen Ende des 4. Jh. steht der Begriff Ökumene für die Rechtgläubigkeit des ganzen Reiches. Wenn drei der großen Theologen der östlichen Kirche, Basilius d. Gr., Gregor von Nazianz und Johannes Chrysostomus, als „ökumenische Lehrer" bezeichnet werden, wird damit ihre Lehre als Norm und Maßstab für die ganze Kirche anerkannt. Der Rektor der Universität Konstantinopel führte noch bis ins hohe Mittelalter den Titel Didaskalos tes oikumenes (διδάσκαλος τῆς οἰκουμενῆς), Lehrer der Ökumene, der ihm theologische und juristische Kompetenz und Verbindlichkeit zusprach.

Im 6. Jh. entzündete sich am Begriff „ökumenisch" ein Konflikt zwischen Rom und Konstantinopel. Das Adjektiv *oikoumenikos* (οἰκουμε-νικός) war inzwischen zu einer „Art Synonym für Konstantinopel und den byzantinischen Einfluß geworden"[8], die Kaiserstadt repräsentierte

---

[6] Eusebius, Vita Constantini II, 65.

[7] A. Seigfried, in: HWP 6, Sp. 1174.

[8] J. Modesto, Gregor der Große. Nachfolger Petri und Universalprimat, St. Ottilien 1989, S. 273. Hier erfolgt eine eingehende Darlegung des oikumenikos-universalis-Streits zwischen Gregor d. Gr. und Johann dem Faster.

die Ökumene, das Reich und seine Kultur. Im Jahr 449 ist für den Patriarchen Dioscorus von Alexandrien der Titel „ökumenischer Patriarch" bezeugt, was zunächst wohl dessen Funktion besagte, im Namen des Kaisers der Synode vorzustehen. Das Konzil von Chalkedon (451) bezeichnete den römischen Bischof mehrfach als „ökumenischer Bischof und Patriarch", ein Titel, den die Päpste selbst nicht aufgriffen und für sich beanspruchten. Seit dem frühen 6. Jh. wurde dem Bischof der Kaiserstadt am Bosporus verschiedentlich, u. a. auch vom Kaiser, die Bezeichnung „Ökumenischer Patriarch" zuerkannt. Auch hier hat der so Bezeichnete selbst diesen Titel für sich nicht reklamiert. Dabei verstand man „ökumenisch" im Sinne von Reich, Imperium, meinte also zunächst den Bischof der Reichshauptstadt, und damit zusammenhängend den Gewährsmann des rechten, universalen Glaubens, erhob aber nicht implizit einen universalkirchlichen Rechtsanspruch. Doch in der lateinischen Übersetzung *„universalis episcopus"* bzw. *„universalis patriarcha"* erblickte man im Westen eine unerträgliche Anmaßung, die sich nicht zuletzt gegen römische Ansprüche richtete. Papst Gregor d. Gr. beschwor den Patriarchen von Konstantinopel, Johann den Faster, auf dieses *„stultum et superbum vocabulum"* (dumme und hochmütige Wort) zu verzichten, weil es der christlichen Demut, der *humilitas*, widerspreche und weil es außerdem die anderen Bischöfe herabsetze. Und als Gregor selbst als *„universalis papa"* bezeichnet wurde, wies er diesen Titel ausdrücklich zurück und verlangte, *„Servus servorum Dei"*, Diener der Diener Gottes, genannt zu werden, weil er sich nicht über die anderen Bischöfe erheben wolle. Trotz dieser Mahnung wurden nach Gregors Tod die Päpste ebenso wie die Patriarchen von Konstantinopel als „ökumenische" bzw. „universale" Patriarchen und Bischöfe bezeichnet. In der juridischen Interpretation Roms ließen sich aus dem universalis-Titel leicht Überlegenheitsansprüche ableiten, die mit dem „ökumenisch" des Patriarchen unvereinbar erschienen. Konflikte waren unausweichlich. Tatsächlich findet sich unter den Gründen, die 1054 zur Rechtfertigung der Exkommunikation des Patriarchen Michael Kerullarios angeführt wurden, auch der, daß dieser „se adhuc scribit oecumenicum patriarcham", daß er sich als „Ökumenischer Patriarch" bezeichne.[9]

Mit dieser Kontroverse war die Entwicklung des Begriffs zunächst einmal abgeschlossen. Rund ein Jahrtausend hindurch war nun „Ökumene" bzw. „ökumenisch" die Bezeichnung der universalen Kirche und ihres Wahrheitsanspruchs. Dieser verband sich in der westlichen Kirche mit den Konzilien, die als „ökumenische" universalkirchlich ver-

---

[9] Mirbt-Aland Nr. 539.

bindlich waren und denen nach gemeinsamer Überzeugung die Irrtumslosigkeit zugesichert war. In der Reformation wurden in Weiterführung dieses Gedankens die drei altkirchlichen Glaubensbekenntnisse als die „*tria symbola catholica sive oecumenica*"[10] bezeichnet, weil diese als für die gesamte Kirche verbindlich festgehalten wurden und weil sie die Basis darstellen sollten, auf der eine Reform der universalen Christenheit erfolgen könne. Für die Orthodoxie verband sich mit „ökumenisch" dagegen primär das Patriarchat von Konstantinopel und sein Anspruch auf Verbindlichkeit und Wahrheit.

II. Ökumene als Mission

Ein Neuansatz für das Verständnis von Ökumene und eine daraus entstehende Bedeutungserweiterung findet sich erst im Kontext des Pietismus seit dem 17. und frühen 18. Jh. Der Pietismus durchbrach die landeskirchliche Begrenzung der protestantischen Kirchen und dachte universal, weltweit. Die dänisch-hallische Mission setzte sich das Ziel, die wahre, lebendige Erkenntnis Gottes in der ganzen Welt zu verbreiten und eine „universale Kirche" aus allen christusähnlichen wiedergeborenen Gliedern aufzubauen[11]. Die Herrnhuter Brüdergemeine verstand sich als *„ecclesiola in ecclesia"*, in deren Verbundenheit der Glieder untereinander die unsichtbare Kirche sichtbar wird. Zufolge der Tropenlehre des Grafen Zinzendorf sind die unterschiedlichen Konfessionen Erziehungsformen, in denen Gott das geistliche Leben bewahrt und die Menschen zu Wiedergeburt und Herzensfrömmigkeit führt. Herrnhut entwickelte ein höchst intensives Missionsbewußtsein. Zusammen mit dem Gedanken der Einheit aller Wiedergeborenen, unabhängig von ihrer konfessionellen, nationalen und rassischen Zugehörigkeit, wurde hier im Luthertum die weltweite Dimension wiederentdeckt und die landeskirchliche Ordnung auf die universale Kirche hin eröffnet. In diesem Kontext bezeichnete der Begriff „ökumenisch" das Bewußtsein einer weltweiten Zusammengehörigkeit aller Christen und ihrer Kirchen.

Allgemein geläufig wurde der Begriff „ökumenisch" zur Bezeichnung der Missionsidee und der Universalität der christlichen Botschaft aber erst seit der Mitte des 19. Jh. Bei der Gründung der Evangelischen Allianz (1846) wurde als Ziel „ein ökumenischer Zusammenschluß" der wahren Gläubigen über alle konfessionellen und nationalen Grenzen

---

[10] BSLK, S. 19.
[11] Rouse-Neill I., S. 143.

hinweg genannt. 1881 veranstalteten die Methodisten ihre erste *„Ecumenical Methodist Conference"*, auf der Probleme und Interessen des weltumspannenden Methodismus erörtert wurden, nicht aber das Verhältnis zu anderen Konfessionen und Kirchen. Im Jahr 1900 fand in New York eine „ökumenische Missionskonferenz" statt. Man gab ihr erstmalig in der Geschichte der Missionskonferenzen diese Bezeichnung, „weil der Plan, den sie vorschlägt, das ganze Gebiet des bewohnten Erdballs umfaßt."[12] Ziel dieser Konferenz war es, den einzelnen Kirchen und Missionsgesellschaften weltweit jeweils ihre Missionsgebiete zuzuweisen. Diese Bemühung, den Erdkreis missionarisch zu verteilen und jeder Kirche bzw. Missionsgesellschaft ihr Betätigungsgebiet zu reservieren und Überschneidungen möglichst zu vermeiden, wurde „ökumenisch" genannt.

III. Ökumene und die Einigung der Christenheit

Die ökumenische Zielsetzung im Sinn von weltweit und missionarisch brachte die Kirchen auch untereinander in engeren Kontakt, denn um der Mission und ihrer Glaubwürdigkeit willen stand unabdingbar auch das Verhältnis der Kirchen zueinander zur Diskussion. Und schon in der pietistischen Missionsbewegung hatte sich die Vorstellung von der universalen Kirche gleichermaßen auf die ganze Erde wie auf alle Konfessionen gerichtet. In der Folge wurde nun der Begriff ökumenisch auch auf das Verhältnis der Kirchen untereinander angewandt. Seit der Mitte des 19. Jh. ist die Redewendung vom „ökumenischen Geist" und von der „ökumenischen Gesinnung" belegt. Bei der Gründungsversammlung der Evangelischen Allianz 1846 in London dankte der französische Pastor Adolphe Monod den britischen Gastgebern für den *„esprit vraiment oecumenique"*[13] und meinte damit die friedliche und freundliche Zusammenarbeit von Christen unterschiedlicher Konfessionen, die er erlebt hatte, und das Bewußtsein, daß sie bereits irgendwie zu der einen, weltweit ausgebreiteten Kirche Jesu Christi gehörten. Damit waren die Weichen gestellt für den Bedeutungsgehalt „Einheit der Kirchen". Henri Dunant, der Gründer des Roten Kreuzes, griff diese Bedeutung auf. Er verstand unter ökumenisch, „daß Christen verschiedener Denominationen sich in Liebe zusammenfinden können und müssen, sich zusammentun und im Dienst des Nächsten zur Ehre Gottes zusammen arbeiten, und doch ihre persönliche Freiheit wahren und selbst

---

[12] W.A. Visser't Hooft, Das Wort „Ökumenisch" – seine Geschichte und Verwendung, in: Rouse-Neill II, S. 434–441, hier S. 437.
[13] Zitiert nach Visser't Hooft, S. 438.

das Recht, wenn nötig ihren eigenen Standpunkt und ihre besondere religiöse Überzeugung zu verteidigen, freilich mit Toleranz und in Liebe."[14]

Doch die Entwicklung verlief nicht geradlinig. Selbst die Weltmissionskonferenz 1910 in Edinburgh, die allgemein als der Beginn der modernen Ökumenischen Bewegung angesehen wird, wurde entgegen den ursprünglichen Plänen der Veranstalter nicht als „Dritte Ökumenische Missionskonferenz" bezeichnet. Vorwiegend die anglikanischen Teilnehmer erachteten den Terminus „ökumenisch" für eine Konferenz als ungeeignet, bei der die römisch-katholische und die orthodoxen Kirchen nicht vertreten waren. „Ökumenisch" war zudem in den westlichen Kirchen so sehr mit der Vorstellung eines Konzils verbunden, daß eine Konferenz, die alle Fragen nach Glauben und Kirchenverfassung von vornherein ausklammern mußte, um überhaupt stattfinden zu können, nicht mit diesem Terminus belegt werden konnte.[15]

Eine weitere Bedeutungsrichtung verbindet sich mit dem Namen des lutherischen Erzbischofs Nathan Söderblom von Uppsala. Dieser rief nach dem Ende des Ersten Weltkriegs 1919 im Namen der schwedischen Bischöfe die Kirchenführer Europas zur Gründung eines „ökumenischen Kirchenrats" auf, der im Namen der Christenheit über die religiösen, sittlichen und sozialen Angelegenheiten der Menschheit sprechen und sich um die Wiederherstellung des Friedens und um die Förderung der sozialen Gerechtigkeit mühen sollte. Man könne nicht warten, bis in Fragen des Glaubens und der Kirchenverfassung[16] eine Einigung erreicht sei, sondern solle sofort auf eine praktische Zusammenarbeit zusteuern. „Ökumenisch" bedeutete in Sinne Söderbloms „das Leben der Kirche als ganzer betreffend", also insbesondere die soziale und die politische Dimension des Christentums umfassend. Ökumenisch war damit zum Gegenbegriff zu theoretisch, glaubensmäßig und dogmatisch geworden. Der von Söderblom intendierte „Ökumenische Rat für praktisches Christentum" sollte Lehrfragen und dogmatische Probleme zugunsten gemeinsamer Aktion zurückstellen und der Maxime folgen: „Die Lehre trennt, aber der Dienst vereint."[17] Und als sich die Bewegung für Glauben und Kirchenverfassung konstituierte, die sich gerade diesen dogmatischen Fragen widmen sollte, vermied sie anfangs, sich als ökumenisch zu bezeichnen, und nannte sich selbst

---

[14] W. A. Visser't Hooft, S. 438.
[15] W. A. Visser't Hooft, a. a. O., S. 438.
[16] Zur Entstehung der Bewegung für Glauben und Kirchenverfassung siehe unten S. 30–34.
[17] Vgl. hierzu unten S. 36.

„panchristlich". Dieser Begriff ging auch in römische Äußerungen ein, die sich mit der sich konstituierenden Ökumenischen Bewegung kritisch auseinandersetzten.[18] Dennoch setzte sich im deutschen, französischen und schwedischen Bereich nach den Weltkonferenzen in Stockholm 1925 und in Lausanne 1927 mehr und mehr das Verständnis von „ökumenisch" im Sinne der Einigung der Christenheit durch, während diese Bemühung im Englischen vornehmlich als „universal" bezeichnet wurde. Erst bei der Konferenz der Bewegung für Praktisches Christentum 1937 in Oxford wurde als Bedeutung für „ökumenisch" definitionsartig festgeschrieben: „Der Ausdruck 'ökumenisch' bezieht sich auf die Art und Weise, wie die Tatsache der Einheit der Kirche in der Geschichte zum Ausdruck kommt... Denken und Handeln der Kirche ... sind insoweit ökumenisch, als sie versuchen, die Una Sancta als die Gemeinschaft der Christen zu verwirklichen, die sich zu dem einen Herrn bekennen."[19] Der Bedeutungsgehalt „Die Kirche als Ganzes betreffend", „Die Beziehungen zwischen mehreren Kirchen betreffend" und „Was dem Wissen um die Ganzheit der Kirche Ausdruck verleiht" und die Überzeugung, daß diese Einheit in der Einheit in Christus gründet, setzte sich nach dem Zweiten Weltkrieg und mit der Gründung des Ökumenischen Rats der Kirchen weithin durch. Dies gilt auch für den katholischen Bereich, in dem man zufolge des Ökumenismusdekrets unter der Ökumenischen Bewegung jene „Tätigkeiten und Unternehmungen [versteht], die je nach den verschiedenartigen Bedürfnissen der Kirche und nach Möglichkeit der Zeitverhältnisse zur Förderung der Einheit der Christen ins Leben gerufen und auf dieses Ziel ausgerichtet sind."[20]

Doch bis heute sind Differenzen festzustellen. Die Orthodoxie hat Vorbehalte gegen den Begriff, denn „ökumenisch" bezeichnet in ihrer Terminologie das Ökumenische Patriarchat und impliziert damit eine Glaubensverbindlichkeit, die dem ÖRK nicht zukommt. Hier spricht man vom Weltrat der Kirchen[21]. Im evangelischen Bereich hat sich die Bedeutung „weltweit", „universalkirchlich" weit mehr erhalten als im katholischen Verständnis. 1939 bezeichnete sich der Lutherische Weltkonvent, der Vorgänger des Lutherischen Weltbundes, wegen seiner weltweiten Verbreitung als „im wahrsten Sinne selbst eine ökumenische Bewegung"[22]. In dieser Tradition verbindet man mit dem Begriff öku-

---

[18] Vgl. dazu unten, S. 139.

[19] Zitiert nach Visser't Hooft a. a. O., S. 441.

[20] UR Nr. 4.

[21] World Council of Churches abk. WCC; so lautet auch der offizielle Name.

[22] Zitiert nach R. Frieling, Der Weg des ökumenischen Gedankens, Göttingen 1992, S. 164.

menisch oft zunächst die Beziehungen zu den bekenntnisgleichen Kirchen in der Dritten Welt. Hauptthemen sind dann vorwiegend Fragen wie Hunger, Unterdrückung und Befreiung, gegebenenfalls auch Mission, nicht dagegen die Überwindung theologischer Differenzen in den Problemstellungen der traditionellen Kontroverstheologie, die man katholischerseits schwerpunktmäßig im Auge hat. Organisatorisch kann sich in evangelischen Kirchenämtern die Zuständigkeit für Ökumene durchaus von der für Fragen der Catholica unterscheiden.

IV. Ein ökumenischer Paradigmenwechsel?

Eine weitere terminologische Verschiebung scheint derzeit im Gang zu sein. Mehr und mehr findet der Begriff „Ökumene" Verwendung auch für das Verhältnis zu den nicht-christlichen Religionen, und auch diese Bedeutung hat eine lange Vorgeschichte. Zunächst ist es unbestritten, daß Volk Gottes nicht allein die christliche Kirche, sondern auch das Volk Israel umfaßt. Die Trennung von Juden und Heidenchristen ist sogar, wie es Dietrich Ritschl formulierte, „das ökumenische Problem par excellence", es ist der Christenheit „kardinales ökumenisches Problem"[23]. Das Verhältnis zwischen Judentum und Christentum, Synagoge und Kirche ist nicht ein Spezialfall der Beziehungen zu den nichtchristlichen Religionen. Das hat auch das Zweite Vatikanische Konzil so gesehen, das zunächst eine Verurteilung des Antisemitismus in das Dekret über den Ökumenismus aufnehmen wollte. Es waren verschlungene Wege und sehr unterschiedliche Motive, die dazu führten, die Judenerklärung wieder aus dem Ökumenismusdekret auszugliedern und sie zu einer Religionenerklärung auszuweiten.[24] Dennoch galten die Argumente, die das Einheitssekretariat veranlaßt hatten, das Verhältnis zum Judentum der ökumenischen Fragestellung zuzuweisen, auch weiterhin. Doch damit erwies sich die Problematik Christen und Juden gleichzeitig auch als ökumenischer Störfall. Denn die Grundvorstellung, die die Ökumenische Bewegung bestimmt und bewegt hatte, nämlich die Bemühung um Einheit aller Christen, und die Überzeugung,

---

[23] D. Ritschl – W. Ustorf, Ökumenische Theologie – Missionswissenschaft, Stuttgart – Berlin – Köln 1994, S. 12.

[24] Patriarch Maximos führte dafür das Problem des Ökumene-Verständnisses an: „Der Ökumenismus ist das Streben nach der Wiedervereinigung der gesamten christlichen Familie, das heißt die Versöhnung aller, die in Christus getauft sind. Es handelt sich also um eine intime Familienangelegenheit; wenn dem aber so ist, dann gehören die Nichtchristen nicht dazu" (zitiert nach O. H. Pesch, Das Zweite Vatikanische Konzil, Würzburg 1993, S. 298).

daß wir einander näherkommen, wenn wir Christus näherkommen, erscheinen hier als nicht mehr anwendbar.

Der Gedanke sollte Schule machen, er entwickelte sich aus eigener Dynamik weiter. Hans Küng plädierte für die „abrahamitische Ökumene", die er als „Trialog zwischen Juden, Christen und Muslimen" bezeichnete.[25] Inzwischen hat er den Rahmen noch weiter gesteckt. Ein gemeinsames Weltethos, das allein den Weltfrieden gewährleisten kann, dient nun als Ausgangspunkt zur Umschreibung des Ökumenebegriffs. Ökumene hat demnach die Aufgabe der Universalisierung und Förderung eines ethischen Minimalkonsenses, der für das Überleben der Menschheit unerläßlich ist. Damit kann Küng auf Friedrich Heiler und sein Plädoyer für eine „größere Ökumene" und auf Bemühungen um eine „Makro-Ökumene" im Kontext der Mission zurückgreifen.[26] Er spricht in diesem Zusammenhang von einem Paradigmenwechsel. Dieser Terminus impliziert eine Reorganisation der Theologie als ganzer. „Angesichts vielfacher politischer, wirtschaftlicher und militärischer Bedrohungen der einen Welt und der gemeinsamen Zukunft der Menschen ist der Übergang von einem partikulären zu einem universalen Denken, von der 'Kontroverstheologie' zu einer 'ökumenischen Theologie' ein unabweisbares Desiderat". Ökumene bezeichnet „im Rahmen eines heutigen nachaufklärerisch-postmodernen Paradigmas"[27] die Gemeinschaft zwischen allen Kirchen, Religionen und Kulturen, zwischen Frauen und Männern, die Bemühung um Gerechtigkeit

[25] H. Küng, Abraham – der Stammvater dreier Weltreligionen, in: P. Neuner – H. Wagner (Hrsg.), In Verantwortung für den Glauben (FS H. Fries), Freiburg i. Br. – Basel – Wien 1992, S. 340. Küng ist sich dabei bewußt, daß der Begriff „Trialog" eine nicht unproblematische philologische Neubildung darstellt (S. 337).

[26] Zufolge einer pluralistischen Religionstheorie, wie sie sich mit den Namen John Hick und Paul Knitter verbindet, vermag nur ein „religiöser Ökumenebegriff" den von ihr kritisierten Christozentrismus und damit verbunden eine neokolonialistische Sicht der Religionen und die Konsequenzen einer vom abendländischen Überlegenheitsgefühl geprägten Missionspraxis zu überwinden. Die Offenheit und Dialogbereitschaft gegenüber allen Religionen und die Überwindung eines Christozentrismus, wie er noch die Basisformel des ÖRK bestimmte, machen nach dieser Überzeugung den wahren Ökumeniker aus. Von dieser Überzeugung ist teilweise auch das Dialog-Programm des ÖRK bestimmt. Ihm wurde besonders von evangelikaler und von orthodoxer Seite her kritisch entgegengehalten, daß hier die Vorstellung einer Welt-Einheitsgemeinschaft oder einer Einheitsreligion propagiert werde, die die Konturen christlicher Überzeugung preiszugeben in der Gefahr stehe.

[27] H. Küng, in: ders. – D. Tracy (Hrsg.), Das neue Paradigma von Theologie, Zürich – Gütersloh 1986, S. 214f.

und Frieden, die Verpflichtung für die Erhaltung der Schöpfung. Konrad Raiser, der spätere Generalsekretär des ÖRK, machte den Vorschlag, den ganzen Wortstamm von Haus, *oikos*, aufzugreifen und Ökumene als „Haushalt Gottes" zu verstehen, der dann Ökologie und Ökonomie mit umschließt. Ökumene bezeichnete ursprünglich die bewohnte und damit die bewohnbare Erde, darum sei es heute der Ökumenischen Bewegung aufgetragen, für die Bewohnbarkeit der Erde und die Erhaltung der Umwelt zu kämpfen. Ökumene erscheint hier als unabgeschlossene Wirklichkeit, „die zu einem Haushalt (oikos) wird, im dem alle füreinander offen sind und ein gemeinsames Leben teilen können in all seiner verschlungenen Vielfalt"[28], als ein Haus ohne Wände. Dabei wird, so die Zurückweisung eines Einwands, nicht synkretistischen Tendenzen das Wort geredet, denn es geht nicht um Religionsvermischung oder um eine Einheitsreligion. Ganz im Gegenteil wird im Anschluß an Gedanken von Emmanuel Levinas gefordert, Ökumene solle sich nicht um Einheit bemühen, dies führe nur zur Vereinnahmung. Vielmehr sei es ihre Aufgabe, den Andern anders und den Fremden fremd sein zu lassen und ihn nicht in ein ihm fremdes System zu pressen.[29]

Die Vertreter der These vom Paradigmenwechsel wissen natürlich, daß zufolge der Paradigmenlehre ein neues Paradigma das alte nicht völlig zerstört. Im Prozeß wissenschaftlicher Revolutionen haben die alten Paradigmen nicht völlig abgewirtschaftet, so daß sie einfachhin abtreten müßten, vielmehr werden sie auch im neuen Paradigma positiv aufgegriffen und beerbt. Das bedeutet für die Ökumene, daß die Bemühung um die Einigung der christlichen Kirchen auch innerhalb des neuen Paradigmas nicht einfachhin obsolet geworden ist. Tatsächlich wird auch bei den Protagonisten dieser These deutlich, daß sie mit der Tradition, in der sie stehen, nicht einfachhin brechen wollen. Insofern ist das Wort vom Paradigmenwechsel weniger dramatisch, als es zunächst einmal klingt. Hans Küng kontrapunktiert seine Universalisierung mit entschiedener Christozentrik, Konrad Raiser bemüht sich, die Ökumene trinitarisch zu fundieren, ihr eine Basis in der „eucharistic vision" zu eröffnen. So umschließt die von ihm gezeichnete Hausgenossenschaft sehr wohl auch die klassischen Aspekte kirchlicher Einigung: die Anerkennung der Taufe, die Gemeinschaft im Wort und im Sakrament, die Zusammenarbeit im Dienst für die Welt und ihre Bewahrung. Das „Zusammen-Essen", das *synesthio* (συνεσθίω), wird ihm sogar „zu einem zentralen Symbolwort für die Hausgenossen-

---

[28] Zitiert nach K. Raiser, Ökumene im Übergang, München 1989, S. 132.
[29] Zu den Implikationen hinsichtlich der Einheitsmodelle vgl. unten S. 291f.

schaft im Haushalt Gottes"[30]. Von der Mahlgemeinschaft darf demnach niemand ausgeschlossen sein, der zum Haushalt Gottes gehört.
Es wird also auch innerhalb dieses neuen Paradigmas sehr wohl um
die Einheit der christlichen Kirchen, die sich im gemeinsamen Herrenmahl vollzieht, gerungen. Die klassische ökumenische Fragestellung
im Sinne der Einigung der Christenheit erweist sich also auch innerhalb eines neuen Paradigmas als keineswegs überholt, sie ist in ihm
vielmehr aufgehoben und bewahrt.

V. Die ökumenische Motivation

In der hier vorliegenden Arbeit geht es, soweit nicht ausdrücklich anders vermerkt, in diesem herkömmlichen Verständnis um das Verhältnis der christlichen Kirchen zueinander, und dies nicht in kirchen-
soziologisch darstellender, sondern in genuin theologischer Sichtweise.
Behandelt werden also die theologischen Probleme, die die Einheit der
christlichen Kirchen zerbrechen ließen, und die Versuche, die von hier
aus begründeten Trennungen zu überwinden. Selbstverständlich gibt es
auch vielfältige nicht-theologische Faktoren, die die Einigung der Christenheit behindern. Es gibt die Kraft der Geschichte und des Behar-
rungsvermögens, das Festhalten am Hergebrachten, das überkommene
Mißtrauen und die vielfältigen Vorurteile. Oft haben sich konfessionelle
mit politischen und sozialen Gründen fast unlösbar verbunden, wie in
Nordirland und in Bosnien. Und natürlich gibt es auch die Problematik
der Macht, die den Status quo nicht in Frage stellen lassen will. Die Kirchenspaltungen sind nicht allein aus theologischen Gründen entstanden, aber es waren sehr wohl auch Wahrheitsfragen, die zu ihnen
führten. Und die Trennung der Konfessionen wird nicht allein um der
Wahrheit willen festgehalten, aber es geht auch um diese, und nicht nur
um Gewohnheit und Machtansprüche. Das bedeutet, daß die theologische Besinnung allein die Einigung der Christenheit nicht verwirklichen kann. Aber es bedeutet auch, daß die theologischen Fragen im
Prozeß der Ökumene eine gewichtige Rolle spielen, denn alle Kirchen
stimmen darin überein, daß die Einheit nicht auf Kosten der Wahrheit
angestrebt werden kann. Diese theologische Problemstellung wird hier
thematisiert. Den Rahmen der Arbeit bildet dabei die christliche Ökumene. Daß das Verhältnis zu den Religionen ein brennendes Thema ist,
wird niemand bezweifeln. Aber die Begegnung mit ihnen verlangt eine
in vielfacher Hinsicht andere Methodik, die Basis, auf der sie stattfinden

---

[30] K. Raiser, a. a. O., S. 167.

kann, ist eine andere als beim Gespräch zwischen den christlichen Kirchen.[31]

Für die ökumenische Arbeit, verstanden im Sinn einer theologischen Bemühung um die Einigung der Christenheit und um die Gemeinschaft der Kirchen, lassen sich mehrere Motive anführen.

1. Der Auftrag Jesu

Klassischer biblischer Beleg für die Ökumenische Bewegung ist das Abschiedsgebet Jesu nach dem Zeugnis des Johannes-Evangeliums, „Alle sollen eins sein" (Joh 17,21).[32] Die Bitte um die Einheit aller Glaubenden erscheint hier als eines der Hauptanliegen Jesu, sie ist Zielpunkt seiner Fürbitte. Die Einheit ist ein Wesensmerkmal der christlichen Gemeinde, sie ist ein in sich hohes Gut, Zeichen ihrer Erwählung und ihres Charakters als wahre Gottesgemeinde. Diese Vorstellung hat ihren Ursprung im Altes Testament, sie findet sich in der Qumrangemeinde, die sich selbst als *„jachad"*, als „Einigung" bezeichnete.[33] Darüber hinaus gründet die Einheit der Gemeinde nach dem Johannesevangelium in der Einheit Gottes und macht sie sichtbar. Die Einheit ist der Kirche vorgegeben und ihr mit ihrem Wesen eingestiftet. Sie kann von Menschen nicht gemacht, sondern muß vom Ursprung her festgehalten werden, sie ist nicht ein zu verwirklichendes Ziel, sondern der Kirche vorgegebene Stiftung. Wenn sie ihre Einheit preisgeben würde, hätte sie gegen ihr eigenes Wesen verstoßen und wäre ihrer Berufung untreu geworden. „Ökumene ist kein Hobby einzelner, von denen man sagt, sie nähmen sich zu wichtig oder sie störten die Ruhe der Kirchen. Ökumene ist Treue zur Bitte und zum Vermächtnis Jesu, daß alle, die an ihn glauben, eins seien wie er mit dem Vater und der Vater mit ihm … Ökumene ist in besonderer Weise die Chance, der Ruf und der Auftrag dieser unserer geschichtlichen Stunde."[34] Eine Gefährdung der Einheit ist

[31] Damit ist nicht gesagt, daß das Verhältnis zum Judentum nicht in die ökumenische Thematik gehören würde. Dennoch wird hier die Fragestellung Christen und Juden nicht mit aufgenommen. Die Thematik würde eine eigenständige Methodik verlangen, und das Problem ist sachlich und historisch zu vielschichtig und allzu leidvoll besetzt, als daß es kurz und nebenbei behandelt werden dürfte.

[32] Zum Thema Einheit der Kirche im NT siehe F. G. Untergaßmair, in: HÖ I, S. 51–87 (Lit).

[33] Vgl. hierzu R. Schnackenburg, Das Johannesevangelium III. Teil, Freiburg i. Br. – Basel – Wien 1975, S. 220.

[34] H. Fries, in: ders. – O. H. Pesch, Streiten für die eine Kirche, München 1987, S. 83f.

darum nicht eine Äußerlichkeit, sondern sie stellt die Gemeinde selbst in ihrer Existenz und ihrem Anspruch in Frage.[35] In der frühen Kirche wurde diese Erkenntnis in das Credo aufgenommen und in die Aussage übersetzt, derzufolge die Einheit als Wesensmerkmal der Kirche und als solche unter den *notae ecclesiae* erscheint.

Es ist ökumenisches Grundprinzip, daß die Kirchen die Einheit nicht machen und selbst produzieren können, daß sie vielmehr Geschenk ist, das sie nur als Ausdruck der schon bestehenden und letztlich in Gott gründenden Gemeinschaft annehmen und empfangen können. Doch dieses Geschenk setzt die Bemühung der Gläubigen frei und fordert sie ein. Im Neues Testament zeigen insbesondere die Paulusbriefe die Bemühung, entstandene Parteiungen und Konfrontationen zu überwinden und die durch menschliches Fehlverhalten zerbrochene Einheit wiederherzustellen. Gott hat die Einheit bereits geschenkt, daraus entsteht für die Christen der Auftrag, sie zu bewahren und wiederherzustellen, wo sie durch menschliche Schuld zerbrach. Dieses Gebot Jesu erachtete Visser't Hooft als die eigentliche Triebkraft der Ökumenischen Bewegung. „Die Kirche widerspricht ihrem eigenen Wesen und verleugnet ihren Sendungsauftrag, wenn sie gespalten ist. Die Kirche braucht Gemeinschaft, nicht weil das nützlich, wünschenwert oder angenehm ist, sondern weil die Gemeinschaft zum Wesen ihres Lebens gehört."[36] Auch das Zweite Vatikanische Konzil hat diesen Gedanken aufgegriffen, wenn es sagt, es werde durch die Spaltung auch für die katholische „Kirche selber schwieriger, die Fülle der Katholizität unter jedem Aspekt in der Wirklichkeit des Lebens auszuprägen"[37].

Weil die Einheit der Kirche zu ihrem Wesen gehört, darf sich die christliche Kirche nicht an die Trennung gewöhnen, die der Stiftung Jesu und ihrem eigenen Wesen widerspricht, ebensowenig wie sie sich an Irrlehren oder an den Bruch mit dem apostolischen Ursprung gewöhnen dürfte. Auch eine jahrhundertelange Geschichte vermag nicht zu legitimieren, daß Kirchen sich gegenseitig die Gemeinschaft des Wortes, des Sakraments und des Dienstes verweigern. Wenn nicht unabweisbare Gründe der Wahrheit und der christlichen Lebensführung dazu zwingen, die Kirchengemeinschaft aufzukündigen, ist die Tren-

---

[35] Die Mahnung des Johannesevangeliums zeigt, daß die Einheit der Gläubigen bereits gefährdet war. Aber es ist unwahrscheinlich, daß Gemeinden nebeneinander bestanden, die sich gegenseitig absprachen, recht an Christus zu glauben. Insofern ist es nur begrenzt möglich, das Gebet Jesu auf die heutige ökumenische Situation zu übertragen.

[36] W. A. Visser't Hooft, Ökumenischer Aufbruch, Hauptschriften Bd. 2, Stuttgart – Berlin 1967, S. 211.

[37] UR Nr. 4.

nung als Verstoß gegen das Wesen der Kirche illegitim und das Festhalten an ihr schuldhaft, aus welchen Gründen sie auch geschehen mag. „Nicht die Einheit bedarf der Rechtfertigung, sondern die Trennung."[38]

2. Glaubwürdigkeit und Weltverantwortung

Eine wichtige Wurzel der Ökumenischen Bewegung ist die missionarische Verantwortung der christlichen Kirchen. Die frühen ökumenischen Missionskonferenzen waren von dem Bewußtsein getragen, daß Kirchen, die sich in ihrer missionarischen Verkündigung voneinander abgrenzen oder auch gegenseitig Mitglieder abwerben, kein überzeugendes Bild zu vermitteln vermögen, daß die Spaltung der Christenheit die Glaubwürdigkeit der christlichen Botschaft zutiefst beeinträchtigt. Doch dies gilt nicht allein in den Missionsgebieten, sondern auch in Europa, wo die konfessionelle Spaltung zu einem guten Teil für die Entchristlichung des öffentlichen Lebens mitverantwortlich ist. Nachdem die christliche Botschaft nicht mehr gemeinsam formuliert werden konnte und sie damit ihre Integrationskraft verloren hatte, „mußte man sich unter Absehen von der Religion auf eine neue alle verbindende und für alle verbindliche Basis besinnen. Um des Friedens willen mußte man die Religion zur Privatsache erklären und als neue Basis des Zusammenlebens die alle Menschen verbindende Vernunft bzw. die vernünftig erkannte Naturordnung anerkennen, von der man der Meinung war, daß sie gelte 'etsi Deus non daretur'", auch wenn Gott nicht existieren sollte.[39] Ökumenische Bemühung erweist sich damit nicht als lediglich innerkirchliche Angelegenheit, die Einheit der Christenheit steht vielmehr im Dienst der Glaubwürdigkeit der Kirchen und ihrer Botschaft, und damit im Dienst der Einheit der Gesellschaft und der Menschheit. Die Predigt Jesu vom Reich Gottes intendierte das Heil der ganzen Welt und die Einigung aller Menschen. Jesus ist nach biblischer Aussage nicht nur Haupt der Kirche, sondern auch der Menschheit. Doch was allen gilt, soll in der Kirche zeichenhaft vorweggenommen werden; sie soll sichtbar machen, was Jesu Botschaft vom Reich Gottes für alle verheißt. So verstanden erweist sich der ökumenische Auftrag zur Einheit der Christenheit als Dienst an der Menschheit als ganzer. Ökumene hat der Überwindung von Unrecht und Unterdrückung, von Hunger und Verfolgung zu dienen, also dagegen zu kämpfen, daß Menschen um ihrer sozialen Stellung, ihrer Hautfarbe, ihrer Religion oder ihres Ge-

---

[38] J. Ratzinger, Theologische Prinzipienlehre, München 1982, S. 211
[39] W. Kasper, Der Gott Jesu Christi, Mainz 1982, S. 21.

schlechts willen verachtet, unterdrückt und ausgebeutet werden. Ein wichtiger Strang der Ökumenischen Bewegung stellt die Einheit der Christenheit in den Dienst an diesem Auftrag oder sucht die Einigung der Kirchen durch gemeinsame soziale und politische Bemühung zu befördern; er darf nicht von vornherein als Politisierung der Ökumene oder als Synkretismus verurteilt werden.

3. Die Überwindung von Einseitigkeiten

Durch die Spaltungen sind die Kirchen einseitig geworden und haben vor allem das betont, was sie in der jeweils anderen Kirche nicht entsprechend verwirklicht fanden. Was ursprünglich nur eine Aussage der Polemik und der Kritik an tatsächlichen oder vermeintlichen Fehlentwicklungen war, wurde zur jeweiligen Lehre von der Kirche und ihrer Botschaft.[40] Die Absetzung vom anderen diente der eigenen Identität, die Grenze, die trennte, wurde gleichsam das Koordinatensystem, innerhalb dessen die eigene Vorstellung angesiedelt wurde. Damit wurde die „Kirche des Wortes" der „Kirche des Sakraments" entgegengesetzt, die „Kirche des Amts" der des „allgemeinen Priestertums", die „Kirche der Autorität" jener der „Freiheit eines Christenmenschen". Und die hier ausgedrückte Differenz wurde nicht selten zum „katholischen Grundentscheid", zum „protestantischen Prinzip" erhoben. Um diese Einseitigkeiten zu überwinden, bedürfen die Kirche jeweils der Wirklichkeit, die in der anderen Tradition besonders betont ist und die sie selbst nicht in angemessener Weise haben festhalten können. Um der Fülle, der Überwindung von Einseitigkeiten und um der eigenen Christlichkeit willen müssen sich die Kirchen das jeweils vom ökumenischen Partner sagen lassen, was sie in der konfessionellen Kontroverse nicht entsprechend festzuhalten vermocht hatten.

Dabei ist eine Schwerpunktsetzung durchaus legitim, sie kann und sie soll nicht einfachhin überwunden werden. Tatsächlich haben sich alle christlichen Kirchen damit abgefunden, daß ihre Gläubigen nicht aus der Fülle der Glaubenswahrheiten und der Frömmigkeitsformen leben, sondern einige wenige herausgreifen, die ihnen etwas zu sagen vermögen, sie praktizieren, und die anderen auf sich beruhen lassen. Dies wird in allen Kirchen als legitim anerkannt, es muß auch zwischen den

---

[40] Y. Congar hat darauf aufmerksam gemacht, daß dies für die Entwicklung der neuzeitlichen Ekklesiologien insgesamt festgestellt werden muß. Was ursprünglich nur eine polemische Zurückweisung konkurrierender Konzeptionen war, wurde zur systematischen Darstellung des Eigenen und der Ekklesiologie.

Konfessionen gelten. Die Überwindung von Einseitigkeiten kann darum nicht bedeuten, dieses Spektrum müsse von allen Kirchen und ihren Gläubigen grundlegend erweitert werden, doch in einer Gemeinschaft von Kirchen könnten sich unterschiedliche Schwerpunktsetzungen ausgleichen. Die biblischen Aussagen von der Kirche als Leib Christi und von der Vielfalt der Gnadengaben könnten ein Modell bieten, wie Einseitigkeiten innerhalb der Gemeinschaft der Kirchen ihr bleibendes Recht haben könnten.

B. DIE GESCHICHTE DER ÖKUMENISCHEN BEWEGUNG

Die Ökumenische Bewegung hat eine vielgestaltige Geschichte, in der sich mehrere Wurzeln, Aufbrüche und Gegenbewegungen verschränken, Wege und Irrwege sind in vielfacher Weise miteinander verwoben.[41] Jeder Versuch, diesen Verlauf als eine geradlinige Entwicklung zu beschreiben, würde ihn verkürzen und vereinfachen. Nicht selten stehen Fortschritte und Öffnungen auf der einen Seite Verhärtungen und Ablehnung auf der anderen gegenüber. Ein Überblick über die Geschichte der Ökumenischen Bewegung kann notwendigerweise immer nur grobe Striche zeichnen, besonders wichtige Ereignisse herausgreifen, Hauptströmungen umreißen, und dies in dem Bewußtsein, daß eine derartige Darstellung hinter der Komplexität der vielfältigen Phänomene zurückbleiben muß. Die Entwicklung des ökumenischen Gedankens aber, die gegenseitige Verpflichtung der Kirchen und die schrittweise Überwindung konfessionalistischer Abgrenzungen, stellt im ganzen gesehen das bedeutendste Ereignis der Kirchengeschichte des 20. Jh. dar. Die Vorgeschichte jedoch greift weiter zurück.

I. Die Vorgeschichte

Nachdem die Einigungsversuche der Reformationszeit[42] gescheitert waren, wurde im Verlauf der Neuzeit der Graben zwischen Katholiken, Lutheranern und Reformierten immer tiefer. Im Zeitalter des konfessio-

---

[41] Wichtigste Literatur ist R. Rouse – St. Ch. Neill, Geschichte der Ökumenischen Bewegung 1517–1948, 2 Bde., Göttingen 1957f., weitergeführt in: H. E. Fey (Hrsg.), Geschichte der Ökumenischen Bewegung 1948–1968, Göttingen 1974 (Abk.: Rouse-Neill); G. H. Tavard, Geschichte der Ökumenischen Bewegung, Mainz 1964; Ökumene-Lexikon, Frankfurt a.M. 2. Aufl. 1987 (Abk.: ÖL); H. J. Urban – H. Wagner (Hrsg.), Handbuch der Ökumenik, 3 in 4 Bänden, Paderborn 1985–87 (Abk.: HÖ); R. Frieling, Der Weg des ökumenischen Gedankens (Zugänge zur Kirchengeschichte 10), Göttingen 1992 (Abk.: Frieling).

[42] In der Reformationszeit waren die wichtigsten und erfolgversprechendsten Einigungsbemühungen der Reichstag zu Augsburg 1530, in dessen Verlauf das Augsburger Bekenntnis vorgelegt wurde, sowie das Regensburger Religionsgespräch 1541, das zu einer weitgehenden Einigung in Fragen der Rechtfertigungslehre und der Sakramentenlehre führte, jedoch an Fragen der Ekklesiologie und

nellen Absolutismus hatte die Spaltung der Christenheit Konsequenzen für alle Lebensbereiche, sie bestimmte nicht nur die Religion, sondern auch die Politik, die Gesellschaft, die Kultur. Die Abgrenzung war doktrinär und territorial. Die Konfession war Mittelpunkt eines umfassenden Lebensentwurfs, der keinen Bereich ausklammerte und der eine gemeinsame christliche Prägung hinter der konfessionellen Gestaltung zurücktreten ließ. Doch die Erfahrung der tiefsten Entzweiung der christlichen Kirchen in den Religionskriegen des 16. und 17. Jh. wurde zum Anlaß für eine erneute religiöse Besinnung und Vertiefung und für manche Versuche, die kirchliche Einheit wiederherzustellen. Jedoch blieben diese Einigungsbemühungen von der jeweiligen konfessionellen Tradition geprägt. Auf seiten der Altgläubigen ging es darum, die durch das Konzil von Trient initiierte katholische Reform und die theologische Klärung in die kirchliche Wirklichkeit zu übersetzen, nach römischem Selbstverständnis das Vaterhaus so zu bereiten, daß auch diejenigen ihren Platz wiederfinden konnten, die sich unseligerweise von ihm getrennt hatten. Einigung der Christenheit war in diesem Kontext nur als Rückkehr zur Alten Kirche, und das hieß als Rückkehr nach Rom zu verstehen. Die Einheit war in dieser Sicht vorgegeben, sie erschien der wahren Kirche als Wesensbestimmung eingestiftet und konnte darum ebensowenig untergehen wie die Kirche selbst. Einheit bestand dieser Auffassung zufolge nach wie vor in der römischen Kirche. Zu ihr sollten diejenigen zurückkehren, die sich – auch mitbedingt durch die Schuld der spätmittelalterlichen Kirche – von ihr getrennt hatten. Die Sorge um die Einheit sollte nach dieser Konzeption durch eine Selbstreinigung der Kirche ermöglicht werden. Abweichende Vorstellungen von der kirchlichen Einheit, wie sie in anderen Konfessionen entwickelt wurden, mußten in diesem Denken auf Ablehnung stoßen. Dies gilt namentlich für die Konzeption, die Einheit der Kirche sei im Verlauf der Geschichte durch menschliche Schuld verlorengegangen, sie müsse erst wiederhergestellt werden, sie sei nicht gegeben, sondern ausständig, sie sei ein in der Zukunft liegendes Ziel, das

insbesondere am gegenseitigen Mißtrauen scheiterte. Vgl. hierzu H. Filser, Ekklesiologie und Sakramentenlehre des Kardinals Johannes Gropper, Münster 1995. Anläßlich der 450-Jahr-Feier der CA wurde in intensiver Arbeit versucht, deren ökumenische Implikationen darzustellen und sie für die heutigen Bemühungen fruchtbar zu machen. Vgl. hierzu H. Meyer – H. Schütte (Hrsg.), Confessio Augustana. Bekenntnis des einen Glaubens, Paderborn – Frankfurt a. M. 1980; Die gemeinsame römisch-katholische/evangelisch-lutherische Kommission veröffentlichte zu diesem Anlaß die Erklärung ›Alle unter einem Christus‹, Paderborn – Frankfurt a. M. 1980 (DwÜ I, S. 323–328).

erst realisiert werden müsse. Die Zielvorstellungen differierten vom Ansatz her.[43]

Sehr zahlreich waren die Versuche nicht, die christliche Einheit wiederzufinden, nachdem mit Regensburg (1541) die Religionsgespräche endgültig gescheitert waren und man erkennen mußte, daß selbst eine Annäherung in theologischen Fragen nicht mehr imstande war, das gegenseitige Mißtrauen zu überwinden und die entstandenen konfessionellen Identitäten auch in ihrer gesellschaftlichen und politischen Relevanz miteinander zu versöhnen. So waren die Bemühungen von Gottfried Wilhelm Leibniz (1646–1716), Christobal Spinola (1626–1695) und Jacques Bossuet (1627–1704), die das Konzil von Trient als nicht ökumenisch dispensieren und die kirchliche Einigung durch ein Unionskonzil herbeiführen wollten, zum Scheitern verurteilt.[44] Ergebnislos blieb der Unionsplan von Georg Calixt (1586–1656), der eine Einigung auf der Basis des gemeinsamen Glaubens der alten, ungeteilten Kirche für genügend erachtete, um die Kirchen wieder miteinander zu versöhnen.[45] Die Verständigung auf die Fundamentalartikel, wie sie in den Bekenntnissen der ersten christlichen Jahrhunderte formuliert wurden, erschien Calixt als hinreichend, spätere Sonderentwicklungen könne man gegenseitig tolerieren. Gerade dadurch, daß alle diese Unionsbemühungen scheiterten, mußte man auf beiden Seiten erkennen, daß die Spaltung der Christenheit keineswegs nur eine vorübergehende Irritation war, eine Trennung in sogenannte „Religionsparteien", die immer noch irgendwie, wenn auch nicht auf eindeutig klärbare Weise in der einen Kirche ihren Platz hatten, sondern daß einander ausschließende Kirchen entstanden waren, die auf Dauer Bestand hatten und jeweils den Anspruch erhoben, die Kirche Jesu Christi zu verwirklichen. Die Trennung der Kirchen war nicht mehr eine nur vorübergehende Erscheinung, sie schien bis an die Wurzel christlichen Selbstverständnisses zu gehen. Glaubensverständnis und -bekenntnis wurden als das

---

[43] Vgl. hierzu J. F. Werling, in: HÖ I, S. 307ff.

[44] Hierzu F. X Kiefl, Leibniz und die religiöse Wiedervereinigung Deutschlands, Regensburg 2. Aufl. 1925; P. Eisenkopf, Leibniz und die Einigung der Christenheit, München – Paderborn – Wien 1975.

[45] Der Begriff „*consensus quinquesaecularis*", unter dem Calixts Konzeption immer wieder zusammengefaßt wird, wurde erst von den Kritikern dieses Plans geprägt. Calixt geht es nicht um einen zeitlich abgeschlossenen Raum, der für klassisch erachtet werden soll, sondern um die Alte Kirche und ihre normative Bedeutung für die Geschichte der Kirche insgesamt. Vgl. Ch. Böttigheimer, Zwischen Polemik und Irenik. Die Theologie der einen Kirche bei Georg Calixt, Münster 1996.

Ganze der die Konfessionen umgreifende Grundentscheidung in gegenseitiger Ausschließlichkeit verstanden.

Ein gewisser Stimmungswechsel zugunsten einer Einigung der Christenheit erfolgte im Rahmen von Aufklärung[46] und Romantik. Indifferentismus und Rationalismus in ihrem Gefolge standen den Ansprüchen einer Offenbarungsreligion von vornherein kritisch oder ablehnend gegenüber, sie vermochten im Verständnis der Wahrheit liegende Differenzen zwischen den Konfessionen vom Ansatz her nicht zu würdigen. Für die Aufklärung hatten die Religionen vor allem ethische Bedeutung, sie sollten zur Erziehung des (einfachen) Volkes dienen, konfessionelle Differenzen wurden von hier aus weithin irrelevant. Rationalistische Gesellschaftstheorien forderten Religionsfreiheit und Kultusfreiheit, die Konfessionen sollten im öffentlichen Leben gleichberechtigt nebeneinander stehen, die Toleranz das Zusammenleben möglich machen. Wenn schon die Religion zur Einigung der Gesellschaft nichts mehr beizutragen vermochte, so sollte doch wenigstens gegenseitige Toleranz das Zusammenleben fördern.

Die Aufklärung war dabei keineswegs als ganze offenbarungskritisch. In ihrer Bemühung um verantwortete Existenz, um Volksbildung und Toleranz vermochte sie auch innerkirchlich Frucht zu tragen. Im katholischen Bereich wurde ihr Impuls für die Einigung der Christenheit rezipiert durch den Trierer Weihbischof Nikolaus von Hontheim (1701–1790) in seiner unter dem Pseudonym Febronius veröffentlichten Schrift ›De statu Ecclesiae et legitima potestate Romani Pontificis liber singularis, ad reuniendos dissidentes in Religione Christianos compositus‹.[47] Danach waren es insbesondere kirchenpolitische und verfassungsrechtliche Mißstände, vor allem ein übersteigerter Primatsanspruch des Papstes und der römischen Kurie, die die Hauptursachen für die Spaltung bildeten. Durch Reformen, bei denen alle kirchlichen und politischen Stände zusammenwirken müßten, sollte der ursprüngliche Zustand der Kirche wiederhergestellt werden. Der Bischof von Rom sollte dabei Medium und Zentrum der Einigung sein und insofern eine Sonderstellung haben, diese aber allein im Rahmen seiner Mitbischöfe ausüben können. Höchste Autorität in der Kirche besitzt zufolge Hontheim das allgemeine Konzil, ihm allein ist Unfehlbarkeit zugesagt. Nach

---

[46] Ph. Schäfer, Die Einheit der Kirche in der katholischen Theologie der Aufklärungszeit, in: Zwischen Polemik und Irenik (hrsg. v. G. Schwaiger), Göttingen 1977, S. 29–47.

[47] V. Pitzer, Justinus Febronius. Das Ringen eines katholischen Irenikers um die Einheit der Kirche im Zeitalter der Aufklärung, Göttingen 1976; E. Janson, Das Kirchenverständnis des Febronius, Pirmasens 1979.

diesen Maßstäben sollte eine Reform der Kirche in Angriff genommen werden; in eine nach diesen Leitlinien neugestaltete katholische Kirche sollten die von ihr getrennten Konfessionen zurückkehren können. Die innerkirchliche Aufklärung besann sich zurück auf den normativen, für klassisch erachteten Ursprung der Kirche. Reformen sollten diesen Zustand wieder heraufführen, Fehlentwicklungen abbauen und dadurch die Einigung der Christenheit wieder möglich machen.

Nachdem die Aufklärung dem Gedanken der Einigung der christlichen Kirchen den Boden bereitet hatte, konnten in der Folgezeit Erweckungsbewegungen und romantische Strömungen eine Wiederannäherung der christlichen Kirchen befördern. Im evangelischen Bereich öffnete sich Graf Nikolaus Ludwig von Zinzendorf (1700–1760) dem Gedanken, daß eine ökumenische, christozentrische Gesinnung der Gläubigen die Christenheit über die konfessionellen Grenzen hinaus vereinigen könne und institutionelle Grenzen damit an Bedeutung verlieren würden. Dem konnte sich auf katholischer Seite Michael Sailer, der spätere Bischof von Regensburg (1751–1820), anschließen.[48] In der treuen Bewahrung des jeweiligen konfessionellen Bekenntnisses ereignet sich ihm zufolge die *una sancta ecclesia*. Jeder Christ solle sich innerhalb seiner Konfession bemühen, in ein echtes Glaubensverhältnis zu Christus einzutreten, das die Christen auch untereinander einigen wird. So kann ein Band geistlicher Freundschaft schon jetzt Christen aller Konfessionen miteinander verbinden, und bestehende Grenzen können an Bedeutung verlieren.

Die seit dem Anfang des 19. Jh. in fast allen reformatorischen Kirchen herrschende Erweckungsidee mit ihrer leidenschaftlichen Verkündigung führte diesen Gedanken weiter. Das Evangelium sollte nicht nur in Europa und in Nordamerika, sondern auch in den nun immer mehr ins Zentrum des Interesses tretenden Missionsgebieten verkündigt werden. Missionarisch gesinnte Christen arbeiteten bald überkonfessionell zusammen, sie gründeten Missionsgesellschaften, die der Evangelisierung des Weltkreises dienen sollten. Dabei waren diese Gesellschaften nicht in dem Sinn ökumenisch, daß sie über die Konfessionsgrenzen hinaus eine gemeinsame christliche Aussage hätten formulieren wollen; vielmehr bemühten sie sich um eine praktische Verständigung und gegebenenfalls um eine Abgrenzung ihrer Interessenssphären. Bedeutsam aber wurde, daß die christliche Botschaft über die landeskirchliche und nationale Begrenzung hinausgetragen wurde. Der Missionsgedanke wurde für die entstehende ökumenische Idee entscheidend.

---

[48] F. G. Friemel, Johann Michael Sailer und das Problem der Konfession, Leipzig 1972.

In dieser veränderten geistigen Welt, die durch Aufklärung, Erwek-
kungsbewegung und Missionsidee geprägt wurde, waren die Funda-
mente gelegt, die konkrete ökumenische Ereignisse aus sich entlassen
konnten, von denen mehrere bis in die Gegenwart hinein ihre Bedeutung haben. Diese Einigungsbewegungen bezogen sich dabei zunächst
auf die reformatorischen Konfessionen, deren Einigung sollte befördert
werden. In Berlin wurde anfangs des 19. Jh. die altpreußische Union geschlossen.[49] Einer ihrer theologischen Väter, Friedrich Schleiermacher,
war davon überzeugt, daß die Differenzen zwischen den reformatorischen Bekenntnissen inzwischen so weit abgeschliffen seien, daß sie die
Kirchentrennung nicht mehr rechtfertigten. Im Rahmen eines Gemein-
wesens, das den Zweck der Kirche auf die moralische Erziehung der Bevölkerung und die Verpflichtung auf den Gehorsam gegenüber der Obrigkeit reduzierte, mußten konfessionelle Differenzen als irrelevant,
eine religiöse Vereinheitlichung der Untertanen als höchst erstrebens-
wert erscheinen. Trotz weitgehender Lehrübereinstimmung waren Reformierte und Lutheraner in Preußen jedoch nicht aus eigener Kraft
fähig, die Union durchzuführen; die entscheidenden Schritte kamen seitens der Regierung. König Friedrich Wilhelm III. erließ im Jahr des Re-
formationsjubiläums 1817 die Anweisung an die kirchlichen Behörden,
fortan bei der Besetzung der Pfarrstellen und bei der Zulassung zum
Abendmahl die bisherigen Unterschiede zwischen Lutheranern und
Reformierten nicht mehr zu berücksichtigen. Fünf Jahre später (1822)
wurde eine für lutherische und reformierte Gemeinden einheitliche
Agende erlassen, die nun allerdings auf verbreitete Widerstände innerhalb der Gemeinden stieß. Im Jubiläumsjahr des Augsburger Bekenntnisses (1830) spalteten sich die Alt-Lutheraner als Freikirche ab, große
Zahlen strenggläubiger Lutheraner verließen Preußen, um in Amerika
ihrer religiösen Tradition treu bleiben zu können. Teile des amerikanischen Luthertums sind nach wie vor von dieser traditionalistischen
Grundeinstellung geprägt. In Preußen selbst konnte der Friede zwischen den Konfessionen und der Erfolg der Union dadurch hergestellt
werden, daß allen Gemeinden das Recht zugestanden wurde, bei ihrem
überlieferten Bekenntnisstand zu bleiben, das Bekenntnis wurde nicht
vereinheitlicht. Die Union blieb damit eine Verwaltungsunion, sie
wurde von den zuständigen staatlichen Behörden von oben verordnet,
ohne daß dadurch das Bekenntnis der jeweiligen Gemeinden tangiert
worden wäre.

Daneben finden sich im deutschen Protestantismus des 19. Jh. weitere Unionen, die nach anderem Muster verliefen. In Baden und in

---

[49] Zum ganzen Abschnitt vgl. H. J. Urban, in: HÖ I, S. 326ff. sowie Rouse-Neill I.

Nassau vereinigten sich die lutherischen und die reformierten Kirchen unter Beibehaltung beider Bekenntnistraditionen. Beide Bekenntnisse wurden für diese als „organische Union" bezeichneten Kirchen gültig, trotz der gegenseitigen Verwerfungen, die sie jeweils enthielten. Hier stehen beide Bekenntnisse nebeneinander. Demgegenüber wurde in der Pfalz eine Union unter Preisgabe beider Bekenntnistraditionen geschlossen: Allein die Schrift und die altkirchlichen Credoformeln sollten die Lehrgrundlage dieser Kirche bilden, unterschiedliche Bekenntnisse sollten nicht belasten, das *sola scriptura* die Einheit gewährleisten.

In Preußen wollte man die Union auch auf die bischöflich verfaßten Kirchen ausdehnen. Zu diesem Zweck bemühte sich König Friedrich Wilhelm IV., das Bischofsamt in apostolischer Sukzession wieder einzuführen. Durch die Gründung eines „Vereinigten Anglikanisch-Preußischen Bistums" in Jerusalem sollte das im Anglikanismus lebendig gebliebene Bischofsamt auch im Protestantismus heimisch werden. Der Bischof sollte abwechselnd von England und Preußen ernannt werden, wobei die deutschen Bischöfe auf die Confessio Augustana, die anglikanischen auf die 39 Artikel ordiniert werden sollten. Ihre Jurisdiktion sollte sich auf die deutschen und englischen Geistlichen beider Bekenntnisse erstrecken, alle anglikanischen und evangelischen Christen in Palästina sollten dieser Kirche angehören. Allerdings hatte das Projekt nur kurze Lebensdauer, nach manchen Enttäuschungen wurde es bereits im Jahre 1886 wieder aufgegeben. Nicht zuletzt die mangelnde theologische Fundierung, die sich durch eine gutgemeinte Praxis nicht überdecken ließ, brachte das Projekt zum Scheitern.

Wesentlich größere Bedeutung hatte die Gründung der Evangelischen Allianz, von der aus in direkter historischer Kontinuität ein Weg zum ÖRK führt. Vor der Mitte des 19. Jh. überschritt der Erweckungsgedanke die Kirchengrenzen. Evangelische Christen, die eine persönliche Bekehrung erfahren hatten und sich als aus dem Geist wiedergeboren verstanden, erlebten eine geistliche Gemeinschaft über konfessionelle Grenzen hinweg. Die Kirchen kamen durch diese Erweckungsbewegungen auf nationaler, aber auch auf internationaler Ebene zunehmend in engeren Kontakt. Es entstand der Plan, in „freundschaftlichen Konferenzen" eine größere christliche Gemeinschaft in Gebet und Sendung zu etablieren, die die Glaubwürdigkeit des christlichen Zeugnisses und dadurch den Missionserfolg fördern sollte. Nicht der Streit, sondern brüderliche Zusammenarbeit und Auseinandersetzung müßten ins Zentrum treten. Nicht zuletzt war es die Zurückweisung römischer Ansprüche, die in dieser Phase die evangelischen Kirchen einander näher brachte.

Im August 1846 wurde in London von rund 800 Christen aus 52 verschiedenen Konfessionskirchen die Evangelische Allianz gegründet. In einer kurzen theologischen Formel wurde die Grundlage der Gemeinsamkeit formuliert, wobei die Autorität der Heiligen Schrift und das Recht jedes einzelnen, diese selbst auszulegen, im Zentrum standen. Diese Formel wurde nicht als Glaubensbekenntnis im altkirchlichen Sinn verstanden, vor allem sollte sie nicht das Ganze des Glaubensverständnisses der jeweiligen Kirchen ausdrücken, sondern eine Grundlage umreißen, auf der evangelische Christen unterschiedlicher Konfessionen sich treffen und in gemeinsamem Werk zusammenarbeiten konnten.[50] Weitere Konferenzen fanden 1851 in London und 1873 in New York statt. Kirchen, die vorher weitgehend voneinander isoliert gelebt haben, kamen dadurch in einen geistigen Austausch, der notwendigerweise auch zu kontroversen Positionen führen mußte. Dennoch gelang es, die missionarische Tätigkeit, die in den Erweckungsbewegungen des 19. Jh. einen zentralen Raum einnahm, zumindest in einem gewissen Rahmen zu koordinieren. Bedeutsam wurde die von der Allianz eingeführte Gebetswoche, die jeweils in der Woche nach dem ersten Sonntag im Jahr Christen zu gemeinsamem Gebet zusammenführte. So nimmt die Evangelische Allianz einen gewichtigen Platz in der ökumenischen Entwicklung des 19. Jh. ein. Seither blieb der Gedanke lebendig, daß die christliche Kirche größer ist als die jeweilige Konfession, daß eine Gemeinschaft in den zentralen Glaubensaussagen bereits eine fundamentale Einheit im Glauben und Handeln möglich macht.

Auf dem Hintergrund der Erweckungsbewegungen sind auch die in den Jahren 1844 bzw. 1854 gegründeten christlichen Jugendbewegungen zu sehen: Der „Christliche Verein junger Männer" (CVJM) und der „Christliche Verein weiblicher Jugend" (CVJF). Beide fanden von England ausgehend vor allem in Amerika und dann in der ganzen Welt Verbreitung. Junge Christen sollten zu Geselligkeit, zu Bibelstudium und christlicher Unterweisung zusammengeführt werden. Diesem Ziel diente auch die Errichtung von Heimen, in denen man mit Gästen aus anderen Kirchen zusammentreffen konnte. Die missionarische Werbung über völkische und konfessionelle Grenzen hinweg bestimmte diese Bewegung. Von herausragender ökumenischer Bedeutung wurde die „Pariser Basis" des CVJM aus dem Jahr 1855. Sie umriß die Grundlage, auf der Mitgliedschaft und Zusammenarbeit beruhten. Sie lautete: „Die Christlichen Vereine Junger Männer haben den Zweck, solche

---

[50] Hier begegnet erstmals das Phänomen der „Basisformel", die einerseits das Zentrum der christlichen Überzeugung zum Ausdruck bringen, andererseits aber möglichst nicht ausgrenzen will.

jungen Männer miteinander zu verbinden, welche Jesum Christum nach der Heiligen Schrift als ihren Gott und Heiland anerkennen, in ihrem Glauben und Leben Seine Jünger sein und gemeinsam danach trachten wollen, das Reich ihres Meisters unter den jungen Männern auszubreiten."[51] Diese Formulierung sollte fast 100 Jahre später bei der Gründung des Ökumenischen Rats der Kirchen in Amsterdam 1948 zum Ausgangspunkt für die Basisformel werden.

Im Rahmen des CVJM entstand die „Christliche Studentenkonferenz", deren missionarisches Anliegen im „Studentenmissionsbund" seinen Niederschlag fand. Durch dessen missionarischen Elan wurde das konfessionalistische Denken zumindest so weit aufgebrochen, daß Konkurrenzstreitigkeiten auf dem Feld der Mission weithin vermieden werden konnten. Die von diesem Geist getragenen Weltmissionskonferenzen führten zur Weltmissionskonferenz von Edinburgh 1910, die allgemein als der Beginn der modernen Ökumenischen Bewegung angesehen wird.

Neben der Sorge um die Mission hat die Ökumene eine weitere Wurzel in der internationalen Freundschafts- und Friedensarbeit, die gegen Ende des 19. Jh. einsetzte. Diesen Bewegungen ging es nicht allein um eine caritative Linderung von Elend, sondern darum, aus den Prinzipien des Christentums soziale Gerechtigkeit für die Armen und Benachteiligten zu entwickeln. Über konfessionelle Grenzen hinweg wurde in den von Friedrich von Bodelschwingh gegründeten Betheler Anstalten denen, die durch Krankheit oder durch den überbordenden Frühkapitalismus in Not geraten waren, Hilfe geboten. In England entstand 1889 die „Christian Social Union", in Deutschland riefen 1890 Adolf Stoecker und Adolf von Harnack den „Evangelisch-Sozialen Kongreß" ins Leben, in der Schweiz initiierten Hermann Kutter und Leonhard Ragaz einen christlichen Sozialismus, in Amerika bemühte sich die „Social-Gospel-Bewegung", die Impulse des Evangeliums zur Nächstenliebe in soziale und praktische Initiativen umzusetzen. Konfessionsgrenzen traten innerhalb dieser Bewegung in den Hintergrund.

Daneben mühten sich Christen über konfessionelle und insbesondere über nationale Grenzen hinweg um die Erhaltung des Friedens. Zwischen 1908 und 1914 gab es einen regen Austausch und gegenseitige Besuche zwischen englischen und deutschen Kirchenvertretern, die Vertrauen fördern und der Entfremdung Einhalt gebieten wollten. Unmittelbar vor und nach dem Ausbruch des Ersten Weltkriegs, den viele Theologen auf beiden Seiten der Front als die Ausführung göttlichen Willens und seines Gebotes gerechtfertigt und als gerechten Krieg legi-

---

[51] Rouse-Neill I, S. 450.

timiert hatten[52], riefen Christen zur Versöhnung und Vergebung auf.
Von besonderer Bedeutung war dabei die Initiative Nathan Söderbloms
„Für Frieden und christliche Gemeinschaft" vom Mai 1914. Söderblom
erbrachte dadurch einen entscheidenden Beitrag für die Ökumenische
Bewegung, die sich in diesen Jahren zu etablieren begann, trotz des Ein-
schnitts, den der Ausbruch des Ersten Weltkriegs auch im geistigen Bereich bedeutete, oder auch gerade herausgefordert durch ihn.

II. Das Werden des Ökumenischen Rats der Kirchen

Der Missionsgedanke brachte im 19. Jh. Christen unterschiedlicher
Konfessionen in engeren Kontakt. Dabei prägte die Missionsidee primär
die evangelikal orientierten Gruppierungen und Missionsgesellschaften, in denen die Erfahrung der Erweckung gegenüber der dogmatischen Glaubensaussage und damit der konfessionellen Tradition
dominierte. Die Einheitsidee erwuchs in diesen von den Erweckungsbewegungen geprägten Kreisen. Das weltumspannende britische Em-
pire unter der Regierung von Königin Victoria (1837–1901) ließ den Gedanken an eine weltweite Verpflichtung der Christenheit insbesondere
im englischen Sprachraum lebendig werden. Eine organisatorische
Struktur erhielt diese Zusammenarbeit durch die Weltmissionskonferenzen, die 1854 in New York und London stattfanden, 1860 in Liverpool,
1878 und 1888 wiederum in London gehalten wurden. Die Konferenz
1900 in New York wurde erstmals als „ökumenisch" bezeichnet. Die im
ungefähr 10jährigen Turnus stattfindenden Missionskonferenzen
führen zum Beginn der modernen Ökumenischen Bewegung 1910 in
Edinburgh.
Bevor sich die Ökumenische Bewegung im ÖRK eine institutionelle
Gestalt gab, etablierte sich zunächst eine binnenkonfessionelle Ökumene. Dabei schlossen sich Kirchen gleichen Bekenntnisses zu Kir-
chenbünden und Weltbünden zusammen, um ihre weltweite Gemeinschaft zu befördern. 1867 entstand die Lambeth-Konferenz der Anglikanischen Kirchen, 1875 der Reformierte Weltbund, 1881 die Ökumenische Konferenz der Methodisten, 1891 die Vereinigung der Kongregatio-

---

[52] Die Bedeutung des Manifests der 93 deutschen Intellektuellen wird deutlich
in Karl Barths Nachwort zu seiner Schleiermacher-Auswahl, München – Hamburg (Siebenstern) 1968, S. 293: „Eine ganze Welt von theologischer Exegese,
Ethik, Dogmatik und Predigt, die ich bis dahin für grundsätzlich glaubwürdig gehalten hatte, kam damit und mit dem, was man damals von den deutschen Theologen sonst zu lesen bekam, bis auf die Grundlagen ins Schwanken."

nalisten und 1905 der Baptistische Weltbund. Der Lutherische Weltbund wurde zwar erst 1947 in Lund gegründet, er hatte aber mehrere Vorläufer. Diese ökumenisch-weltweiten Zusammenschlüsse erbrachten wichtige Beiträge für die entstehende Ökumenische Bewegung; sie wurden auch durch die Gründung des ÖRK keineswegs überflüssig, selbst wenn sie verschiedentlich als Horte eines intransigenten Konfessionalismus kritisiert wurden.[53]

1. Die Weltmissionskonferenz in Edinburgh 1910

Als Geburtsstunde der modernen Ökumenischen Bewegung gilt allgemein die Weltmissionskonferenz von Edinburgh 1910. Die Konferenz war ungewöhnlich groß. 1335 Delegierte waren zehn Tage zusammen, unter ihnen waren allerdings lediglich 17 Vertreter aus den Missionsländern, sie kamen aus Asien. Afrika und Lateinamerika waren nicht repräsentiert. Auch konfessionell war die Konferenz keineswegs ausgeglichen. Zu den orthodoxen Kirchen und zu Rom hatte man von vornherein keinen Kontakt aufgenommen. Die englische Kirche schien zunächst abseits zu stehen, sie konnte dadurch zur Teilnahme bewegt werden, daß man ihr versicherte, sich ausschließlich praktischen Fragen einer „Evangelisierung der Welt in dieser Generation" zu widmen. Dagegen würden „Fragen, welche die Unterschiede in Lehre und Kirchenverfassung ... berührten, auf der Konferenz weder zum Gegenstand der Diskussion noch von Resolutionen gemacht"[54]. „Faith and Order" sollten keine Themen in Edinburgh sein. Nachdem diese Entscheidung gefallen war, wurde diese Konferenz weitgehend von den Anglikanern bestimmt. Gerade der amerikanische Anglikanismus mit seiner ökumenischen Grundeinstellung wurde weichenstellend. Sekretär dieser Konferenz war Joseph H. Oldham, der aus der christlichen Studentenbewegung kam, Präsident war John R. Mott,[55] der den christlichen Studentenweltbund mitbegründet hatte. Beide hatten breite Erfahrung in internationalen christlichen Angelegenheiten. Mott und Oldham ist es weithin zu verdanken, daß diese Konferenz zu einem Erfolg wurde und daß aus ihr wichtige Impulse für die Missionsarbeit und die Ökumenische Bewegung erwachsen sollten. „Oldham, damals 34, und Mott, 43 Jahre alt, ließen das Schiff der Ökumene vom

---

[53] Vgl. die Diskussion um die ökumenischen Zielvorstellungen.
[54] Rouse-Neill II, S. 3.
[55] Mott und Oldham werden dargestellt und gewürdigt in: G. Gloede (Hrsg.), Ökumenische Profile, Bd. 1, Stuttgart 1961, S. 160–175 bzw. S. 209–216.

Stapel."[56] Von den verschiedenen Themen, die in Kommissionen behandelt wurden, verdient vor allem der Bericht der Kommission Acht Interesse. Hier wurde zum ersten Mal das Thema „Einheit" in den Mittelpunkt der Diskussionen gestellt. Ideal der missionarischen Arbeit müsse es sein, in jedem nicht-christlichen Land eine einzige, ungeteilte Kirche Jesu Christi wachsen zu lassen. Die Idee der Einheit aller Christen an jedem Ort, wie später die ökumenische Formel lauten sollte, wurde hier bereits grundgelegt.

2. Der Internationale Missionsrat (IMR)

Der wichtigste Beschluß der Konferenz von Edinburgh war die Gründung eines Fortsetzungsausschusses, dessen Vorsitzender J. Mott und dessen Sekretär J. Oldham wurden. Sie veranlaßten in den Jahren nach Edinburgh die Gründung von 21 Regional- und Nationalkonferenzen.[57] Der Erste Weltkrieg verhinderte zunächst eine engere internationale Zusammenarbeit, bis die Missionsgesellschaften und -konferenzen 1921 in Lake Mohonk den Internationalen Missionsrat (IMR) als gemeinsames Organ schufen. Er war wichtiges Instrument in der Vorbereitung und Planung von Missionskonferenzen, förderte durch die Zeitschrift ›International Review of Missions‹ und durch zahlreiche Studienprojekte die missionarische Idee und das Selbstbewußtsein der „jungen Kirchen". Insbesondere durch seine überkonfessionelle Zusammenarbeit und durch die organisatorischen Strukturen, die er zu entwickeln verstand, trug er wesentlich zur Gründung des ÖRK 1948 in Amsterdam bei.

Von den Konferenzen, die der IMR abhielt, verdienen besondere Beachtung 1928 Jerusalem, 1938 Tambaram (Madras, Indien), 1947 Whitby (Kanada), 1952 Willingen (Deutschland) und 1957/58 Achimota (Accra). Im Jahr 1961 wurde der IMR in den ÖRK integriert, der von ihm entscheidende Impulse empfangen hatte, ohne daß der IMR sich mit der Gründung des ÖRK diesem sofort angeschlossen hätte. Die Aufnahme in den ÖRK verbreitete die Reichweite des IMR wesentlich. Bei der ersten Vollversammlung nach der Integration 1963 in Mexico City beteiligten sich erstmals auch orthodoxe Delegierte. Die neue universalistische Sicht der Mission wurde deutlich in der bei dieser Konferenz geprägten Formel von der „Mission in sechs Kontinenten".

---

[56] W. Müller-Römheld, in: F. Hasselhoff – H. Krüger (Hrsg.), Ökumene in Schule und Gemeinde, Stuttgart 1971, S. 69.

[57] Zur Geschichte des Internationalen Missionsrats siehe H.-W. Gensichen, Missionskonferenzen, in: ÖL, Sp. 831–836.

Seit der Konferenz 1972/73 in Bangkok kamen mehr und mehr auch politische Problemstellungen und Kontroversen auf die Tagesordnung der Missionskonferenzen, oft verbunden mit leidenschaftlichen Protesten insbesondere aus den jungen Kirchen. Angesichts massiver Herausforderungen und Anklagen vermochten diese Konferenzen immer weniger ein einheitliches Zeugnis mit politischer und sozialer Relevanz zu formulieren. So fand parallel zur Konferenz von Melbourne 1980, die unter dem Motto „Dein Reich komme" ergründen wollte, „was wir in einer Atmosphäre des Gebets als unsere christliche Berufung erkennen", in Pattaya (Thailand) eine evangelikal bestimmte „Konsultation über Weltevangelisation" statt, die sich als Kontrastprogramm zu Melbourne verstand. In Pattaya traten soziale Fragen deutlich zurück, eine innere Distanzierung zum ÖRK und seiner politischen Ausrichtung bestimmte diese Konferenz. Die Spannungen konnten auch in der Folgezeit nicht abgebaut werden. Die 10. Weltkonferenz 1989 in San Antonio, Texas stand unter dem Motto „Dein Wille geschehe – Mission in der Nachfolge Jesu Christi". Die 11. Weltkonferenz fand im November 1996 in Salvador de Bahia (Brasilien) statt. Ihr Motto „Zu einer Hoffnung berufen – Das Evangelium in verschiedenen Kulturen" war erstmalig nicht mehr christologisch formuliert.

3. Die Bewegung für Glauben und Kirchenverfassung (Faith and Order)

In Edinburgh 1910 mußten Glaubensfragen ausgeklammert werden, um den Konfessionskirchen, insbesondere den Anglikanern, die Mitarbeit möglich zu machen. Im Schlußwort dieser Konferenz gab Charles Brent, Missionsbischof der amerikanischen Protestant Episcopal Church in den Philippinen, die Erklärung ab, daß gerade die Fragen von Glauben und Kirchenverfassung nicht aus der Diskussion ausgeblendet bleiben dürften, wenn man tatsächlich eine sichtbare Einheit der Christenheit als Ziel anstrebe. Im Grunde seien es Glaubensfragen, die zur Kirchenspaltung geführt haben und die die Konfessionen weiterhin voneinander trennen. Diese Probleme müßten vorrangig geklärt werden. Die Kirchen sollten, unabhängig von den Missionskonferenzen und deren Themen, insbesondere „diejenigen dogmatischen und kirchlichen Fragen, in denen sie voneinander abweichen ..., erörtern und damit zu einer Art gegenseitigen Verstehens und gegenseitiger Verständigung" kommen. Brent schlug der General Convention seiner Kirche vor, eine Konferenz einzuberufen, „die, von Vertretern aller christlichen Gemeinschaften der ganzen Welt beschickt, soweit diese sich zu unserem Herrn Jesus als Gott und Heiland bekennen, den Auftrag haben soll, Fragen, die in das Gebiet des Glaubens und der Verfassung der Kirche Christi gehören, zu erörtern"[58]. Diese Konferenz sollte sich also mühen um Glauben und Kirchenverfassung, Faith and Order, und dies in der christologischen Ausrichtung, die bereits die christliche Jugendarbeit und den Studentenweltbund im 19. Jh. bestimmt hatten. Neben Charles Brent, der als Bischof in den Philippinen weithin unabkömmlich war und nur begrenzt in die unmittelbare Vorbereitung einer solchen Weltversammlung eingreifen konnte, bemühte sich insbesondere Robert H. Gardiner[59] um diesen Gedanken. Er war Rechtsanwalt, Laie, und wurde als solcher zum Sekretär der Vorbereitungskommission ernannt. Er führte die Geschäfte bis zu seinem Tod 1924 und machte die Idee einer gesamtchristlichen Konferenz publik, die sich den Lehrdifferenzen zwischen den christlichen Kirchen und der Untersuchung widmen sollte, „worin wir uneins sind, wie auch dessen, worin wir eins sind."[60] Dieser Vorschlag, in zahllosen Briefen und Gesprächen propagiert, fand weithin positives Echo, auch bei den offiziellen Kirchenleitungen. Ein sehr verbindlich und freundlich gehaltenes Antwortschreiben Kardinal Gasparris vom Dezember 1914 ließ darauf hoffen, daß auch die römische Kirche für diesen Plan gewonnen werden könnte.[61]

Zunächst unterbrach der Erste Weltkrieg die Vorbereitung. Nach Kriegsende warben Delegationen bei den orthodoxen Kirchen und auch in Rom um Teilnahme und fanden freundliche Aufnahme, eine direkte Mitarbeit wurde allerdings von Papst Benedikt XV. abgelehnt. Auch die deutschen evangelischen Kirchen wirkten zunächst nicht mit. Die Wunden des Weltkriegs waren noch zu wenig vernarbt, der Begriff „feindliche Länder" war noch zu prägend, als daß eine entsprechende Vertrauensbasis für eine Zusammenarbeit bestanden hätte. Außerdem fühlte sich der Deutsche Evangelische Kirchenausschuß, der angesprochen wurde, nicht dafür zuständig, in Fragen von Glaube und Kirchenordnung zu verhandeln, das könne allein Aufgabe der einzelnen Kirchen sein. Darüber hinaus erachteten viele Lutheraner Verfassungsfragen von vornherein für sekundär. Dagegen waren die orthodoxen Kirchen in entscheidender Weise am Entstehen von Glauben und Kirchenverfassung beteiligt. Im Januar 1920 veröffentlichte das ökumenische

---

[58] Ökumene in Schule und Gemeinde, S. 71.

[59] Zu Gardiner siehe G. Gloede (Hrsg.), Ökumenische Profile, Bd. 1, Stuttgart 1961, S. 190–200. In dieser Beschreibung wird etwas spürbar von der ungeheuren Organisations- und Publikationsarbeit, die Gardiner in die Vorbereitung von Glauben und Kirchenverfassung investierte.

[60] Zitiert nach Rouse-Neill II, S. 6.

[61] Veröffentlicht in Rouse-Neill II, S. 12.

Patriarchat von Konstantinopel ein Rundschreiben „an alle Kirchen Christi, wo immer sie auch seien"[62], mit dem Aufruf, nach dem Beispiel des Völkerbundes in einem Kirchenbund zusammenzuarbeiten. Unter den vorgeschlagenen Verhandlungspunkten finden sich die Annahme eines gemeinsamen Kalenders, eine Regelung der Frage konfessionell gemischter Ehen und die Einberufung von gesamtchristlichen Konferenzen. Auch die Sorge über den Proselytismus in orthodoxen Gebieten wurde angesprochen. Die Anregung zu diesem epochemachenden Dokument kam vom orthodoxen Erzbischof Germanos von Thyatira, der später zu einem der Präsidenten des ÖRK gewählt wurde. Im gleichen Jahr 1920 veröffentlichten 252 anglikanische Bischöfe in der Lambeth Konferenz den ›Appeal to All Christian People‹, in dem sie die Spaltung des Christenvolkes beklagten, die Hoffnung auf die Einigung ausdrückten und das Bischofsamt als Mittel der Vereinigung empfahlen.[63]

Angesichts dieser günstigen Ausgangslage hatten Gardiners Bemühungen Erfolg. Am 3. August 1927 traten in Lausanne 439 stimmberechtigte Teilnehmer zur ersten Weltkonferenz für Glaube und Kirchenverfassung zusammen. Brent wurde zum Präsidenten gewählt. Im Unterschied zu den Missionskonferenzen, bei denen Pioniere der Missionsarbeit zusammenkamen, wurde Glauben und Kirchenverfassung von vornherein von den Kirchen als solchen getragen, die ihre Delegierten entsandten. Es waren alle Konfessionen außer der römisch-katholischen vertreten. Die Arbeit mußte zunächst einem gegenseitigen Sich-Kennenlernen dienen. Die verschiedenen Konfessionen und ihre Vertreter wußten in aller Regel wenig voneinander, insbesondere die orthodoxen Kirchen waren weithin unbekannt und wurden in ihren Anliegen kaum verstanden. So wurde als Programm aufgestellt, das Leben, die Lehre und die Verfassung der verschiedenen Kirchen wissenschaftlich zu erforschen und sich dadurch über Gemeinsamkeiten und Unterschiede genauere Kenntnisse zu verschaffen. Mit dieser Zielsetzung wurde in Lausanne ein neuer Zweig der Theologie begründet: die Konfessionskunde oder die komparative Ekklesiologie. Im einzelnen beschäftigte sich die Konferenz mit folgenden Themen: 1. Der Ruf zur Einheit; 2. Die Botschaft der Kirchen an die Welt – das Evangelium; 3. Das Wesen der Kirche; 4. Das gemeinsame Glaubensbekenntnis der Kirche; 5. Das geistliche Amt der Kirche; 6. Die Sakramente; 7. Die Einheit der Kirche und das Verhältnis der bestehenden Kirchen zu ihr. Damit waren

---

[62] Zu diesem Brief siehe Rouse-Neill II, S. 53f.

[63] Die inzwischen klassisch gewordenen Passagen dieses Aufrufs sind veröffentlicht in Rouse-Neill II, S. 55.

bereits viele der Themen umrissen, die seither die ökumenisch-theologische Diskussion bestimmten.

Besondere Bedeutung fand der Themenkreis Sieben, der die Einheit der Kirche und das Verhältnis der Kirchen zu ihr darlegte. Hier war keine Verständigung möglich, man konnte nur beschreibend folgende Positionen darstellen, wie sie in den verschiedenen Kirchen gelehrt werden: „1. Zur unsichtbaren (wahren) Kirche gehören alle wahrhaft Gläubigen auf Erden, ob sie nun einer Institution angehören oder nicht. 2. Die sichtbare Erscheinungsform der Kirche wurde von Christus selbst bestimmt und ist daher unveränderlich. 3. Die eine Kirche kann unter Leitung des Hl. Geistes in mannigfachen Formen Gestalt finden. 4. Die eine oder andere bestehende Kirche ist die allein wahre Kirche. 5. Die eine, wahre Kirche wird durch mehrere bestehende Kirchen oder durch alle Kirchen gemeinsam verkörpert. 6. Andere Gemeinschaften werden als Kirchen anerkannt, aber eine bestimmte Form des Amtes hat sich in der Vorsehung Gottes und durch die Lehren der Geschichte als notwendig für das Wohl der Kirche erwiesen. 7. Keine bestimmte Form der Institution bzw. 8. überhaupt keine Institution ist notwendig."[64]

Lausanne 1927 bemühte sich um die Einheit der Kirche, doch konnte man sich angesichts derartig unterschiedlicher Modelle auf kein konkretes Bild dieser Einheit verständigen. Die unterschiedlichen Konzeptionen im Verhältnis von vorgegebener zu erstrebter Einheit, der Einheit in der Struktur und im Amt, und die Einheit im Leben und Bekenntnis waren nicht auf einen Nenner zu bringen. Lausanne war zunächst einmal eine Bestandsaufnahme, die eine weitere gemeinsame Bemühung, ein gegenseitiges Kennenlernen und die Herstellung einer Vertrauensbasis initiieren konnte.

Nach dem Anstoß, den Lausanne bot, nahm sich ein Fortsetzungsausschuß der weiteren Arbeit an. Der britische Erzbischof William Temple[65] wurde als Nachfolger von Charles Brent, der 1929 verstarb, sein Vorsitzender. Die zweite Konferenz von Glauben und Kirchenverfassung fand in Edinburgh 1937 statt, sie stand unter dem Thema „Die Kirche in Gottes Heilsplan". Die Konferenz war beschickt von 344 Delegierten aus allen außer der römisch-katholischen Kirche. Die Themenstellung war enger begrenzt als in Lausanne: Man versuchte dem Problem der Ekklesiologie durch die Behandlung von Einzelthemen (Gnadenlehre, Wort Gottes, Amt und Sakramente, Einheit) näherzukommen

---

[64] G. Gaßmann, Konzeptionen der Einheit in der Bewegung für Glauben und Kirchenverfassung 1910–1937, Göttingen 1979, S. 166f.
[65] Vgl. die Darstellung in G. Gloede (Hrsg.), Ökumenische Profile Bd. II, Stuttgart 1963, S. 323–335.

und durch eine Annäherung in Detailfragen eine gemeinsame Ekklesiologie zu befördern. Deutlicher als in Lausanne wurde nun zum Ausdruck gebracht, daß die Einheit der Kirche auch sichtbare Gestalt annehmen müsse, daß die Einheit nicht allein Aufgabe der Kirchen sei, sondern daß sie ihre Vorgabe in der Einheit des Christusereignisses habe. Die Einheit im Glauben an den Herrn Jesus Christus sollte auch die Einheit der Kirchen bewirken. Dennoch blieb die Konferenz vornehmlich beim Vergleichen unterschiedlicher Ekklesiologien. Es schien, daß die differierenden Einzelaspekte jeweils Konsequenz eines Ganzen sind, das in der Ekklesiologie am deutlichsten in Erscheinung tritt. Die Einzeldifferenzen wurden, wie man formulierte, auf „tief voneinander abweichende Kirchenbegriffe"[66] zurückgeführt. Es ging also darum, die unterschiedlichen ekklesiologischen Grundansätze oder Grundentscheidungen miteinander zu vergleichen, von denen her die Einzeldifferenzen verstehbar und logisch konsequent erschienen.

Bei aller bleibenden Ungeklärtheit des Zieles formulierte Edinburgh 1937 bereits einen Stufenplan, durch den die erstrebte Einheit organisatorisch gefördert werden sollte. Ein erster Schritt sollte sein ein Bund unterschiedlicher Kirchen, der die Möglichkeit einer Zusammenarbeit „ohne Verletzung der Gewissen" eröffnete. Theologische Differenzen und strukturelle Unvereinbarkeiten mußten einen derartigen Kirchenbund nicht verunmöglichen. In einer zweiten Stufe sollte die gegenseitige Anerkennung der Mitgliedskirchen durch die Aufnahme von Abendmahlsgemeinschaft zum Ausdruck gebracht werden. Diese Stufe wurde als Interkommunion bezeichnet, wobei dieser Begriff weiter verstanden war als nur die Zulassung zum Herrenmahl, also auch eine ekklesiale Dimension umschloß. Die dritte Stufe, das Endziel ökumenischer Bemühung, wurde „körperschaftliche Vereinigung" oder „organische Union" genannt, ohne daß man im einzelnen hätte angeben können, wie diese aussehen sollte. Es wurde lediglich deutlich, daß die Glieder einer derartigen organischen Union nicht mehr nur Angehörige einer Konfession, sondern der gesamten Christenheit sein sollten und daß das geistliche Amt und die Sakramente von allen Gliedern dieser Kirche anerkannt würden. Ob die bestehenden konfessionellen Identitäten innerhalb dieser organischen Union noch einen Ort haben sollten, blieb offen. In Edinburgh wurde die grundsätzliche Entscheidung getroffen, einen Ökumenischen Rat der Kirchen zu gründen. Der Ausbruch des Zweiten Weltkriegs verhinderte jedoch die unmittelbare Umsetzung dieses Beschlusses.

---

[66] Zitiert nach HÖ II, S. 33.

4. Die Bewegung für Praktisches Christentum (Life and Work)

Nathan Söderblom, seit 1914 lutherischer Erzbischof von Uppsala, hatte als schwedischer Pfarrer in Paris und als Professor in Leipzig gewirkt.[67] Als Angehöriger der christlichen Studentenbewegung verfügte er über beste Verbindungen nach allen Seiten. Er war tief betroffen davon, daß das christliche Bekenntnis es nicht vermocht hatte, die nationalen Gegensätze zu überbrücken, ja daß sich die Kirchen beim Ausbruch des Ersten Weltkriegs in den Dienst der Kriegspropaganda stellen ließen. Noch im Jahr seiner Ernennung zum schwedischen Primas im September 1914 veröffentlichte er einen Friedensaufruf, dem sich viele Kirchenführer neutraler Länder anschlossen. Der Text begann mit den für die Ökumenische Bewegung inzwischen klassischen Worten: „Unsagbaren Schmerz hat der Weltkrieg im Gefolge. Die Kirche, der Leib Christi, blutet aus tausend Wunden. Die Menschen seufzen in ihrer Not: Wie lange, Herr, ach wie lange?"[68] Uppsala wurde zum Mittelpunkt ökumenischer Friedensbemühungen. Unmittelbar nach dem Weltkrieg veröffentlichte Söderblom 1919 den Plan, einen Ökumenischen Rat der Kirchen zu gründen, der die Christenheit geistlich vertreten sollte. Das war ein Jahr, bevor das ökumenische Patriarchat seine Enzyklika publizierte. Bei beiden Initiativen stand der Völkerbund Pate. Doch die Verhandlungen verliefen zäh. Die Verwundungen, die der Krieg allen Seiten zugefügt hatte, belasteten schwer, die Kriegsschuldfrage hing wie ein drohendes Gewitter über allen Bemühungen. Die Tatsache, daß 1914 die kriegführenden Parteien jeweils von ihren Kirchen alle moralische Unterstützung erhalten hatten, daß man glaubte, nicht zuletzt auch im Namen des Glaubens ins Feld zu ziehen, war von keiner Seite vergessen. Andererseits machte es gerade diese Erfahrung unausweichlich, die gemeinsame Friedenspflicht aller Christen neu zu betonen. So konnte erst 1925 auf Einladung Erzbischofs Söderbloms die Weltkonferenz für Praktisches Christentum, Life and Work, in Stockholm zusammentreten. 661 Delegierte aus 37 Ländern tagten in vier geographisch gegliederten Gruppen. Die amerikanische Sektion hatte über 100 Vertreter aus 25 Kirchen, die britische Sektion war etwa gleichgroß, am umfangreichsten war die europäische Delegation, die allein 70 deutsche Mitglieder zählte. Die zahlenmäßig kleinste Gruppe war die orthodoxe, sie hatte allerdings durch ihre hochrangige Zusammensetzung unter der Führung der Patriarchen von Alexandrien und Jerusalem er-

---

[67] Zur Biographie und Bedeutung vgl. G. Gloede (Hrsg.), Ökumenische Profile Bd. I, S. 234–243.
[68] In Rouse-Neill II, S. 148.

hebliches Gewicht. Die römische Kirche hatte die Teilnahme schon im Vorfeld abgelehnt. Stockholm war die erste Weltkonferenz, in der sich die Kirchen durch offiziell ernannte und entsandte Delegierte vertreten ließen. Seither ist Ökumene eine Sache der „amtlichen" Kirchen, nicht nur einzelner.[69]

Die Beratungen standen unter dem Motto: „Tun, was eint", sie waren von der Überzeugung bestimmt: „Die Lehre trennt, aber der Dienst vereint."[70] In den einzelnen Kommissionen wurde über folgende Themen diskutiert: 1. Die Verpflichtung der Kirche im Lichte des Planes Gottes für die Welt; 2. Die Kirche und die wirtschaftlichen und industriellen Fragen; 3. Die Kirche und die sozialen und sittlichen Fragen; 4. Die Kirche und die internationalen Beziehungen; 5. Die Kirche und die christliche Erziehung; 6. Methoden der praktischen und organisatorischen Zusammenarbeit der Kirchen und ihrer Vereinigung nach föderalistischen Prinzipien. Zur Erforschung praktischer Möglichkeiten der Hilfeleistung für die Armen und zur Behebung wirtschaftlicher Not wurde die Gründung eines Sozialwissenschaftlichen Instituts beschlossen. Viele beteiligte Kirchen fanden sich in einer vergleichbaren Situation: Der Schock des Ersten Weltkriegs hatte die enge Bindung von Kirche und Staat in den meisten Regionen deutlich gelockert. Die Kirchen waren nicht mehr allein in der Aufgabenstellung, Not caritativ zu lindern, sondern sie wußten sich aufgerufen, sich mit den Benachteiligten und Unterdrückten zu solidarisieren, um die sozialen und strukturellen Ursachen der Not zu überwinden. Neben dieser allgemein gehaltenen Programmatik waren allerdings die Ziele der Konferenz weithin unklar, darum blieb die Botschaft der Weltkonferenz für Praktisches Christentum die einzige offizielle Äußerung aus Stockholm. Sie betonte die Pflicht der Kirchen, das Evangelium „auf allen Gebieten des menschlichen Lebens zu der entscheidenden Macht zu machen – im industriellen, sozialen, politischen und internationalen Leben … Je näher wir dem gekreuzigten Christus kommen, um so näher kommen wir einander, wie verschieden auch die Farben sein mögen, in denen unser Glaube das Licht widerstrahlen läßt. Unter dem Kreuze Christi strecken wir einander die Hände entgegen … In dem gekreuzigten und auferstan-

---

[69] Siehe hierzu ÖL, Sp. 986.

[70] Dieser dem Präsidenten des Deutschen Evangelischen Kirchenausschusses, H. Kapler, zugeschriebene Satz wurde seither zur Richtschnur einer Konzeption von Ökumene, die vom gemeinsamen Tun die Überwindung der Kirchenspaltung erhofft. Gegenüber dieser Hoffnung ist im Laufe der Kontroversen eine erhebliche Ernüchterung eingetreten, bis hin zu der Umkehrung dieses Satzes in: „Die Lehre eint, aber das Tun trennt."

denen Herrn allein liegt die Hoffnung der Menschheit."[71] Stockholm 1925 fand lebhaftes Echo. Die Tatsache, daß sich die christlichen Kirchen in ihrer Verantwortung für die Welt, die Gesellschaft, insbesondere für die Benachteiligten zusammengefunden hatten und daß Wunden, die nationalistische Positionen in den Kirchen geschlagen hatten, die Zusammenarbeit offensichtlich nicht mehr verhinderten, wurde geradezu enthusiastisch gefeiert. Andererseits blieben kritische Stimmen nicht aus, die den Kirchen eine Politisierung vorwarfen oder auch die Gefahr sahen, daß hier eine Lehrautorität über den Kirchen etabliert und damit das Bekenntnis verfälscht würde.

Die weitere Arbeit an den angeschnittenen Themen wurde durch einen Fortsetzungsausschuß getragen, der sich 1930 unter dem Namen „Ökumenischer Rat für Praktisches Christentum" konstituierte. Dieser wurde in den dreißiger Jahren durch totalitäre Systeme herausgefordert: Bolschewismus, Faschismus und Nationalsozialismus waren der Religion feindlich und versuchten, sie durch die je eigene Ideologie zu ersetzen, selbst wenn manche äußere Form des religiösen Kultes beibehalten oder übernommen wurde. Nach dem Tod Nathan Söderbloms 1931 wurde George Bell, der anglikanische Bischof von Chichester,[72] zum Kopf der Bewegung für Praktisches Christentum, er arbeitete eng mit Dietrich Bonhoeffer, damals deutscher Pfarrer in London, zusammen. In den Auseinandersetzungen zwischen den „Deutschen Christen" und der „Bekennenden Kirche" in den ersten Jahren nach der nationalsozialistischen Machtergreifung fand die Bekennende Kirche durch den Rat für Praktisches Christentum und insbesondere durch Bell wichtige moralische und praktische Hilfestellung. Die Problemstellung Kirche, Volk, Staat wurde immer drängender, sie trat gegenüber den wirtschaftlichen und sozialen Fragen in den Vordergrund.

Preis dieser „Internationalen Freundschaftsarbeit" zwischen den Kirchen und ihres entschiedenen Votums gegen den Krieg „als ein Werkzeug zur Schlichtung internationaler Streitigkeiten"[73] war es, daß zur Zweiten Weltkonferenz für Praktisches Christentum in Oxford 1937 die Deutsche Evangelische Kirche keine Delegation entsenden konnte, ihren Mitgliedern wurden keine Ausreisevisa erteilt. Es fehlte auch die orthodoxe Kirche Rußlands, ebenso wie die römisch-katholische Kirche. Die Konferenz machte gegenüber allen nationalistischen Be-

[71] Nach Rouse-Neill II, S. 185.

[72] Vgl. hierzu G. Gloede (Hrsg.), Ökumenische Profile, Bd. I, S. 217–233.

[73] Der Text dieses Aufrufs an die Kirchen, „sie möchen in unmißverständlicher Weise erklären, daß sie keinen Krieg unterstützen und für keinen Krieg Beihilfe leisten werden", ist veröffentlicht in Rouse-Neill II, S. 209.

strebungen deutlich, daß die göttliche „Gabe des Volkstums von Menschen mißbraucht" werde und daß es eine Sünde sei, „wenn man das
eigene Volk als Quelle und Norm der Heilsoffenbarung ansieht".[74] Die
Aussagen der Barmer Theologischen Erklärung von 1934 fanden eine
überkonfessionelle Bestätigung in der Formulierung: „Die erste Aufgabe der Kirche gegenüber dem Staat ist die, Kirche zu sein." Oxford
stand unter dem Leitmotiv: „Laßt die Kirche Kirche sein!"[75]

Herausgefordert durch die Ideologie der „Deutschen Christen" trat in
der Bewegung für Praktisches Christentum ebenso wie bei der gleichzeitig tagenden Konferenz von Glauben und Kirchenverfassung in Edinburgh die Besinnung auf die Kirche ins Zentrum. Es wurde deutlich, daß
Leben und Lehre nicht voneinander zu trennen sind. Der Vorschlag,
beide Bewegungen zusammenzuschließen und einen „Ökumenischen
Rat der Kirchen" zu gründen, fand konsequenterweise allgemeine Zustimmung. In einem gemeinsamen Gottesdienst in St. Paul's Cathedral
in London für die Delegierten in Oxford und in Edinburgh predigte der
Erzbischof von Canterbury über den Text Ex 14,15: „Sage den Kindern
Israels, daß sie vorwärts gehen sollen." Dennoch stellten sich dem Zusammenschluß auch Widerstände entgegen. Man mußte die Erfahrung
machen, daß sich ökumenische Initiativen immer schwer tun, sich untereinander zusammenzuschließen. Konkret stellten sich mehrere Probleme: Faith and Order war der christologischen Basis verpflichtet, Life
and Work nicht. Faith and Order suchte sich die theologischen Spezialisten für seine Kommissionsarbeit selbst, in Life and Work und in den
ÖRK entsandten die Kirchen ihre Repräsentanten. Und der IMR, die unmittelbare Frucht und Weiterführung von Edinburgh 1910, blieb auch
weiterhin selbständig. Kein Geringerer als J. Mott hielt einen organisatorischen Zusammenschluß insgesamt für nicht wünschenswert.

5. Der „im Entstehen begriffene" Ökumenische Rat der Kirchen

Trotz mancher Widerstände, die sich hieraus ergaben, gründeten
Glauben und Kirchenverfassung und Praktisches Christentum einen
„Gemeinsamen Ausschuß", der 1938 in Utrecht eine Verfassung für
einen zu gründenden Ökumenischen Rat der Kirchen ausarbeitete und
einen „Vorläufigen Ausschuß", einen „Verwaltungsausschuß" und
einen Generalsekretär einsetzte. Zum Generalsekretär wurde Willem

---

[74] Zitiert nach F. Hasselhoff – H. Krüger (Hrsg.), Ökumene in Schule und Gemeinde, Stuttgart 1971, S. 81.
[75] Rouse-Neill II, S. 249.

A. Visser t'Hooft berufen.[76] Die offizielle Bezeichnung war nun „der im Entstehen begriffene Ökumenische Rat der Kirchen".

Der „Vorläufige Ausschuß" forderte die christlichen Kirchen auf, sich der Ökumenischen Bewegung anzuschließen. Dieser Einladung folgten bis 1939 55, bis zum Ende des Weltkriegs 90 Kirchen. Der Plan zu einer konstituierenden Vollversammlung für 1941 ließ sich wegen des Kriegs nicht realisieren, doch konnten auch in den Kriegsjahren über den rechtlich noch gar nicht bestehenden „Rat" bereits zahlreiche Kontakte zwischen den Kirchen aufrechterhalten werden. Es wurden eigene Abteilungen für die Flüchtlingsfürsorge, für die Kriegsgefangenen- und Interniertenseelsorge eingerichtet. Auch viele geflüchtete Juden haben in der entstehenden Ökumenischen Bewegung Helfer gefunden. Die Zentralstelle für zwischenkirchliche Hilfe hat nach dem Krieg Kontakte zwischen den anglikanischen und den europäischen Kirchen hergestellt und damit beigetragen, schlimmste Not zu lindern. Nach Kriegsende konnte der „Vorläufige Ausschuß" wieder tagen. Er beschloß im Februar 1946, die konstituierende Vollversammlung für den August 1948 nach Amsterdam einzuberufen.

Die Zusammenarbeit mit dem Internationalen Missionsrat war eng, beide Organisationen bezeichneten sich als „… in Verbindung mit" der jeweils anderen. Dennoch hat sich der Internationale Missionsrat dem Ökumenischen Rat der Kirchen nicht sofort angeschlossen, er blieb bis zur Vollversammlung 1961 in Neu-Delhi selbständig.

III. Die Vollversammlungen und ihre Wirkungsgeschichte

1. Die Konstituierung des Ökumenischen Rats der Kirchen 1948 in Amsterdam

Die erste Vollversammlung und die Konstituierung des Ökumenischen Rats der Kirchen fand 1948 in Amsterdam statt. Sie stand unter dem Thema „Die Unordnung der Welt und Gottes Heilsplan". 147 Kirchen aus 44 Ländern waren durch 351 Delegierte vertreten, die römisch-katholische Kirche fehlte, ihre erhoffte und von vielen auch erwartete Beteiligung kam nicht zustande. Obwohl der holländische Erzbischof Kardinal de Jong einverstanden schien, veröffentlichte Papst Pius XII. kurz vor der Vollversammlung ein Monitum, das die Beteiligung von römischen Katholiken von einer päpstlichen Genehmigung

---

[76] Vgl. G. Gloede (Hrsg.), Ökumenische Profile II, S. 336–344; zur Biographie siehe auch W. A. Visser t'Hooft, Die Welt war meine Gemeinde, München 1972.

abhängig machte, und diese wurde nicht erteilt.[77] Vornehmlich aus politischen Gründen fehlte auch die russisch-orthodoxe Kirche, jedoch nahmen die Kirche von Griechenland und das ökumenische Patriarchat von Konstantinopel sowie mehrere orthodoxe Exilkirchen teil. Visser t'Hooft wurde erwartungsgemäß zum Generalsekretär gewählt.

Hauptredner der Konferenz waren der Schweizer Karl Barth und der Engländer Charles H. Dodd. Das Thema wurde in vier Sektionen behandelt: 1. Die Kirche in Gottes Heilsplan; 2. Die Kirche bezeugt Gottes Heilsplan; 3. Die Kirche und die Auflösung der gesellschaftlichen Ordnung; 4. Die Kirche und die internationale Unordnung. Kontrovers war insbesondere die Diskussion in der Sektion Zwei. Höhepunkt war hier das Rededuell zwischen John F. Dulles, dem amerikanischen Delegierten bei den Vereinten Nationen und späteren amerikanischen Außenminister, und dem tschechischen Theologen Josef L. Hromadka. Während Dulles den marxistischen Kommunismus einer menschenverachtenden Aggressivität bezichtigte, beschuldigte Hromadka den Westen, er habe eine fast metaphysische Angst vor dem Kommunismus und sei unfähig, dessen soziale Kraft zu würdigen, der ihn in eine Reihe stelle mit Neuaufbrüchen in der Kirche, angefangen bei den Mönchsorden bis hin zur Reformation und einem neuzeitlichen Humanismus.

Die Vollversammlung beschloß, als Beschreibung des Selbstverständnisses des ÖRK die Basisformel zu übernehmen, wie sie in Utrecht 1938 vorgeschlagen worden war: „Der Ökumenische Rat der Kirchen ist eine Gemeinschaft von Kirchen, die unseren Herrn Jesus Christus als Gott und Heiland anerkennen (accept)." Es wurde also die Basisformel von Glauben und Kirchenverfassung übernommen, die wiederum aus dem christlichen Studentenweltbund und dem CVJM stammte. Hinsichtlich der Mitgliedschaft legte diese Basis fest, daß nur Kirchen, nicht aber Privatpersonen oder freie Initiativen oder Organisationen dem Rat beitreten können. Man sah es als den wichtigsten Ertrag von Amsterdam an, „daß die Kirchen selbst die Verantwortung für die Ökumenische Bewegung auf sich nahmen und daß umgekehrt die Ökumenische Bewegung eine feste Grundlage im Leben der Kirchen gewann"[78].

Die Vollversammlung in Amsterdam richtete an die Kirchen eine Botschaft, in der es heißt: „Christus hat uns zu Seinem Eigentum gemacht, und in Ihm ist keine Zertrennung. Wo wir Ihn suchen, finden wir einander. Hier in Amsterdam haben wir uns von Ihm und damit vonein-

---

[77] Zur Stellung der katholischen Kirche zum ÖRK vgl. unten S. 138ff.

[78] So Rouse-Neill II, S. 420, wo die Auffassung zurückgewiesen wird, der offizielle kirchliche Charakter sei mehr Gefahr als Gewinn für die Ökumenische Bewegung.

ander aufs neue in Pflicht nehmen lassen, und deshalb haben wir diesen
Ökumenischen Rat der Kirchen gebildet. Wir haben den festen Willen,
beieinander zu bleiben. Wir rufen die christlichen Gemeinden in der
ganzen Welt auf, diesen Zusammenschluß zu bejahen und ihn auch in
ihrem eigenen Leben miteinander Wirklichkeit werden zu lassen."[79]
Vielfältige Meinungsunterschiede gerade im sozialen und politischen
Bereich sollten den Willen zu größerer Gemeinschaft nicht in Frage
stellen.

Die Kirchen hatten mit der Gründung des Ökumenischen Rats eine
institutionalisierte Plattform zur Zusammenarbeit und zum Austausch.
Was dieser Rat konkret nun allerdings sein sollte, wie er wirken würde,
war weithin offengeblieben. So galt es in der Folgezeit, nicht nur finanzielle Engpässe zu überwinden, sondern auch Funktionen und Stellung
des Rates und das Verhältnis der Mitgliedskirchen zu ihm und untereinander zu klären. In Ergänzung zu einem undogmatisch konzipierten
Verständnis von Ökumene und einem handlungsorientierten Einheitsverständnis, wie sie in der Bewegung für Praktisches Christentum vor-
geherrscht hatten, mußte man sich nun auch um eine theoretische Klärung des Selbstverständnisses und des theologischen Anspruchs des
ÖRK mühen. Denn verschiedentlich begegneten auch übertriebene Erwartungen, die ihrerseits wieder zu Besorgnis seitens der Kirchen
führten, so als sei der Ökumenische Rat die ökumenische Kirche der Zukunft, wolle die *una sancta ecclesia* des Glaubensbekenntnisses sein
oder solle dazu werden. Derartige Hoffnungen bzw. Sorgen, der ÖRK
würde an die Stelle der Kirchen und ihrer Entscheidungsgremien
treten, die Mitgliedschaft stelle das überkommene Bekenntnis zur Disposition, mußten zerstreut werden. Ebenso galt es, der Vorstellung zu
wehren, der Rat sei die Ökumenische Bewegung schlechthin, er fasse
alle christlichen Einigungsaktivitäten in sich zusammen. So wurde in
der Verfassung des Ökumenischen Rats anerkannt, daß es auch andere
ökumenische Organisationen und Initiativen gibt, von denen manche
mit dem Rat zusammenarbeiten, andere aber auch nicht. Der Rat versteht sich, wie Visser t'Hooft bekräftigte, lediglich als ein Instrument,
dessen sich die Kirchen bedienen können, um miteinander Kontakt aufzunehmen und Schritte hin auf Einheit zu tun. Der Rat ist also nicht die
Ökumenische Bewegung, sondern ein Teil von ihr.

Die Sorge, der ÖRK würde Autorität über das Bekenntnis und die Verfassung der Kirchen beanspruchen oder bindende Entscheidungen hinsichtlich von Einigungsbestrebungen treffen wollen, ließ manche Kir-

---

[79] In: H. J. Margull (Hrsg.), Zur Sendung der Kirche. Material der Ökumenischen Bewegung, München 1963, S. 79.

chen zögern, sich ihm anzuschließen. Um derartige Befürchtungen zu zerstreuen, verabschiedete der Zentralausschuß 1950 in Toronto eine Erklärung über ›Die Kirche, die Kirchen und der Ökumenische Rat der Kirchen‹[80]. In ihr werden alle Vorstellungen zurückgewiesen, der Ökumenische Rat sei eine Überkirche über den Konfessionen. Es heißt: „Der Ökumenische Rat der Kirchen ist keine 'Über-Kirche' und darf niemals eine werden" (Nr. 3). „Wenn eine Kirche Mitglied des Ökumenischen Rats der Kirchen ist, so bedeutet das nicht, daß sie ihre eigene Auffassung von der Kirche relativiert" (Nr. 4). Aus der Mitgliedschaft folgt nicht, „daß jede Kirche die anderen Mitgliedkirchen als Kirchen im wahren und vollen Sinne des Wortes ansehen muß" (Nr. 11). Sie erkennen aber „in anderen Kirchen Elemente der wahren Kirche an" (Nr. 12). Um alle Mißverständnisse auszuräumen, als beanspruche der Rat eine Entscheidungsvollmacht über die Kirchen, als sei er die Una Sancta, machte der Zentralausschuß in Toronto klar: „Die Rolle des Rates selbst ist lediglich die eines Werkzeugs. Er muß abnehmen, damit die Una Sancta wachse."[81]

In den Ersten Weltkonferenzen von Glauben und Kirchenverfassung 1927 in Lausanne war die vergleichende Kirchenkunde entstanden. Man hatte erkannt, daß das gegenseitige Wissen über die Kirchen höchst mangelhaft war, daß es zunächst notwendig war, die verschiedenen Konfessionen und Kirchen in ihrem Selbstverständnis zur Kenntnis zu nehmen und sie jeweils als ein Ganzes zu verstehen. Auch die zweite Weltkonferenz 1937 in Edinburgh war bei der Bestandsaufnahme geblieben und hatte die Differenzen auf „tief voneinander abweichende Kirchenbegriffe"[82] zurückgeführt. Doch diese Methode kam über das Vergleichen und damit das Registrieren der Unterschiede kaum hinaus. Die Kirchenkunde war ein notwendiger, aber nur ein erster Schritt, um theologisch die Kirchenspaltung zu überwinden. Einen weiterführenden Anstoß brachte die Weltkonferenz für Glauben und Kirchenverfassung in Lund 1952. Zu ihr kamen 256 Delegierte aus 120 Kirchen und 42 Ländern zusammen, auch die katholische Kirche war nun durch vier offizielle Beobachter vertreten. Es setzte sich die Erkenntnis durch, daß es nicht genügen könne, Ekklesiologien vergleichend nebeneinanderzustellen. Aus den konkurrierenden Ansprüchen entsteht notwendigerweise die Frage nach der rechten Kirche. Folglich

---

[80] Der Text ist u. a. veröffentlicht in L. Vischer (Hrsg.), Die Einheit der Kirche. Material der Ökumenischen Bewegung, München 1965, S. 251–261. Die folgenden Zitate aus diesem Text sind nach der Numerierung des Textes zitiert.

[81] So die Zusammenfassung in Rouse-Neill II, S. 421.

[82] HÖ II, S. 33.

läßt sich eine Ekklesiologie nur von der Christologie her entwickeln, nur sie kann ein Kriterium bilden, das Wahrheitsaussagen ermöglicht. „Wir haben klar erkannt, daß wir keinen wirklichen Fortschritt auf Einheit hin machen können, wenn wir nur unsere verschiedenen Vorstellungen vom Wesen der Kirche und die Traditionen, denen sie eingefügt sind, miteinander vergleichen. Es hat sich wiederum gezeigt, daß wir einander näherkommen, indem wir Christus näherkommen."[83] Es ist wie bei den Speichen eines Rades: Je näher sie der Mitte kommen, um so enger rücken sie auch untereinander zusammen. In Lund hat man, wie L. Vischer formulierte, „gewissermaßen die Blickrichtung gewechselt. Während bisher die Kirchen einander gegenübergestanden hatten, ist jetzt ein gemeinsamer Blickpunkt gewonnen, der ihrem Gespräch die notwendige Ausrichtung gibt. Die in Christus gegebene Einheit ist jetzt nicht nur Gegenstand einer gemeinsam abgegebenen feierlichen Erklärung, sie ist vielmehr zum Ausgangspunkt des gemeinsamen Nachdenkens geworden."[84] Von einem gemeinsamen Verständnis der Christologie her sollten nun die Fragen der Sakramentenlehre, der Ämterlehre, des Gottesdienstes betrachtet und Differenzen überwunden werden. Dies wurde als die „christologische Methode" ökumenischer Theorie bezeichnet. Für ihre Praxis stellten sich die Kirchen das Ziel, daß sie „in allen Dingen gemeinsam handeln müßten, abgesehen von solchen, in denen tiefe Unterschiede der Überzeugung sie zwingen, für sich allein zu handeln"[85]. Lund 1952 wurde durch die „kopernikanische Wende" zur Christologie und durch seine Neuausrichtung für eine umfassende Gemeinschaft in der Praxis zu einem Meilenstein in der Geschichte der Ökumenischen Bewegung.

2. Evanston 1954

Die christozentrische Ausrichtung, die sich in Glauben und Kirchenverfassung 1952 in Lund durchgesetzt hatte, bestimmte auch die Zweite Vollversammlung des Ökumenischen Rats der Kirchen im August 1954 in Evanston bei Chicago. Sie stand unter dem Motto: „Christus – die Hoffnung der Welt". 163 Mitgliedskirchen aus 48 Ländern hatten 502 Delegierte entsandt. Die Mehrzahl der orthodoxen Kirchen und Rom

---

[83] Nach L. Vischer (Hrsg.), a. a. O., S. 93f.

[84] L. Vischer (Hrsg.), a. a. O., S. 16f.

[85] Durch Glauben und Kirchenverfassung in Santiago de Compostela 1993 wurde dieses „Lund-Prinzip" wiederaufgegriffen, nun aber durch die Forderung von „Strukturen für die gegenseitige Rechenschaft" ergänzt (ÖR42 [1993], S. 478).

standen nach wie vor abseits. Edmund Schlink[86] aus Heidelberg, der spätere offizielle Beobachter der EKD beim Zweite Vatikanischen Konzil, hielt eines der beiden Hauptreferate. Doch der große Elan, der von Amsterdam ausgegangen war, war in Evanston kaum noch zu spüren. Der Ost-West-Konflikt belastete die Verhandlungen, der Begriff der Hoffnung, der das umfassende Thema bilden sollte, orientierte sich an zwei einander widersprechenden Grundströmungen: Vorwiegend amerikanische Delegierte waren von einer eher optimistischen Fortschrittsgläubigkeit geprägt, während in der europäischen Theologie der Hoffnungsgedanke weithin unter eschatologisch-apokalyptischem Vorzeichen stand. Es zeigte sich, daß auch die Konzentrierungen auf die Christologie die Differenzen keineswegs zu überbrücken vermochten. Man mußte feststellen: „Wir sind uns über die Beziehung zwischen der Hoffnung des Christen hier und jetzt und seiner letzten Hoffnung nicht einig."[87] Die Sektion Sechs von Evanston stand unter dem Thema: „Die Laienfrage: Der Christ in seinem Beruf". Durch die hier vorgenommene Festlegung des Laien auf den Weltauftrag tendierte die Konferenz dazu, in diesem Kontext alle aktuellen Probleme in Kirche und Welt anzusprechen; eine thematische Überfrachtung war die unausbleibliche Konsequenz. Doch trotz aller Schwierigkeiten und neuen Fragestellungen war sich die Versammlung einig, daß das ökumenische Werk weitergehen solle. Während bei der Gründung des Ökumenischen Rats in Amsterdam die Kirchen den Willen bekundet hatten, zusammenzubleiben, heißt es nun in der Botschaft an die Kirchen: „Jetzt treten wir in einen zweiten Abschnitt ein. Es genügt nicht, beieinander zu bleiben. Wir müssen vorwärts. Je mehr wir unsere Einheit in Christus erkennen, um so schwerer ist es zu ertragen, wenn wir vor der Welt im Widerspruch zu dieser Einheit leben."[88]

3. Neu-Delhi 1961

Unter den Vollversammlungen des Ökumenischen Rats der Kirchen kommt Neu-Delhi 1961 zweifelsohne das größte Gewicht zu. Der Rat war auf 198 Mitgliedskirchen angewachsen, 577 Delegierte versammelten sich unter dem Motto „Jesus Christus – das Heil der Welt". Die

---

[86] Die ökumenische Konzeption Schlinks wird zusammenfassend gewürdigt bei J. Eber, Einheit der Kirche als dogmatisches Problem bei Edmund Schlink, Göttingen 1993.
[87] Evanston Dokumente, Witten/Ruhr 1954, S. 13.
[88] A.a.O., S. 8 f.

christozentrische Ausrichtung war in diesem Thema wiederum dokumentiert. Für Struktur und Arbeit des Ökumenischen Rats der Kirchen
war bedeutsam, daß nun der Internationale Missionsrat (IMR) in den
Ökumenischen Rat integriert wurde. Die Missionsbewegung war am
Anfang der Ökumenischen Bewegung gestanden, allerdings hatten sich
in ihr weithin freie missionarische Vereinigungen und Missionsgesellschaften, nicht dagegen die Kirchen als solche versammelt. Die Missionsgesellschaften waren weithin evangelikal bestimmt, sie blieben
einer kirchlichen Einbindung gegenüber eher skeptisch. Zwar bezeichneten sich schon bisher ÖRK und IMR offiziell als „... in Verbindung mit"
jeweils dem anderen stehend, dennoch war es erst in Neu-Delhi 1961
möglich, beide Bewegungen miteinander zu verschmelzen, also den
IMR in den ÖRK aufzunehmen. Vor allem die orthodoxen Kirchen sahen,
nicht ohne Grund, im IMR eine Tendenz auf Proselytenmacherei, die
sich oft gegen die Orthodoxie richtete und die eine einseitige protestan-
tisch-evangelikale Ausrichtung des Ökumenischen Rats zur Folge
haben würde. Durch die Verabschiedung eines Dokuments gegen den
Proselytismus unter dem Titel ›Christliches Zeugnis, Proselytismus und
Glaubensfreiheit‹[89], das die Missionsproblematik zwischen den Kirchen
regeln sollte, konnten diese Bedenken weitgehend ausgeräumt werden.

In Neu-Delhi traten die orthodoxen Kirchen Rußlands, Rumäniens,
Bulgariens und Polens dem Ökumenischen Rat bei. Dieser erfuhr dadurch eine wesentliche Erweiterung, nicht nur zahlenmäßig. Durch
diese Aufnahme östlicher Traditionen kam es in der Folgezeit zu frucht-
barer Begegnung; darüber hinaus verlor der Rat das Image einer protestantischen Organisation, das ihm bis dahin angehaftet hatte. Visser
t'Hooft konnte in seinem Bericht für Neu-Delhi unschwer vorhersagen,
durch diese Erweiterung „wird unsere ökumenische Aufgabe nicht
leichter werden. Sie wird allerdings sehr viel reicher werden."[90] Daneben wurden über die osteuropäischen Kirchen im Rahmen des ÖRK
auch politische und gesellschaftliche Probleme virulent, die der enge
Freiheitsraum, den die meisten orthodoxen Kirchen unter den kommunistischen Regierungen hatten, mit sich brachte. Erst nach dem Zusammenbruch der kommunistischen Regime wurde deutlich, in welchem
Umfang diese versucht hatten, über die kirchlichen Delegierten politischen Einfluß auf den ÖRK zu nehmen.

---

[89] Der Text war schon vor der Vollversammlung ausgearbeitet und wurde in
dem Vorbereitungsband Evanston – Neu-Delhi (Genf 1961) veröffentlicht
(S. 267–273). In Neu-Delhi wurde beschlossen, den Text entgegenzunehmen und
ihn den Kirchen zu empfehlen (Neu-Delhi 1961, Stuttgart 1962, S. 168f.).
[90] Neu-Delhi 1961, S. 530.

Neben den orthodoxen Kirchen wurden weitere Mitgliedskirchen aufgenommen, 18 von ihnen kamen aus der sogenannten Dritten Welt. Damit setzte eine Bewegung ein, die sich in den kommenden Jahrzehnten verstärken und das Gewicht immer mehr auf die jungen Kirchen verlagern sollte. Dies beeinflußte nicht nur die äußere Zusammensetzung des ÖRK, sondern auch dessen theologische und gesellschaftlich-politische Ausrichtung.

Mit dem Eintritt der orthodoxen Kirchen ist zusammenzusehen, daß in Neu-Delhi die Basisformel erweitert wurde. Hatte Amsterdam 1948 die christologische Formel des CVJM übernommen, wurde diese nun trinitarisch erweitert. Sie lautet seit Neu-Delhi: „Der Ökumenische Rat der Kirchen ist eine Gemeinschaft von Kirchen, die den Herrn Jesus Christus gemäß der Heiligen Schrift als Gott und Heiland bekennen (confess) und darum gemeinsamen zu erfüllen trachten, wozu sie berufen sind, zur Ehre Gottes des Vaters, des Sohnes und des Heiligen Geistes."[91] In den Aussagen zu einer ökumenischen Ekklesiologie wurden nun deutliche Fortschritte erzielt, die die Beschränkungen von Toronto 1950 etwas aufbrachen. Hatte sich der Ökumenische Rat bei seiner Konstituierung einer ekklesiologischen Qualität entsagen müssen, erklärte Neu-Delhi: „Wir sind wenigstens in der Lage zu sagen, daß der Ökumenische Rat nicht etwas völlig anderes als seine Mitgliedskirchen ist. Er ist dies: die Kirchen in fortdauernder Beratung. Er ist nicht über oder abgesondert von den Kirchen, sondern allezeit ganz nahe bei ihnen. Wenn wir vom Rat sprechen, sollten wir lieber 'wir' sagen als 'er' oder 'sie'."[92]

In einer weiteren Hinsicht brachte Neu-Delhi einen Durchbruch, es gelang erstmals, das ökumenische Ziel genauer zu umreißen. War es in Lausanne 1927 und in Toronto 1950 unmöglich gewesen, die angestrebte Einheit inhaltlich zu umschreiben, konnte man nun in Bezugnahme auf Toronto formulieren: „Wir glauben, daß die Einheit, die zugleich Gottes Wille und seine Gabe an seine Kirche ist, sichtbar gemacht wird, indem alle an jedem Ort, die in Jesus Christus getauft sind und ihn als Herrn und Heiland bekennen, durch den Heiligen Geist in eine völlig verpflichtete Gemeinschaft geführt werden, die sich zu dem einen apostolischen Glauben bekennt, das eine Evangelium verkündet, das eine Brot bricht, sich im gemeinsamen Gebet vereint und ein gemeinsames Leben führt, das sich in Zeugnis und Dienst an alle wendet."[93] Als Ziel wird hier also formuliert: Einheit aller an jedem Ort.

Neu-Delhi wurde zu einem Meilenstein der Ökumenischen Bewe-

---

[91] Neu-Delhi 1961, S. 170.
[92] Neu-Delhi 1961, S. 147.
[93] Neu-Delhi 1961, S. 130.

gung. Und inzwischen war ein völlig unerwarteter Durchbruch erfolgt: Papst Johannes XXIII. hatte ein ökumenisches Konzil angekündigt, das Hoffnungen und Erwartungen gerade für die Ökumene erweckte. Das Einheitssekretariat setzte Zeichen, die auf eine grundlegende Neuorientierung der zahlenmäßig größten christlichen Kirche hoffen ließen. So waren nach Neu-Delhi erstmals fünf offizielle katholische Beobachter zu einer Vollversammlung des Ökumenischen Rats entsandt worden, ein Zeichen, das große Beachtung fand.

Die ökumenischen Erwartungen nach Neu-Delhi waren hochgesteckt. Verschiedentlich machte sich die Hoffnung breit, durch den Beitritt weiterer, vor allem der römischen Kirche, könnte der Ökumenische Rat bald die Christenheit insgesamt repräsentieren und zur universalen Kirche werden. Außerdem ließe sich die Basis weiterhin auffüllen und zu einer gesamtchristlichen Credoformel erweitern. Zudem war das Einheitsmodell präzisiert worden. Der Beginn des Zweite Vatikanischen Konzils setzte weiterhin Hoffnungen und Erwartungen frei. Sollte sich im Ökumenischen Rat nicht vielleicht doch die Una Sancta verwirklichen lassen?

Angesichts derartig weit ausgreifender Hoffnungen mußte die Vierte Weltkonferenz für Glauben und Kirchenverfassung in Montreal 1963 fast notwendig zu einer Ernüchterung führen. Nach dem großen Aufbruch kam nun eine Phase der Konsolidierung, der kleinen theologischen Schritte und der Klärung von Einzelproblemen, die nicht einfach unbeantwortet bleiben konnten, auch wenn die Ereignisse nicht spektakulär waren. Die stattliche Zahl von 60 orthodoxen Vertretern, die in Montreal fast ein Viertel der 270 Delegierten aus zwölf Kirchen bildeten, machte durch die ihnen eigene theologische Denkform die Arbeit nicht leichter. Das Verhältnis zur katholischen Kirche, die durch fünf offizielle Beobachter und zahlreiche Gäste und Journalisten vertreten war, hatte sich entspannt.

Die zweite Sektion von Montreal behandelte das Thema „Schrift, Tradition und Traditionen". Dabei unterschied man einen dreifachen Traditionsbegriff: 1. Tradition als Offenbarung Gottes in Christus durch den Hl. Geist, 2. Tradition als Vorgang der Weitergabe der Frohbotschaft und 3. Tradition als die konfessionellen, historisch geprägten Ausgestaltungen der einzelnen Kirchen (Traditionen). Damit war der Begriff Tradition aus seiner kontroversen theologischen Engführung befreit und als Beschreibung des Offenbarungsgeschehens erkannt. Die überkommene Kontroverse um Schrift und Tradition war durch die Aufnahme dieses umfassenden Traditionsbegriffs weithin überwunden oder zumindest entschärft. Lediglich aus Rücksicht gegenüber den Kirchen der Reformation wurde die polemisch klingende Formulierung *„sola tra-*

ditio" vermieden und durch den griechischen Äquivalentbegriff „Paradosis des Kerygmas" ersetzt.

Über diese zweifellos bedeutsame theologische Einzelfrage hinaus konnte Montreal keine entscheidenden Fortschritte bringen. Die neutestamentliche Besinnung, die Ernst Käsemann vortrug,[94] schien eher zur Legitimierung unterschiedlicher oder auch gegensätzlicher ekklesiologischer Strukturen zu führen als zu einer Annäherung der Kirchen. Insbesondere in der Problematik des kirchlichen Amtes erwiesen sich die unterschiedlichen konfessionellen Denkansätze als nicht vereinbar.

In dieser Situation einer gewissen Enttäuschung darüber, daß der theologische Durchbruch nicht so leicht möglich war wie erhofft oder von manchen erwartet, verlagerte sich die Problemstellung im Ökumenischen Rat deutlich auf praktische Fragen der Weltverantwortung der Christen. Einheit sollte vor allem durch gemeinsames Tun möglich werden. Insbesondere die immer zahlreicher werdenden Kirchen der Dritten Welt waren mehr an der Überwindung oder zumindest der Verurteilung ausbeuterischer Wirtschaftsstrukturen und ungerechter Verteilung der Ressourcen interessiert als an den überkommenen Kontroversthemen. Die Weltmissionskonferenz 1963 in Mexico City sprach von einer „Mission in sechs Kontinenten" und gab damit der Vorstellung von gebenden und empfangenden Ländern oder Kirchen den Abschied. 1966 veranstaltete die Kommission für Praktisches Christentum in Genf ihre dritte Vollversammlung, nun unter dem Titel „Weltkonferenz für Kirche und Gesellschaft". Sie war weithin durch Delegierte aus der nicht-westlichen Welt geprägt, die personelle und theologische Vormachtstellung Europas und Nordamerikas war durchbrochen. Der Rat erwies sich auch nach außen hin als „ökumenisch" im Sinne von weltweit-universal. Die Konferenz identifizierte sich mit den Entrechteten, den Armen und Unterdrückten, forderte soziale und wirtschaftliche Gerechtigkeit. Eine schneidende Sozialkritik machte sich insbesondere in anti-amerikanischen Äußerungen Luft, die „Theologie der Revolution" schien alle sozialen Probleme lösen zu sollen. Die Reich-Gottes-Verkündigung wurde weithin im Sinne innerweltlicher Utopien interpretiert („Horizontalismus"). „Beteiligt euch an dieser Vorwegnahme des Reiches Gottes, und laßt heute schon etwas von der Neuschöpfung sichtbar werden, die Christus an seinem Tag vollenden wird."[95] Diese Konferenz sollte für die konfliktgeladene Geschichte des ÖRK in den nächsten Jahrzehnten wegweisend werden. In dieser angespannten Situation über-

---

[94] E. Käsemann, Einheit und Vielfalt in der neutestamentlichen Lehre von der Kirche, veröffentlicht in: ÖR 13 (1964), S. 58–63.
[95] Zitiert in: HÖ II, S. 59.

nahm 1966 der amerikanische Presbyterianer Eugene C. Blake von Visser't Hooft das Amt des Generalsekretärs. Er war seit Anfang der 50er Jahre an ökumenischen Konferenzen beteiligt gewesen und hatte durch seine Arbeit in mehreren Ausschüssen Einblick in die ökumenische Organisation gewonnen. Darüber hinaus prädestinierten ihn gute Kontakte nach Rom und Moskau für diese Aufgabe.

In den Jahren zwischen Neu-Delhi und der Vollversammlung in Uppsala fand das Zweite Vatikanische Konzil statt, das einen ungeahnten Aufbruch der römisch-katholischen Christenheit bewirkte. War man in Montreal 1963 gegenüber dem neuen Erscheinungsbild der katholischen Kirche noch eher skeptisch und befürchtete, das Ganze diene lediglich dazu, die „getrennten Brüder heimzuholen", entkrampfte sich das Verhältnis in den folgenden Jahren zusehends. In Montreal ebenso wie in Mexico City und bei der Genfer Konferenz 1966 wirkten katholische Delegierte oder offizielle Beobachter mit, 1968 wurde auf Vorschlag der gemeinsamen Arbeitsgruppe zwischen der päpstlichen Kommission „Justitia et pax" und dem Ökumenischen Rat der Kirchen der Ausschuß für Gesellschaft, Entwicklung und Frieden (SODEPAX)[96] eingerichtet, in dem erstmals eine offizielle und kontinuierliche Zusammenarbeit zwischen Rom und Genf erfolgte. Sollten sich vielleicht doch die Hoffnungen erfüllen, daß Rom dem Ökumenischen Rat beitreten würde und dieser dann faktisch eine gesamte Repräsentanz der Christenheit wahrnehmen könnte?

4. Uppsala 1968

Die Vierte Vollversammlung des Ökumenischen Rats 1968 im schwedischen Uppsala stand unter dem Thema „Siehe, ich mache alles neu". 235 Mitgliedskirchen waren durch rund 700 Delegierte vertreten. Die zahlenmäßig größte Einzelgruppe bildeten nun die Orthodoxen, die katholische Kirche hatte 14 Beobachter entsandt, die voll in den Versammlungsverlauf einbezogen waren.

Uppsala war zu einem guten Teil durch den gesellschaftlichen Umbruch bestimmt, der in den Studentenunruhen von 1968 geradezu explosionsartig aufbrach. So beginnt die Botschaft von Uppsala mit den Worten: „Aufsehenerregende Schritte in wissenschaftliches Neuland, der Protest revoltierender Studenten, das Erschrecken über politische Morde, kriegerische Zusammenstöße: das sind die Zeichen des Jahres 1968 ... Wir hörten den Schrei derer, die sich nach Frieden sehnen. Die

---

[96] Abkürzung aus Society, Development and Pax.

Hungernden und die Ausgebeuteten rufen nach Gerechtigkeit. Die Verachteten und Benachteiligten verlangen ihre Menschenwürde. Millionen suchen nach einem Sinn ihres Lebens. Gott hört diese Rufe und richtet uns. Er spricht aber auch das befreiende Wort ... Lebt jetzt schon in meinem Reich in froher Anbetung und in wagemutigem Handeln."[97] Uppsala wurde durch die angesprochenen Ereignisse mitgeprägt. Herausgefordert durch die gesellschaftspolitischen Ansätze, wie sie 1966 in Genf dominant geworden waren, entstand die Kontroverse zwischen „Horizontalisten" und „Vertikalisten", jenen, die Ökumene primär als weltweiten Auftrag für eine gerechte Gesellschaft verstanden, und jenen, die schwerpunktmäßig die Einheit der Kirche anstrebten und diese im göttlichen Heilsplan verankert sahen. Visser t'Hooft, der in Uppsala zum Ehrenpräsidenten des Ökumenischen Rats ernannt wurde, bemühte sich, diese Spannung zu überwinden: „Ein Christentum, das seine vertikale Dimension verloren hat, hat ihr Salz verloren und ist dann nicht nur in sich selbst fade und kraftlos, sondern auch für die Welt unnütz. Hingegen würde ein Christentum, das infolge einer Konzentration auf die vertikale Dimension seine Verantwortung für das Gemeinschaftsleben vernachlässigen würde, die Inkarnation verleugnen, die Liebe Gottes zur Welt, die sich in Christus dargestellt hat."[98] Doch auch die warnenden Worte Visser t'Hoofts vermochten nicht, diese Kontroverse zu bereinigen. Es entstand eine Tendenz, die mit dem Begriff „Sozialökumenismus" belegt wurde. Er umschrieb den Versuch, durch die Wahrnehmung des innerweltlichen Auftrags der Kirchen Not, Armut und Unterdrückung zu lindern, die Kirchen zum Sprachrohr derer zu machen, die sich sonst nicht zu äußern vermögen, und auf diesem Weg gleichzeitig auch die Einigung der Christenheit zu befördern. Anklagen gegen die durch die westliche Welt dominierten Wirtschafts- und Sozialstrukturen bestimmten fortan das Klima.

Die weltweit-universale Verpflichtung der Christenheit wurde theologisch durch den Begriff „Katholizität" zum Ausdruck gebracht. Die Sektion I in Uppsala stand unter dem Thema „Der Heilige Geist und die Katholizität der Kirche", eine Problemstellung, die neben der sozialökumenischen Tendenz den zweiten Schwerpunkt von Uppsala darstellte. Der Begriff „Katholizität" wurde in dieser Besinnung aus seiner konfessionellen Engführung befreit, er besagte Vielfalt, Kontinuität und Einheit der Kirche, die diese nicht aus sich macht, sondern die sie „in glau-

---

[97] Bericht aus Uppsala 68, Genf 1968, S. 1.
[98] Visser t'Hooft in seinem Referat ›Der Auftrag der Ökumenischen Bewegung‹, in: Bericht aus Uppsala 68, S. 329–341, hier S. 335.

bendem Gehorsam empfangen" muß.[99] Es wurde betont, daß Katholizität zu den „Notae ecclesiae", den Wesensmerkmalen der Kirche als ganzer gehört und nicht allein einer Konfession im Unterschied zu den anderen eigen ist. Die Kirche ist katholisch, insofern sie Kirche ist.[100] Dabei hat der Begriff Katholizität im Sinne Uppsalas eine deutliche Tendenz hin auf die universale Weltverantwortung aller Christen, die Überwindung eines jeden geographischen und gesellschaftlichen Partikularismus. In ihrer Katholizität dient die Kirche der Einheit der Menschheit, sie soll durch ihre Einheit deren Gemeinschaft vorwegverwirklichen und bezeugen. „Die Kirche wagt es, von sich selbst als dem Zeichen der zukünftigen Einheit der Menschheit zu sprechen."[101]

Diese Neuentdeckung von Katholizität und Universalität von Kirche und der christlichen Verantwortung für die Welt als ganze führte dazu, daß in Uppsala auch die Einheitsformel von Neu-Delhi überdacht wurde. War in Neu-Delhi die Einheit aller an jedem Ort im Zentrum gestanden, wurde diese nun ergänzt durch die Vorstellung einer „Einheit aller Christen an allen Orten"[102]. Einigung der Christenheit darf nicht durch geographische und kulturelle Isolation oder Selbstgenügsamkeit erkauft werden, ihre Einheit ist im katholisch-universalen Rahmen zu sehen. Der Gedanke der Universalität wurde durch die Vorstellung der Konziliarität konkretisiert. „Die Mitgliedskirchen des Ökumenischen Rats der Kirchen, die einander verpflichtet sind, sollten auf die Zeit hinarbeiten, wenn ein wirklich universales Konzil wieder für alle Christen sprechen und den Weg in die Zukunft weisen kann."[103] Der Gedanke der Konziliarität besagt seit Uppsala die universalkirchliche Verpflichtung und die gegenseitige Verwiesenheit der einzelnen Ortskirchen. Die Anschauung des Konzils in Rom führte die Ökumene dazu, sich auf die altkirchliche Einrichtung des ökumenischen und damit alle Christen verbindenden Konzils zu besinnen.

In der Zeit nach Uppsala gewann im Ökumenischen Rat der Säkularökumenismus weiterhin Übergewicht. Die daraus konsultierenden Kontroversen erreichten ihren Höhepunkt, als 1969 das „Programm zur Bekämpfung des Rassismus"[104] angenommen wurde. Dieses schloß nicht aus, auch solche Befreiungsbewegungen moralisch und über

---

[99] Sektion I, Nr. 9, in: Bericht aus Uppsala 68, S. 11.
[100] Eine betont ökumenische Interpretation des Begriffs „katholisch" gibt J. Brosseder, Ökumenische Katholizität, in: ÖR 41 (1992), S. 24–39.
[101] Sektion I, Nr. 20, in: Bericht aus Uppsala 68, S. 15.
[102] Sektion I, Nr. 18, in: Bericht aus Uppsala 68, S. 14.
[103] Sektion I, Nr. 19, in: Bericht aus Uppsala 68, S. 14.
[104] Siehe Ch. Meyers-Herwartz, Rassismus, in: ÖL, Sp. 1012–1017 (Lit).

einen Sonderfond auch finanziell zu unterstützen, die Gewaltanwendung nicht von vornherein ablehnten. Obwohl die Unterstützung durch den ÖRK ausschließlich für humanitäre Zwecke dienen sollte, wurde dennoch der Vorwurf erhoben, der ÖRK fördere Gewalt und Terror. Ihm wurde der Vorwurf gemacht, die Wahrheitsfrage auszuklammern und seine christologische und trinitarische Basis politischer Aktion zu opfern.

Während in der Öffentlichkeit vor allem die sozial-ethischen und gesellschaftspolitischen Kontroversen und Aussagen zur Kenntnis genommen wurden, arbeitete der Genfer Stab zielstrebig auch an den theologischen Fragestellungen weiter. Die Vorbereitung der Weltmissionskonferenz in Bangkok (1972/73) zum Thema „Heil heute" und die Studie von Glauben und Kirchenverfassung ›Rechenschaft über die Hoffnung, die in uns ist ... waren noch stark kontextuell geprägt, verstanden demzufolge das Heil schwerpunktmäßig als Befreiung von Unterdrückung, Armut und Ausbeutung.[105] Daneben hat sich die Kommission für Glauben und Kirchenverfassung in Konferenzen in Löwen (1971) und in Accra (1974) aber auch traditionell theologischen Problemen und Kontroversen über das Verständnis von Taufe, Herrenmahl und ordiniertem Amt gewidmet. Die sich abzeichnenden Konvergenzen wurden den Kirchen zur Information und zur Stellungnahme unterbreitet und in mehreren Stufen weiter ausgearbeitet, bis sie endlich im sogenannten Lima-Papier von 1982 ihre vorläufige Endfassung finden sollten. Weitergeführt wurde die Diskussion um die ökumenischen Zielvorstellungen: Wie kann Einheit gedacht werden, wie läßt sich eine eventuell gemeinsame Schau des Zieles formulieren? Die Differenz zwischen den Einheitsvorstellungen von Neu-Delhi und Uppsala entfachte eine lebhafte Diskussion. Bei einer Konsultation in Salamanca 1973 wurde ein Text über ›Vorstellungen der Einheit und Modelle der Einigung‹ verabschiedet, den sich die Vollversammlung von Nairobi 1975 zu eigen machte.[106] Darin wird die Einheit als „konziliare Gemeinschaft von Gemeinden" umrissen.

Die meisten Kirchen Afrikas, Asiens und Lateinamerikas sahen durch die Schwerpunktsetzung im sozialen, gesellschaftspolitischen und kontextuellen Bereich ihre eigenen Anliegen im Rat vertreten. Hier ist das Vertrauen in die Ökumene gewachsen. Andererseits hat diese Entwicklung aber auch Anlaß gegeben zu scharfer Kritik und zu Spannungen innerhalb der Mitgliedskirchen und zwischen ihnen und dem Rat. In

---

[105] M. Sens, Ökumenischer Rat der Kirchen, in: ÖL, Sp. 902–913.
[106] Sektion II, Bericht Nr. 3, in: Bericht aus Nairobi 75, Frankfurt a. M. 1976, S. 26.

vielen Kirchen bildeten sich Gruppen von bibel- und bekenntnistreuen Christen, die sich 1974 in Lausanne in einem „Internationalen Kongreß für Weltevangelisation" organisierten.[107] Eine Spaltung der Ökumenischen Bewegung schien durchaus im Bereich des Möglichen. Dem Rat wurde vorgeworfen, er ersetze Bekenntnis und Mission durch Dialog und soziale Aktion. Aus dem orthodoxen Bereich kam die Kritik, der ÖRK verwechsle das christliche Heil mit sozialer und kultureller Befreiung. Zudem profilierte sich die Kritik an gesellschaftlichen und politischen Zuständen häufig einseitig anti-westlich, insbesondere anti-amerikanisch. Diese Kontroversen nach Uppsala stellten die ernsteste Krise dar, die der Rat seit seiner Gründung 1948 durchmachte.

In die Zeit nach Uppsala fiel 1972 die Wahl des schwarzen Methodistenpastors aus der Karibik Philip Potter zum neuen Generalsekretär. Der Nachfolger von E. C. Blake galt vornehmlich als Repräsentant der Kirchen der südlichen Hemisphäre. Die Anliegen, die in Uppsala schwerpunktmäßig vertreten worden waren – Gerechtigkeit, Menschenwürde, Befreiung, Kontextualität –, hatten in ihm einen entschiedenen Vertreter.

5. Nairobi 1975

1975 fand erstmals eine Vollversammlung des ÖRK in Afrika statt, und zwar in der kenianischen Hauptstadt Nairobi. Hauptthema war: „Jesus Christus befreit und eint". Vertreten waren 286 Mitgliedskirchen durch fast 700 Delegierte, dazu kam eine Vielzahl von Beobachtern und Gästen, die zur Mitarbeit eingeladen waren. Die katholische Kirche war durch 17 Beobachter repräsentiert. Angesichts der Kritik, die von evangelikaler Seite gegen den Ökumenischen Rat erhoben worden war, bemühte man sich, soziales Engagement und Spiritualität in engere Beziehung zu setzen. Die Konfrontation zwischen den Kirchen der nördlichen und der südlichen Hemisphäre konnte weithin vermieden werden, der Gedanke eines partnerschaftlichen Miteinander und das Erlebnis einer weltweiten Gemeinschaft über die Kulturen hinweg bestimmte die Versammlung.

In der Besinnung auf Einheitsmodelle sollte der Begriff „konziliare Gemeinschaft" die Einheit der Christenheit und die Verschiedenheit der Kulturen und Kirchen in gleicher Weise zum Ausdruck bringen, ohne daß im einzelnen geklärt worden wäre, was diese Formulierung bein-

---

[107] P. Beyerhaus u. a. (Hrsg.), Alle Welt soll sein Wort hören. Lausanner Kongreß für Weltevangelisation, 2 Bde., Neuhausen – Stuttgart 1976. Weitere Veranstaltungen der evangelikalen Ökumene siehe Frieling, S. 106.

haltete und wie sie in die Praxis übersetzt werden konnte. Vielgestaltigkeit und Unabhängigkeit wurden ebenso betont wie Einheit und gegenseitige Verpflichtung. In dieser Spannung von Einheit und Vielfalt
wurde das ökumenische Ziel im Anschluß an die Konsultation von Salamanca 1973 umschrieben: „Die eine Kirche ist als konziliare Gemeinschaft von Gemeinden (local churches) zu verstehen, die ihrerseits tatsächlich vereinigt sind. In dieser konziliaren Gemeinschaft hat jede der
Gemeinden zusammen mit den anderen volle Katholizität, sie bekennt
denselben apostolischen Glauben und erkennt daher die anderen als
Glieder derselben Kirche Christi an, die von demselben Geist geleitet
werden. Wie die Vollversammlung in Neu-Delhi ausführte, gehören sie
zusammen, weil sie die gleiche Taufe empfangen haben und das gleiche
Heilige Abendmahl feiern; sie erkennen die Mitglieder und die geistlichen Ämter der anderen Gemeinden an. Sie sind eins in ihrem gemeinsamen Auftrag, das Evangelium von Christus in ihrer Verkündigung
und in ihrem Dienst in der Welt und vor der Welt zu bekennen."[108] Zwischen diesen Gemeinden besteht eine konziliare Gemeinschaft, die
dem Austausch und der Erfüllung des gemeinsamen Auftrags dient. Der
Ökumenische Rat schrieb in Nairobi in seiner Verfassung als Zielvorstellung ökumenischen Einheitsstrebens fest, „die Kirchen aufzurufen zu
dem Ziel der sichtbaren Einheit im einen Glauben und der einen eucharistischen Gemeinschaft, die ihren Ausdruck im Gottesdienst und im gemeinsamen Leben in Christus findet, und auf diese Einheit zuzugehen,
damit die Welt glaube"[109].

Die Sektion VI von Nairobi, „Menschliche Entwicklung: Die Zwiespäl-
tigkeit von Macht und Technologie und die Qualität des Lebens", bemühte sich um die Wiederentdeckung einer Schöpfungstheologie. Angesichts der Zerstörung der Umwelt und der Verschwendung knapper
Ressourcen wurde eine Veränderung der Einstellung zur Schöpfung gefordert. Damit war ein Thema angesprochen, das die Ökumenische Bewegung in den nächsten Jahren und Jahrzehnten in zentraler Weise bestimmen sollte.[110]

Schwerpunktthema in den Jahren nach Nairobi wurde das „Streben
nach einer gerechten, partizipatorischen und lebensfähigen Gesellschaft". Um diese Problematik gruppierten sich die Bemühungen um

---

[108] Aufgenommen in den Bericht der Sektion II von Nairobi, in: Bericht aus
Nairobi 75, Frankfurt a. M. 1976, S. 26.

[109] Diese Umschreibung der Aufgaben und Zielvorstellungen wurde in die
Satzung des ÖRK aufgenommen unter der Überschrift „Funktionen und Ziele",
in: Bericht aus Nairobi 75, S. 327.

[110] Der Bericht der Sektion VI ist dokumentiert in: Bericht aus Nairobi 75,
S. 98–121.

die Verwirklichung der Menschenrechte, eine Konferenz über „Glaube, Wissenschaft und die Zukunft" (1979 Cambridge, Massachusetts) sowie mehrere Studien über die Rolle der Armen in der Gesellschaft und in der Kirche. Es erschien eine Studie über ›Die Gemeinschaft von Frauen und Männern in der Kirche‹, eine Thematik, die seither überragende Bedeutung eingenommen hat.[111]

Doch auch die traditionellen theologischen Probleme, die in der Folge einer gewissen Dominanz des Säkularökumenismus eher in den Hintergrund getreten waren, wurden erneut thematisiert. 1982 konnte „Glauben und Kirchenverfassung" in Lima eine Konvergenzerklärung über ›Taufe, Eucharistie und Amt‹[112] verabschieden, die der gesamten ökumenisch-theologischen Arbeit eine neue Grundlage zu geben vermochte.[113]

6. Vancouver 1983

Die sechste Vollversammlung des Ökumenischen Rats fand im August 1983 in Vancouver (Kanada) statt. Unter dem Leitthema „Jesus Christus – das Leben der Welt" versammelten sich 839 Delegierte aus 304 Kirchen. Zusammen mit den nicht stimmberechtigten Beobachtern und den Vertretern der Presse waren mehr als 4000 Teilnehmer versammelt, die Orthodoxen stellten die größte konfessionelle Gruppe, die römisch-katholische Kirche hatte über 20 offizielle Vertreter entsandt. Schon durch ihre Größe bekam diese Vollversammlung einen anderen Charakter als alle früheren. Sie bewegte sich zwischen Kirchentag und Weltsynode. Vor allem in der ersten Versammlungswoche dominierten Bemühungen um Erfahrung und Spiritualität sowie die gemeinsamen Gottesdienste. Ein Höhepunkt war die Feier der Lima-Liturgie unter der Leitung des anglikanischen Primas Erzbischof Robert Runcie. Orthodoxe Christen und Katholiken beteiligten sich durch Wort und Gebet, nahmen aber nicht an der Kommunion teil, obwohl sie dem in der Liturgie vorgetragenen Eucharistieverständnis durchaus zustimmen konnten.

Die Erfahrung gemeinsamer Gottesdienste wurde in Vancouver wichtiger als die verabschiedeten Papiere. Diese Gemeinschaftserfahrung

[111] Eine Zusammenstellung der wichtigsten Projekte siehe M. Sens, ÖRK: in ÖL, Sp. 909.

[112] Taufe, Eucharistie und Amt. Konvergenzerklärung der Kommission für Glauben und Kirchenverfassung des Ökumenischen Rats der Kirchen, Frankfurt a.M. – Paderborn 1982, aufgenommen in DwÜ I, S. 545–585. Nach dem englischen Titel ›Baptism-Eucharist-Ministry ... hat sich inzwischen die Abkürzung BEM international durchgesetzt.

[113] Zur Lima-Erklärung und ihrer Rezeption siehe unten S. 162–167.

ließ Philip Potter in aller Vorsicht andeuten, daß der Rat inzwischen zu einer ekklesialen Realität geworden sei und damit die Toronto-Erklärung von 1950 faktisch hinter sich gelassen habe. Die gottesdienstlichen Erfahrungen, die Fortschreibung der Zielvorstellungen und die Bemühung um eine Schöpfungsspiritualität wurden gebündelt in dem, was man als „eucharistic vision", als „eucharistische Gesamtschau" bezeichnete.[114] Im Begriff Eucharistie wurde hier, nicht zuletzt aus der orthodoxen Tradition schöpfend, zusammengesehen, was in der Diskussion zum Schaden aller Aspekte oft auseinanderfällt: Geistliches und Weltliches, Spiritualität und Engagement, Gottesdienst und Menschendienst, Frömmigkeit und Weltverantwortung. In einer „eucharistic vision" durchdringen sich diese gegensätzlich scheinenden Aspekte und werden zu einer Einheit. Von hier aus wurden konkrete Folgerungen gezogen für die Einheit der Kirche und ihren Gottesdienst, für die Einheit der Menschen im Kampf gegen Hunger, Elend, Ausbeutung und Krieg, Konsequenzen aber auch für den Dialog mit Menschen anderer Religionen und insbesondere Konsequenzen für einen ehrfürchtigen Umgang mit Gottes guter Schöpfung. Durch die Propagierung der „eucharistic vision" wurde das Drängen nach einer gemeinsamen Feier des Herrenmahls besonders deutlich.

Das Lima-Papier bildete einen Schwerpunkt der inhaltlichen Arbeit. Die Kommission für Glauben und Kirchenverfassung, die unter der Vorherrschaft des Säkularökumenismus eher in den Hintergrund getreten war, fand erneute und verstärkte Beachtung. In der Fachgruppe Zwei[115] „Schritte auf dem Weg zur Einheit" wurde die Bedeutung des Lima-Papiers besonders gewürdigt; die Kirchen wurden gebeten, durch Rezeption dieser Ergebnisse auf breiter Ebene zu einer Einigung der Christenheit beizutragen. Angesichts der immer wiederkehrenden Spannung zwischen Weltdienst und christlichem Bekenntnis wurde in Rückbesinnung auf Uppsala empfohlen, das Verhältnis von Kirche und Welt unter dem Motiv der „Kirche als Zeichen der zukünftigen Einheit der Menschheit" zu untersuchen.[116] Gleichzeitig wurde angeregt, Modelle zu entwickeln, die zu „gemeinsamen Formen der Entscheidungsfindung und des verbindlichen Lehrens" führen.[117]

---

[114] Dieser Gedanke wurde durch den russischen Theologen Vitaly Borovoy in die Diskussion eingeführt. Er fand spontane und begeisterte Zustimmung.

[115] Der Begriff „Fachgruppe" hat die frühere Formulierung „Sektion" ersetzt.

[116] Bericht aus Vancouver 83, Frankfurt a. M. 1983, S. 77. Dies bedeutet eine gewisse Annäherung an das Verständnis der Kirche als „Sakrament", das im II. Vatikanum vorgetragen wurde, von den nicht-römischen Kirchen aber überwiegend zurückgewiesen wurde. Vgl. dazu unten S. 261–266.

[117] Bericht aus Vancouver 83, S. 80.

Als zweiter Diskussionsschwerpunkt, der sich aus der Überfülle der angesprochenen Probleme herauskristallisierte, sind die Erklärungen zum Fragenkomplex Gerechtigkeit, Frieden und Abrüstung zu nennen. Für die nordamerikanischen und die europäischen Teilnehmer aus Ost und West lag dabei das Hauptinteresse auf der atomaren Abrüstung bzw. auf der Bemühung, die Stationierung neuer atomarer Waffen zu verhindern. Die Delegierten aus der Dritten Welt stellten dagegen die Frage der Gerechtigkeit über die Friedensfrage. Für sie war deutlich: Rüstung tötet – auch ohne Krieg. Die reale Massenvernichtung durch Unterdrückkung, Hunger, Ausbeutung und Krankheit schien ihnen bedrückender und näherliegend als die Möglichkeit eines atomaren Krieges. Doch auch in diesem Problemkreis war die Vollversammlung in politischen Aussagen zurückhaltender als frühere Weltkonferenzen. Die Unterschiedlichkeit gesellschaftlicher Ordnungen sowie kultureller und wirtschaftlicher Gegebenheiten war vom Bewußtsein einer bereits bestehenden spirituellen Gemeinschaft umfangen und verlor damit an Schärfe. Aus dieser Verpflichtung erwuchs der „Konziliare Prozeß", der in den Versammlungen in Basel (1989) und in Seoul (1990) seine Höhepunkte erreichen sollte.[118] Die Weiterentwicklung des ÖRK stand in diesen Jahren unter dem maßgeblichen Einfluß des ursprünglich aus dem Katholizismus stammenden Methodisten Emilio Castro aus Uruguay, der 1984 als Nachfolger von Philip Potter zum Generalsekretär des ÖRK gewählt wurde.

In die Zeit nach der Vollversammlung in Vancouver fiel der Zusammenbruch der meisten kommunistischen Regime in Osteuropa. Dies hatte auch auf die Ökumene erhebliche Implikationen. Manchen Kirchen wurde es möglich, in aktiver Weise in der Ökumene mitzuarbeiten, die vorher durch politischen Druck davon abgehalten worden waren. Probleme brachte die nun gewonnene Religionsfreiheit dadurch, daß in Regionen, die bisher fast ausschließlich von einer Konfession bestimmt wurden, nun auch andere Gruppierungen – Kirchen, Freikirchen und Sekten – eindrangen. Diese fanden um so mehr Gehör, je mehr die bisher dominierende Konfession als mit dem Staat und seinen Repressionsmethoden verbunden erschien oder erwiesen wurde. Auf dem freien Markt des religiösen Angebots, der sich nun eröffnete, konnten Konkurrenz und gegenseitige Verdächtigungen und Beschuldigungen nicht ausbleiben. Dadurch hat sich das Verhältnis zwischen den christlichen Kirchen verschiedentlich geradezu dramatisch verschlechtert. Besonders belastet wurde das Verhältnis Roms zur russischen Kirche. Die mit Rom unierte ukrainische Kirche war unter kommunistischer Herr-

---

[118] Zum konziliaren Prozeß siehe unten S. 178–184.

schaft mit der orthodoxen Kirche zwangsvereinigt worden. Nach dem
Zusammenbruch der Sowjetunion konnte sie ihre Selbständigkeit wie-
dererlangen, wollte nun aber auch ihre Kirchen und Besitztümer zu-
rückerstattet haben, die die russisch-orthodoxe Kirche für sich beanspruchte. Das mühsam aufgebaute Vertrauen zwischen Rom und der
Orthodoxie wurde durch diese Vorgänge erheblich gestört.

Innerhalb des Ökumenischen Rats der Kirchen wurde durch Enthül-
lungen deutlich, daß manche Vertreter von Kirchen aus dem Ostblock
mit staatlichen Repressionsinstrumenten zusammengearbeitet bzw.
daß ihre Delegationen im Dienst der staatlichen Ideologie gestanden
hatten. Manche anti-westliche Aussage des Ökumenischen Rats war
den Regierungen des Ostens durchaus genehm, und kommunistische
Regime hatten versucht, durch ihnen hörige Delegierte ihren Einfluß
auszudehnen. Derartige Erkenntnisse stellten nach dem Zusammenbruch dieser Regierungen den ÖRK und die Repräsentanten fast aller
Kirchen vor die schwierige Aufgabe, sich gegenüber manchen Delegierten aus diesen Ländern angemessen zu verhalten.

Spätestens seit Vancouver 1983 hatte sich der Charakter der Vollversammlungen des Ökumenischen Rats deutlich verändert. 80% der Delegierten waren erstmalig bei einer Vollversammlung, für sie stand das
Moment der Gemeinschaftserfahrung und der spirituellen Anregung
höher als die Kontinuität der Arbeit oder gar formulierter Texte. Die
hohe Zahl der offiziellen Teilnehmer und der Gäste führte dazu, daß die
Vollversammlungen eher den Charakter eines Kirchentags als den einer
Expertenversammlung annahmen. Angesichts der kritischen Frage, inwieweit der ÖRK tatsächlich das ganze Volk Gottes repräsentiere, und
das nicht nur hinsichtlich der konfessionellen Zusammensetzung, sondern auch hinsichtlich der einzelnen Gruppierungen und Stände innerhalb der Kirche, war man bemüht, insbesondere Frauen, Jugendlichen
und Behinderten sowie Nicht-Theologen eine angemessene Repräsentanz zu eröffnen. In Vancouver waren rund 30% der Delegierten Frauen,
für Canberra wurden 40% angestrebt. Der Erfahrungsschatz der Teilnehmer wurde dadurch verbreitet, außerdem konnten aus diesen nun
stärker vertretenen Gruppen auch Experten für einzelne Sachfragen
gewonnen werden, jedoch war das nicht in allen Fällen in gleicher
Weise möglich. Dies führte dazu, daß Sachkompetenz und kontinuierliche Arbeit in den traditionellen Fragestellungen des Ökumenischen
Rats eher zurücktraten, es machte sich eine gewisse Skepsis gegenüber
theoretischen Aussagen breit. In der Einheit Drei des ÖRK, „Bildung und
Erneuerung", bezog man den Begriff „theologische Ausbildung" nicht
mehr primär auf das ordinierte Amt, sondern auf eine gemeinsame Ausbildung von Theologen und Laien, die für den Dienst in der heutigen

Welt zugerüstet werden sollten. Die feministische Theologie fand zunehmende Aufmerksamkeit, allerdings waren Frauen auch weiterhin unterrepräsentiert. 1987 rief der Zentralausschuß zu einer „Ökumenischen Dekade 'Solidarität der Kirche mit den Frauen'" auf. Dazu wurden fünf Ziele aufgestellt. Die Kirchen sollten sich von Rassismus, Sexismus sowie von Lehren und Praktiken befreien, die Frauen diskriminieren. Man wollte Frauen befähigen, unterdrückende Strukturen in ihren jeweiligen Gesellschaften in Staat und Kirche zu erkennen und sie in Frage zu stellen, Perspektiven von Frauen im konziliaren Prozeß deutlich zu machen, den Beitrag von Frauen in Kirche und Gemeinde anzuregen und Mitverantwortung in Theologie und kirchlichen Entscheidungsprozessen einzufordern und zu befördern. Allgemein wollte man die Kirchen ermutigen, Aktionen in Solidarität mit den Frauen zu unternehmen und zu unterstützen.

Derartige Forderungen stellten für die verschiedenen Kirchen unterschiedliche Herausforderungen dar. Insbesondere die Kirchen der orthodoxen Tradition sahen sich in ihrem Selbstverständnis tangiert. Sie beriefen sich in der Auseinandersetzung um die Frauendekade auf einen Passus in der Verfassung des ÖRK, der jeder Kirche das Recht zum Widerspruch gibt, wenn ein Beschluß des Zentralausschusses ihr „ekklesiologisches Selbstverständnis" berührt. Es war dies der erste Fall in der Geschichte des ÖRK, daß eine Kirche von diesem Widerspruchsrecht Gebrauch machte.

7. Canberra 1991

Die 7. Vollversammlung des ÖRK fand vom 7. bis 20. Februar 1991 im australischen Canberra statt. 317 Kirchen, die meisten von ihnen aus der südlichen Hemisphäre, waren durch über 800 Delegierte vertreten. Dazu kamen fast 2000 offizielle Besucher, mehr als doppelt so viele wie in Vancouver. Damit war die Vollversammlung zu einer Großveranstaltung geworden. Die Plenarveranstaltungen wurden mit großem Aufwand multimedial aufgelockert, die Abstimmungen waren angesichts der großen Zahl der Delegierten kaum noch zu bewältigen. Der Charakter eines Weltkirchentags[119] mit einem Markt der Möglichkeiten überwog gegenüber der sachlichen Diskussion von Problemen und Texten.

[119] Die kritische Frage richtet sich nicht an die Tatsache eines „Weltkirchentags", wohl aber an die Problematik, ob ein solches Gremium in der Lage sein kann, die Aufgaben zu erfüllen, die der Vollversammlung als dem obersten legislativen Organ des ÖRK mit Richtlinienkompetenz zukommt (siehe Verfassung V 1).

Von außen her wurde die Vollversammlung überschattet durch den Golfkrieg. Das Nahostproblem und die kriegerischen Auseinandersetzungen provozierten zahlreiche politische Stellungnahmen. Doch auch darüber hinaus hatte es Canberra schwer, eine leitende Thematik zu finden. Die Versammlung von Seoul hatte nicht vermocht, eine Dynamik zu entfalten, wie etwa Lima für Vancouver.

Die Vollversammlung in Canberra stand unter dem Leitthema „Komm, Heiliger Geist, erneuere die ganze Schöpfung", erstmalig unter den Vollversammlungen war es nicht christologisch formuliert. Den Rahmen eröffneten zwei einleitende Referate: Der orthodoxe Patriarch Parthenios von Alexandrien bemühte sich, ausgehend von den trinitarischen, christologischen und pneumatologischen Aussagen der frühen Christenheit die Lehre vom Heiligen Geist für die Probleme einer von Ungerechtigkeit, Mißtrauen und Kriegen geprägten Welt fruchtbar zu machen; die reformierte Theologieprofessorin Chung Hyun-Kyung aus Südkorea dagegen begann ihren Vortrag über den Heiligen Geist mit einer Anrufung des Geistes der alttestamentlichen Hagar, der Johanna von Orleans und der vielen Frauen, die bei den Hexenprozessen im Mittelalter verbrannt wurden, des Geistes der Urvölker der Erde, die der christlichen Mission zum Opfer fielen, des Geistes der Opfer des Holocaust, der Soldaten, die im Golfkrieg starben, des Geistes der Erde, des tropischen Regenwaldes, der Luft und des Wassers, die „von menschlicher Geldgier vergewaltigt, gefoltert und ausgebeutet" werden, bis hin zum „Geist des Befreiers, unseres Bruders Jesus, der am Kreuz gefoltert und getötet wurde."[120] Dieses Referat war provozierend; es wurde für die Versammlung zum Ansatzpunkt grundsätzlicher Diskussion und Kritik.

In vier Sektionen („Spender des Lebens – erhalte deine Schöpfung"; „Geist der Wahrheit – mach uns frei"; „Geist der Einheit – versöhne dein Volk"; „Heiliger Geist – verwandle und heilige uns") wurde zu Themen wie Weltwirtschaftsordnung, Rassismus, Befreiung, insbesondere aber zum Thema Schöpfung und Umwelt gearbeitet. Während auf der Vollversammlung in Vancouver das Problem der indianischen Urbevölkerung Kanadas besondere Aufmerksamkeit gefunden hatte, waren es in Canberra die Aborigines, die australische Urbevölkerung, und das Unrecht, das ihnen durch die europäische Einwanderung zugefügt worden war, denen das Interesse galt. Die unmittelbare Betroffenheit in der persönlichen Anschauung dominierte dabei gegenüber einer wissenschaftlichen Analyse der Situation.

Die provozierenden Äußerungen zum Heiligen Geist riefen insbeson-

---

[120] Bericht aus Canberra 91, Frankfurt a. M. 1991, S. 48.

dere die Reaktion der orthodoxen Delegierten hervor.[121] Die orthodoxen Kirchen stellten mit 172 Delegierten die größte konfessionell geschlossene Gruppe dar. Sie waren von vornherein dadurch belastet, daß
sie das vom ÖRK vorgegebene Quorum von Frauen (40%), Laien (50%)
nicht hatten erreichen können. Im Beitrag von Frau Chung erblickten
sie eine synkretistische Vermischung von christlichem Glauben und
Elementen einer nichtchristlichen Volksreligiosität. Hier wurde nach
ihrer Überzeugung nicht eine Inkulturation christlicher Aussagen vollzogen, sondern die Preisgabe wesentlicher Momente christlicher Botschaft zugunsten fremder Konzepte. In den Augen der Orthodoxie war
der Vortrag Zeichen einer tiefgreifenden Krise, die die ökumenische Bewegung erfaßt hatte. Die Befürchtungen der orthodoxen Delegierten
wurden dadurch verstärkt, daß der Generalsekretär Emilio Castro die
Konferenz in einem leidenschaftlichem Appell beschwor, endlich die
volle Abendmahlsgemeinschaft zwischen den im Rat zusammenge-
schlossenen Kirchen aufzunehmen, und die Trennung im Herrenmahl
als Scheinheiligkeit apostrophierte. „Dies sollte die letzte Vollversammlung mit einer getrennten Eucharistie sein!"[122] Die orthodoxen Delegierten, die fast 25% der Teilnehmer stellten, wurden bei wichtigen Abstimmungen durch Mehrheitsentscheid überstimmt. Daraufhin sahen
sie sich veranlaßt, eine eigene Erklärung abzugeben, in der sie sich von
neuen Entwicklungen nach Vancouver distanzierten. Sie riefen den Rat
auf, sein Hauptziel nicht aus den Augen zu verlieren, nämlich die Wiederherstellung der sichtbaren Einheit der Kirche zu befördern. Weder
der christologische noch der trinitarische Glaube, wie er in der Basisformel zum Ausdruck gebracht ist, noch die „ekklesiologische Neutra-
lität" des Ökumenischen Rats dürften zur Disposition gestellt werden.
Die Verlagerung der Schwerpunkte weg von Glauben und Kirchenverfassung hin auf den Dialog mit anderen Religionen und Ideologien
sowie die einseitige Betonung sozialpolitischer Fragen und die politische Unausgewogenheit mancher Äußerungen brächten den Rat in die
Gefahr, nicht länger als Instrument zur Wiederherstellung der christlichen Einheit zu dienen. Die Erklärung verwahrt sich gegen alle Tendenzen, „einen 'privaten' Geist, den Geist der Welt oder andere Geister
an die Stelle des Heiligen Geistes zu setzen"[123], sowie gegen ein
Drängen auf Eucharistiegemeinschaft und auf Frauenordination. Am
Ende der Erklärung steht die für die Orthodoxen keineswegs nur rheto-

---

[121] Siehe hierzu A. Basdekis, Canberra und die Orthodoxen, in: ÖR 40 (1991),
S. 356–374.
[122] Bericht aus Canberra 91, S. 167.
[123] Bericht aus Canberra 91, S. 281.

rische Frage: „Ist für die orthodoxen Kirchen und andere Mitgliedskirchen der Zeitpunkt gekommen, ihre Beziehungen zum Ökumenischen Rat der Kirchen zu überprüfen?"[124]

Diese fundamentale Kritik darf nicht die Tatsache verdecken, daß sich orthodoxe Grundanliegen insbesondere in dem von Glauben und Kirchenverfassung erarbeiteten und von der Vollversammlung mit großer Mehrheit gebilligten Dokument ›Die Einheit der Kirche als Koinonia: Gabe und Berufung‹[125] niedergeschlagen haben. Der biblisch-frühkirchliche Begriff „Koinonia" erwies sich als fruchtbar, die verschiedenen Formen von Kirche zusammenzusehen, Einheit als Vielfalt und Gemeinschaft zu verstehen, monolithische und zentralistische Einheitsmodelle abzuwehren und traditionelle konfessionelle Differenzen miteinander zu versöhnen und gleichzeitig die Verantwortung der Christenheit für die Einheit der Menschheit und für die Bewahrung der Schöpfung zu betonen. Nicht die Einheitskirche erscheint als erstrebenswertes Ziel, sondern eine Gemeinschaft von Kirchen, die Kirchen bleiben und eine Kirche werden. Als Elemente kirchlicher Koinonia werden genannt: das gemeinsame Bekenntnis des apostolischen Glaubens; ein gemeinsames sakramentales Leben, das in der einen Taufe seinen Anfang nimmt und in der eucharistischen Gemeinschaft gefeiert wird; ein gemeinsames Leben in gegenseitiger Versöhnung und Anerkennung der Kirchenglieder und der Ämter; die gemeinsame Sendung im Zeugnis von der Gnade Gottes an alle Menschen im Dienst der ganzen Schöpfung. Schon jetzt besteht ein gewisses Maß an Einheit unter den Kirchen, mit dem sie sich leider oft zufriedengeben, um „in der Trennung zu koexistieren" (1.3). Volle Koinonia, also eine wahre Gemeinschaft, ist erst dann erreicht, „wenn alle Kirchen in den anderen die eine, heilige, katholische und apostolische Kirche in ihrer Fülle erkennen können" (2.1). Als Schritte zu diesem Ziel werden die Mitgliedskirchen aufgerufen, sich die in der Lima-Erklärung formulierten Aussagen über die Taufe, die Eucharistie und die eucharistische Gastbereitschaft sowie über die Anerkennung der Ämter zu eigen zu machen und in einem ganzheitlichen Zeugnis des Evangeliums und im Engagement für Gerechtigkeit, Frieden und Bewahrung der Schöpfung zusammenzuwirken.

Durch diese Koinonia-Erklärung ist es gelungen, ein Modell der Einheit im Kontext klassischer theologischer Terminologie zu formulieren und das Bild der Kirche als Gemeinschaft in der christlichen Sicht von Gott zu verankern, der selbst als Gemeinschaft verstanden wird. So ver-

[124] Bericht aus Canberra 91, S. 282.
[125] Bericht aus Canberra 91, S. 173–176.

mochten diese Aussagen der Tendenz zu einem Säkularökumenismus einen Kontrapunkt entgegenzusetzen. Dennoch wurde in der theologischen Diskussion nach Canberra gefordert, das Koinoniaverständnis weiterhin zu klären, es insbesondere in eine eindeutige Beziehung zu früheren Einheitsmodellen, vor allem zu jenen von Neu-Delhi und von Nairobi, zu bringen. Canberra hatte offengelassen, ob der Weg zur Koinonia durch ein allmähliches Wachsen, ein Abschleifen von Unterschieden erfolgen sollte oder durch einen Akt der Bekehrung, der Metanoia. Daneben stellte sich die Frage, wo die Grenzen der Koinonia zu sehen sind, denn die Vielfalt kann nicht unbegrenzt sein. Es entstand der Verdacht, durch die Berufung auf die Koinonia würden Konflikte und Auseinandersetzungen überdeckt, die innerhalb der Ökumenischen Bewegung immer wieder aufgebrochen sind und die sich wohl auch in Zukunft nicht werden vermeiden lassen, ja die um der gegenseitigen Anerkennung und um der Wahrheit willen unabdingbar sind. Demgegenüber könne das Koinoniaverständnis allzuleicht ein harmonisches Ganzes präsentieren, in dem die Wahrheitsfrage umgangen und letztlich gar der Status quo legitimiert wird, während die Pflicht zur Metanoia und zur Wahrheit in den Hintergrund treten könnte. Vielleicht, so die kritische Reflexion, hat das Gemeinschaftserlebnis von Canberra ein Einheitsverständnis befördert, das Konflikte und Brüche kaum noch wahrzunehmen vermochte. „Ist das wirklich die 'Einheit, die wir suchen'?"[126]

Die Problematik im Koinoniaverständnis wurde verstärkt und in aller Schärfe ins Bewußtsein gerückt, als die römische Glaubenskongregation 1992 ein Schreiben über einige Aspekte von Kirche als Communio veröffentlichte.[127] Dieser Text unterstreicht die Einbindung der Lokalkirchen in die eine, universale Kirche. Weil diese durch den Papst repräsentiert werde, sei die Gemeinschaft mit ihm normativ und konstitutiv, erst durch sie werde Koinonia im vollen Sinne des Wortes. Die Konfessionen, die nicht in Gemeinschaft mit ihm stehen, insbesondere jene, die mit der bischöflichen Struktur und der apostolischen Sukzession gebrochen haben, sind nach Aussage dieses römischen Textes in ihrer kirchlichen Existenz „verwundet", sie realisierten die Koinonia nur in defizitärer Form. Verwundet sei allerdings auch die katholische Kirche,

---

[126] Unter diesem Titel veröffentlichte L. Vischer, der langjährige Direktor von Glauben und Kirchenverfassung, seine kritischen Rückfragen zum Koinonia-Text von Canberra. Dieser scheint ihm wegen seiner Ungeklärtheit einen „Rückschritt gegenüber früheren Erklärungen über die Einheit darzustellen" (in ÖR 41 [1992], S. 7–24).

[127] Veröffentlicht in: HerKorr 46 (1992), S. 319–323.

denn die Kirchenspaltung hindere sie daran, „ihre Universalität in der Geschichte voll zu verwirklichen" (Nr. 17). Doch das Modell der Koinonia, wie es im Ökumenischen Rat entwickelt worden war, vermöge nicht, die Einheit der jetzt bestehenden Kirchen zum Ausdruck zu bringen.[128]

Bei der Zentralausschußsitzung 1992 in Genf, die – nicht zuletzt unter dem Eindruck erheblicher finanzieller Engpässe – eine Strukturänderung beschloß, wurde der deutsche Theologe Konrad Raiser als Nachfolger von Emilio Castro zum neuen Generalsekretär gewählt. Er war bereits von 1973 bis 1983 Stellvertreter des damaligen Generalsekretärs Potter und hatte vorher als Studiensekretär der Kommission für Glauben und Kirchenverfassung in Genf gearbeitet.

Die Diskussion um die rechte Interpretation von Koinonia bestimmte die 5. Weltkonferenz für Glauben und Kirchenverfassung, die im August 1993 unter dem Motto „Auf dem Weg zur Koinonia im Glauben, Leben und Zeugnis" in Santiago de Compostela zusammentrat. Es war die erste Weltkonferenz von Faith and Order seit 1963 in Montreal. Zu den 205 Delegierten und 35 Beratern kam eine Gruppe von 30 sogenannten „jüngeren Theologen", durch deren Mitwirkung man die Arbeit von Glauben und Kirchenverfassung auch an die jüngere Generation vermitteln und diese in die Ökumene einbinden wollte. Seit 1968 gehört die katholische Kirche Glauben und Kirchenverfassung als Vollmitglied an, demzufolge war die katholische Kirche mit 25 Delegierten präsent; sie stellte nach den Orthodoxen, den Reformierten und den Lutheranern die viertgrößte in sich geschlossene Konfessionsgruppe. Die Arbeit von Santiago war bestimmt durch die Konvergenzerklärungen zu ›Taufe, Eucharistie und Amt‹ (1982) und deren Rezeptionsprozeß[129] sowie durch die Studie ›Gemeinsam den einen Glauben bekennen. Eine ökumenische Auslegung des apostolischen Glaubens, wie er im Glaubensbekenntnis von Nizäa-Konstantinopel (381) bekannt wird‹ (1991) und das Dokument ›Kirche und Welt. Die Einheit der Kirche und die Erneuerung der menschlichen Gemeinschaft‹ (1990/91). Laufende Arbeitspro-

---

[128] Dieses Schreiben hat zu einer lebhaften Reaktion geführt. In der Diskussion wurde sogar der Vorwurf erhoben, die vatikanischen Stellen seien wieder zur Forderung nach einer „Rückkehr nach Rom" zurückgekehrt. Die vatikanischen Stellen sahen sich veranlaßt, ein Jahr nach Veröffentlichung dieses Schreibens einen ungezeichneten (= offiziellen) Kommentar dazu abzugeben. Veröffentlicht in: HerKorr 47 (1993), S. 406–411. Vgl. dazu auch den Bericht über den Briefwechsel zwischen Landesbischof J. Hanselmann und Kardinal J. Ratzinger, in: US 48 (1993), S. 347–351.

[129] Zum Lima-Papier vgl. unten S. 162–167.

jekte von Glauben und Kirchenverfassung sind Studien zur Ekklesiologie, zu einer ökumenischen Hermeneutik, zum Problemkreis Ekklesiologie und Ethik sowie Fragen des Gottesdienstes[130].

Strukturierende Mitte, um die sich alle Einzelaussagen in Santiago drehten, war wiederum der Begriff der „Koinonia". In dessen Verständnis kristallisierten sich zwei theologische Grundströmungen heraus: Für die eine Richtung besagte Koinonia primär Gemeinschaft im Glauben, in den Sakramenten, im Amt, gegebenenfalls auch Gemeinschaft in und mit einem Amt universalkirchlicher Einheit. Hier plädierte man dafür, die Bemühung um eine Verständigung in den zentralen theologischen Fragen weiterzuführen und so dem Ziel einer sichtbaren Einheit der Kirchen näherzukommen. Koinonia sei dafür ein erfolgversprechendes Modell, denn im Tiefsten seien die Christen deswegen zur Gemeinschaft berufen, „weil wir an einen Gott glauben, der in seinem Wesen selbst Koinonia ist"[131]. Die andere Richtung verstand Koinonia zunächst als Zusammenleben und Gemeinschaft der Christen am Ort, unbeschadet aller unterschiedlichen Bekenntnisse und differierenden Kirchenstrukturen; dann aber auch als Gemeinschaft mit allen bedrängten, leidenden und unterdrückten Menschen und mit aller Kreatur. Diese Sicht dominierte insbesondere in den jungen Kirchen der südlichen Hemisphäre. Hier wurde davor gewarnt, Ökumene erneut auf die klassischen Kontroversthemen zu begrenzen, die westlich-abendländische Sicht zum universalen Kriterium zu erheben und die Einigung der Kirchen primär von theoretisch-theologischer Arbeit zu erwarten. Die Konvergenz- bzw. Konsensökumene, die die ökumenische Arbeit zumindest seit Lausanne 1927 bestimmt hatte, habe sich als konsequenzenlos erwiesen. Sie habe nicht die erstrebte Annäherung der Kirchen gebracht und kaum Durchbrüche erzielt, die über den Kreis der Fachtheologen hinaus die Kirchen als ganze geprägt hätten oder von den Gemeinden rezipiert worden seien. Nun gelte es, nach dem Ende der Konsensökumene Gemeinschaft zu leben, unbeschadet differierender Glaubensverständnisse.[132] Gemeinsames Leben, Konvivenz, wurde hier für bedeutsamer erachtet, als theologischer Konsens.

Die konkreten Anstöße, die Santiago de Compostela für die Weiterar-

---

[130] Einen Überblick über die laufenden Projekte von Glauben und Kirchenverfassung gibt W. Bienert, in: ÖR 45 (1996), S. 491–498.

[131] So der orthodoxe Theologe I. Zizioulas in seinem Einführungsreferat, in: ÖR. B. 67, S. 97.

[132] Die Botschaft der Konferenz mit dem Thema ›Auf dem Weg zu einer umfassenderen Koinonia‹ ist veröffentlicht in: ÖR 42 (1993), S. 476; US 48 (1993), S. 309–311.

beit von Faith and Order formulierte, griffen trotz aller Kritik die klassischen ekklesiologischen Probleme auf, die unbeschadet aller Veränderung der ökumenischen Landschaft nach wie vor einer Lösung harren. Es wurde angeregt, eine Studie über die Frage eines universalen Amtes christlicher Einheit zu initiieren, wobei im Rahmen der Verhältnisbestimmung von Ortskirche und Universalkirche auch das Problem des Papsttums als Dienst an der Koinonia thematisiert werden solle. Daneben wurde vorgeschlagen, bei der Vollversammlung 1998 in Harare, also 50 Jahre nach der Gründung des Ökumenischen Rats der Kirchen 1948 in Amsterdam, sollten der ÖRK und der Päpstliche Rat für die Förderung der christlichen Einheit gemeinsam eine ökumenische Versammlung einberufen. Analog zum alttestamentlichen Sabbatjahr, das nach jeweils 50 Jahren einen allgemeinen Schuldenerlaß verhieß, solle man in einem Gottesdienst die gegenseitige Annahme und die Versöhnung der Kirchen vollziehen und sie in einem Gottesdienst feiern. „In einem großen Einheitsakt könnten die Kirchen durch ihre bevollmächtigten Vertreter bekräftigen, daß sie an einer wirklichen, in der einen Taufe und im gemeinsamen Christusbekenntnis begründeten ekklesialen Gemeinschaft miteinander verbunden sind."[133] Harare 1998 wird unter dem Leitwort stehen: „Kehrt um zu Gott – seid fröhlich in der Hoffnung". Der Papst hat ähnliche Überlegungen für ein Fest der Versöhnung in seinem Apostolischen Schreiben ›Tertio millenio adveniente‹ für die Feier des Jahres 2000 angedeutet und dabei ausdrücklich auch die ökumenische Verantwortung einbezogen. Die Tatsache, daß Glauben und Kirchenverfassung in Santiago hinsichtlich einer Gemeinschaft im Herrenmahl und in der Frage der Frauenordination überaus vorsichtig sprechen mußte, um keine der beteiligten Konfessionen vor den Kopf zu stoßen, macht hinsichtlich der Realisierbarkeit dieses Vorschlags nicht sehr hoffnungsfroh. Nicht zuletzt die Frage der Trägerschaft wirft nicht unerhebliche Probleme auf, denn bei einer gemeinsamen Veranstaltung von ÖRK und dem römischen Einheitsrat wäre die katholische Kirche die einzige kirchliche Gemeinschaft, die unmittelbare Verantwortung übernehmen würde, während alle anderen Kirchen an Beschlüsse des ÖRK nicht gebunden wären.

---

[133] Zitiert nach HerKorr 47 (1993), S. 477.

IV. Das Selbstverständnis des Ökumenischen Rats der Kirchen

1. Die Basis

Als die Bewegungen für Glauben und Kirchenverfassung und Praktisches Christentum 1937 beschlossen, sich zu einem Ökumenischen Rat zu vereinen, war das Selbstverständnis beider Organisationen unterschiedlich. Glauben und Kirchenverfassung hatte von vornherein nur Kirchen zur Mitarbeit eingeladen, „soweit diese sich zu unserem Herrn Jesus als Gott und Heiland bekennen", während Praktisches Christentum keine festen Strukturen hatte und keinerlei dogmatische Forderungen aufstellte, sondern sich lediglich um gemeinsame, auf christlicher Basis beruhende Aktionen der Kirchen bemühte. Nathan Söderblom hatte seine Initiative 1919 so umschrieben: „Was ich befürworte, ist ein … ökumenischer Kirchenrat, die ganze Christenheit vertretend, und so eingerichtet, daß er im Namen der Christenheit redet, abwägend, warnend, stärkend, bittend in gemeinsamen religiösen, sittlichen, sozialen Angelegenheiten der Menschheit … Dieser ökumenische Kirchenrat wäre nicht mit einer äußeren Vollmacht auszustatten, sondern hätte in dem Maße Einfluß zu gewinnen, wie er mit geistiger Autorität aufzutreten vermag."[134]

Bei der Gründung des Ökumenischen Rats 1948 in Amsterdam griff man die präzisere Formulierung von Glauben und Kirchenverfassung auf, die ihrerseits auf die Formel des CVJM von Paris 1855 zurückgeht. Der Ökumenische Rat stellte an den Anfang seiner Verfassung die „Basis", die ihn in seinem Selbstverständnis umschreibt als „eine Gemeinschaft von Kirchen, die unseren Herrn Jesus Christus als Gott und Heiland anerkennen". Nur Kirchen, nicht Bewegungen, Organisationen oder Individuen können Mitglieder sein. Die Mitgliedschaft ist von der Annahme der Basis abhängig, Aufnahmen von Kirchen sind nur möglich, sofern diese christologische Basis akzeptiert wird.

Seit der Ersten Vollversammlung in Amsterdam wurde darüber diskutiert, ob diese Basis erweiterungsfähig und erweiterungsbedürftig sei, ob sie präzisiert werden müsse, damit sie den christlichen Glauben eindeutig aussagen und ihn gegenüber anderen religiösen Traditionen abgrenzen könne. Es wurde angeregt, die Basis aufzufüllen, damit sie gegebenenfalls den Charakter eines gemeinsamen christlichen Bekenntnisses annehmen könne. Ein Unterausschuß sollte diese Fortschreibung der Basis vornehmen. Doch zunächst konnte es nicht darum gehen, die Basis zu erweitern, sondern ihren Charakter und ihren Ver-

---

[134] Der Aufruf wurde veröffentlicht in: Die Eiche 1919, S. 136.

pflichtungsgrad zu präzisieren. Die Vollversammlung in Evanston 1954 legte klar, die Basis sei „zwar weniger als ein Bekenntnis, aber viel mehr als eine bloße Einigungsformel"[135]. Sie stelle einen Orientierungspunkt dar für die Arbeit des Ökumenischen Rats und umschreibe das Maß an Gemeinschaft, das die Mitgliedskirchen bereits verbindet, ohne daß jede einzelne Mitgliedskirche auf ihren strengen Wortlaut verpflichtet werden dürfte.

In der Dritten Vollversammlung 1961 in Neu-Delhi wurde die Basis tatsächlich erweitert und inhaltlich angefüllt. An die Stelle des „anerkennen" (accept) trat „bekennen" (confess), womit der Text einem Bekenntnis angenähert wurde. Die Formulierung „unsern Herrn Jesus Christus" wurde ersetzt durch „den Herrn Jesus Christus", um die universale Bedeutung Christi deutlicher zu machen. Hinzugefügt wurde die Aussage von der „Schriftgemäßheit" dieses Bekenntnisses sowie als bedeutendste Erweiterung eine doxologische Wendung zur Trinität. So lautet die Basis seit 1961: „Der Ökumenische Rat der Kirchen ist eine Gemeinschaft von Kirchen, die den Herrn Jesus Christus gemäß der Heiligen Schrift als Gott und Heiland bekennen und darum gemeinsam zu erfüllen trachten, wozu sie berufen sind, zur Ehre Gottes, des Vaters, des Sohnes und des Heiligen Geistes."[136] Diese Erweiterung durch die trinitarische Doxologie erleichterte insbesondere den orthodoxen Kirchen den Eintritt und die Mitarbeit im Rat. Andererseits wurde manchen Gemeinschaften die Mitgliedschaft erschwert, weil sie sich von ihrer Geschichte her dagegen sträubten, ein dogmatisch verpflichtendes Bekenntnis zu formulieren und den Glauben in verbindliche Sätze zu fassen. Seitens der traditionellen Bekenntniskirchen wurde in der Folge von Neu-Delhi verschiedentlich die Erwartung gehegt, man könne nun die Basisformel inhaltlich weiter auffüllen und sie zu einem gesamtchristlichen Bekenntnis erweitern, das dann dem Ökumenischen Rat selbst den Charakter einer Kirche geben könnte. Diese Hoffnung erwies sich jedoch schnell als trügerisch. Es stellte sich bald heraus, daß eine weitergehende Gemeinschaft zwischen den Kirchen nicht in einem Bekenntnistext verbindlich umschrieben werden konnte. Die sich damit einstellende Ernüchterung ließ die Bemühungen um eine Erweiterung der Basis schnell in den Hintergrund treten.

[135] Zitiert nach H.-L. Althaus (Hrsg.), Ökumenische Dokumente, Göttingen 1962, S. 12.

[136] Die Verfassung mit dieser Basis an der Spitze ist jeweils abgedruckt in den Berichtsbänden zu den Vollversammlungen, in der nun gültigen Form erstmals in Neu-Delhi 1961, S. 457.

2. Die Verfassung

Nach der Konstituierung des Ökumenischen Rats bedurfte es noch einiger Klärungen hinsichtlich seiner Aufgaben, seiner Vollmachten und seiner Autorität. Die Vollversammlung von Amsterdam selbst formulierte: „Der Rat möchte den Kirchen, die ihn gebildet haben und seine Mitglieder sind, als ein Werkzeug dienen, mit Hilfe dessen sie ihren gemeinsamen Gehorsam gegenüber Jesus Christus zusammen bezeugen und in Angelegenheiten, die ein vereintes Handeln erfordern, zusammenarbeiten können. Es liegt aber dem Rat fern, irgendwelche Funktionen an sich reißen zu wollen, die den Mitgliedskirchen zukommen, oder sie kontrollieren oder Gesetze für sie erlassen zu wollen, und er ist tatsächlich durch seine Verfassung daran gehindert."[137]

Die entscheidende Klärung über die Stellung und Aufgabe des Rats erfolgte in der Sitzung des Zentralausschusses in Toronto 1950, die eine Erklärung über ›Die Kirche, die Kirchen und der Ökumenische Rat der Kirchen‹ verabschiedete. Hier lautet die zentrale Aussage: „Der ÖRK ist keine 'Über-Kirche' und darf niemals eine werden ... Er ist nicht die Una Sancta, von der in den Glaubensbekenntnissen die Rede ist."[138] Der Rat hat keine Autorität über seine Mitgliedskirchen. Mitgliedschaft bedeutet weder die Übernahme einer bestimmten Sicht von Kirche noch von ihrer Einheit, so daß keine Kirche ihre Ekklesiologie ändern oder relativieren muß. Mitgliedschaft besagt ferner nicht, daß jede Kirche die anderen Mitgliedskirchen als Kirchen im wahren und vollen Sinn des Wortes ansehen müßte. Sie erkennen lediglich an, daß „in anderen Kirchen Elemente der wahren Kirche" realisiert sind und „daß die Mitgliedschaft in der Kirche Christi umfassender ist als die Mitgliedschaft in ihrer eigenen Kirche". Auf der Grundlage dieser „Elementen-Ekklesiologie" treten die Mitgliedskirchen „in ein geistliches Verhältnis miteinander ein, in dem sie sich darum bemühen, voneinander zu lernen und einander zu helfen, damit der Leib Christi auferbaut und das Leben der Kirchen erneuert werden". Sache des Rats ist es nicht, Einigungsbemühungen zu initiieren, diese bleiben in der Verantwortung der Mitgliedskirchen. Er will lediglich ein Werkzeug sein, das den Kirchen helfen kann, soweit diese selbst es wünschen. Die Autorität des Rats besteht allein im Gewicht, „das er durch seine eigene Weisheit bei den Kirchen erhält."[139] Diese ekklesiologische Zurückhaltung bedeutet jedoch nicht

---

[137] Die erste Vollversammlung des ÖRK in Amsterdam, Genf 1948, S. 168.

[138] Toronto-Erklärung Nr. III 1, zitiert nach L. Vischer (Hrsg.), Die Einheit der Kirche. Material der Ökumenischen Bewegung, München 1965, S. 251–261.

[139] So die Formulierung von William Temple, die in die Toronto-Erklärung

einfachhin eine Legitimierung des Status quo der Trennung. Auch das
ist in der Toronto-Erklärung festgeschrieben, wenn es heißt: „Die Mitgliedskirchen des Ökumenischen Rats glauben auf Grund des Neuen Testaments, daß die Kirche Christi eine ist." Darum ist es Ziel des Rats, „die
Kirchen miteinander in lebendigen Kontakt zu bringen" und die Einigung der Christenheit zu fördern und sie sichtbar zu machen. Toronto
bezog sich hier ausdrücklich auf die päpstliche Enzyklika ›Mystici Corporis‹ (1943),[140] die eine lediglich mystische und unsichtbare Einheit zurückgewiesen hatte. Eine derartige Vorstellung einer unsichtbaren, nirgendwo greifbaren Einheit wurde also auch vom ÖRK abgelehnt. Außerdem öffnete die Toronto-Erklärung den Blick auf eine weitere Entwicklung, wenn sie feststellte, „bei ökumenischen Zusammenkünften ist
immer wieder eine sehr reale Einheit entdeckt worden", die „die Einheit Seines Volkes ahnen läßt". Im Rahmen des ÖRK wird damit die Vision von der Una Sancta doch bereits erkennbar.[141]

Bei der Vollversammlung in Nairobi hat der Ökumenische Rat seine
Funktionen und Ziele näher definiert und sie in seiner Verfassung festgeschrieben. „1. Die Kirchen aufzurufen zu dem Ziel der sichtbaren Einheit im einen Glauben und der einen eucharistischen Gemeinschaft, die
ihren Ausdruck im Gottesdienst und im gemeinsamen Leben in Christus findet, und auf diese Einheit zuzugehen, damit die Welt glaube;
2. das gemeinsame Zeugnis der Kirchen an jedem Ort und überall zu er-

aufgenommen wurde (III 1). Diese Klarstellung war die Voraussetzung, daß auch
die orthodoxen Kirchen an eine Mitgliedschaft im Ökumenischen Rat denken
konnten, ohne daß dadurch ihr ekklesiales Selbstverständnis tangiert worden
wäre. Von hier ausgehend schiene auch eine Mitgliedschaft der römisch-katholischen Kirche theologisch als möglich.

[140] III, 5. Das Dokument weiß sich hier mit der Aussage in der Enzyklika einig
und weist die Beschuldigung in Mystici Corporis zurück, der ÖRK strebe nur eine
unsichtbare Einheit an.

[141] IV, 8. In der Folgezeit wurde versucht, von diesem Ansatz her über Toronto
hinauszugehen, am deutlichsten in der Einheitsformel von Neu-Delhi. Der Versuch jedoch, der im Rahmen von Glauben und Kirchenverfassung 1963 in Montreal gestartet wurde, die *notae ecclesiae* auch dem Rat zuzuerkennen, scheiterte
am Einspruch der Orthodoxie. Im Rahmen der Koinonia-Vorstellung scheinen
jedoch auch weitergehende Visionen möglich. Bei der Zentralausschußsitzung
des ÖRK 1996 in Genf konnte der Generalsekretär K. Raiser unterstreichen: „Das
Wesen des Rates besteht nicht in den Beziehungen der Kirchen zum ÖRK als
einer organisierten Institution, sondern in den wechselseitigen Beziehungen
der Kirchen untereinander ... Er ist die Gemeinschaft der Kirchen, die auf dem
Weg zur sichtbaren Einheit sind, und er ist daher weit mehr als ein Werkzeug der
Zusammenarbeit oder Vermittler von Programmdiensten" (zitiert nach HerKorr
50 [1996] S. 551).

leichtern; 3. die Kirchen in ihrer weltweiten missionarischen und evangelistischen Aufgabe zu unterstützen; 4. der gemeinsamen Aufgabe der Kirchen im Dienst am Menschen in Not Ausdruck zu verleihen, die die Menschen trennenden Schranken niederzureißen und das Zusammenleben der menschlichen Familie in Gerechtigkeit und Frieden zu fördern; 5. die Erneuerung der Kirche in Einheit, Gottesdienst, Mission und Dienst zu ermutigen; 6. Beziehungen zu nationalen Kirchenkonferenzen, konfessionellen Weltbünden und anderen ökumenischen Organisationen aufzunehmen und aufrechtzuerhalten; 7. die Arbeit der internationalen Bewegungen für Glauben und Kirchenverfassung und für Praktisches Christentum sowie des Internationalen Missionsrates und des Weltrates für Christliche Erziehung weiterzuführen."[142]

Der Ökumenische Rat der Kirchen ist nicht die Ökumenische Bewegung, sondern ein Teil von ihr. Zur Ökumenischen Bewegung gehören von ihrem Selbstverständnis her beispielsweise auch die konfessionellen Weltbünde[143], die durchweg älter sind als der ÖRK, die nationalen oder regionalen Christenräte (z. B. AcK, KEK), von denen manche ebenfalls bereits vor dem Rat existierten und bei denen verschiedentlich auch die römisch-katholische Kirche Vollmitglied ist. Innerhalb dieses Feldes versteht sich der Rat als ein Werkzeug der Kirchen, er ist insbesondere ohne Vollmacht über das Bekenntnis. Als in der Diskussion um die Einheitsmodelle der Begriff „konziliare Gemeinschaft" auftauchte, sah man sich sofort veranlaßt zu betonen, daß der „World Council of Churches" keineswegs diese konziliare Gemeinschaft darstelle, daß er aber einen Rahmen biete, innerhalb dessen sich echte Konziliarität entwickeln könne. Uppsala bezeichnete den Rat als „Übergangslösung" zum allgemeinen Konzil, Nairobi sah ihn als „ein vorlaufendes Zeichen voller konziliarer Gemeinschaft"[144].

---

[142] So die Umschreibung der „Funktionen und Ziele" in der Verfassung des ÖRK, in: Bericht aus Nairobi 75, Frankfurt a. M. 1976, S. 327f. Bedeutsam sind dabei insbesondere die Festschreibung der Sichtbarkeit der Einheit und der Zielsetzung in der eucharistischen Gemeinschaft (Nr. 1).

[143] Sie werden heute zumeist als „Weltweite christliche Gemeinschaften" (WCG) bezeichnet. Diese neutrale Benennung erlaubt es, auch die orthodoxe und die römisch-katholische Kirche darunter zu subsumieren.

[144] Bericht aus Nairobi 75, Frankfurt a. M. 1976, S. 28.

3. Die Strukturen des Ökumenischen Rats der Kirchen

Mitglied des Ökumenischen Rats können, wie die Verfassung formuliert, nur Kirchen sein, nicht also Einzelpersonen, Verbände oder Bewegungen. In Canberra 1991 gehörten ihm 317 Mitgliedskirchen aus etwa 100 Ländern an, die meisten von ihnen entstammen inzwischen der südlichen Hemisphäre. Sie repräsentieren über 400 Millionen Christen. 45 nationale Christenräte sind assoziiert. Nach Verfassung und Satzung kann eine Kirche auf Antrag hin aufgenommen werden, wenn sie ihre Zustimmung zur Basis erklärt, Selbständigkeit und ständige Unabhängigkeit nachweisen kann, die Interdependenz der verschiedenen Kirchen anerkennt und konstruktive ökumenische Beziehungen pflegt. Außerdem muß sie in der Regel mindestens 25000 Mitglieder zählen. Bei einer Mitgliederzahl zwischen 10000 und 25000 ist eine „angeschlossene Mitgliedschaft" möglich. Angeschlossene Kirchen können voll an den Aktivitäten des Rates teilnehmen, ihre Vertreter haben jedoch kein Stimmrecht. Die Aufnahme erfolgt durch die Vollversammlung oder durch den Zentralausschuß, wenn mindestens zwei Drittel der Mitgliedskirchen zustimmen. Dabei werden die jeweils betreffenden nationalen Kirchenräte sowie die konfessionellen Weltbünde konsultiert. Wird ein Aufnahmeantrag nicht in der Vollversammlung, sondern durch den Zentralausschuß behandelt, wird dessen Beschluß den Mitgliedskirchen mitgeteilt. Die Aufnahme gilt als vollzogen, wenn nicht innerhalb von sechs Monaten mehr als ein Drittel der Mitgliedskirchen Einwände erhebt.[145]

Das oberste Organ des ÖRK ist die Vollversammlung. Sie tagt etwa alle 7 Jahre. Sie wählt unter Hilfestellungen eines Nominierungsausschusses das Präsidium, dem mindestens ein, höchstens sieben Präsidenten angehören, sowie den Zentralausschuß. Dieser besteht aus dem Präsidium sowie höchstens 145 gewählten und höchstens 5 kooptierten Mitgliedern. Er tritt in der Regel einmal im Jahr zusammen, er wählt den Generalsekretär und einen oder mehrere stellvertretende Generalsekretäre und trifft Vorsorge für Wahl oder Ernennung der leitenden Persönlichkeiten des Mitarbeiterstabs. Er bestimmt die allgemeinen Richtlinien, die Arbeit der Programmeinheiten und das Finanzwesen. Daneben wählt er aus seinen Reihen einen Exekutivausschuß, der normalerweise einmal zwischen den Zentralausschußversammlungen zusammentritt und die wichtigsten Entscheidungen trifft. Er besteht aus

---

[145] Die Mitgliedschaft ist geregelt in Verfassung II, die Kriterien sind in Satzung I festgelegt (abgedruckt jeweils im Anhang zu den Offiziellen Berichten der Vollversammlungen).

den Präsidenten, den Vorsitzenden des Zentralausschusses und weiteren 14 bis 16 Mitgliedern.
Die laufende Arbeit wird vom Generalsekretariat koordiniert, das
dem Zentralausschuß verantwortlich ist. Sitz des Generalsekretariats,
der Sekretariate und der Kommissionen sowie der Finanzabteilung, des
Informationsbüros und der Bibliothek ist Genf.[146] Das Ökumenische Institut in Bossey bei Genf bietet laufend Seminare und Tagungen sowie
ein ökumenisches Aufbaustudium an. Das Generalsekretariat hat daneben ein Büro in New York. Amtssprachen sind Englisch, Französisch,
Deutsch sowie Russisch, Griechisch und Spanisch. Der Generalsekretär
hat die Aufgabe, im Rahmen des Möglichen für Übersetzung innerhalb
dieser Arbeitssprachen zu sorgen, bei anderen Sprachen soweit möglich
durch Dolmetscher Unterstützung zu leisten.
Der ÖRK war entstanden aus den Bewegungen für Glauben und Kirchenverfassung und Praktisches Christentum und führte deren Aufgaben weiter, ebenso wie die des 1961 integrierten Internationalen Missionsrats. Als Kommissionen strukturierten sie den Rat zusammen mit
einigen weiteren Abteilungen, die aus konkreten Herausforderungen
gegründet wurden. Diese mehr zufällig gewachsene Organisation
wurde 1983 reformiert. Nach dieser Strukturreform wurde die Arbeit in
drei Programmeinheiten gegliedert: „Glauben und Zeugnis"; „Gerechtigkeit und Dienst"; „Bildung und Erneuerung". Diese umfaßten jeweils
mehrere Untereinheiten mit einem hohen Maß an selbständiger Verwaltung und Verantwortung. Zur Einheit „Glauben und Zeugnis" gehörten
als Untereinheiten „Weltmission und Evangelisation", „Dialog mit Menschen verschiedener Religionen und Ideologien", „Glauben und Kirchenverfassung", „Kirche und Gesellschaft". Die Einheit „Gerechtigkeit
und Dienst" umfaßte als Untereinheiten: „Zwischenkirchliche Hilfe",
„Flüchtlings- und Weltdient"; „Internationale Angelegenheiten"; „Programm zur Bekämpfung des Rassismus"; „Kirchlicher Entwicklungs-
dienst"; „Christlicher Gesundheitsdienst". Die Einheit „Bildung und Erneuerung" hatte als Untereinheit: „Frauen"; „Jugendliche"; „Erneuerung und Gemeindeleben"; „Theologische Ausbildung".[147]
Doch auch diese Aufteilung in drei Programmeinheiten mit 16
weithin selbständigen Untereinheiten erwies sich im Lauf der Jahre als
zu schwerfällig, die Zuständigkeit der Untereinheiten war an manchen
Punkten eher zufällig. Überschneidungen von Untereinheiten, die ver-

---

[146] Anschrift: 150 route de Ferney, CH-1211 Genf 20.
[147] Vgl. hierzu das Schaubild in HÖ II, S. 71 sowie M. Sens in: ÖL, Sp. 908ff. mit
dem Vergleich der Struktur des Rats seit seiner Gründung 1948 und einigen Er-
weiterungen sowie nach der Strukturreform 1983.

schiedenen Einheiten zugeordnet waren, ließen die Arbeit oft wenig effektiv erscheinen. Nicht zuletzt war es die prekäre Finanzsituation, die den Ökumenischen Rat zu einer Straffung und Schwerpunktsetzung zwang. Darum beschloß der Zentralausschuß in seiner Sitzung vom August 1992, vier Programmeinheiten einzurichten, die Untereinheiten dagegen nicht mehr als selbständige Größen weiterzuführen. Diese vier Programmeinheiten sind: „Einheit und Erneuerung", „Leben, Erziehen und Mission", „Gerechtigkeit, Frieden und Schöpfung" und „Teilen und Dienst". Alle vier Programmeinheiten sollen eng kooperieren und ihre Arbeit koordinieren. In allen soll jeweils eine Schwerpunktsetzung der biblisch-theologischen Reflexion dienen, die eine spezifisch christliche Prägung der Initiativen und Äußerungen gewährleistet. Im Rahmen der Programmeinheit Eins wird die Kommission für Glauben und Kirchenverfassung, deren Existenz in der Verfassung des Ökumenischen Rats garantiert ist, weitergeführt. Die fünfte Weltkonferenz für Glauben und Kirchenverfassung 1993 in Santiago de Compostela wurde bereits von der Einheit Eins getragen. Die Einheit Zwei führt die Tradition des Internationalen Missionsrats weiter. In der Programmeinheit Drei hat der Konziliare Prozeß (JPIC) seinen Platz; als zusätzliche Aufgabenstellung wurde ihr die Thematik „Gewaltfreies Handeln im Zusammenhang mit der Beilegung von Konflikten" zugewiesen. Die Programmeinheit Vier führt schwerpunktmäßig die Tradition von Praktisches Christentum weiter und übernimmt Aufgaben der wichtigen Kommission für Internationale Angelegenheiten.[148]

Eine entscheidende Verantwortung liegt auch weiterhin beim Generalsekretariat, in dem die wesentlichen Außenaktivitäten und die Organisation des Ökumenischen Rats zusammengefaßt werden: das Management und die Finanzen, die ökumenischen Beziehungen zu den Mitgliedskirchen und zu anderen christlichen Kirchen, die interreligiösen Beziehungen, die Kommunikation zwischen den Kirchen und zur Weltöffentlichkeit. Außerdem hat das Generalsekretariat die Aufgabe, die verschiedenen Programmeinheiten in ihrer Arbeit zu koordinieren. Angesichts der Schwierigkeit, die neue Programmstruktur durchzusetzen und sie effektiv zu machen, der prekären finanziellen Lage sowie der nötigen personellen Umstrukturierung und Einsparungen war die Wahl von Konrad Raiser zum neuen Generalsekretär von besonderem Belang.

---

[148] Siehe hierzu HerKorr 46 (1992), S. 480–484; ÖR 41(1992), S. 87f.

C. DER ÖKUMENISCHE BEITRAG DER EINZELNEN KIRCHEN

I. Die orthodoxen Kirchen und ihr ökumenisches Engagement

Die orthodoxen Kirchen[149] ruhen auf dem kirchlichen Fundament, wie es in den ersten christlichen Jahrhunderten im Kontext der griechischen Kultur und des oströmischen politischen Einflusses entstanden und vornehmlich in griechischer Sprache formuliert wurde. Die Konzilien des christlichen Altertums fanden durchweg im Osten statt, ihre Sprache war griechisch, die Teilnehmer entstammten vorwiegend den östlichen Kirchen. Das Konzil von Konstantinopel (381), bei dem das Glaubensbekenntnis von Nizäa und Konstantinopel verbindlich formuliert wurde, war zunächst ausschließlich eine Angelegenheit des christlichen Ostens. Die orthodoxen Kirchen sind darauf bedacht, den hier formulierten Glauben und die Kirchenstruktur, wie sie in diesen Jahrhunderten entstanden sind, unverfälscht, unverkürzt und ohne Beimischung späterer Zutaten getreu zu bewahren. So vermögen die westlichen Kirchen in dem, was in den orthodoxen Kirchen heute noch lebendig ist, etwas von ihrer eigenen Vergangenheit zu erkennen. Die Ostkirchen dagegen gehen in der Regel davon aus, daß die westlichen Kirchen mit dem Ursprung christlicher Verkündigung und kirchlicher Lehre gebrochen haben und daß sie nur durch eine Rückkehr zu den Ursprüngen, wie sie die Orthodoxie bewahrt hat, wiederum die rechte christliche Botschaft und Kirchenstruktur zurückgewinnen könnten. Dabei sind die orthodoxen Kirchen heute nicht mehr auf ihre ursprüngliche geographische Umgrenzung beschränkt, sie sind auch im Westen präsent, und sie verstanden es, innerhalb des Ökumenischen Rats der Kirchen erhebliche Bedeutung für die Weltchristenheit zu erlangen. In den Weltversammlungen stellt die orthodoxe Delegation inzwischen regelmäßig die größte konfessionell geschlossene Gruppe. Nicht zuletzt durch ihre eindrucksvolle Kleidung kann sie sich auch eines breiten Interesses der Medien sicher sein.

---

[149] Zum gesamten Abschnitt vgl. H.-J. Schulz, in: HÖ II, S. 122–150.

1. Die Geschichte der Kirchenspaltung

Wenn als Datum für das Schisma zwischen den Kirchen des Ostens und des Westens das Jahr 1054 angegeben wird, stellt dies zweifellos eine Verkürzung dar; die Trennung der Kirchen ist älter und jünger zugleich, sie ist nur als Prozeß angemessen zu beschreiben. Am 11. Mai 330 machte Konstantin die Stadt am Bosporus zur Hauptstadt des römischen Ostreiches. Ihm zu Ehren wurde sie Konstantinopel genannt. Sie erhielt den Ehrentitel Neues Rom und wurde mit aller Pracht und allen Privilegien ausgestattet, um die Überlegenheit über das alte Rom zu dokumentieren. Der Gegensatz zu Altrom war der Stadt damit schon in die Wiege gelegt. Kirchlich war Konstantinopel zunächst wenig bedeutsam. Erst seit ca. 315 war Byzanz, wie die Stadt früher geheißen hatte, Bischofssitz, Konstantinopel war keine apostolische Gründung, und es konnte auch auf kein Apostelgrab innerhalb seiner Mauern hinweisen. Damit hatte es nicht den Rang eines apostolischen Sitzes, galt somit nicht als Garant der Rechtgläubigkeit. Andererseits residierten die Kaiser in Ostrom und hatten gleichzeitig auch eine entscheidende kirchliche Funktion, mehr als im Westen. Sie beriefen die Konzilien ein und präsidierten ihnen, sie waren Beschützer und Verwalter der Kirche. Die Einheit des Christentums und die Einheit des Imperiums bedingten sich gegenseitig. Der christliche Kaiser wurde verstanden als Wahrer kirchlicher Einheit und Verteidiger der Rechtgläubigkeit, er regierte durch seine ihm von Gott verliehene Macht auch die Kirche und ihre Bischöfe. In diesem Kontext entstand in Konstantinopel die Andreas-Legende, derzufolge der Apostel Andreas in Byzanz das Evangelium verkündet und die Stadt zum Bischofssitz erhoben habe. Weil Andreas nach dem Zeugnis der Heiligen Schrift noch vor seinem Bruder Petrus zum Apostelamt berufen worden war, könne auch der Bischofssitz in Konstantinopel einen Vorrang über die ganze Christenheit beanspruchen.

Juristisch greifbar wurde dieser Anspruch beim Konzil von Konstantinopel 381, das in seinem 3. Kanon erklärte, „der Bischof von Konstantinopel soll nach dem römischen Bischof den Ehrenprimat besitzen, denn diese Stadt ist das neue Rom"[150]. Rom hat diesen Anspruch zurückgewiesen, weil er nicht religiös, sondern allein politisch begründet war, und insbesondere weil er die alten „Vororte" der Christenheit, nämlich Antiochien, Alexandrien und Jerusalem, die ihre Patriarchatsstellung durch die Stiftung durch einen Apostel begründeten, Konstantinopel nachordnete. Doch auch Konstantinopel verstand seinen Vorrang keineswegs nur politisch, denn „die Stadt, die durch die Anwesenheit von

[150] tzt D I,5, Nr. 13.

Kaiser und Senat geehrt wird und die gleichen Vorrechte genießt wie die alte Kaiserstadt Rom, (wird) auch in kirchlichen Dingen erhöht"[151].

Trotz der Abwehrmaßnahmen Roms haben sich die Aussagen der Konzilien von Konstantinopel und Chalkedon durchsetzen können. Konstantinopel wurde zum zweiten Bischofsstuhl der Christenheit. Der Bischof von Konstantinopel nahm den Titel „Ökumenischer Patriarch" an und dokumentierte damit nach verbreiteter Deutung einen Anspruch auf den gesamten christlichen Erdkreis. Die Konkurrenz zu ähnlichen Ansprüchen Roms war offenkundig.

Die Entfremdung zwischen Rom und Konstantinopel nahm zu, politische, kulturelle und religiöse Gründe vermischten sich. Drei Jahrzehnte nach dem Konzil von Chalkedon sprach der römische Bischof Felix II. (483–492) die Exkommunikation und die Absetzung des Patriarchen Akakios von Konstantinopel aus, der in den Auseinandersetzungen um den Monophysitismus eine zweideutige Glaubensformel veröffentlicht hatte. Daraufhin strich Akakios den Namen des römischen Bischofs aus den Fürbittlisten und brach die Beziehungen mit Rom ab. Die Patriarchen von Alexandrien und Antiochien folgten seinem Beispiel. Damit war die erste Kirchentrennung zwischen Konstantinopel und Rom erfolgt, sie dauerte bis zum Jahr 519.

Die Kirchen des Ostens fühlten sich in dieser Zeit dem Westen weit überlegen, nicht nur weil man die Sprache des Neuen Testaments sprach, sondern weil man den Westen unter der Herrschaft der Barbaren sah, so daß er nicht nur mit dem Ursprung des Christentums, sondern auch mit jeder feinen Kultur gebrochen hatte. Das Entstehen einer lateinischen Kirchenliteratur wurde kaum zur Kenntnis genommen, insbesondere Augustin wurde nicht rezipiert, während in Rom das Griechische kaum noch bekannt war. Mit der Kultur entwickelten sich auch der Kult und die Lebensweise auseinander. Kirchenkalender, Festtage und Fasttage stimmten in Osten und Westen nicht mehr überein, Kleidung und Lebensweise der Geistlichen differierten, seit im Westen die Zölibatsforderung aufgestellt wurde. Der oströmische Kaiser konnte seinen Einfluß auf Unteritalien ausdehnen, die Päpste suchten Hilfe im Frankenreich. Im Jahr 800 setzte Papst Leo III. dem Frankenherrscher Karl d. Gr. die Kaiserkrone aufs Haupt, was von Konstantinopel als Reichsverrat angesehen wurde. Weitere Etappen auf dem Weg zur endgültigen Kirchenspaltung waren der Bilderstreit, der Konflikt um den Patriarchen Photios, die Kontroverse um die Bulgaren, die eine unabhängige Kirche mit eigenem Patriarchen verlangten. Seit dem Anfang des 11. Jh. befindet sich der Name des Papstes nicht mehr in den Fürbitt-

---

[151] tzt D I,5, Nr. 14.

listen der orthodoxen Liturgie, ein gewichtiges Zeichen dafür, daß zu diesem Zeitpunkt die kirchliche Gemeinschaft zwischen Ost und West bereits zerbrochen war.

Als Jahr der Trennung werden zumeist die Geschehnisse von 1054 angegeben. 1053 führte Papst Leo IX., der erste der Cluniazenser Reformpäpste, einen Feldzug gegen die Normannen in Unteritalien; er wollte dort auch die kirchlichen Verhältnisse neu ordnen. Dieses Gebiet unterstand zum Teil dem Patriarchen von Konstantinopel, seit 1043 regierte der kraftvolle, an seiner Unabhängigkeit interessierte Patriarch Michael Kerullarius (bis 1058). Dieser Feldzug war ihm ein Anlaß, gegen den Papst vorzugehen. Er beschuldigte die westliche Kirche der Ketzerei, weil sie bei der Eucharistie ungesäuertes Brot gebrauche, an den Samstagen der Fastenzeit faste, das Halleluja während der Fastenzeit ausfallen lasse und den Genuß von im Blute erstickten Tieren gestatte. Es waren offensichtlich belanglose Dinge, die hier aufgeführt wurden, um römische Ansprüche zurückzuweisen und dem Konflikt eine theologische Rechtfertigung zu geben. Der Papst sandte eine Delegation nach Konstantinopel, deren Leiter war der schroffe Anhänger der Cluniazensischen Reform und des päpstlichen Primatsanspruchs, Kardinal Humbert von Silva Candida, der kein Verständnis für die Kirche des Ostens hatte. Er wollte die antilateinischen Kreise in die Knie zwingen, den Patriarchen behandelte er wie seinen Untergebenen. Dieser brachte wiederum das Problem der ungesäuerten Brote und damit die Rechtgläubigkeit der lateinischen Kirche ins Spiel, woraufhin Humbert am 16. Juli 1054 auf dem Altar der Hagia Sophia eine Bannbulle „gegen den Pseudo-Patriarchen Michael" und seine Helfer niederlegte. Diese seien wegen ihrer Anschuldigungen gegen Rom und ihrer falschen Bräuche, z. B. Priesterehe und Credo ohne Filioque, mit Häretikern zu vergleichen. Daraufhin sprach am 20. Juli 1054 der Patriarch eine Gegenbannung gegen die Urheber der Bulle aus, wobei der Text sorgfältig so formuliert wurde, daß keineswegs der Papst und die lateinische Kirche als ganze davon betroffen waren. Diese gegenseitige Exkommunikation betraf also lediglich einige wenige Einzelpersönlichkeiten, die Kirchen als ganze waren von deren Wirkung ausdrücklich ausgenommen. Daß nicht die Gemeinschaft mit der Ostkirche als ganzer abgebrochen werden sollte, erhellt schon daraus, daß Papst Leo IX. bereits drei Monate vor diesen Ereignissen verstorben war und Humbert sicher rein rechtlich nicht die Vollmacht hatte, die Gemeinschaft mit der östlichen Christenheit aufzukündigen. Doch die Bemühung von 1054, einen sachlich und personal begrenzten Konflikt zu lösen, waren gescheitert, und Schritt für Schritt wurden in diesen Streit die östliche und die westliche Kirche jeweils in ihrer Ganzheit mit hineingezogen.

Vollzogen wurde das Schisma wohl erst durch die Eroberung Konstantinopels 1204 durch die Kreuzfahrer und die Errichtung des lateinischen Kaiserreichs in Konstantinopel (1204–1261). Der Vierte Kreuzzug erreichte nicht das Heilige Land, sondern endete mit der Eroberung, Plünderung und Zerstörung der Kaiserstadt am Bosporus. Daß Konstantinopel untergegangen ist, war nicht das Werk der Türken, sondern der Kreuzfahrer, in deren Mitte sich abendländische Christen in abstoßender Unkultiviertheit und Beutegier, habgierige Kaufleute aus Venedig und Genua und verkommenes Gesindel breitmachen konnten. Dieses Ereignis, das in den westlichen Geschichtsbüchern eine lediglich untergeordnete Stellung einnimmt, ist für die östliche Christenheit überaus lebendig und in seinen Nachwirkungen ungebrochen. Es nützte wenig, daß Papst Innozenz III. sich darüber bestürzt zeigte, daß die Kreuzfahrer „ihre Schwerter mit Christenblut geschändet hatten, statt sie gegen die Ungläubigen zu wenden; daß sie unterschiedslos gemordet hatten, ohne Rücksicht auf Religion, Alter und Geschlecht", weil er gleichzeitig die Unterwerfung der Griechen unter seine Jurisdiktion als Werk der Vorsehung pries. Ein lateinischer Patriarch in Konstantinopel sollte die griechische Kirche umformen und sie „in Frömmigkeit und Glaubensreinheit gemäß den Einrichtungen der allerheiligsten römischen Kirche"[152] gestalten. Jeder Wunsch nach Aufnahme einer Kirchengemeinschaft mit Rom wurde durch diese Ereignisse im Keim erstickt, und das bis weit ins 20. Jh. hinein. Der Schock von 1204 wirkt bis heute nach, wertvolle Kunstgegenstände und Reliquien, die der Orthodoxie geraubt und in den Westen gebracht wurden, lassen die Erinnerung immer wieder aufleben.

Nach der Rückeroberung Konstantinopels durch Kaiser Michael VIII. Palaiologos 1261 suchte dieser den Papst als Verbündeten, und das ermöglichte die Bemühung auch um eine kirchliche Union. Der Anlaß mag politisch bedingt gewesen sein, aber nachdem sich der Kaiser zu diesem Schritt entschlossen hatte, nahm er die Sache, trotz aller Widerstände in den Reihen der griechischen Kirche, ernst. Das Konzil von Lyon 1274 sollte die Union wiederherstellen. Die Vertreter des Kaisers sangen in lateinischer und in griechischer Sprache das Glaubensbekenntnis unter zweimaliger Wiederholung des „Filioque", die ›Professio fidei Michaelis Palaeologi‹[153] wurde verlesen und unterschrieben, die das Filioque, die westliche Lehre vom Fegefeuer und die Siebenzahl der Sakramente enthielt. Insbesondere heißt es hier, die „heilige Römische Kirche hat auch den höchsten und vollen Primat und die Herrschaft

---

[152] Zitiert nach HÖ II, S. 139.
[153] DH 851–861.

über die gesamte katholische Kirche inne", alle kirchliche Vollmacht, vor allem die der Patriarchatskirchen, sei durch die römische Kirche verliehen und damit als Teilhabe an der päpstlichen Vollgewalt zu verstehen. Die Patriarchen des Ostens erschienen in diesem Glaubensbekenntnis gleichsam als päpstliche Delegierte. Auf dieser Basis legte der Vertreter des Kaisers das Treuebekenntnis zur Union ab.

Diese aufgezwungene Union überbrückte die Kluft zwischen den Kirchen nicht, sondern machte sie nur breiter und verstärkte das östliche Mißtrauen. Der Kaiser versuchte die Union durchzusetzen, mußte aber gegenüber widerstrebenden Kräften in Konstantinopel Zugeständnisse machen, so daß er letztendlich sowohl von der Ostkirche als auch vom Papst exkommuniziert wurde. Als er 1282 starb, erhielt er kein kirchliches Begräbnis. Sein Nachfolger kündigte die Union formell wieder auf.

Von orthodoxer Seite wurde weiterhin ein echtes Unionskonzil gefordert, das Lyon ersetzen und korrigieren sollte. Im Rahmen konziliaristischer Tendenzen um das Konzil von Basel bestanden günstigere Ausgangspunkte für eine freie konziliare Verhandlung als in den Jahrhunderten zuvor. So setzte man auf beiden Seiten auf das Konzil von Ferrara/Florenz (1438/39) große Hoffnungen. Hier wurde tatsächlich ein Dialog zwischen gleichberechtigten Partnern geführt. Die orthodoxe Delegation umfaßte annähernd 200 Mitglieder. Sie stand unter der Leitung des Kaisers Johannes VIII., des Patriarchen von Konstantinopel sowie von Vertretern der anderen östlichen Patriarchate. Ihnen standen bis zu 360 westliche Konzilsväter gegenüber.[154] In der Fegefeuerlehre wurde Übereinstimmung erzielt, die unterschiedlichen Praktiken, zur Eucharistie gesäuertes oder ungesäuertes Brot zu verwenden, wurden gegenseitig anerkannt. In der Filioque-Frage fand man eine Lösung in der Formulierung „durch den Sohn", die auch bei griechischen Kirchenvätern überliefert ist. Es wurde formuliert, daß das Filioque „zum Zwecke der Verdeutlichung der Wahrheit aufgrund einer damals bestehenden dringenden Notwendigkeit erlaubtermaßen und vernünftigerweise dem Bekenntnis beigefügt worden" sei.[155] In der Primatsfrage, an der die Verhandlungen fast gescheitert wären, einigte man sich auf die Formulierung, der Papst sei Haupt der Gesamtkirche, *vicarius Christi*, ihm sei die volle Gewalt übertragen worden, die gesamte Kirche zu lenken, dies allerdings mit dem Zusatz, „wie es auch in den Akten der ökumenischen Konzilien und in den heiligen Kanones festgehalten wird"[156]. Diese Klausel wurde von den Vertretern der Ostkirche so aus-

---

[154] Vgl. zum Konzil J. Gill, Konstanz und Basel – Florenz, Mainz 1967.
[155] DH 1302.
[156] DH 1307.

gelegt, daß alle diese Ansprüche nur so weit bestünden, als sie in der Geschichte der alten Konzilien begründet seien, im Westen wurde dagegen postuliert, diese Vollmacht habe bereits in der frühen Kirche bestanden. Auf der Basis dieser im Dekret ›Laetentur coeli‹[157] formulierten Übereinkunft wurde am 6. Juli 1439 die Union mit den Griechen verkündet.

In Konstantinopel trafen diese Beschlüsse und die Union auf eine geschlossene Opposition im Klerus, im Mönchtum und im Volk. Und auch bei den Konzilsteilnehmern, die unter mehr oder weniger starkem Druck unterschrieben hatten, brach der Widerstand durch. Für die Stimmung im Volk ist die Aussage des kaiserlichen Admirals bezeichnend, der erklärte, er wolle „in der Stadt lieber den türkischen Turban als die lateinische Mitra sehen"[158]. Tatsächlich fiel knapp 14 Jahre später, am 29. Mai 1453, Konstantinopel in die Hände der Türken, und damit war jeder Gedanke an eine Union hinfällig geworden.[159]

Neben der Union mit den Griechen erstrebte das Konzil von Florenz auch die Wiederherstellung der Union mit den wichtigsten altorientalischen Kirchen, den Armeniern und „Jakobiten", d. h. dem koptischen Patriarchat von Alexandrien an. Im Gegensatz zu der Übereinkunft mit den Griechen in ›Laetentur coeli‹ wurden die Dekrete für die Armenier bzw. für die Jakobiten in rein lateinisch-scholastischer Denkweise verfaßt und diesen aufoktroyiert. Praktische Auswirkungen hatten diese „Unionen" nicht.

Die Berührung Rußlands mit dem byzantinischen Reich führte im Jahr 989 zur Taufe der Kiewer Rus, Kiew wurde um 990 eine vom Patriarchat Konstantinopel abhängige Metropolie. Ein Großteil der Metropoliten bis zur Mitte des 15. Jh. waren Griechen, während in den anderen Diözesen russische Bischöfe wirkten. Die enge Bindung an Konstantinopel führte zu einer Entfremdung gegenüber der westlichen Kirche, ohne daß dies als ein Schisma angesehen worden wäre. Der Großfürst Vasilij II. von Moskau (1425–1462) lehnte die Union von Florenz ab, die sein Metropolit, der Grieche Isidor, mit unterzeichnet hatte. Isidor mußte fliehen. Ohne Kontaktaufnahme mit dem Patriarchen von Konstantinopel wählte eine Synode der russischen Bischöfe einen neuen Metropoliten, dessen Nachfolger sich als Metropolit von Moskau, nicht mehr von Kiew bezeichnete. Der Sturz Konstantinopels 1453 wurde von Moskau als Strafe für die Annahme der Union interpretiert. Das zweite

---

[157] DH 1300–1308.
[158] Nach HÖ I, S. 147, zur Nicht-Rezeption in Konstantinopel vgl. J. Gill, a. a. O., S. 342–352.
[159] Zur derzeitigen Wertung dieses „Unionskonzils" in der orthodoxen Theologie siehe A. Kallis, Ferrara – Florenz, in: ÖR 39 (1990), S. 182–200.

Rom war gefallen, Moskau verstand sich nun als das dritte und damit das endgültige Rom. Der Mönch Filofej brachte die Vorstellung auf den Punkt: „Alle christlichen Reiche sind vergangen, statt ihrer aller steht allein das Reich unseres Herrschers gemäß den prophetischen Büchern; das ist das russische Reich. Denn zwei Rome sind gefallen, aber das dritte steht, und ein viertes wird es nicht geben.“[160] Auf Verlangen der Regierung in Moskau erhob der ökumenische Patriarch von Konstantinopel 1589 Moskau zum Patriarchat. Dessen enge Bindung an die Zarenherrschaft führte dazu, daß Peter der Große (1682–1725), der kein geistliches Oberhaupt neben sich dulden wollte, die Wiederbesetzung des Patriarchenstuhls verhinderte. An seine Stelle setzte er als Kollegialorgan den Heiligen Synod, dessen Mitglieder und dessen Vorsitzenden er persönlich ernannte. Jeder von ihnen mußte schwören: „Ich bekenne und schwöre, daß der höchste Richter dieses Kollegiums der Zar selber ist.“[161] 1723 erkannte der ökumenische Patriarch auf Verlangen des Zaren den „Heiligen dirigierenden Synod“ als die oberste kirchliche Behörde Rußlands an, er wurde den anderen vier orthodoxen Patriarchensitzen gleichgestellt. Erst mitten in den Wirren der kommunistischen Revolution wurde im November 1917 das Patriarchat wieder eröffnet, der Synod hatte ausgedient, der eben erst gewählte Metropolit Tichon zum Patriarchen von Moskau und ganz Rußland gewählt. Genau um diese Zeit brach über die Kirche in Rußland jedoch eine schwere Verfolgung herein, die sie furchtbar dezimierte. Erst nach dem Ausbruch des deutsch-sowjetischen Krieges konnte 1943 ein Patriarch gewählt werden, nachdem das Amt seit 1925 unbesetzt geblieben war.

Durch die Begegnung mit der jeweiligen Kultur und den nationalen Besonderheiten entstanden im Laufe der Zeit im Rahmen der Orthodoxie weitere selbständige, jedoch miteinander in Beziehung stehende, d.h. autokephale Kirchen. Die orthodoxe Kirche versteht sich als „eine Gemeinschaft selbständiger Schwesterkirchen, die als ihr unsichtbares Haupt Christus, den Erlöser, anerkennen und konziliar vom Episkopat von Konstantinopel geleitet werden“[162]. Eine autokephale Kirche hat das Recht auf Wahl und Einweisung des eigenen Vorstehers der Kirche, Klerus und Hierarchie einer autokephalen Kirche nennen während ihres Gottesdienstes ihren Vorsteher, dieser nennt die Häupter der anderen autokephalen Kirchen als Zeichen der Einheit mit ihnen. Sie hat das Recht auf Einberufung von Landessynoden, sie ist selbständig in den zwischenkirchlichen Beziehungen. Die autokephalen Kirchen un-

---

[160] Zitiert nach K. Algermissen, Konfessionskunde, Paderborn [8]1969, S. 184.
[161] K. Algermissen, a. a. O., S. 185.
[162] ÖL 111.

tereinander verstehen sich als Schwesterkirchen. Die Verleihung der
Autokephalie erfolgt durch das Ökumenische Konzil, die Bischofs-
synode der Mutterkirche, oder eine der anderen führenden Kirchen, sie
muß von den anderen autonomen Kirchen, insbesondere vom Patriarchat von Konstantinopel, anerkannt werden. Nach der kanonischen
Ordnung gibt es die fünf alten Patriarchate: Neben Rom sind das Konstantinopel, Alexandrien, Antiochien, Jerusalem.[163] Weitere autokephale Kirchen sind die Kirche von Rußland mit dem Patriarchat von
Moskau, die serbische Kirche mit dem 1922 als Patriarchat anerkannten
Sitz in Belgrad. Die rumänische Kirche wurde 1925 zum Patriarchat erhoben, die bulgarische Kirche mit dem Patriarchat von Sofia 1961. Auto-
kephal sind die Kirche von Zypern, die Kirche von Griechenland, die
Kirche von Polen sowie die Kirche von Albanien, die 1937 ihre Autokephalie erhielt, durch lange Verfolgung allerdings fast völlig zerstört
wurde. Daneben gibt es eine Reihe von semiautokephalen Kirchen, die
eine autonome Selbstverwaltung haben, deren höchste Repräsentanten
aber unter der Aufsicht einer der autokephalen Kirchen gewählt
werden. Zu ihnen gehören die Kirche Finnlands, Kretas, die orthodoxe
Kirche Japans, die russisch-orthodoxe Mission in China.

In der hierarchischen Ordnung stehen eine Stufe tiefer die Missionen,
insbesondere die Russische Mission in Korea, sowie die afrikanische Orthodoxie. Daneben gibt es die Diaspora, die in erster Linie die Auslands-
kirchen umfaßt, die sich als Exilskirchen im Westen im Zusammenhang
mit politischen Verfolgungen in den osteuropäischen Staaten gebildet
haben. In diesem Bereich gibt es vielerlei Kontroversen, weil die kirchliche Organisation in der Diaspora (nicht zuletzt auch aus politischen
Gründen) nicht selten zu Spaltung und gegenseitiger Exkommunikation
führte. Die kirchliche Organisation der Diaspora erfolgt auf unterschiedliche Weise. Zunächst beansprucht das Ökumenische Patriarchat von
Konstantinopel auf der Grundlage von Kanon 28 des Konzils von Chalkedon die Jurisdiktion über alle orthodoxen Gläubigen, die außerhalb
des Grenzbereichs der jeweiligen orthodoxen Kirchen leben. Daneben
wurden orthodoxe Gemeinden entsprechend ihrer nationalen Herkunft
von den jeweiligen Mutterkirchen organisiert. Darüber hinaus gibt es
aber auch orthodoxe Kirchen, die sich in den jeweiligen Ländern neu gebildet haben und die ihre Selbständigkeit beanspruchen.[164]

---

[163] Die Vorstellung, daß die Alte Kirche von diesen fünf Patriarchaten in gemeinsamer Verantwortung regiert wurde und daß dieser Vorrang von den ökumenischen Konzilien bekräftigt wurde, wird in der im Osten verbreiteten Theorie von der „Pentarchie" festgehalten.

[164] Besonders kompliziert ist die Situation in Amerika, wo ein „Ständiger Rat

In diesem Kontext kommt dem Ökumenischen Patriarchat von Konstantinopel, das in seiner eigenen Kirche erheblich an Bedeutung verloren hat, neues Gewicht zu. Zwar hat Konstantinopel nur einen „Ehrenprimat"; dennoch verbinden sich mit ihm bestimmte Pflichten und Rechte, die allgemein anerkannt sind. So hat der Ökumenische Patriarch das Recht, in Fragen von gesamtkirchlicher Bedeutung die Initiative zu ergreifen, er ist Appellationsinstanz unter den orthodoxen Schwesterkirchen, er darf einen bestimmten Briefwechsel im Hinblick auf gesamtorthodoxe Fragen führen, hat das Recht, panorthodoxe Synoden einzuberufen und in ihnen den Vorsitz zu führen, er verleiht Autonomie, Autokephalie und Patriarchatswürde, er segnet das heilige Myron und verteilt es an die orthodoxen Schwesterkirchen, und er hat den Vorsitz bei der Konzelebration mit Oberhäuptern der anderen orthodoxen Kirchen.

Höchste Autorität in der Kirche hat jedoch nicht der Patriarch, sondern immer nur die Gemeinschaft der Kirchen, letztlich repräsentiert in einem ökumenischen Konzil. Aber ein solches hat lange nicht mehr stattgefunden; es ist umstritten, ob die panorthodoxen Konferenzen des Mittelalters als für die Orthodoxie letztverbindliche Entscheidungsgremien angesehen werden können, der Begriff „Ökumenisches Konzil" wurde jedenfalls nicht verwendet. Damit trug die Orthodoxie der Tatsache Rechnung, daß das fünfte Patriarchat, nämlich Rom und mit ihm die westliche Kirche fehlte und daß damit nicht die gesamte Christenheit vertreten war. Seit 1961 wird intensiv an der Vorbereitung eines panorthodoxen Konzils gearbeitet, panorthodoxe Konferenzen, seit 1976 panorthodoxe präkonziliare Konferenzen haben inzwischen die zu behandelnden Themen festgelegt.[165] Der Zusammenbruch der kommunistischen Systeme in vielen von der orthodoxen Kirche bestimmten Ländern und die Auseinandersetzung um die Rolle der Kirche unter diesen Regimen sowie die Notwendigkeit, den eigenen Ort in der Gesellschaft neu zu definieren, hat die Vorbereitung des panorthodoxen Konzils mit neuen Problemen befrachtet. Viele Kirchen sind zunächst einmal auf ihre inneren Angelegenheiten verwiesen, die zur Lösung anstehen. Zu den auf dem panorthodoxen Konzil zu behandelnden Themen gehören auch die ökumenischen Beziehungen der Orthodoxie. Mit dem System

---

der kanonischen orthodoxen Bischöfe Amerikas" gegründet wurde, ebenso wie später in Frankreich, in Schweden und in Australien. Vgl. ÖL 927.

[165] Zu den Beratungsthemen und zum Stand der Vorbereitung vgl. HerKorr 49 (1995), S. 263–267. Die Beschlüsse der III. Vorkonziliaren Konferenz in Chambésy (Nov. 1986) sind veröffentlicht in US 42 (1987), S. 4ff. Das gesamte Heft von US ist dem Thema „Die Orthodoxie auf dem Weg zum Konzil" gewidmet.

der Autokephalie und dem Verhältnis der autokephalen Schwesterkirchen hat die orthodoxe Christenheit ein Modell der Einheit verwirklicht, das auch für ihre Begegnung mit den anderen christlichen Kirchen und Gemeinschaften von Bedeutung ist.

2. Die ökumenischen Bemühungen der orthodoxen Kirchen

a) Das Verhältnis zu den anderen christlichen Kirchen

Von der äußeren Situation der orthodoxen Kirchen her erscheint zunächst das ökumenische Anliegen als weniger dringend. Die orthodoxen Kirchen sind mit Ausnahme der Missions- und Diasporasituation weithin landeskirchlich bestimmt, sie haben ihre Autokephalie jeweils als Nationalkirchen erhalten. Die Einheit mit den Schwesterkirchen wird wesentlich durch die Gemeinschaft der Bischöfe untereinander gewährleistet, über diesen Kreis hinaus besteht zunächst nur begrenztes Interesse. Daß es außerhalb dieser Grenzen der Nationalkirchen und der Diasporakirchen noch Christen gibt, wird nicht bestritten, ist aber für das lebendige Bewußtsein kaum prägend. Traditionellerweise finden sich in den großen orthodoxen Ländern kaum zahlenmäßig bedeutsame andere christliche Kirchen, so daß die ökumenische Problematik in der Regel nicht zu einer lebendigen Erfahrung wird. Die orthodoxen Kirchen leiden zunächst an anderen Problemen als an dem der Kirchenspaltung. All diese Faktoren machen es für die Orthodoxie im Bewußtsein des Volks und der Gläubigen oft schwierig, sich dem ökumenischen Gedanken zu öffnen.

Grundlage der ökumenischen Bemühung ist die Überzeugung, daß die rechte Kirche in der Zeit der frühkirchlichen Konzilien, ihrer Lehre und Kirchenordnung verwirklicht wurde. Eine Einigung ist damit allein auf der Basis der Alten Kirche möglich. Zu ihr müssen alle, die sich von ihr getrennt haben, zurückkehren. Dabei ist man überzeugt, allein die Orthodoxie sei der Alten Kirche in ihrer Lehre und Verfassung treu geblieben, den anderen Gemeinschaften wird angelastet, mit der Botschaft der ungeteilten Kirche, wie sie in den altkirchlichen Konzilien festgeschrieben wurde, gebrochen zu haben, nicht zuletzt durch die Einführung des Filioque. Einigung aber sei allein durch die Rückkehr zur Alten Kirche möglich.

Trotz der verbreiteten Vorstellung, die Orthodoxie allein sei die christliche Kirche, gibt es in der Orthodoxie wichtige Vertreter des ökumenischen Gedankens. Im Jahre 1902 richtete der ökumenische Patriarch Joachim III. eine Enzyklika an die orthodoxen Kirchen mit der Bitte, sich über die Beziehungen zu den nichtorthodoxen Kirchen zu äußern und in diesem Anliegen aktiv zu werden. Weichenstellend für die Entwicklung der Ökumenischen Bewegung war die Enzyklika des ökumenischen Patriarchats vom Januar 1920 ›An die Kirchen Christi überall‹, die praktische Vorschläge für eine Zusammenarbeit der christlichen Gemeinschaften machte. Im einzelnen wurden folgende Punkte aufgeführt: Annahme eines einheitlichen Kalenders, Austausch brüderlicher Briefe zu den großen Festen des Kirchenjahres, Beziehungen der theologischen Hochschulen und der Theologieprofessoren untereinander, Austausch von Studenten zu weiterführenden Studien, Einberufung gesamtchristlicher Konferenzen zur Behandlung von Fragen allgemeinen Interesses, gemeinsame Studien der historischen Probleme, die zwischen den Kirchen stehen, gegenseitige Achtung vor den unterschiedlichen Traditionen, Bereitstellung von Kapellen und Friedhöfen für Trauerfeiern, die Regelung des Problems bekenntnisverschiedener Ehen, gegenseitige Unterstützung der Kirchen im Dienste der Nächstenliebe.

Von besonderer Bedeutung war der Vorschlag, in Analogie zum „Völkerbund" einen „Kirchenbund" zu gründen (*koinonia ton ethnon – koinonia ton ekklesion*), er stieß im Westen auf lebhaftes Interesse. Der Lutherische Erzbischof Söderblom lud die Orthodoxie ein zur Teilnahme an der Vorbereitung von „Life and Work", bei der Weltkonferenz 1925 in Stockholm wirkten zwanzig Vertreter aus verschiedenen orthodoxen Kirchen mit; dogmatische Probleme waren hier nicht auf der Tagesordnung. Sprecher der orthodoxen Gruppe war der Metropolit Germanos von Thyatira, der in London residierte und für die orthodoxen Christen in Westeuropa zuständig war. Germanos nahm auch an der Ersten Weltkonferenz für Glauben und Kirchenverfassung 1927 in Lausanne teil. Hier, wo es um dogmatische Wahrheiten ging, war die Situation der orthodoxen Vertreter komplizierter. Manche waren primär von dem Anliegen bestimmt, ihre Position auch im Westen zu verbreiten, andere erlebten vor allem die Differenz zu den Ergebnissen der historisch-kritisch geprägten Theologie. Insgesamt mußten sie jeden Anschein des dogmatischen Indifferentismus vermeiden, wollten sie auch innerhalb ihrer Kirchen anerkannt bleiben. Vor allem die Laientheologen, in deren Hand in den meisten orthodoxen Kirchen weithin die theologische Ausbildung und Forschung liegt, sahen sich veranlaßt, bei ökumenischen Konferenzen den ostkirchlichen Standpunkt besonders dezidiert zu vertreten.[166] Diese interne Herausforderung, die bis heute ihre Bedeutung

---

[166] Selbst in der Enzyklika von 1920 wird gleich eingangs betont, daß die angesprochenen Kirchen nicht als Kirchen im eigentlichen Sinn des Wortes zu verstehen seien. Die Orthodoxie hat immer wieder deutlich gemacht: „Die ortho-

hat, führte schon in Lausanne dazu, daß die orthodoxen Vertreter ihre abweichende Position in einer gesonderten Erklärung vorstellten, ohne daß sie damit ihre Mitarbeit in Frage stellen wollten, denn diese Konferenz beanspruchte ja keine Autorität über die Kirchen. Auch in späteren Konferenzen von Glauben und Kirchenverfassung haben die orthodoxen Delegierten abweichende Vorstellungen über die Natur des kirchlichen Dienstamtes, die apostolische Sukzession, das Verständnis von Taufe und Eucharistie dargelegt. Insbesondere lehnten sie die Forderung nach Interkommunion ab, die im Ökumenischen Rat immer drängender formuliert wurde. Eucharistie ist nach orthodoxem Verständnis Krönung und Abschluß einer Wiedervereinigung im Glauben, nicht Mittel zur Einigung der Kirchen.

Nach dem Zweiten Weltkrieg veränderte sich die politische Situation in vielen orthodoxen Ländern grundlegend. Griechenland war das einzige wichtige orthodox geprägte Land, in dem die Kirche nicht verfolgt wurde. Damit fiel der griechischen Kirche eine besondere Aufgabe in der Repräsentanz der Orthodoxie zu. Zusammen mit dem Patriarchat von Konstantinopel entsandte die griechische Kirche ihre Delegierten bereits zur ersten Vollversammlung 1948 nach Amsterdam, allerdings wurde Griechenland gemäß einem Synodalbeschluß von 1949 lediglich durch Laientheologen, nicht durch hochgestellte Kleriker repräsentiert. Nach der Gründung des Ökumenischen Rats 1948 in Amsterdam gab es unter den griechischen Theologen eine kontroverse Diskussion darüber, ob orthodoxe Kirchen Vollmitglieder im ÖRK werden könnten, während das Ökumenische Patriarchat unter dem seit 1949 regierten Patriarchen Athenagoras I. entschlossen war, die Beziehungen zum Ökumenischen Rat aufzunehmen und weiter auszubauen. Die Toronto-Erklärung von 1950, daß der Rat keine Überkirche sei, ließ die Kritik abflachen, die Erweiterung der Basisformel um die trinitarische Aussage machte es 1961 in Neu-Delhi möglich, daß auch die russische Kirche ihre Aufnahme beantragte. In verschiedenen Erklärungen stellte die Orthodoxie immer wieder fest, daß sie sich nicht, wie die meisten protestantischen Kirchen, als eine Konfession neben anderen verstehe, sondern als die Kirche Jesu Christi. Trotz einer immer deutlicher formulierten Kritik am Rat wurde die Mitarbeit inhaltlich eher verstärkt. Bei den Vollversammlungen in Vancouver 1983 und Canberra 1991 kam ein Viertel der Teilnehmer aus den orthodoxen Kirchen, orthodoxe Theologen haben auch an der Limaerklärung über Taufe, Amt und Euchari-

doxe Kirche ist keine Konfession, eine von vielen unter vielen. Für die Orthodoxen ist die orthodoxe Kirche schlicht die Kirche" (zitiert nach K. Raiser, Ökumene im Übergang, München 1989, S. 16).

stie mitgewirkt. Orthodoxe Theologen arbeiten in der Genfer Zentrale, sind Mitglieder im Zentralausschuß und im Präsidium des ÖRK. Die Zusammenarbeit wird erleichtert durch das orthodoxe Zentrum des Ökumenischen Patriarchats in Chambésy bei Genf unter dem Metropoliten Damaskinos Papandreou, dem auch die Vorbereitung für die Panorthodoxe Synode obliegt.

Von der Orthodoxie sind entscheidende Impulse und Weichenstellungen für die moderne Ökumenische Bewegung ausgegangen: nicht zuletzt die Konzentration auf den Begriff der Koinonia, der die Kirchen als Gemeinschaft versteht, die ihr Urbild in der Einheit des dreifaltigen Gottes hat, ist auf orthodoxen Einfluß zurückzuführen. Gerade durch ihre oft sehr harsche Kritik an Beschlüssen und durch die Formulierung von Sondervoten hat sich die Orthodoxie am ökumenischen Geschehen beteiligt und sich nicht selbstgenügsam zurückgezogen. Ihre geringe Kompromißbereitschaft führte dazu, daß ihre Anliegen in den Texten des ÖRK erhebliche Bedeutung gewannen. Vor allem aber ist es nicht zuletzt dem orthodoxen Insistieren zu verdanken, daß sich die Bemühung um kirchliche Einheit nicht allein in einem gemeinsamen Tun, sondern in der Auseinandersetzung um das rechte Verständnis der christlichen Wahrheit und Botschaft vollzieht. Insofern haben die orthodoxen Kirchen mit ihrem Beharren auf der Tradition dazu beigetragen, daß sich einseitig säkularökumenische Tendenzen nicht endgültig durchsetzen konnten.

b) Bilaterale und multilaterale ökumenische Gespräche

Die Orthodoxie erweist sich als komplizierter Gesprächspartner. Einerseits dominiert vielfach die Überzeugung, allein die Lehre und die Verfassung der Alten Kirche bewahrt zu haben und damit allein Kirche Jesu Christi zu sein, andererseits sind die einzelnen orthodoxen Kirchen selbständig, so daß sich eine gesamtorthodoxe Beschlußfassung oft als unmöglich erweist. Zudem müssen die orthodoxen Theologen, die häufig Laien sind, in besonderer Weise darauf achten, innerhalb ihrer Kirchen als rechtgläubig akzeptiert zu werden. Und nicht zuletzt sind es politische und kirchenpolitische Kontroversen, die es der Orthodoxie schwermachen, sich ökumenischen Anliegen zu öffnen und ihnen gemeinsam zu begegnen.

Die orthodoxen Kirchen und ihre Grundüberzeugungen haben auf die wichtigsten ökumenischen Texte bedeutsamen Einfluß genommen. Weil man die Einigung und die Konsensformulierung wollte, mußte man die orthodoxe Theologie in erheblichem Maße rezipieren. Dies gilt für die Koinonia-Erklärungen von Canberra und Santiago de Compostela, es gilt auch für das Lima-Papier, insbesondere für den Ansatz, nämlich die Lehre und die Praxis der Alten Kirche als Norm und Kriterium zu erachten. Das stellt jedenfalls gegenüber manchen Strömungen aus dem protestantischen Bereich, die die altkirchliche Entwicklung nach der Epoche des biblischen Zeugnisses als „Frühkatholizismus" abwerteten, eine fundamentale Neubesinnung dar. Von diesem Ansatz her haben sich die „Alten Kirchen" gegenüber der Reformation durchgesetzt. Dies wird in der offiziellen Antwort des Ökumenischen Patriarchats auf Lima ebenso gewürdigt wie die konvergierenden Erfahrungen, die sich im dort vorbereiteten Text niedergeschlagen haben. Allerdings wird gleichzeitig kritisiert, daß die ekklesiologische Grundlegung von Taufe, Eucharistie und Amt in der Kirche nicht in den Blick genommen wurde. Eine Übereinstimmung in diesen Fragen sei erst erzielt, wenn auch eine Übereinstimmung in der Ekklesiologie erreicht sei. Wegen dieses Mangels könne „der BEM-Text in seiner heutigen Fassung in keiner Weise den gemeinsamen und einheitlichen Glauben und die Tradition der einen Heiligen, Katholischen und Apostolischen Kirche … ausdrücken"[167].

Besonderes Gewicht legt die Orthodoxie auf bilaterale Gespräche. Bei den Verhandlungen mit den Altkatholiken konnte man Anregungen aufgreifen, die in den Bonner Unionskonferenzen 1874/75 formuliert[168], aber ebensowenig rezipiert worden waren wie Konsenstexte aus den 30er und 60er Jahren unseres Jahrhunderts. Vor allem die Filioque-Frage stand im Zentrum der Auseinandersetzungen, wobei sich die orthodoxe Seite mit der bloßen Streichung des Filioque durch die Altkatholiken nicht zufriedengab[169]. Die Tilgung der Irrlehre stellt nicht den rechten Glauben her; diesen kann man nicht produzieren, man kann ihn nur empfangen. Eine neue Diskussionrunde wurde 1987 mit Erklärungen zu nahezu allen Lehrfragen abgeschlossen.[170] Praktische Konsequenzen wurden aber durch die Entscheidungen der Altkatholiken für eine Eucharistiegemeinschaft mit Anglikanern und Lutheranern sowie für die Frauenordination verhindert.

Die Gespräche mit den Anglikanern behandelten die Trinitätslehre einschließlich des Filioque, die Ekklesiologie, den Gottesdienst, das Ver-

---

[167] Zitiert nach Frieling 153.
[168] Vgl. hierzu P. Neuner, Döllinger als Theologe der Ökumene, Paderborn u. a. 1979, S. 171–219.
[169] Zu den Belegen siehe P. Neuner, Kleines Handbuch der Ökumene, 2. Aufl. Düsseldorf 1987, S. 129–132.
[170] DwÜ II, S. 19–49.

hältnis von Schrift und Tradition. Konkrete Ergebnisse sind insbesondere wegen der Problematik der Frauenordination nicht erfolgt.[171]

Im Gespräch mit den Altorientalischen Kirchen wurde es möglich, die beidseitigen Vorstellungen von den Naturen in Christus anzuerkennen und zu erklären, daß die im Konzil von Chalkedon festgeschriebenen Unterschiede in der Terminologie nicht die Sache des Glaubens betrafen. Eine offizielle Kommission stellte fest, daß beide Kirchenfamilien „dieselbe authentische orthodoxe christologische Lehre und die ungebrochene Kontinuität der apostolischen Tradition bewahrt haben". Darum könne und solle nun „die Aufhebung von Anathemata und Verdammungen aus der Vergangenheit" erfolgen und die volle Gemeinschaft für beide Seiten wiederhergestellt werden.[172]

Nachdem die gegenseitigen Bannsprüche getilgt waren, konnte auch zwischen der Kirche Roms und den orthodoxen Kirchen ein offizieller Dialog aufgenommen werden. Zunächst wurden symbolische Zeichen gesetzt, die die Annäherung und gegenseitige Wertschätzung ausdrückten. Dabei spielte die Rückgabe von Reliquien, die im Umkreis der Kreuzzüge geraubt worden waren, an die orthodoxen Kirchen eine bedeutsame Rolle.[173] Damit war eine Basis geschaffen, auf der der „Dialog der Liebe" in den „Dialog der Wahrheit" übergeführt werden konnte;[174] er wurde durch eine beidseitig sehr hochrangige Kommission geführt. Beide Kirchen konnten sich gegenseitig als „Schwesterkirchen" anerkennen. Bei den Gesprächen nach dem Zusammenbruch des Kommunismus in den meisten orthodox geprägten Ländern stellten die Vertreter der Ostkirchen das Problem der Uniaten immer mehr in den Vordergrund, es erweist sich derzeit als fast unüberwindliches Hindernis für eine Verbesserung der Beziehungen. Es scheint, daß dabei auch innerorthodoxe Konflikte und Besitzansprüche eine Rolle spielen und die Kontroversen verstärken. Jedenfalls hat sich im Gefolge dieser Ereignisse das Klima zwischen beiden Kirchen erheblich verschlechtert.

Dies gilt auch für die Beziehungen der Orthodoxie zu den evangelischen Kirchen, die nicht nur auf Weltebene[175], sondern seitens der EKD geführt werden.[176] Insbesondere die Aktivitäten von evangelikal geprägten Freikirchen und von Sekten, die auf diesen neuen religiösen „Markt" dringen und häufig über finanzielle Mittel verfügen, die den

---

[171] Dokumentiert in DwÜ I, S. 80–101; DwÜ II, S. 97–131.
[172] Das Kommuniqué ist veröffentlicht in: ÖR 43 (1994), S. 82–84.
[173] Vgl. P. Neuner, a. a. O., S. 132f.
[174] Die Texte bis 1988 sind dokumentiert in DwÜ.
[175] DwÜ II, S. 258–271.
[176] Die Ergebnisse sind dokumentiert in den Beiheften zur ÖR.

dortigen orthodoxen Kirchen nicht zu Gebote stehen, hat Vertrauen zerstört.

c) Die mit Rom unierten Kirchen

Das Scheitern der Union von Florenz machte deutlich, daß jeder Versuch einer Latinisierung der orthodoxen Kirchen die Bemühung um eine Annäherung im Keim erstickte. Nur wenn in Ritus, kirchlicher Gewandung und Sprache, in der Gewährung des Laienkelchs und der Priesterheirat die überkommenen Gepflogenheiten akzeptiert wurden, war an eine Gemeinschaft mit Rom zu denken. Den unierten Kirchen wurde weitgehende Selbständigkeit in Liturgie und Verwaltung zugesagt, in der Praxis allerdings nicht immer eingehalten, so daß verschiedentlich doch eine Latinisierung erfolgte. Unionen wurden immer nur möglich, wenn sie auch politisch gefördert und unterstützt wurden. Zumeist gelangen sie nur mit einem Teil einer orthodoxen Kirche, so daß durch sie die Einheit der orthodoxen Kirchen zerstört wurde. Innerhalb der katholischen Tradition erscheinen die unierten Kirchen verschiedentlich als Modell für eine Einigung der Kirchen, weil ihre Existenz beweist, daß auch nach römischer Vorstellung Einheit der Kirche mit Vielfalt zusammengesehen werden kann und Einigung nicht Rückkehr nach Rom bedeutet, auch nicht bei einer Anerkennung des päpstlichen Primats. Aus orthodoxer Sicht stellt das Problem der Uniaten dagegen ein überaus schwerwiegendes Hindernis für eine Gemeinschaft der Kirchen dar. Hier habe Rom Gemeinde gegen Gemeinde und Altar gegen Altar gestellt und damit die Kirchen gespalten. Man muß davon ausgehen, daß die unierten Kirchen kein Modell für eine Einigung von Ost und West darstellen können. Durch sie wurde die Einheit der Kirchen mehr gefährdet als gefördert.[177] Dabei sollte es bei aller ökumenischen Rücksichtnahme gegenüber der Orthodoxie selbstverständlich sein, daß die Gewissensentscheidung der Glieder der unierten Kirchen respektiert wird und daß sie nicht gegen ihren Willen den orthodoxen Ortskirchen eingegliedert werden dürfen, wie dies von politischer Seite erzwungen werden sollte.

Spannungen zwischen Polen und Litauen einerseits und Rußland andererseits sowie gegenreformatorische Bemühungen der Jesuiten führten zur Synode von Brest 1596, bei der der Metropolit und die meisten orthodoxen Bischöfe um Sakramentengemeinschaft mit Rom baten.[178] In der

---

[177] Das Problem wird dadurch verstärkt, daß die unierten Kirchen häufig erhebliche finanzielle Unterstützung aus dem Westen erhalten und damit gegenüber den Orthodoxen weit im Vorteil sind.

[178] Zu den historischen Details siehe H.-J. Schulz u. J. Madey, in: HÖ I, S. 151–179.

Folge kam es zu schweren Auseinandersetzungen zwischen dieser Gruppe und den orthodoxen Gemeinden, die sich gegen die Union sperrten. Mit den Teilungen Polens wurden auf politischen Druck die Unierten im russischen Bereich wieder der orthodoxen Kirche angegliedert, während für die zu Österreich gefallenen Gebiete eine eigene Metropolie in Lemberg sowie weitere Bistümer errichtet wurden. Hier erhielten die unierten Ukrainer 1848 offiziell die Gleichstellung mit den Polen des römischen Ritus. Nach der Herrschaftsverteilung im Anschluß an den Zweiten Weltkrieg wurde diese Kirche staatlicherseits wieder offiziell dem Moskauer Patriarchat unterstellt, nachdem eine von der Sowjetregierung gesteuerte Synode die Union widerrufen hatte. Seither konnte diese Kirche in der Ukraine lediglich im Untergrund wirken und erfuhr schwerste Bedrückung, lediglich als Auslandskirche hatte sie in Westeuropa, Kanada und den USA unter einem eigenen Großerzbischof, der in Rom residierte, weiterhin Bestand. Sie zeichnete sich durch ein betontes Autonomiebewußtsein aus. Nach dem Zusammenbruch der Sowjetmacht und der Gewährung der Religionsfreiheit 1990 konnte diese Kirche auch in der Ukraine ihre Selbständigkeit zurückgewinnen, der Großerzbischof residiert wieder in Lemberg. Die Konflikte mit den traditionellen orthodoxen Kirchen wurden in der Ukraine besonders akut, weil hier zusätzlich zur Problemstellung der Union auch noch die Frage der Besitzansprüche kam. Die sich wieder als selbständig verstehende Kirche verlangte die Kirchengebäude und die Besitztümer zurück, die mehr als 50 Jahre der Orthodoxie gehört hatten. Daß dadurch die ökumenischen Beziehungen und das Vertrauen zwischen den Kirchen erheblich beeinträchtigt wurden, kann nicht erstaunen, es belastet das Klima zwischen den orthodoxen Kirchen und der römischen Kirche beträchtlich. Einige weitere Unionen in Osteuropa, wie die von Uzhorod, der Rumänen Siebenbürgens, sowie in Kroatien, gerieten nach 1945 unter massiven staatlichen und polizeilichen Druck und sollten aufgelöst werden.

Größere Bedeutung auch für das katholische Selbstverständnis haben die Unionen im nahöstlichen und im indischen Bereich. In Syrien entstand anfangs des 18. Jh. die Union der Melkiten. Sie versteht sich in historischer Kontinuität mit dem Konzil von Florenz. 1724 wurden von Anhängern und von Gegnern der Florentiner Union jeweils Patriarchen von Antiochien gewählt, die sich gegenseitig exkommunizierten. Mit dem von Rom anerkannten Kyrill VI. beginnt eine Folge katholischer Patriarchen von Antiochien, denen seit 1772 auch die Katholiken des byzantinischen Ritus in den Patriarchaten Jerusalem[179] und Alexandrien

---

[179] Die konfessionelle Zersplitterung und die Uneinigkeit der Christen wird

unterstehen. Damit ist diese Kirche zahlenmäßig verhältnismäßig stark, gerade durch sie wird das Erbe der nicht-lateinischen Kirchen innerhalb der katholischen Obödienz deutlich gemacht.[180] Weil sie als Patriarchat organisiert ist, wird dieser Kirche auch protokollarisch erhebliche Wertschätzung zuteil.

Als Patriarchatskirche ist auch die maronitische Kirche verfaßt. Seit den Kreuzzügen wurde ihre Kirchengemeinschaft mit Rom nicht unterbrochen. Sie ist die einzige orientalische Kirche, die als ganze mit Rom in Gemeinschaft steht, durch die also die konfessionelle Zersplitterung nicht noch weiter erhöht wurde.

Unionen gibt es auch zwischen ehemals monophysitischen bzw. nestorianischen Kirchen und Rom. Die Unionen in Florenz mit den Jakobiten und den Armeniern hatten keinen Bestand, sie waren nur von ganz wenigen Repräsentanten dieser Kirchen geschlossen worden, die Konzilsdekrete entstammten ausschließlich westlich-scholastischer Denkart. Unter den Ostsyrern gibt es seit dem 16. Jh. die chaldäische Kirche, die in Gemeinschaft mit dem Papst steht, weitere unierte Kirchen altorientalischer Tradition sind eine koptische, eine westsyrische, eine armenische und eine äthiopische Kirche. Letztere stellt insofern einen Sonderfall dar, als sie nicht als Union zumindest eines Teils der Hierarchie entstand, sondern durch Einzelkonversionen.

Das indische Christentum führt sich auf das Apostolat des hl. Thomas zurück, es wurzelt also in der christlichen Urzeit. Schwierigkeiten tauchten auf im Zusammenhang der Indienmission der Portugiesen, als 1533 das erste lateinische Bistum in Goa gegründet wurde. Die portugiesischen Missionare mißtrauten der Rechtgläubigkeit der Einheimischen. Sie zwangen die indischen Priester und Laien, lateinische Dokumente zu unterzeichnen, die sie weder lesen konnten noch verstanden. Es ging lediglich um eine Latinisierung des christlichen Orients. In diesem Zusammenhang mußten die Thomaschristen auch dem „Nestorianismus" abschwören, der ihnen angelastet wurde. Sogar die in der Landessprache verfaßten liturgischen Bücher wurden verbrannt. Im Jahr 1620 kam es zu einem Aufruhr, viele Priester und Hunderte von Laien legten im Jahr 1653 den Schwur ab, nie wieder den Jesuiten zu gehorchen. Aus dieser Kontroverse wurde ein Schisma, als sich Mar Thoma zum Bischof weihen ließ. Die Mehrheit der Thomaschristen

---

nirgendwo so deutlich wie in Jerusalem. Insbesondere die Verhältnisse in der Grabeskirche machen das Ärgernis der zerrissenen Christenheit in unerträglicher Weise deutlich.

[180] Dies geschah insbesondere durch den Patriarchen Maximus IV. im II. Vatikanischen Konzil.

stellte sich allerdings bald unter die Jurisdiktion der unbeschuhten Karmeliten, die ihnen eine relative Selbständigkeit garantieren konnten. Durch weitere Abspaltungen, die insbesondere durch die englische Herrschaft in Kerala gefördert wurden, entstanden immer neue kirchliche Gruppierungen, so daß aus der bis ins 17. Jh. ungeteilten christlichen Kirche in Indien bis zur Mitte des 20. Jh. rund 10 kirchliche Gemeinschaften hervorgingen.

3. Die altorientalischen Kirchen

Unter dem Begriff „Altorientalen" werden die Kirchen zusammengefaßt, die das Konzil von Chalkedon (451) bzw. bereits das von Ephesus (431) nicht anerkennen. Sie gehören fünf Gruppen an: die ostsyrisch-assyrische Kirche des Ostens (Nestorianer), die syrisch-orthodoxe Kirche (Jakobiten), die Armenier, die Kopten des Patriarchats Alexandrien sowie die äthiopische Kirche.[181] Die Trennung von den byzantinischen und den westlichen Kirchen erfolgte vornehmlich aus politischen Gründen. Diese Kirchen gehörten nicht zum Reichsverband und betrachteten sich bei der durch den Kaiser ausgesprochenen Einladung zum Konzil als nicht betroffen, oder sie waren der griechischen und der lateinischen Christenheit bereits geistig entfremdet. Kulturelle und politische Gründe haben dazu geführt, daß sie auch im nachhinein die Beschlüsse Chalkedons nicht anerkannten. Diese Kirchen waren auf die jeweiligen Länder begrenzt, die Notwendigkeit, sich mit der jeweiligen Mehrheit der Bevölkerung, z. B. mit dem Islam in Ägypten, zu verständigen, verstärkte die Isolierung ebenso wie politische Rücksichtnahmen, die um des Überlebens der Kirchen willen beachtet werden mußten.

Die altorientalischen Kirchen haben von der Kirchenverfassung her ähnliche Strukturen wie die übrigen Ostkirchen. Sie haben die bischöfliche Verfassung und die Amtssukzession bewahrt, sie haben den gleichen Kanon atl. und ntl. biblischer Schriften, bekennen das Glaubensbekenntnis von Nizäa und Konstantinopel. Einig sind sie auch in der Zurückweisung des Filioque. In den vergangenen Jahrzehnten kam es zu intensiven Dialogen mit den Kirchen der Orthodoxie[182] und mit Rom[183].

---

[181] Die Darstellung schließt sich an an Kleine Konfessionskunde (hrsg. v. J.-A.-Möhler-Institut), Paderborn 1996, S. 102ff.

[182] Der Text der Gemeinsamen Kommission, die die Aufhebung der Anathemata empfiehlt, ist dokumentiert: ÖR 43 (1994), S. 82–84.

[183] Auf diese Gespräche kommt Papst Johannes Paul II. in seiner Ökumene-Enzyklika ›Ut unum sint‹ besonders ausführlich zu sprechen (Nr. 62–63).

Sie haben eine weitgehende Übereinstimmung in der Glaubenslehre aufgezeigt, auch in der Christologie. Die Zwei-Naturen-Lehre des Konzils von Chalkedon steht offensichtlich nicht in unüberbrückbarem Gegensatz zum altorientalischen Verständnis, wie es sich in der Ablehnung dieses Konzils entwickelt hat. Es ist bemerkenswert, daß in diesen Gesprächen auch höchste Repräsentanten der orthodoxen und der katholischen Kirchen anerkannt haben, daß die Rechtgläubigkeit nicht unbedingt an der Übereinstimmung in einer dogmatischen Formel festgemacht werden muß, ja daß sogar die dezidierte Ablehnung eines Dogmas für sich alleine nicht eine Glaubensdifferenz bedeutet, die den Vorwurf der Heterodoxie und damit eine Kirchentrennung nach sich ziehen müßte. Die Übereinstimmung in der Kirchenstruktur und die Möglichkeit eines verbindlichen Sprechens durch die Hierarchie haben diese Annäherungen erheblich erleichtert.

II. Die Kirchen der Reformation

Während die Kirchenspaltung zwischen Ost und West in einem langen Prozeß vonstatten ging, der es verbietet, sie auf einen konkreten Anlaß oder Zeitpunkt festzulegen, verbindet sich die Reformation im Westen mit konkreten Namen und historischen Daten. Innerhalb weniger Jahrzehnte standen getrennte, einander gegenseitig exkommunizierende Kirchentümer gegenüber. Am Ausgang des Mittelalters war eine Reform der Kirche unausweichlich, es hatten sich Mißstände breitgemacht, vor allem aber stellte der kulturelle Umbruch die Christenheit vor Herausforderungen, denen durch Verteidigung des Bestehenden nicht mehr angemessen begegnet werden konnte. Es waren nicht zuletzt die Heiligen, die diese Kirche bereits vor der Reformation zur Reform riefen;[184] es waren häufig sehr unheilige Repräsentanten der Kirche und wenig geistliche Motive, die sich gegen die Reformen sperrten. Zusammen mit Schärfen und Härten seitens der Reformer wurden aus der nötigen und von allen geforderten und allzulange verweigerten Reform Reformation und Kirchenspaltung.

---

[184] Einige Beispiele für den Ruf zur Reform durch Bernhard v. Clairvaux, Hildegard v. Bingen, Katharina v. Genua siehe: tzt D 5 I. Zur Tradition der Lehre von der sündigen Kirche und zum Ruf nach Umkehr und Reform siehe J. Werbick, Kirche, Freiburg–Basel–Wien 1994, S. 223–235.

1. Martin Luther und die lutherischen Kirchen

Die Reformation ist zutiefst geprägt durch Martin Luther. Sicher wäre sie auch ohne ihn geschehen; wie sie geschah und welchen Verlauf sie nahm, ist wesentlich durch ihn bestimmt. Dabei hat Luther seine Theologie nicht in systematischer Form dargestellt, vielmehr waren es konkrete Herausforderungen, auf die er antwortete. Von daher rühren die unmittelbar expressive Kraft seiner Worte, aber auch die häufig offenen, aus der Situation geborenen und nicht selten als Paradoxie formulierten Aussagen, die Anlaß geworden sind zu oft gegensätzlichen Interpretationen, bis auf den heutigen Tag.[185]

a) Reformator wider Willen

Luther wurde am 10. November 1483 in Eisleben geboren, er starb am gleichen Ort am 18. Februar 1546. Er war der Sohn eines Bergmanns, der es zu einigem Wohlstand gebracht hatte und seinen Söhnen eine gute Ausbildung zukommen lassen konnte. Luther bezog 1501 die Universität Erfurt, er absolvierte die artistische Fakultät, begann ein juristisches Studium, aber bereits zwei Monate später trat er auf Grund eines Gelübdes in das Kloster der Augustiner-Eremiten in Erfurt ein. Als während eines Gewitters bei Stotternheim in der Nähe Erfurts ein Blitz in seiner unmittelbaren Nähe eingeschlagen und ihn zu Boden geworfen hatte, schrie er in Todesangst: „Hilf Du, hl. Anna, ich will ein Mönch werden."

Das Klosterleben, das Luther kennenlernte, war durchaus von hohem Ernst und geistlicher Strenge bestimmt. Die Ordensregel schrieb die regelmäßige Lektüre der Bibel vor, die geistlichen Übungen waren streng und Luther befolgte sie mit großer Gewissenhaftigkeit. Er durchlief das Studium Generale seines Ordens in Erfurt, wo er einem nominalistischen Denken begegnete, das vor allem die Souveränität und durch nichts gebundene Freiheit Gottes betonte. 1507 empfing Luther die Priesterweihe, 1512 wurde er zum Doktor der Theologie promoviert und mit einer Professur für die Hl. Schrift in Wittenberg betraut. In den frühen Vorlesungen der Jahre 1513 bis 1518 reifte seine Einsicht, daß nicht unser Tun, unsere eigene Askese und Leistung, sondern die Gnade allein vor Gott gerecht machen kann.

---

[185] Unter der völlig unübersehbaren Literatur zu Luther können als Einführung dienen: P. Althaus, Die Theologie Martin Luthers, 5. Aufl., Gütersloh 1980; B. Lohse, Martin Luther. Leben und Werk, 2. Aufl. München 1982; O. H. Pesch, Hinführung zu Luther, Mainz 1982.

Luther war bestimmt von der bedrängenden Frage: „Wie finde ich einen gnädigen Gott?" Zwar war er sich keiner Schuld bewußt, dennoch blieb er in ständiger Heilsangst, ob die Frömmigkeits- und die Bußübungen, die er geleistet hatte, hinreichend seien, um Gott zu versöhnen. Die Erfahrung der Sünde und die Angst vor dem Zorn Gottes waren übermächtig in ihm. Dabei richtete sich seine Sündenangst nicht auf Einzeltaten, sondern auf die Grundhaltung der Selbstsucht, die traditionell als böse Begierlichkeit, als „Concupiscentia" bezeichnet wurde.

Diese Konkupiszenz erfuhr Luther als unüberwindlich, alle Bußübungen vermochten nicht, sie zu besiegen. Irgendwann zwischen 1514 und Anfang 1518 hatte Luther sein sogenanntes „Turmerlebnis", in dem ihm, wie er selbst berichtet, schlagartig die Erleuchtung kam, daß Rechtfertigung nicht durch unsere Bußübungen, sondern allein aus dem Glauben geschieht. In der Auseinandersetzung mit Röm 1,17, wo es heißt, „im Evangelium wird die Gerechtigkeit Gottes offenbar", haderte er mit Gott, der uns nicht nur durch das Gesetz der Zehn Gebote, sondern auch durch das Evangelium seine Gerechtigkeit und damit seinen Zorn entgegenstellt. Gerechtigkeit und Zorn Gottes waren für ihn synonyme Begriffe. Die Erleuchtung kam ihm durch die folgenden Worte: „Der aus Glauben Gerechte wird leben." Gerechtigkeit ist darum nicht als Zorn Gottes, als aktive, sondern, wie es in der Tradition heißt, als passive Gerechtigkeit zu verstehen: eine Gerechtigkeit, durch welche der barmherzige Gott den gerecht macht, der sich ihm anvertraut, auf ihn seine Hoffnung setzt. Gerechtigkeit, Rechtfertigung geschieht nicht durch das, was wir von uns aus leisten, sondern durch den Gott, der uns gerecht spricht, der uns rechtfertigt, ohne unser Verdienst und ohne unser Zutun.[186] Diese „fremde" Gerechtigkeit bedeutet nicht, daß uns lediglich äußerlich unsere Missetat nicht angerechnet wird, so als verhalte sich Gott uns gegenüber so, als ob wir ohne Schuld sein. Vielmehr wird in der Rechtfertigung der Mensch durch die Gnade Gottes auch innerlich umgewandelt. Luthers Frage „Wie kriege ich einen gnädigen Gott?" findet daher ihre Antwort: Nicht ich bin gerecht durch das, was ich tue, sondern Gott rechtfertigt, indem er mich von Schuld freispricht und dadurch recht macht.[187]

[186] Luther selbst beschreibt diesen „reformatorischen Durchbruch" in der Vorrede zu seinen lateinischen Schriften aus dem Jahr 1545. Der Text dieser Vorrede ist in deutscher Sprache aufgenommen in die Münchner Ausgabe Bd. 1, Seite 20–28. Zu den historischen Problemen dieses Textes vgl. O. H. Pesch, a. a. O., S. 80–102.

[187] Luthers Denken ist bestimmt von der Kategorie der Relation, nicht substanz-metaphysisch wie die überkommene Philosophie und Theologie. Der

Rechtfertigung wird also zuteil durch den Glauben. Dieser ist primär nicht ein Für-wahr-Halten von Sätzen, sondern die Form menschlicher Existenz, in der der Mensch seine Mitte nicht in sich selbst hat, nicht auf sich und seine Leistung baut, sondern auf Gott. Glauben bedeutet, nicht auf eigene Werke vertrauen, auch nicht auf Opfer oder Ablässe, sondern allein auf den Gott, der um Christi willen die Schuld nicht anrechnet. Darum ist Glaube auch nicht ein neues Werk, das vielleicht einfacher zu vollziehen wäre als manche schwere Bußübung, die Luther geleistet hatte, sondern Glaube erweist sich als Verzicht darauf, auf seine eigenen Werke zu hoffen. Die Werke sind nicht schlecht, aber sie können nicht retten, nicht gerecht machen, auf sie zu bauen ist der Unglaube schlechthin. In dieser Lehre von der Rechtfertigung allein aus Glauben und ohne unser Verdienst geht es nach Luther um Sein oder Nicht-Sein von Kirche und Christentum. „Steht dieser Artikel, so steht die Kirche, fällt er, so fällt die Kirche."[188]

Durch diese Entdeckung fühlte sich Luther nach seinem eigenen Bericht erst zum Christen geworden. Dabei hatte er keineswegs den Eindruck, irgendwie in Konflikt mit der Kirche gekommen zu sein. Tatsächlich hat Luther an dieser Stelle etwas Urkatholisches wiederentdeckt, das in der Tradition belegt ist und auch in den Aussagen des Konzils von Trient wieder zum Durchbruch kam. Er entdeckte es allerdings gegen eine nominalistisch bestimmte Schultheologie, die in seiner Zeit vorherrschte und die der Maxime Gabriel Biels folgte: „Wenn der Mensch leistet, was in seinen Kräften steht, versagt ihm Gott die Gnade nicht."[189] Durch diesen „reformatorischen Durchbruch" rang Luther, wie Joseph Lortz formuliert hatte, „in sich selbst einen Katholizismus nieder, der nicht katholisch war"[190].

Diese zentrale Erkenntnis Luthers führte notwendigerweise zur Kritik am Ablaßwesen, das mit einem skandalösen Geldgeschäft verbunden war. Luther lernte im Beichtstuhl die Wirkung der Ablaßpredigt Tetzels kennen und auch die Vorstellungen, die sie in den Köpfen und Herzen der Gläubigen hervorgerufen hatte. Er wandte sich an seinen

Mensch ist für ihn jener, der er vor Gott ist. Das bedeutet, in sich ist der Mensch Sünder, vor Gott aber ist er gerechtfertigt, und damit wird er zum Gerechten. Die Relation zu Gott bestimmt Sein und Existenz des Menschen.

[188] W. A. 40 II, 352, 3.

[189] Zitiert bei E. Iserloh, in: HÖ I S. 200. Die hier vorgetragene Erkenntnis, daß die Lehrverwerfungen des 16. Jh. zu einem großen Teil auf Mißverständnissen oder auf der Zurückweisung einseitiger Konzeptionen, die in der anderen Kirche heute keine Rolle mehr spielen, beruht, bestimmt die „Lehrverwerfungsstudie". Siehe hierzu unten S. 171–178.

[190] Zitiert bei O. H. Pesch, a. a. O., S. 26.

Ortsbischof und an den Erzbischof Albrecht von Brandenburg, Magdeburg und Mainz mit der Bitte, den Ablaßpredigern andere Instruktionen zu geben. Die Ablaßthesen von 1517 waren wohl eher die Einladung zu einer akademischen Disputation als ein in die Öffentlichkeit getragener Protest gegen die Autorität der Kirche. Diese Thesen fanden in der Öffentlichkeit eine breite Resonanz, die Luther sicher nicht beabsichtigt hatte. Innerhalb weniger Wochen wurden sie in Leipzig, Nürnberg und Basel gedruckt und in ganz Deutschland verbreitet. Luther verwarf nicht den Ablaß, in der These 71 heißt es sogar: „Wer wider die Wahrheit des apostolischen Ablasses redet, sei verflucht und vermaledeit"; aber der Ablaß wurde eingebettet in die Lehre von der Rechtfertigung allein aus Gnaden, nicht aus menschlichem Verdienst.[191]

Erzbischof Albrecht zeigte Luther in Rom an und übersandte die Ablaßthesen; vom 12. bis 14. Oktober 1518 wurde Luther in Augsburg von Kardinal Cajetan verhört. Neben die Rechtfertigungslehre trat als zweiter Themenkreis der Auseinandersetzung der Streit um das Lehramt und um die Kompetenz des kirchlichen Amtes, die Schrift verbindlich auszulegen. Entscheidender Streitpunkt war in Augsburg jedoch das Problem der Glaubensgewißheit. Luther vertrat nach seinem eigenen Bericht die Meinung, es sei „unerläßliche Bedingung, daß der Mensch mit fester Überzeugung glaubt, er werde gerecht und durchaus nicht daran zweifle, er werde die Gnade erlangen"[192]. Diese Heilsgewißheit mache, das war die Konsequenz, den Glaubenden von einer weiteren Vermittlung durch die Kirche unabhängig, die Kirche als Institution habe für das Geschehen der Rechtfertigung damit keine Bedeutung mehr. Wegen dieser Konsequenz bemerkte Cajetan dazu: „Das bedeutet, eine neue Kirche bauen."[193]

In der Leipziger Disputation (27. Juni bis 16. Juli 1519) zwischen Eck und Luther trat immer mehr das Problem der Autorität des kirchlichen Amtes, der Primat des Papsttums und die Verbindlichkeit der Konzile in den Mittelpunkt der Kontroverse. Luther berief sich auf die Schrift, sie erschien ihm klar, eindeutig, sich selbst auslegend und damit keiner mit Autorität ausgestatteten Interpretationsinstanz bedürftig. Die reforma-

---

[191] E. Iserloh konnte mit überzeugenden Gründen dartun, daß Luthers Ablaßthesen als Einladung zu einer Disputation zu verstehen sind, ein Anschlag dieser Thesen an der Schloßkirche zu Wittenberg am 31. Oktober 1517 dagegen wohl nicht stattgefunden hat. Zur Bedeutung der Disputation im Rahmen der Reformation siehe auch P. Neuner, Dialog als Methode der Ökumene, in: J. Rohls – G. Wenz (Hrsg.), Vernunft des Glaubens (FS W. Pannenberg), Göttingen 1988, S. 670–687.

[192] WA II, 13.

[193] Zitiert nach HÖ I, S. 205.

torischen Schriften von 1520: ›An den christlichen Adel deutscher Nation von des christlichen Standes Besserung‹, ›Von der babylonischen Gefangenschaft der Kirche‹ und ›Von der Freiheit eines Christenmenschen‹[194] machten deutlich, daß es sich nicht mehr um die Kritik an einzelnen Mißständen handelte, sondern daß grundlegende Lehrfragen im Raume standen. Luthers Ausgangspunkt bei der Frage „Wie kriege ich einen gnädigen Gott?" und seine ihm individuell zuteil gewordene Erkenntnis aus der Schrift stellten den einzelnen Gläubigen, das unabhängige Individuum, in die Mitte des Denkens, nicht mehr die vorgegebene und dem einzelnen Schutz und Heil vermittelnde Kirche. Dieser Ansatz bei der Gottunmittelbarkeit und die Glaubensgewißheit, die jedem einzelnen zuteil wird, ließ die Ämter der Kirche in ihrer Bedeutung zurücktreten. Luther war überzeugt, jeder einzelne habe Zugang zu Gott, auch ohne die Vermittlung durch die Kirche, ihre Priester, Bischöfe, Päpste. Und außerdem sei die Schrift klar und für jedermann einfach zu verstehen. Jeder könne sie lesen und darin das Wort Gottes als persönlichen Anruf vernehmen. Eine kirchliche Auslegung könne die individuelle Gewißheit nicht in Frage stellen. Der einzelne könne sich sehr wohl auf die Schrift berufen; wenn die Schrift auf seiner Seite steht, sei er im Recht – auch gegen das kirchliche Lehramt.[195] Die Kirche erschien nun nicht mehr als fraglos vorgegeben, als eine Institution, die das Heil sicher vermittelt. „Was aus der Taufe gekrochen ist, das mag sich rühmen, daß es schon zum Priester, Bischof und Papst geweihet sei."[196] In der Schrift ›Von der babylonischen Gefangenschaft …‹ erkannte Luther nur noch die Taufe, das Abendmahl, in gewisser Weise die Buße als Sakramente an, er forderte den Laienkelch, wies die Auffassung von der Transsubstantiation zurück, kritisierte das Verständnis der Messe als Opfer der Kirche.

In der Bannandrohungsbulle ›Exsurge domine‹ vom 15. Juni 1520 wurden 41 Sätze Luthers als häretisch, anstößig und der katholischen Lehre widersprechend verurteilt, Luther wurde zum Widerruf aufgefordert, es wurde angeordnet, seine Schriften seien zu verbrennen.[197] Als Antwort verbrannte Luther am 10. Dezember 1520 vor dem Elstertor in Wittenberg die kanonischen Rechtsbücher und die Bannandrohungs-

---

[194] Diese Schriften werden häufig als die reformatorischen Hauptschriften bezeichnet. Sie sind veröffentlicht in Bd. 2 der Münchener Ausgabe.

[195] Vgl. hierzu P. Neuner – F. Schröger, Luthers These von der Klarheit der Schrift, in: Theologie und Glaube 74 (1984), S. 39–58.

[196] So in der Schrift ›An den christlichen Adel deutscher Nation‹, Münchener Ausgabe Bd. 2, S. 88.

[197] DH 1451–1492.

bulle und dokumentierte damit seinen Bruch mit der römischen Kirche. Die Exkommunikation vom 3. Januar 1521 war nur noch die logische Konsequenz, die in der Öffentlichkeit keine große Aufmerksamkeit mehr hervorrief.

Auf dem Reichstag zu Worms wurde am 26. Mai 1521 über Luther die Reichsacht verhängt, derzufolge er und seine Anhänger gefangenzunehmen, ihre Güter einzuziehen seien, die Verbreitung seiner Schriften unter Strafe gestellt war. Luther wäre nur dann zum Widerruf bereit gewesen, wenn man ihn durch die Heilige Schrift hätte widerlegen können, obwohl er damit rechnen mußte, daß ihm ein ähnliches Geschick bevorstand wie Jan Hus, der rund 100 Jahre zuvor als Ketzer verbrannt worden war. Herzog Friedrich der Weise ließ Luther auf der Rückreise nach Wittenberg zum Schein überfallen und auf die Wartburg bringen. Die Übersetzung des Neuen Testaments, die Luther hier anfertigte, ist in ihrem Sprachgefühl und ihrer Sprachgewalt einzigartig. Wenn es auch schon vor Luther deutsche Bibelübersetzungen gegeben hatte, so trug dieser Text wesentlich zur Verbreitung der Reformation bei. Luther hatte dem Volk „aufs Maul geschaut" und gerade dadurch weiten Kreisen in Deutschland den Zugang zur Bibel ermöglicht. Nicht zuletzt leistete er durch diese Übersetzung auch einen wesentlichen Beitrag zur Entwicklung und Verbreitung der deutschen Hoch- und Einheitssprache.

Die Parole ›Von der Freiheit eines Christenmenschen‹, die Luther ausgegeben hatte, fiel auf fruchtbaren Boden und zeitigte manche Entwicklung, mit der er sich keineswegs einverstanden erklären wollte. Strömungen, die alle überkommenen Herrschaftsformen über Bord werfen wollten, die kirchliche Ordnung grundsätzlich in Frage stellten, bildliche Darstellungen als Götzendienst zurückwiesen und Anlaß wurden für den Bauernkrieg, stand er ablehnend gegenüber. Er faßte derartige Tendenzen, wie er sie bei Karlstadt, bei Thomas Müntzer, den Repräsentanten des Bauernkriegs, aber auch bei Zwingli und Calvin zu entdecken meinte, unter dem Begriff „Schwärmer" zusammen. Von diesen grenzte er sich nicht weniger deutlich ab als von den „Papisten". Durch die Erfahrungen mit dem „linken Flügel der Reformation" und dessen Infragestellung aller überlieferten Ordnungen wurde Luther in seiner Kritik zunehmend zurückhaltender, er lehnte sich an die überkommene gesellschaftliche Verfassung an, schrieb den Fürsten gar einen Summepiskopat zu, demzufolge sie die Aufgabe zu übernehmen hatten, die äußere Ordnung der Kirche, ihre Organisation und ihre rechtliche Absicherung zu gewährleisten. Obwohl sich Luther, am deutlichsten auf dem Reichstag in Worms, allein auf seine Schrifterkenntnis und seine Gewissensentscheidung berufen hatte, stellte er dennoch die Kirche keineswegs einfach in Frage, so als ob allein sein persönlich-individuelles Bewußtsein ausschlaggebend wäre und das Christentum lediglich als persönliches Verhältnis des einzelnen zu seinem Gott interpretiert werden dürfte. So etwas wie ein Christ, ein Glaubender ohne Kirche, schien ihm auch in der Situation nach seiner Exkommunikation undenkbar. Er war keineswegs der Vertreter oder gar Begründer eines unkirchlichen Subjektivismus und Individualismus, als der er vornehmlich im 19. Jh. verschiedentlich interpretiert wurde. Dies zeigt schon die Tatsache, daß er nach seiner Exkommunikation den Grund legte für eine Neuorganisierung der Gemeinden. Er berief sich auf die kirchliche Notordnung, die aufgebaut war auf den Landesherrn, die Priester und die Ordensleute, die sich ihm anschlossen. Bischöfe standen zunächst nicht auf seiner Seite, so daß er das bischöfliche Amt nicht integrieren konnte, selbst wenn er es keineswegs abschaffen wollte. Die Tatsache, daß Luther eine kirchliche Notordnung grundlegte, beweist, daß er keinesfalls mit der Kirche insgesamt brechen und den einzelnen allein vor seinen Gott stellen wollte. Die Landesherren erschienen als Notbischöfe, die angesichts des Versagens der Bischöfe auszuhelfen hätten und die äußere Ordnung der Gemeinden gewährleisten sollten. Luther selbst scheint durchaus eine geistliche Gemeindeleitung angestrebt zu haben. Zunächst aber galt es, der aktuellen Notsituation in den Gemeinden zu begegnen.

War die religiöse Praxis und insbesondere das religiöse Wissen in vielen Gemeinden am Ende des Mittelalters höchst mangelhaft, verstärkten die Wirren der Reformation und insbesondere Luthers Predigt von der Rechtfertigung allein durch den Glauben, nicht durch gute Werke, die Notlage noch weiter. Die Botschaft von der evangelischen Freiheit wurde mißbraucht, um jeden Mangel an sittlicher Lebensführung und eigener Bemühung zu rechtfertigen. In der Begegnung mit derartigen konkreten Herausforderungen wurde Luther, der als Kirchenkritiker begonnen hatte, mehr und mehr zum Kirchenbauer. Er bemühte sich um den Gottesdienst, erstellte liturgische Ordnungen für die deutsche Messe, für die Trauung, für Visitationen und den Unterricht der Pfarrherrn. Um der Unwissenheit in den Gemeinden und bei vielen Predigern zu begegnen, schrieb er im Jahr 1528 den Kleinen und den Großen Katechismus: Der Kleine sollte auf Tafeln geschrieben in Kirche, Schule und Haus aufgehängt werden und so der Unterrichtung des Volkes dienen, während der Große Katechismus für die „gemeinen Pfarrherrn und Prediger" gedacht war. Durch den Kleinen Katechismus sowie durch seine geistlichen Lieder wurde Luther zum religiösen Volksbildner, vielleicht noch mehr als durch seine Übersetzung der Schrift.

b) Die lutherischen Kirchen

Luther wollte die christliche Kirche reformieren, keinesfalls die Christenheit spalten oder gar eine neue Kirche gründen, die sich auf ihn beruft.[198] Dennoch nahm durch sein Werk insbesondere der 30er und 40er Jahren ein Kirchentum Gestalt an, das auf seiner Auslegung der Schrift und seinem Verständnis der Botschaft von der Rechtfertigung basierte und das in historischer Kontinuität mit dem Reformator bis heute fortbesteht. „Lutherisch" ist zu einer Konfessionsbezeichnung geworden, die andere Konfessionen ausschließt, selbst wenn die Christen weit über das 16. Jh. hinaus der Überzeugung blieben, lediglich unterschiedlichen „Religionsparteien" innerhalb der einen christlichen Kirche anzugehören. Die gegenseitigen Exkommunikationen erschienen zunächst als vorübergehendes Unglück, noch nicht als die Etablierung einander ausschließender Kirchen.

Der Aufbau eigener Kirchenstrukturen und Gemeinden erfolgte in mehreren Schritten. Das Augsburger Bekenntnis aus dem Jahr 1530 nimmt dabei eine Schlüsselrolle ein. Auf dem Reichstag in Augsburg stellte Melanchthon, der für die Protestanten sprach, dar, daß sie keineswegs mit dem Glauben der Alten Kirche gebrochen hatten, sondern diesen in seiner ursprünglichen Reinheit wiederherstellen und von menschlichen Erfindungen reinigen wollten. Um dies darzulegen, wurden die Glaubensüberzeugungen thesenhaft zusammengefaßt und in Augsburg vorgetragen. In einem ersten Teil dieses „Augsburger Bekenntnisses" ist in 21 Artikeln, den *articuli fidei praecipui*[199], das Zentrum des christlichen Glaubens zusammenfassend dargestellt. In Übereinstimmung mit der Alten Kirche und mit den „Altgläubigen" sahen sich die Reformatoren z. B. in der Lehre von Gott, von der Erbsünde, vom Sohn Gottes, in der Lehre von der Rechtfertigung, vom Predigtamt, von der Kirche, vom heiligen Abendmahl, von Beichte und Buße, vom Glauben und den guten Werken, vom Dienst der Heiligen. Also auch in Fragen, die später als kontrovers und kirchentrennend empfunden wurden, sah man sich hier noch in Übereinstimmung, das Zentrum des Glaubens schien gemeinsam aussagbar zu sein. So schloß Melanchthon

---

[198] Als Luther 1522 hörte, die Anhänger seiner Lehre bezeichneten sich als „Lutheraner", war er entsetzt und schrieb: „Zum ersten bitte ich, man wollt meines Namens schweigen, und sich nicht 'lutherisch', sondern Christen heißen. Was ist Luther? Wie käme denn ich armer stinkender Madensack dazu, daß man die Kinder Christi sollt mit meinem heillosen Namen nennen? Nicht also, lieben Freund, laßt uns tilgen die parteiischen Namen und Christen heißen" (WA 8 685, 4–15).

[199] BSLK, S. 50–83 d.

den ersten Teil dieser Schrift mit dem Satz ab: „Dies ist fast die Summe der Lehre, welche in unseren Kirchen zu rechtem christlichem Unterricht und Trost der Gewissen, auch zur Besserung der Gläubigen gepredigt und gelehrt wird." Er war überzeugt: *„Tota dissensio est de paucis quibusdam abusibus"* [200], der gesamte Streit gehe lediglich um einige Mißstände, die sich eingeschlichen haben.[201]

Als diese Mißstände werden im zweiten Teil des Augsburger Bekenntnisses aufgeführt: die Verweigerung des Laienkelchs, die Forderung der Ehelosigkeit der Priester, die Geringachtung von Messe und Beichte, die Bedeutung der Speise- und Fastenvorschriften sowie der Klostergelübde und die weltliche Macht der Bischöfe. In diesen Punkten verlangte man eine Reform, zumindest eine Tolerierung der inzwischen aufgenommenen Praxis. Als Antwort wurden auf dem Reichstag zu Augsburg den Reformatoren seitens der Altgläubigen in einer ersten Fassung der ›Confutatio‹ mehr als 400 Häresien vorgeworfen. Aus Enttäuschung hat Melanchthon die Aussage, daß es sich „bei dem ganzen Streit nur um einige Mißbräuche" handle, aus dem Bekenntnis gestrichen; er ist in der deutschen Fassung des Textes nicht mehr enthalten. Aus der Bewegung, die sich zunächst als Reform innerhalb der einen Kirche verstand, wurde eine eigene Konfession, eine Kirche mit eigener Identität und Struktur.

Neben dem Augsburger Bekenntnis haben in den lutherischen Kirchen auch andere Texte den Rang von Bekenntnisschriften erlangt: Melanchthons Apologie zum Augsburger Bekenntnis und seine Erklärung über die Gewalt und die Obrigkeit des Papstes, die Schmalkaldischen Artikel, Luthers Großer und Kleiner Katechismus, die Konkordienformel. Sie zeigen den Weg der Konsolidierung der lutherischen Gemeinden und ihr Ringen um das rechte Verständnis der Reformation. Besonderes Gewicht haben bis heute das Augsburger Bekenntnis und der Kleine Katechismus. Die Anerkennung dieser beiden Texte ist Voraussetzung der Aufnahme einer Kirche in den Lutherischen Weltbund. Die Bekenntnisschriften dienen dazu, den rechten Glauben zu umschreiben, gleichzeitig aber sollen sie ihn gegenüber der Irrlehre abgrenzen. Dies richtete sich gegen die Lehrauffassung der römischen

---

[200] BSLK 83 c.
[201] Die Bemühung in Augsburg, den gemeinsamen Glauben zu formulieren, machte es sinnvoll, das Augsburger Bekenntnis wieder als ökumenische Grundlage zu werten. Dies geschah insbesondere anläßlich der 450-Jahr-Feier 1980: H. Meyer – H. Schütte (Hrsg.), Confessio Augustana. Bekenntnis des einen Glaubens, Paderborn – Frankfurt a.M. 1980; Alle unter einem Christus. Stellungnahme der Gemeinsamen Römisch-katholischen/Evangelisch-lutherischen Kommission zum Augsburger Bekenntnis, in: DwÜ I, S. 323–328.

Kirche, aber auch gegen die „Schwärmer", die die innere Erleuchtung und unmittelbare Führung durch den Heiligen Geist für wichtiger erachteten als Wort und Sakrament und das in deren Dienst stehende Amt in der Kirche.

Das komplexe Ineinander von theologischen und politischen Entwicklungen führte zu der Entstehung eigenständiger lutherischer Kirchen in Europa, insbesondere in Deutschland und in Nordeuropa. Heute lebt rund die Hälfte aller Lutheraner in Europa, die andere Hälfte gehört Kirchen an, die durch Emigration oder durch die vornehmlich im 19. Jh. verbreitete Mission zunächst in Nordamerika, später auch in Südamerika, Afrika, Asien und Australien entstanden sind. Innerhalb der Weltchristenheit bildet die lutherische Konfessionsfamilie mit rund 70 Millionen Mitgliedern in rund 140 Kirchen nach der römisch-katholischen Kirche und der Orthodoxie die drittgrößte Gruppe. Während die Lutheraner in den USA ebenso wie in Ost- und in Südeuropa eher eine Minderheitenkirche bilden, stellen sie vor allem in Nordeuropa Volks- oder Staatskirchen dar. Die nordeuropäischen Kirchen haben zudem zumeist das Bischofsamt beibehalten.

c) Ökumenische Bemühungen

Die lutherischen Kirchen stehen von ihrer Tradition her der Ökumene als Institution eher reserviert gegenüber. Zufolge CA VII ist es für die wahre Einigkeit der christlichen Kirchen genug („satis est"), daß das Evangelium recht gepredigt und die Sakramente gemäß der Einsetzung gespendet werden, darüber hinaus sind keineswegs gleichförmige Zeremonien gefordert. Dies wurde häufig im Sinne einer Zurückweisung institutioneller Formen ausgelegt und Einheit der Kirche folglich als unsichtbare Größe verstanden. In der Entstehung von Glauben und Kirchenverfassung wurde lutherischerseits die Kritik geübt, die Kirche sei auf Gottes Wort gegründet, nicht auf Kirchenverfassung. Folglich war es dem Luthertum möglich, die Kirche Jesu Christi unter den verschiedensten Organisationsformen anzuerkennen, ohne daß man an der organisatorischen Zersplitterung der Kirchen Anstoß hätte nehmen müssen. Ökumene wurde zumeist im Sinne von „weltweit" interpretiert, das Luthertum für sich verstand sich als „im wahrsten Sinne selbst eine Ökumenische Bewegung"[202]. Allerdings schlossen sich die Lutherischen Kirchen – nach Vorläuferorganisationen – erst 1947 zum Lutherischen Weltbund zusammen, von dem dann aber entscheidende Anstöße für

---

[202] So der Lutherische Weltkonvent 1939, zitiert nach R. Frieling, S. 164.

die Einigung der Christenheit ausgingen. Diese ökumenische Öffnung des Luthertums steht im engsten Zusammenhang mit der Gründung des Instituts für Ökumenische Forschung in Straßburg (seit 1965), das zum Träger für zahlreiche bilaterale Gespräche auf Weltebene wurde. Durch dieses Institut wurde die Vorstellung von der Einheit als „versöhnter Verschiedenheit" entwickelt.

Das Verhältnis zu den Kirchen reformatorischer Provenienz ist bestimmt durch die Leuenberger Konkordie[203], der die meisten Reformationskirchen zunächst in Europa, inzwischen auch darüber hinaus beigetreten sind. Zwischen all diesen Kirchen besteht Kanzel- und Abendmahlgemeinschaft, sie erkennen sich gegenseitig als Glieder der einen Kirche Christi an. Interkommunion besteht mit der Anglican Communion und den Altkatholiken, mit Methodisten und Mennoniten. Auf Weltebene, aber auch auf regionaler Ebene werden Gespräche mit der Orthodoxie geführt, ekklesiologische Themen stehen hier im Mittelpunkt. Rasche Durchbrüche können bei den letztgenannten Dialogen nicht erwartet werden.[204]

2. Der reformierte Protestantismus

In mehreren Städten Südwestdeutschlands und in der Schweiz nahm die Reformation einen anderen Verlauf, sie entwickelte sich unabhängig von Luther, selbst wenn sie weithin die gleichen Ursachen hatte. Träger der Reform waren hier die Städte. In dieser Tradition bekamen die Ortsgemeinden größere Selbständigkeit und Bedeutung, was in der Folge die Entwicklung in sich unabhängiger Ortsgemeinden begünstigte, wie sie im Independentismus und im Kongregationalismus erfolgte. Wenn auch in der Schweiz jeder Kanton seine eigene Reformationsgeschichte hat, nehmen doch die wichtigen Städte eine überregionale Bedeutung ein, insbesondere Zürich mit seinem Reformator Huldreych Zwingli und Genf durch Johannes Calvin.

a) Huldreych Zwingli

Huldreych, ursprünglich Ulrich Zwingli wurde 1484 geboren, 1506 zum Priester geweiht. Er stand in enger Berührung mit dem Humanismus und studierte intensiv die antiken Schriftsteller, die Kirchen-

---

[203] Siehe unten S. 158–162.
[204] Zu den Gesprächen zwischen lutherischen Kirchen und Rom siehe unten S. 153f.

väter und vor allem die Heilige Schrift. 1518 wurde er „Leutpriester" am Münster in Zürich, zwei Jahre später brach er mit dem Papsttum und legte im Oktober 1522 seine Stelle nieder, die ihn zur Meßfeier und zur Spendung der Sakramente verpflichtete. Der Rat der Stadt richtete für ihn eine Predigerstelle am Münster ein, eine Tätigkeit, die Zwingli zum Reformator der Stadt machte. In einem Religionsgespräch von 1523, zu dem Zwingli 67 Thesen formulierte, bezeichnete er „allein das Evangelium Christi" als die Quelle des Glaubens, nicht schriftgemäß seien das Papsttum, das Meßopfer, die Fürbitte der Heiligen, die Mönchsorden, der Zölibat, die geistliche Gewalt der Bischöfe. Das Religionsgespräch endete mit der Entscheidung des Rates der Stadt, Zwingli solle mit der Predigt des Evangeliums fortfahren, auch die anderen Prediger wurden zu dieser so verstanden schriftgemäßen Predigt verpflichtet. Ein Jahr später wurden auf Beschluß des Rates die Bilder und Reliquien aus den Kirchen entfernt, 1525 die lateinische Messe mit ihren Riten und Symbolen abgeschafft. Am Gründonnerstag dieses Jahres wurde das Abendmahl zum ersten Mal als „Danksagung und Wiedergedächtnis des Leidens Christi" begangen. Die Reformation war in Zürich wenig spektakulär und durch Entscheidung des Rats vollzogen worden.

Zwinglis Denken ist geprägt vom Widerstreit von geistig und leibhaftsinnlich. Weil Gott Geist ist, muß jeder, der sich zu ihm erhebt, alles Sinnliche und Materielle hinter sich lassen. Zeremonien können gegebenenfalls pädagogische Bedeutung im Vorfeld wahrer Religion haben, sie können Anreiz sein für die Menschen, sich Gott geistig zu öffnen, aber sie können den Geist nicht vermitteln. Nur Geist kann zu Geist finden. Schlüsselwort ist Zwingli die Schriftstelle: „Der Geist ist es, der lebendig macht, das Fleisch nützt nichts" (Joh 6,63). Von dieser Vorstellung bewegt, verbannte Zwingli das Singen und Musizieren und die Bilder aus dem Gottesdienst, weil Sinnenhaftes der wahren geistigen Begegnung mit Gott nur schaden könne. Dieser Spiritualismus prägte auch Zwinglis Sakramentenvorstellung. Sakramente sind Zeichen des Glaubens, insofern haben sie ihre Bedeutung. Die Feier des Abendmahls habe allein den Zweck, an das zu erinnern, was Jesus am Kreuz für die Menschen getan hat. Sie ist die Erinnerung an das Vergangenheit bleibende Opfer am Kreuz und damit Bekenntnishandlung der Gemcinde. Weil Christus in den Himmel aufgefahren ist und zur Rechten des Vaters in der Herrlichkeit thront, kann er nicht zugleich im Brote sein. Das Fleisch ist eben nichts nütze, darum kann es auch nicht zum Heil gegessen werden. An die Stelle der Realpräsenz, die Zwingli in seinen frühesten Äußerungen noch beibehalten wollte, trat später ein rein symbolisches Verständnis: Das Brot bedeutet den Leib Christi, der Wein bedeutet sein Blut. Die Einsetzungsworte Jesu sind also zufolge Zwingli richtig zu verstehen: „Das, was ich euch zum Essen darreiche, ist das Symbol meines für euch dahingegebenen Leibes, und das, was ich jetzt tue, das sollt ihr künftig zu meinem Gedächtnis tun." Insbesondere der Opfercharakter der Messe forderte Zwinglis Widerspruch heraus: „Wenn Christus jeden Tag neu geopfert wird, so folgt daraus, daß das Opfer, das er einmal am Kreuz dargebracht hat, nicht für alle Ewigkeit ausreicht. Gibt es eine größere Schmähung als diese?"[205]

Gegen Zwinglis Ablehnung der Realpräsenz wandte sich Luther in mehreren Streitschriften. Philipp von Hessen, der aus politischen Gründen die Einigung der Reformatoren fördern wollte, brachte Luther und Melanchthon auf der einen, Zwingli und Oekolampad auf der anderen Seite im Marburger Religionsgespräch 1529 zusammen. Hier stießen unterschiedliche Glaubens- und Denkstrukturen aufeinander, der humanistische Spiritualismus eines Zwingli war mit Luthers Denken nicht vereinbar. Die Kontroverse entzündete sich an der Frage der Realpräsenz. Darüber, „ob der wahre Leib und das Blut Christi leiblich in Brot und Wein sei", konnte man sich nicht verständigen, Luthers Sakramentenrealismus und Zwinglis Spiritualismus ließen keine Übereinkunft zu. Für Luther war die Realpräsenz im Herrenmahl so entscheidend, daß er um dieser Frage willen die Gemeinschaft mit der Reformation in Zürich preisgab. Einig war man sich dagegen in der Forderung nach dem Herrenmahl unter beiden Gestalten und in der Ablehnung eines Verständnisses der Messe als Opfer der Kirche.

In einem weiteren Punkt waren Luther und Zwingli vom Ansatz her uneins. Während Luther die christliche Kirche allein durch das Evangelium regiert sehen wollte, schreibt Zwingli der weltlichen Gewalt die Aufgabe zu, aufgrund des Evangeliums die göttliche Botschaft zu verbreiten, und das auch mit politischen Mitteln, gegebenenfalls gar mit Waffengewalt. Nachdem Bern die Reformation angenommen hatte, wurden die Spannungen innerhalb der Eidgenossenschaft zwischen den Urkantonen, die am alten Glauben festhielten, und den reformierten Kantonen immer schärfer. Zwingli trieb leidenschaftlich zum Krieg, um der wahren Botschaft zum Durchbruch zu verhelfen. 1531 kam es zu militärischen Auseinandersetzungen, in deren Verlauf Zwingli in der Schlacht bei Kappel im Oktober 1531 fiel. Nachfolger Zwinglis wurde Heinrich Bullinger (1504–1575), der das Kirchenwesen in Zürich von Grund auf reorganisierte.

---

[205] Zitiert nach HÖ I, S. 230, 228.

b) Johannes Calvin und die Reformation in Genf

Die Reformation in Genf ist unlöslich mit dem Namen Johannes Calvin verbunden, durch ihn bekam sie weltweite Bedeutung, weit mehr als die Reformation in Zürich. Calvin wurde 1509 in Noyon geboren, er studierte Rechtswissenschaft und hatte nach eigenem Bericht um 1533 eine plötzliche Bekehrung, die ihn zum Reformator werden ließ. Er sah sich von Gott gerufen, die wahre Religion gegen den Götzendienst der Kirche seiner Zeit durchzusetzen. In Jahren eines unsteten Wanderlebens fand er Kontakt zu vielen Reformatoren im Schweizer und im Elsässer Bereich. 1535 vollendete er als 26jähriger die ›Institutio‹, die ihn in ihrer Einheit und Geschlossenheit zum wichtigsten Systematiker der Reformation machen sollte. Im Sommer 1536 kam er nach Genf, wo die Reformation bereits durchgeführt war und zu chaotischen Verhältnissen geführt hatte. Calvin ließ sich überreden, zu bleiben. Als Jurist entwarf er eine Gemeindeordnung, die die Kirchenzucht wiederherstellen und zu einer würdigen Feier des Abendmahls führen sollte. Er verfaßte dazu einen Katechismus, in dem die Gebote, das Glaubensbekenntnis, das Vaterunser und die Lehre von der kirchlichen und der weltlichen Gewalt abgehandelt wurden und den „zu befolgen und zu halten alle Bürger und Einwohner von Genf und alle Untertanen der Landschaft sich eidlich verpflichten sollten"[206]. Wer sich gegen Bekenntnis und Kirchenordnung verging, sollte vom Magistrat der Stadt bestraft werden. Diese strengen Vorschriften ließen sich zunächst nicht durchsetzen. Calvin wurde 1538 aus Genf ausgewiesen. Als jedoch die Spannungen immer größer wurden, sah sich der Rat zwei Jahre später genötigt, ihn zurückzuholen. Im November 1541 wurde die von ihm entworfene Kirchenordnung angenommen, es folgten bald eine Gottesdienstordnung (1542) und der Genfer Katechismus (1542).

Die Kirchenordnung Calvins hat vier Ämter: die Pastoren oder Pfarrer, die zu einem Kollegium zusammengeschlossen sind, die Lehrer für den Unterricht, die Diakone für den Dienst an den Armen und den Kranken und die Ältesten (Presbyter), die für die Durchführung der Gemeindedisziplin verantwortlich sind. Die zwölf Presbyter bildeten zusammen mit den fünf bis zehn Pastoren das Konsistorium, das den Wandel der Gemeindeglieder zu überwachen hatte. Jede Familie wurde mindestens einmal im Jahr von einem Mitglied des Konsistoriums besucht, wer sich als hartnäckiger Übertreter der Ordnung erwies und nach dreimaliger Ermahnung Lebenswandel oder Bekenntnis nicht nach den Normen der Gemeinde ausrichtete, wurde ausgeschlossen und dem Gericht zur

[206] Zitiert nach HÖ I, S. 234.

Bestrafung übergeben. Nach langwierigen Kämpfen konnte Calvin seine rigorose Gemeindeordnung durchsetzen, 1561 wurde sie endgültig verabschiedet. Als Calvin am 27. Mai 1564 starb, war sein Werk in Genf gesichert. Durch seine Schüler, die an der 1559 eröffneten theologischen Akademie in Genf ausgebildet worden waren, fanden seine Lehren Verbreitung in Frankreich, Deutschland, den Niederlanden, in Schottland, aber auch in mehreren osteuropäischen Ländern.

Calvin ist nicht im gleichen Maß Urheber der reformierten Theologie, wie es Zwingli ist, aber er hat seine Lehre in einer geschlossenen Dogmatik dargelegt, nämlich der ›Institutio religionis christianae‹, deren erste Fassung 1536 gedruckt erschien, die er aber ständig erweiterte bis zur Ausgabe von 1559/60. Diese stellte die umfangreichste und geschlossenste Dogmatik der Reformation dar, sie blieb für die reformierte Lehre über die Jahrhunderte hinweg bestimmend. Der prägende Gedanke der Theologie Calvins ist die Ehre des souveränen Gottes, „Soli Deo Gloria". Diese Ehre Gottes ist der Ausgangspunkt, von dem her die einzelnen Themen des Glaubens ihren Ort bekommen. Gott hat alles geschaffen und lenkt es hin auf sein Ziel. Dabei gilt seine besondere Fürsorge dem Menschen. Die Ehre Gottes verlangt es, die Vorsehung als Prädestination zu verstehen, „kraft deren Gott die einen zum Heil, die anderen zum Verderben vorherbestimmt hat"[207]. Nicht menschliches Werk ist es, das zum Heil oder zum Unheil führt, denn sonst könnte der Mensch das Urteil Gottes beeinflussen und über Gott verfügen, es ist sein Wille allein, der das ewige Los des Menschen bestimmt. Gottes Wille ist nicht abhängig von menschlicher Leistung. Die Tatsache, daß ein großer Teil der Menschheit das in Christus angebotene Heil ablehnt, also trotz des Gnadenwirkens Jesu offensichtlich zum ewigen Tode vorherbestimmt ist, erscheint Calvin als undurchdringliches Geheimnis, das so tief ist, „daß aller Verstand der Menschen davon verschlungen wird, wenn er da hineinzudringen versucht"[208].

Während für Luther der Ausgangspunkt des Denkens in der Frage liegt, „wie kriege ich einen gnädigen Gott?", also das Heil des Individuums den Ansatz für seine Theologie bildet, ist Calvins Denken strukturiert durch die Grundfrage: „Wie kommt es zur Herrschaft Gottes über die Menschheit?"[209] Diese Herrschaft muß durch die Kirche und in ihr aufgebaut werden. Kirche ist damit zunächst nicht menschlicher Zusammenschluß der Gläubigen, sondern Stiftung von oben, Setzung Gottes. Zwar besteht die wahre Kirche allein aus denen, die zum Heil

---

[207] Institutio III, 21,1.
[208] Institutio III, 23,5.
[209] Zitiert nach HÖ I, S. 237.

prädestiniert sind, so daß die wahre Kirche eine unsichtbare Größe bleibt, „nur für Gottes Auge wahrnehmbar". Letztlich weiß niemand, wer Glied dieser Kirche ist, auch nicht ob er selbst ihr angehört, weil niemand wissen kann, ob er im Glauben ausharren wird bis zum Ende. Im Dienst dieser unsichtbaren Kirche aber steht die sichtbare Kirche, die durch äußere Zeichen wie die Taufe, das Abendmahl und durch das Gesetz zusammengeführt und geleitet wird. Wie im Alten Testament, das sich bei Calvin besonderer Wertschätzung erfreut, das Volk Gottes durch Bundesschlüsse zusammengefaßt und in seiner Lebensform von Gott her bestimmt wird, so jetzt die Kirche: Das Gesetz, auch das bürgerliche Gesetz, wird verstanden als Bundesordnung, die dem Getauften den Maßstab des christlichen Lebens zeigt. „Das Gesetz zeigt uns das Ziel, nach dem wir streben sollen, damit jeder gemäß der Gnade, die Gott ihm gegeben hat, sich unablässig bemüht, danach zu trachten, Tag für Tag weiter vorwärts zu kommen."[210] Die äußere Ordnung, die Strukturen der Kirche, die in Luthers Theologie und insbesondere in der späteren Rezeption Luthers deutlich in den Hintergrund traten, spielen bei Calvin eine gewichtige Rolle. Die Kirche erscheint als sichtbar verfaßte Gemeinschaft, Kirchenzucht soll die Einheit der Ortsgemeinde gewährleisten. In ihr ist die unbedingte Einheit in der Lehre, im Sakrament und in der Ordnung zu wahren, während es in der über die Welt zerstreuten Kirche durchaus Differenzen zwischen den Ortskirchen geben kann. Überregional ist Calvin durchaus bereit, Widersprüche gegen seine Deutung des Evangeliums als rechtgläubig zu tolerieren, am Ort dagegen hat er Abweichungen mit großer Härte und durch die staatliche Gewalt, die er im Dienst der Kirche sah, verfolgt und verfolgen lassen.

Der in Genf gefeierte Gottesdienst war schlichter als der weithin in den traditionellen Formen verbliebene lutherische Gottesdienst. Im Zentrum stand die Predigt, der Gottesdienst war ganz auf die Verkündigung konzentriert, weil Gott sich in seinem Wort mitteilt. Symbole traten dagegen sehr in den Hintergrund: Bilder, Gewänder, alles Sinnfällige verfiel dem Verdikt. Das betraf auch den Abendmahlsgottesdienst selbst, der erheblich eingeschränkt und nur noch viermal im Jahr gefeiert wurde.

Auch die Sakramentenlehre Calvins ist grundlegend bestimmt vom Gedanken der Ehre Gottes. Es erscheint ihm mit der Verherrlichung Gottes unvereinbar, eine örtliche Anwesenheit von Leib und Blut Christi in Brot und Wein anzunehmen, Christus damit in diese Welt einzuschließen. Durch die Erhöhung in den Himmel ist eine örtliche Gegen-

---

[210] Genfer Katechismus, Frage 229.

wart Jesu in Elementen dieser Welt ausgeschlossen. Doch Christus bleibt gegenwärtig durch das Wirken seines Geistes. Wenn Calvin die Einsetzungsworte bildlich versteht und eine örtliche Gegenwart ausschließt, will er dennoch eine Realgegenwart unter Brot und Wein festhalten. Durch das Zeichen wird im Heiligen Geist die Wirklichkeit von Leib und Blut Christi selbst mitgeteilt. Brot und Wein sind also nicht Leib und Blut Christi, sondern Zeichen der Gemeinschaft mit ihm. Selbst wenn es bei Calvin keine Realpräsenz in Brot und Wein gibt, so doch eine Realkommunion mit Fleisch und Blut Christi. Denn wenn dem Christen Brot und Wein gereicht wird, wird ihm in seinem Glauben in geistiger Weise das Fleisch und das Blut Christi wahrhaft zuteil. Die reale Gegenwart erfolgt durch den Geist, sie ist nicht an Brot und Wein gebunden oder gar darin eingeschlossen. Im Gegensatz zu Luther schließt Calvin also die real-örtliche Präsenz Christi in Brot und Wein aus, im Gegensatz zu Zwingli hält er aber daran fest, daß durch die Vermittlung des Geistes Christi Leib und Blut mit Brot und Wein dem Glaubenden gereicht werden.

Die Abendmahlslehre Calvins steht zwischen der Luthers und Zwinglis. In der Folgezeit haben sich die Gedanken Calvins und Zwinglis jedoch miteinander verbunden. Im ›Consensus Tigurinus‹ von 1549, der „Zürcher Eintrachtsformel" konnten sich Calvin und Heinrich Bullinger, der Nachfolger Zwinglis in Zürich, über die Abendmahlslehre einigen. Von Zwingli wurde an der Trennung von Materie und Geist festgehalten, derzufolge Sinnliches das Heil nicht vermitteln kann. Andererseits aber ist durch das Wirken des Geistes der im Himmel thronende Christus so mit Brot und Wein verbunden, daß anläßlich des Empfangs von Brot und Wein der wirkliche Christus tatsächlich und real empfangen wird. Dieser Einigung der wichtigsten Repräsentanten der Reformation in der Schweiz schlossen sich weitere Kantone an. Damit war der Grund gelegt für die Schweizer Nationalkirche, die 1566 gegründet wurde, gleichzeitig war aber der Bruch mit dem Luthertum zunächst einmal endgültig geworden.

Obwohl der reformierte Protestantismus ursprünglich räumlich eng begrenzt war und die Reformation in Städten durchgeführt wurde, bekam diese Tradition bald universalkirchliche Bedeutung. Auf der Basis des Genfer Katechismus (1542/45) und der ›Institutio Religionis Christianae‹ (1536, [4]1559) wurden auf nationaler Basis neue Bekenntnisse erstellt. Die französischen Protestanten überreichten dem König 1559 die ›Confessio Gallicana‹, die offizielle Bekenntnisschrift der reformierten Kirchen Frankreichs. Die ›Confessio Scotica‹ von John Knox entstand 1560, die ›Confessio Belgica‹ 1561. Für den deutschen Bereich wurde der ›Heidelberger Katechismus‹ (1563) maßgeblich. Kurfürst

Friedrich III. von der Pfalz hatte sich dem Calvinismus angeschlossen, wollte aber nicht den Genfer Katechismus übernehmen, weil dies die Trennung vom Augsburger Bekenntnis offenkundig gemacht hätte, und damit wäre der rechtliche Schutz, den die Anhänger des Augsburger Bekenntnisses und „verwandter Bekenntnistexte" genossen, verlorengegangen. Der im wesentlichen von Zacharias Ursinus aus Breslau verfaßte Heidelberger Katechismus verzichtete auf jede Polemik gegen die Lutherische Abendmahlslehre, auf die Prädestinationslehre wird nicht eigens eingegangen. In aller Schärfe wird dagegen die katholische Messe abgelehnt. Von ihr wird gesagt, daß sie eine Verleugnung des einzigen Opfers Jesu Christi darstelle und damit im Grunde „eine vermaledeite Abgötterei" sei.[211] Als der Kurfürst trotz seiner Bemühung, die Lehre in möglichster Nähe zum Lutherischen Bekenntnis darzulegen, in reichsrechtliche Schwierigkeiten geriet, übersandte Bullinger aus Zürich ein von ihm verfaßtes Glaubensbekenntnis, das 1566 als gesamtschweizerisches Bekenntnis, die ›Confessio Helvetica posterior‹ anerkannt wurde. Dieser Text wurde für die Schweizer Nationalkirche und darüber hinaus für die reformierten Gemeinden insgesamt richtungweisend. Im Gegensatz zum Luthertum gibt es in der reformierten Tradition keinen abgeschlossenen und allseitig anerkannten Bekenntnisstand, die Bekenntnisse weisen untereinander durchaus Differenzen auf, die toleriert werden. Einen Kanon reformierter Bekenntnisse gibt es nicht.

c) Ökumenische Aktivitäten

Calvin selbst war überzeugt, daß die unterschiedlichen Bekenntnisse und Richtungen unter den Reformatoren die Einheit des Protestantismus als Kirche Jesu Christi nicht in Frage stellten. Trotz der teilweise schroffen Angriffe der lutherischen Seite, die die Schweizer Reformation unter die Schwärmer subsumierten, mühte sich Calvin um einen Austausch und, wie er es nannte, einen „Synkretismus" unter allen Protestanten. Die Kirchengemeinschaft endet nach seiner Überzeugung nicht mit der Zustimmung zu einem bestimmten Bekenntnistext. Selbst wenn in Genf die Kirche andere Strukturen bekam, erhob er keinen grundsätzlichen Widerspruch gegen das Bischofsamt, wenn nur die Bischöfe evangelisch gesinnt seien und getreu dem Evangelium predigten. Er schloß auch nicht aus, daß einzelne Personen oder selbst Gemeinden der römischen Gemeinschaft der wahren Kirche angehören könnten, die wahre Kirche ist unsichtbar. Calvin bemühte sich um ein

---

[211] Frage 80, S. 241.

gesamtprotestantisches Konzil, das eine gemeinsame Lehraussage vortragen sollte, ohne die einzelnen Ortskirchen nach einem einzigen Modell zu strukturieren und ohne die Lehre zu vereinheitlichen. Die protestantische Irenik im 16. Jh., die sich im Geiste Calvins mühte, die Einheit der Reformation herzustellen, entschuldigte die Vielfalt und die gegenseitigen Verwerfungen in den Bekenntnisschriften damit, daß äußere Umstände es verhindert hatten, ein allgemeines Konzil der Protestanten abzuhalten.[212]

Diese offene Haltung war für die reformierten Protestanten von Anfang an konstitutiv. Hier treffen zwei Tendenzen aufeinander: Auf der einen Seite wurden am Ort alle einer oft drängenden Disziplin in der kirchlichen Ordnung und Lehraussage unterworfen, andererseits hatten die Ortskirchen große Freiheit und Selbständigkeit. Sowohl im Bekenntnis als auch in der Kirchenstruktur war jeweils die Kirche am Ort für die rechte Gestaltung verantwortlich. Erhebliche Differenzen zwischen den Ortskirchen gefährden nach dieser Überzeugung die Einheit nicht, solange nur die grundsätzliche Treue zur evangelischen Botschaft gewährleistet ist. So konnte aus der reformierten Tradition eine Fülle von mehr oder minder unabhängigen einzelnen Kirchen entstehen, ohne daß dadurch das Bewußtsein der Einheit der Christenheit in Frage gestellt worden wäre. Der radikal-reformierte Puritaner Robert Browne forderte im England des beginnenden 17. Jh., „jede Gemeinde (congregation) müsse völlige Unabhängigkeit und Eigengesetzlichkeit besitzen und dürfe nur Christus selbst verantwortlich sein"[213], staatliche Aufsicht und übergeordnete Organisationformen lehnte er ab. Als Browne in England eine derartige Gemeinde gründen wollte, mußte er vor staatlichem Zugriff nach Holland fliehen, und er segelte von dort mit dem berühmten Schiff „Mayflower" nach Nordamerika. Hier gründeten die „Pilgerväter" 1620 die ersten kongregationalistischen Gemeinden. Inzwischen stellen die Kongregationalisten und die Presbyterianer in Nordamerika die größten Gruppen innerhalb der reformierten Tradition dar. Von ihnen kamen im 20. Jh. wichtige Anstöße für die ökumenische Idee. Das Bewußtsein der Zusammengehörigkeit und des notwendigen Austausches bei großer legitimer Vielfalt, das in dieser Tradition entwickelt wurde, war Ausgangspunkt für die Bemühung um eine gegenseitige Anerkennung der Kirchen und für die Entwicklung von Strukturen der Einheit. Mit der Betonung der Einheit als Einheit am Ort und der konziliaren Begegnung der Ortskirchen untereinander hat die Ökumenische Bewegung im 20. Jh. einen Gedanken aufgegriffen, der in

---

[212] Rouse-Neill I, S. 76.
[213] L. Klein, Das Ringen um die Einheit, Trier 1967, S. 87.

diesem Konzept grundgelegt war. So sind aus dem reformierten Protestantismus gewichtige Anstöße für die moderne Ökumenische Bewegung erwachsen. Eine Reihe von Vorkämpfern der ökumenischen Idee, unter ihnen W. A. Visser t'Hooft, kam aus dieser Tradition.

So kann es nicht verwundern, daß sich bereits in den 70er Jahren des 19. Jh., dem Jahrhundert der Mission, in dem das Christentum sich weltweit ausbreitete und in zahlreichen jungen Kirchen neue organisatorische Gestalt fand, die Kirchen reformierter Tradition im Reformierten Weltbund (RWB) zusammenschlossen. Dieser war der erste konfessionelle Weltbund. Ziel dieser Gründung war und ist es, die über die ganze Welt verbreitete Gruppe der Reformierten bzw. der Presbyterianischen Kirchen zu gemeinsamer Beratung, Zusammenarbeit und wechselseitiger Unterstützung zu sammeln. Die ersten 50 Jahre des RWB waren weitgehend durch angelsächsische Mitgliedskirchen und Vertreter bestimmt, erst nach dem Ersten Weltkrieg wurden die größeren reformierten Kirchen auf dem europäischen Kontinent Vollmitglieder. Bis zum Zweiten Weltkrieg konnte der Weltbund den deutschen Kirchen im Kirchenkampf wichtige Unterstützung zuteil werden lassen. 1970 wurde der internationale kongregationalistische Rat (ICC) in den RWB aufgenommen. Dabei ist der Weltbund ein Kirchenbund, keine Kirche. Er hat keine Vollmacht über die Mitgliedskirchen. Der RWB gehört dem Ökumenischen Rat der Kirchen an, er möchte die reformierte und presbyterianische Überzeugung bewahren, sie aber gleichzeitig in die gesamtchristliche Ökumene einbringen. Viele seiner Gliedkirchen haben ihre größte Verbreitung in den Ländern der Dritten Welt gefunden, sie sind missionarisch geprägt und wachsen rasch an.

In seiner Stellung gegenüber den anderen Kirchen ist die reformierte Tradition zumeist offen, Gemeinschaften anderer Bekenntnisse werden weithin ebenso anerkannt wie ihre Ämter, ihre Mitglieder werden zum Empfang des Herrenmahls eingeladen. Auf seiner 17. Generalversammlung 1954 in Princeton/USA beschloß der Weltbund: „Als reformierte und presbyterianische Kirchen bezeugen wir gegenüber unseren Mitchristen, daß wir das geistliche Amt, die Sakramente und die Mitgliedschaft aller Kirchen anerkennen, die gemäß der Bibel Jesus Christus als Herrn und Erlöser bekennen. Wir laden die Glieder dieser Kirchen zum Tisch unseres gemeinsamen Herrn ein und heißen sie daran herzlich willkommen."[214] Offizielle Kanzel- und Abendmahlsgemeinschaft besteht mit den Kirchen, die sich der Leuenberger Konkordie angeschlossen haben. Über die EKD besteht Abendmahlsgemeinschaft mit

---

[214] Zitiert nach K. Halaski (Hrsg.), Die Reformierten Kirchen, Stuttgart 1977, S. 28.

Anglikanern und Altkatholiken, offizielle Dialoge werden geführt mit dem Baptistischen Weltbund und mit Rom. Dabei ist festzustellen, daß gegenüber Rom die Differenzen sich als schwerwiegend erweisen, so daß hier eine gewisse Zurückhaltung zu beobachten ist. Dies gilt auch für die offizielle Antwort des Reformierten Moderamens auf die Lima-Erklärung, trotz der zahlenmäßig und personell gewichtigen Repräsentanz bei Faith and Order. Die Betonung amtlicher Strukturen, der sakramentalen Dimension und die Wertung der Alten Kirche als normativ, wie sie das Lima-Papier prägen, haben manche Vorbehalte geweckt.

3. Die Anglikanische Kirchengemeinschaft

Der Anglikanismus nahm seinen Ausgang in England, er stellt aber heute eine weltweite Gemeinschaft dar. Die „Anglican Communion" hat sich vorwiegend durch Mission im ganzen britischen Commonwealth ausgebreitet. Die Ökumenische Bewegung erhielt durch den Anglikanismus wesentliche Impulse.

a) Zur Geschichte der Anglikanischen Gemeinschaft

Bedingt durch die Insellage am Rande der damals bekannten Welt war England im Mittelalter in hohem Maße selbständig und unabhängig[215]. Die Erzbischöfe von Canterbury und York waren weithin autonom, der mächtige englische König verstand sich auch als Beschützer und Haupt der Kirche. Schon im 14. Jh. stellte König Edward III. alle Wahlen innerhalb der Kirche unter den Schutz der englischen Krone, die „statutes of praemunire" (1353) untersagten jegliche Appellation von englischen Gerichtshöfen an den Papst. So sehr die Kirche in dieser Zeit Teil der universalen Kirche war, so sehr war sie auch von dem Bewußtsein einer nationalen Eigentümlichkeit und Eigenständigkeit durchdrungen. Im späten Mittelalter und unter dem Einfluß des Humanismus wurde die Spannung gegenüber Rom stärker. John Wyclif stieß mit seiner Kritik an kirchlichen Zuständen auf offene Ohren, seine Argumentation, die Schrift allein habe letzte Autorität in der Kirche und die Bibel müsse allen Gläubigen zugänglich gemacht werden, lebte im Untergrund fort. Die Devotio moderna mit ihren individualistischen Zügen der Frömmigkeit und die englische Mystik führten zu einer Betonung

---

[215] Eine Zusammenfassung der Geschichte der englischen Kirche bringt L. Klein, in: K. Algermissen, Konfessionskunde, Paderborn 81969, S. 463–569.

des glaubenden Individuums und ließen die Kirche als vorgegebene Ordnungsmacht eher in den Hintergrund treten. Der antirömische und antiklerikale Affekt wurde durch eine herausfordernde Finanzpolitik der römischen Kurie und überhöhte Ansprüche der Päpste weiter geschürt. All das ließ Reformverlangen auf fruchtbaren Boden fallen.

Es ist eine deutliche Verkürzung, den historischen Ausgangspunkt des Anglikanismus allein in den Heiratswünschen König Heinrichs VIII. zu sehen. Heinrich war jung mit der Witwe seines Bruders Arthur, Katharina von Aragon, verheiratet worden. Eine solche Schwägerschaft galt in der mittelalterlichen Kanonistik als absolutes Ehehindernis, von dem nicht dispensiert wurde. Soweit bekannt, war Heinrich VIII. der erste, der diese Dispens erhielt, und es stellte sich die Frage, ob sie gültig oder die Ehe wegen bestehenden Ehehindernisses nichtig war. Dieses Problem wurde dadurch akut, daß der König keine männlichen Nachkommen hatte; mit Ausnahme einer Tochter, der späteren Königin Maria, waren alle Kinder verstorben. Damit stand nicht nur die Dynastie in Frage, sondern auch die Sicherheit des ganzen Volkes war auf dem Spiel, wenn die Kontinuität der Erbfolge bedroht war. Zugespitzt wurde die Kontroverse durch den Willen des Königs, die Hofdame Anna Boleyn zu heiraten. In dieser Situation verlangte er vom Papst, seine Ehe für nichtig zu erklären. Er wollte also nicht eine Scheidung, wie verschiedentlich behauptet wird, sondern lediglich eine kirchliche Nichtigkeitserklärung, also die Entscheidung, daß niemals eine rechtmäßige Ehe bestanden habe. Nicht zuletzt aus politischen Rücksichtnahmen gegenüber Kaiser Karl V., der mit Katharina von Aragon verwandt war, verweigerte der Papst diese Nichtigkeitserklärung. Mit Berufung auf frühkirchliche Rechtsvorschriften verbot daraufhin der König jede Appellation an irgendwelche Autoritäten außerhalb der Grenzen seines Reiches. Damit war seine Eheangelegenheit in englischer Zuständigkeit. Im März 1532 ernannte der König, übrigens mit Zustimmung des Papstes, Thomas Cranmer zum Erzbischof von Canterbury. Dieser berief umgehend den kirchlichen Gerichtshof ein, der die Ehe Heinrichs mit Katharina für ungültig und die bereits geheim geschlossene mit Anna Boleyn für gültig erklärte.

1534 verabschiedete das Parlament den ›Act of Supremacy‹, in ihm wurde der König als das einzige und oberste Haupt auf Erden der Kirche von England bezeichnet („The only supreme head in earth of the Church of England").[216] Dies blieb nicht nur ein Ehrentitel, sondern wurde auch in der Praxis wirksam. Zwischen 1535 und 1540 konfiszierte der König alle Klöster, Stifte und Stiftungen seines Landes, der ge-

---

[216] Zitiert a. a. O., S. 478.

samte Besitz ging in Staatseigentum über. Dieses Vorgehen des Königs
wurde von den Bischöfen durchweg unterstützt, ihnen war die Beseiti-
gung der Orden, ihrer Exemptionen und Privilegien, nicht unwill-
kommen. Außerdem verlangte der König von den Bischöfen den Eid auf
die Suprematsakte, die Weigerung galt als Hochverrat und wurde mit
dem Tod bestraft. Die bekanntesten Opfer waren 1535 Bischof John
Fisher, der noch im Kerker zum Kardinal ernannt wurde, und der Lord-
kanzler Thomas More.

Im Lehrfragen war Heinrich VIII. im Gegensatz zu seiner kirchenpoli-
tischen Einstellung und seiner persönlichen Lebensgestaltung ausgesprochen konservativ. Gegen Luthers Schrift von der babylonischen Gefangenschaft der Kirche verteidigte er die Siebenzahl der Sakramente
und erhielt vom Papst dafür den Titel „Defensor fidei". In den ›Sechs Artikeln‹ von 1539 schärfte er die Lehre von der Transsubstantiation, die
Verbindlichkeit der Ordensgelübde, den Zölibat der Priester, die Privat-
beichte und die Kommunion unter einer Gestalt als göttliches Gesetz
ein. Er unterstrich die Marien- und Heiligenverehrung, verbot eine pri-
vate Lektüre der Bibel sowie die Feier der Messe in der Volkssprache. Als
der König 1538 von Papst Paul III. exkommuniziert wurde, ließ sich dies
jedenfalls nicht mit dem Vorwurf der Häresie begründen.

Unter seinem Sohn Edward VI. (1547–1553) setzte sich im Königreich
die Reformation auch inhaltlich und lehrmäßig durch. Der Regent-
schaftsrat, der für den minderjährigen König die Amtsgeschäfte führte,
war für die Neuerungen aufgeschlossen, England wurde zum Refugium
für verfolgte Protestanten des Kontinents, auch für radikale Reformatoren. Der Bruch mit allem, was an Papst und Mittelalter erinnerte, erfolgte im Namen der neugewonnenen Freiheit. Beim Tod des erst 15jäh-
rigen Königs dominierte in Liturgie und Glaubenslehre der reformierte
Zweig des Protestantismus.

Die Nachfolge König Edwards konnte Maria, die einzig überlebende
Tochter Heinrichs VIII. aus dessen erster Ehe antreten. Sie fühlte sich
dazu berufen, ihr Land dem alten Glauben zurückzuführen. Sie konnte
sich offiziell durchsetzen, vom Parlament wurde ihr lediglich abge-
rungen, weiterhin den Titel „Oberstes Haupt der Kirche von England"
zu führen und die säkularisierten Kirchengüter nicht zurückzuer-
statten. England kehrte zur alten Liturgie der Messe zurück, im November 1554 wurde formell die Einheit mit Rom wiederhergestellt. Um
den Widerstand zu brechen, wurden die Vertreter der Reformation mit
Härte verfolgt, Cranmer, der von Heinrich VIII. eingesetzte Erzbischof
von Canterbury, war eines der 273 Opfer, die unter ihrer Regierung als
Häretiker hingerichtet wurden. Dieses Vorgehen hat der Königin nicht
nur den Titel „die Katholische", sondern auch „die Blutige" eingetragen.

Nachfolgerin Marias wurde Elisabeth I. (1558–1603), Tochter von Heinrich VIII. und Anna Boleyn. Mit ihrem Regierungsantritt war die katholische Epoche abrupt beendet, es erhob sich lediglich die Frage, ob die radikalen oder die gemäßigten Reformatoren die Oberhand gewinnen würden. Elisabeth erließ einen neuen ›Act of Supremacy‹, bezeichnete sich allerdings nicht mehr als „Haupt" der Kirche von England, sondern „oberster Leiter" („The only supreme governor of this realm, as well in all spiritual and ecclesiastical things or causes as temporal").[217] Wiederum wurde der Eid auf diesen Akt verlangt, die Eidverweigerer, von denen niemand das Leben verlor, wurden als „Dissenters" bezeichnet. 1559 wurde die revidierte Ausgabe des ›Book of Common Prayer‹ eingeführt. Matthew Parker (1504–1575) wurde Erzbischof von Canterbury; bei seiner Weihe wurde größter Wert auf die Erhaltung der apostolischen Sukzession gelegt. Zwei der vier konsekrierenden Bischöfe waren noch unter Heinrich VIII. nach katholischem Ritus geweiht worden. Das elisabethanische „settlement" suchte die Mitte zu halten zwischen dem Katholizismus und dem radikalen Puritanismus.

Die Auseinandersetzung mit dem Katholizismus bekam eine völlig neue Dimension, als Elisabeth 1570 durch Papst Pius V. persönlich exkommuniziert wurde. Gewichtig war dabei die Tatsache, daß der Papst alle ihre Untertanen vom Treueid löste und jeden Gehorsam gegenüber der Königin unter die Strafe der Exkommunikation stellte. Damit war für die Monarchie jeder Katholik ein potentieller Hochverräter. Das englische Kolleg in Douai, später in Rom, bildete Alumnen aus, die im Untergrund in England wirken sollten. Die Königin sah in ihnen Verschwörer gegen ihr Leben und gegen die englische Kirche, sie glaubte sich gegen die Bedrohung durch die in diesem „Märtyrerkolleg" zu einem waghalsigen Bekennermut erzogenen Priesteramtskandidaten nur durch eine blutige Verfolgung der Katholiken wehren zu können.

Seit dem Mittelalter hatten die Päpste das Recht beansprucht, Könige abzusetzen. Der Papst habe aus göttlichem Recht *(iure divino)* die Vollmacht, weltlichen Herrschern ihre Macht zu entziehen. Beuge sich dieser nicht und bleibe im Amt, so sei er ein Usurpator, ein Gewaltherrscher, der sich nicht mehr auf die göttliche Einsetzung berufen könne. Diese Vorstellung verband sich mit der Lehre von der Erlaubtheit des Tyrannenmordes: Der abgesetzte König sei Tyrann, der als Unrechtsherrscher jedes Recht verloren habe und ermordet werden dürfe. Die Könige von England wurden durch diese päpstliche Lehre geradezu gezwungen, sich von Rom loszusagen und die Katholiken zu unterdrücken, wollten sie nicht ihr Leben und ihre Herrschaft gefährden. Alle

---

[217] Zitiert nach K. Algermissen, a. a. O., S. 486.

späteren Versuche des englischen Königshauses, sich der Loyalität ihrer
katholischen Untertanen dadurch zu versichern, daß sie den Treueid
verlangten, wurden von Rom her vereitelt. Dieser Eid hätte beinhaltet,
daß der Papst nicht das Recht habe, Könige abzusetzen. Doch die Unterschrift unter eine derartige Erklärung war von Rom unter die Strafe der
Exkommunikation gestellt. Die grausamen Verfolgungen, unter denen
Katholiken in der Folge zu leiden hatten, kamen also nicht von ungefähr.
Die sogenannte Pulververschwörung, in der im Jahr 1605 Katholiken
das Parlament zusammen mit dem König in die Luft sprengen wollten,
war nur der Höhepunkt einer Reihe derartiger Vorfälle. Die Abneigung
gegenüber dem Römischen, die Überzeugung „No popery" ist eine verbreitete Grundhaltung, die in diesen Ereignissen gründend die politische Loyalität der Katholiken bezweifelt. Papst Urban VIII. urteilte gar,
daß „die Päpste, seine Vorgänger, es seien, welche den Verlust Englands
verschuldet hätten"[218].

b) Glaubenslehre und Kirchenstruktur

Lehre und Praxis des Anglikanismus sind eng mit dem Namen
Thomas Cranmer (1489–1556) verbunden. Er war bereits in seiner Stu-
dienzeit mit den Schriften Luthers in Kontakt gekommen, erlebte die
Lehre von der Rechtfertigung allein aus Glauben als Befreiung von der
Höllen- und Fegefeuerspekulation der zeitgenössischen Buß- und Ab-
laßprediger. 1532 wurde Cranmer Erzbischof von Canterbury, und dies
mit Zustimmung des Papstes. In dieser Funktion bemühte er sich, dem
Volk die Schrift zu erschließen. Er konnte auf mehrere Vorarbeiten zurückgreifen, als er ein Lektionar in der Muttersprache zusammenzu-
stellen begann und gleichzeitig an einem ›Book of Common Prayer‹ arbeitete. Dieses war eine Zusammenfassung von Meßbuch, Rituale für
die Sakramentenspendung und gleichzeitig ein Gebetbuch zum Gebrauch des Volkes. Vorläufer war der ›Primer‹, der es aufgeschlossen
Gläubigen schon ermöglicht hatte, das kirchliche Stundengebet zu ver-
richten und einige Psalmen für sich alleine in ihrer Sprache zu beten.
Bei der Gestaltung der Liturgie leiteten Cranmer die beiden Prinzipien:
Verständlichkeit und biblische Orientierung. Die Riten wurden möglichst einfach gehalten, Verdoppelungen ausgemerzt, die Formen
sollten für sich selbst sprechen und verständlich sein.
Unter Heinrich VIII. hatte Cranmer mit dieser Neugestaltung der Li-

---

[218] I. v. Döllinger, Über die Wiedervereinigung der christlichen Kirchen.
Sieben Vorträge, gehalten zu München 1872, Nördlingen 1888, S. 97.

turgie kaum Erfolg, unter der Regentschaft Edward VI. konnte er dagegen sein Reformwerk vorantreiben. Der ›Act of Uniformity‹ schaffte 1549 den lateinischen Ritus ab und machte das ›Book of Common Prayer‹ verbindlich. Die erste Ausgabe dieses nun offiziellen Buches war noch verhältnismäßig konservativ, die zweite von 1552 war dagegen weithin von calvinischen Einflüssen bestimmt. Das Parlament billigte dieses zweite Prayer Book, dem nachträglich noch die „schwarze Rubrik"[219] hinzugefügt wurde, die in liturgischen Anweisungen den reformatorischen Charakter der Liturgie weiterhin verstärkte. Dem zweiten Prayer Book wurde ein Weihebuch (Ordinal) angefügt, in dem der Ritus für die Weihe von Diakonen, Priestern und Bischöfen festgelegt ist. Unter Elisabeth I. wurde 1559 eine revidierte Ausgabe des ›Book of Common Prayer‹ eingeführt, die einen Kompromiß zwischen der ersten und der deutlich protestantischen zweiten Ausgabe dieses Werks darstellt.

Unter dem maßgeblichen Einfluß Cranmers wurde auch die Lehre der englischen Kirche amtlich festgelegt. 1553 verfaßte er 42 Glaubensartikel; sie wurden zur Grundlage für die 1571 vom Parlament verabschiedeten und seither verbindlichen ›39 Artikel‹, die für die anglikanischen Kirchen Bekenntnischarakter haben. Sie wenden sich gegen Mißbräuche der damaligen Zeit, sind also von der Entstehung her deutlich perspektivisch geprägt. Ihr systematischer Gehalt ist oft wenig präzise, verschiedentlich wird nicht deutlich, ob sich eine Aussage gegen einen Mißbrauch richtet oder gegen eine bestimmte Lehre. Sie lassen unterschiedliche Interpretationen zu.[220] Einflüsse sind festzustellen von Luther, aus dem Augsburger Bekenntnis, aber auch von Calvin. Das Common-Prayer-Book wurde nach dem Grundsatz verfaßt, nichts zu definieren, was Gott nicht selbst in der Heiligen Schrift definiert hat, aber auch nichts zu ändern, was ihr nicht direkt widerstreitet.

Die innere Organisation der Kirche förderte Cranmer durch eine neue Gesetzgebung. Die Kontroverse zwischen dem Papst und Heinrich VIII. hatte sich nicht zuletzt darum so zugespitzt, weil in vielen Fällen nicht klar war, ob römische oder spezifisch englische Rechtsvorschriften Anwendung finden sollten, so daß erhebliche Rechtsunsicherheit herrschte. 1551 erhielt Cranmer offiziell den Auftrag, eine Sammlung des geltenden Kirchenrechts zu erstellen. Die von ihm vorgelegte

[219] Entgegen dem üblichen Brauch, rituelle Anweisungen in roter Farbe zu drucken, ist diese Rubrik in schwarz gehalten.

[220] Insbesondere die Oxford-Bewegung im 19. Jh. mühte sich, eine Interpretation im Sinne der Alten Kirche zu geben und damit eine vorwiegend protestantische Interpretation zurückzuweisen.

Sammlung von Rechtstexten wurde erst 1571 gedruckt. Seine Auswahl gab der Verwaltung der Kirche dabei eine deutlich synodale Prägung, er sah die Teilnahme der Laien an der Regierung der Kirche vor und führte ihre Vertretung in Diözesansynoden ein.

Cranmer selbst bemühte sich um die Einigung der protestantischen Kirchen. Dazu wollte er die Reformkräfte untereinander in Kontakt bringen, er korrespondierte mit Melanchthon und Calvin, lud sie nach England ein und war überzeugt, mit den verschiedensten Richtungen der Reformation zu einem Ausgleich kommen zu können. Die ökumenische Ausrichtung der englischen Kirche blieb seither lebendig, sie ist dem Anglikanismus gleichsam mit in die Wiege gegeben. Die anglikanische Kirche versteht sich oft als *„via media"* zwischen Protestantismus und Katholizismus. Während die Lehre nach der vorwiegenden Interpretation der protestantischen Tradition zuzurechnen ist, wurden weitgehend die überlieferte Liturgie und die Sukzession im Amt, einschließlich des Bischofsamts, beibehalten. Der Anglikanismus hat am dreigeteilten kirchlichen Amt von Bischof, Priester und Diakon festgehalten und damit die Sukzessionsreihe gewahrt. Bei der Weihe von Matthew Parker, dem Nachfolger Cranmers auf dem Bischofsstuhl von Canterbury, wurde, wie oben angedeutet, darauf geachtet, daß zwei der vier konsekrierenden Bischöfe bereits unter Heinrich VIII. geweiht worden waren; die ungebrochene apostolische Sukzession im Amt sollte keinesfalls preisgegeben werden. Sie ist bis heute für die anglikanischen Kirchen konstitutiv, an diesem Punkt weiß sich der Anglikanismus in Übereinstimmung mit Orthodoxie und Katholizismus.

Damit stellte sich für den Anglikanismus die Frage, wie die protestantischen Kirchen, die diese Amtsstruktur nicht weitergeführt haben, zu beurteilen seien. Hier hat die anglikanische Theologie vorwiegend drei Antworten entwickelt. Von anglokatholischer Seite, die die Übereinstimmung mit der Alten Kirche hervorhebt und die Liturgie pflegt, wird die Meinung vertreten, das Bischofsamt gehöre so zum Wesen *(esse)* der Kirche, daß Gemeinschaften ohne dieses Amt nicht im vollen Sinne als Kirchen anerkannt werden könnten. Von anderer Seite wird formuliert, die hierarchische Struktur gehöre zur Fülle der Kirche *(plenum esse)*. Hier wird die Einführung des bischöflichen Amtes als Bedingung für Kirchengemeinschaft gesehen, eine Union mit nicht-bischöflichen Kirchen setzt in der Regel eine Reordination der nicht bischöflich ordinierten Amtsträger voraus. Eine dritte Gruppe sieht in den Ämtern des Diakons, des Priesters und des Bischofs lediglich eine bewährte Organisationsform der Kirche *(bene esse)*, die man innerhalb der anglikanischen Gemeinschaft zwar keinesfalls aufgeben dürfe, die aber dennoch für andere Kirchen nicht urgiert werden könne. Bei Unionen mit nicht-bischöflichen Kirchen wird hier nicht gefordert, sie müßten diese Struktur übernehmen; sie habe sich lediglich für die anglikanische Kirche bewährt, ohne allgemein normativ zu sein.

Unterschiedliche Strömungen und einander widersprechende Lehraussagen werden im Anglikanismus zusammengefaßt durch den Begriff der „Comprehensiveness", etwa Umfassendheit, Weite, Vielgestaltigkeit. Comprehensiveness kann die verschiedenen kirchlichen Richtungen zusammenhalten und sie miteinander in einer Kirche versöhnen. „High Church" und „Low Church" verstanden sich durchaus als eine Kirche, heute werden diese Richtungen zumeist als „anglokatholisch" bzw. als „evangelikal" bezeichnet. In der anglokatholischen Richtung spielen Gottesdienst und Liturgie eine bedeutsame Rolle, das Amt gehört nach dieser Auffassung zum Sein der Kirche, die ungebrochene Verbindung mit der Alten Kirche erscheint als konstitutiv. Unter den Evangelikalen ist die Liturgie wesentlich weniger wichtig, dagegen ist der intensive Einsatz im sozialen Bereich von herausragender Bedeutung. Diese Gruppe hat sich vor allem um die Arbeiterschaft in England bemüht. Liberaler Geist ist hier verbreitet, theoretische Aussagen und Glaubensformulierungen treten gegenüber dem praktischen Tun deutlich in den Hintergrund. Die Mehrzahl der Gläubigen versteht sich jedoch einfach als Anglikaner, ohne sich ausdrücklich einem der Flügel zuzurechnen. So bilden diese Gruppen keine festen Organisationsformen, die Übergänge sind fließend. Die Orientierung ist am ehesten an der Form des Gottesdienstes und der Liturgie, die in den jeweiligen Gemeinden gefeiert werden, abzulesen. Comprehensiveness umfaßt und versöhnt vieles. Die Anglikanische Kirche ist es von ihrem Ursprung her gewohnt, mit Ansichten, theologischen Meinungen und Grundkonzepten zu leben, die auch in durchaus wesentlichen Fragen einander widersprechen.

In Kritik am theologischen Liberalismus und Individualismus, die den evangelikalen Flügel der Anglikanischen Kirche prägten, entstand die Oxfordbewegung, nach den von ihr herausgegebenen ›Tracts for the Times‹ auch „Traktarianer" genannt. Ihre Hauptvertreter waren John Henry Newman, John Kebel und E. B. Pusey. Ihnen ging es um eine Stärkung der Autorität in der Kirche durch eine Neubesinnung auf die Alte Kirche der ersten fünf Jahrhunderte sowie um eine Erneuerung des religiösen und asketischen Lebens der Gläubigen. Dieser Aufbruch führte die Oxfordbewegung in eine neue Begegnung mit der römischen Kirche, deren Praxis und Frömmigkeit mehr Beachtung fanden, als dies in der englischen Kirche geläufig gewesen war. Der anglokatholische Flügel erfuhr eine Stärkung, die allerdings durch die Konversion Newmans zum Katholizismus ein Ende fand.

Diese eher undogmatische und aufs Pragmatische ausgerichtete
Grundhaltung führte zu einer Vielzahl von Sonderbildungen innerhalb
der Anglikanischen Kirche, von denen manche in Gemeinschaft mit ihr
blieben, andere sich dagegen von ihr lossagten. Der calvinische Einfluß
tat ein übriges, aus dieser Tradition eigenständige kirchliche Gemeinschaften entstehen zu lassen. Im 17. Jh. betonte George Fox (1624–1691)
das innere Licht des frommen Bibellesers in einer Weise, daß alle kirchlichen Strukturen, das Amt, die Lehrautorität, aber auch die Sakramente
keine Bedeutung mehr hatten. Die innere Erfahrung und das Ergriffensein durch den Geist wurde das einzige Kriterium dieser Gemeinschaft,
die keine dogmatisch verbindliche Aussage anerkannte und sich als „Society of Friends" oder „Quäker" von der englischen Kirche absonderte.
Im 18. Jh. war es John Wesley (1703–1791) der im Gegensatz zum offiziell vorherrschenden Deismus und der Reduktion aller Frömmigkeit
auf die „Natürliche Religion" die innere Bekehrung und die persönliche
Entscheidung für Christus zum Kriterium eines christlichen Lebens
machte, während ihm dogmatische Streitfragen eher fremd blieben. In
der sich hier bildenden methodistischen Bewegung, die sich bald vom
Anglikanismus trennte, war Gott nicht länger eine abstrakte Idee, sondern ein sich ständig offenbarender Gott, der in Jesus Christus und
durch seinen Geist unablässig in diese Welt eingreift und die Gläubigen
zur Mission leitet. Das England des 19. Jh. war durch seine Kolonialisie-
rungstätigkeit geprägt, mit der die Missionsbemühung Hand in Hand
ging. Die verschiedenen Richtungen des Anglikanismus und die selbständigen Bewegungen, die aus ihm hervorgegangen waren, betrieben
eine intensive Mission, so daß die europäischen Kontroversen in die
jungen Kirchen hinein exportiert wurden und dort zu weiterer Aufsplitterung führten. Andererseits wurden Gemeinschaften, die in Europa
zahlenmäßig klein blieben, insbesondere in Nordamerika zu Mehrheits-
kirchen.

c) Die Lambeth-Konferenzen und das Lambeth-Quadrilateral

Die anglikanische Gemeinschaft erweist sich durch ihre innere Vielgestaltigkeit als eine Ökumene im Kleinen, eine innerkirchliche Ökumene. Als „anglican communion" stellt sie eine Gemeinschaft anglikanischer Kirchen dar, die keine zentrale Vollmacht und keine bindende
Autorität über die einzelnen Mitgliedskirchen kennt. Einheit kann hier
nur als Gemeinschaft gedacht werden. So ist es kein Zufall, daß aus
dieser Kirche entscheidende Anstöße für die Ökumenische Bewegung
erfolgten, Gestaltungsformen der Einheit zwischen den anglikanischen

jekten von Glauben und Kirchenverfassung ist der anglikanische Einfluß bestimmend geblieben, selbst wenn heute die konfessionelle Vielfalt wesentlich breiter geworden ist.

Die Lambeth-Konferenz von 1920 veröffentlichte einen ›Aufruf an alle Christen‹ (›Appeal to All Christian People‹) der auf dem Quadrilateral beruhte. Er enthielt die Bitte an alle Kirchen, den „historischen Episkopat" wiederaufzunehmen als „ein Amt, das von jedem Teil der Kirche anerkannt wird, als ... auf dem Auftrag Christi und der Autorität des ganzen Leibes (Christi) beruhend"[223]. Damit wollte man nicht die kirchliche Bedeutsamkeit und geistliche Wirklichkeit der freikirchlichen Ämter in Frage stellen, sondern man berief sich auf die anglikanische Tradition und ihre Erfahrung: „Können wir nicht mit gutem Grund behaupten, daß der Episkopat eines der Mittel ist, ein solches geistliches Amt zu schaffen?"[224]

Die Anglican Communion ist intensiv am bilateralen und im multilateralen ökumenischen Gespräch beteiligt. Mit der altkatholischen Kirche konnte 1931 „Interkommunion" aufgenommen werden, die 1961 in eine „full communion", eine volle Gemeinschaft zwischen beiden Kirche übergeführt wurde. Die Tatsache, daß die Altkatholiken an sieben Sakramenten festhalten, beeinträchtigt diese Gemeinschaft nicht, denn die im Quadrilateral umschriebenen Punkte sind auf beiden Seiten gewährleistet, und diese sind für eine Einigung hinreichend.

Die Gespräche mit den orthodoxen Kirchen greifen bis ins 17. Jh. zurück. Verschiedentlich erfolgte die Anerkennung der anglikanischen Weihen, aber diese Ergebnisse wurden seitens der Orthodoxie nicht rezipiert. Die inzwischen eingeführte Frauenordination und die Interkommunion mit evangelischen Kirchen bilden für diese Gespräche eine erhebliche Belastung.

Die Union in Südindien ist das einzige Beispiel, wo die bischöflich verfaßte Anglikanische Kirche eine Union mit nicht-bischöflichen Kirchen einging.[225] Mit den lutherischen Kirchen in den USA und in Deutschland wurde in theologischen Gesprächen Einigung in allen Fragen außer der bischöflichen Sukzession erzielt. Beide Kirchen konnten erklären, daß man sich gegenseitig als Teile der Kirche Christi anerkenne und sich folglich zum Empfang des Abendmahls einlade.

Die Gespräche mit der römisch-katholischen Kirche waren durch die Bulle ›Apostolicae curae‹ (1896) belastet, die die anglikanischen Weihen

---

[223] G. Kretschmar, Lambethkonferenzen, in: RGG IV (1960), Sp. 215.
[224] HÖ II, S. 223.
[225] Zum Problem, wie man hier die Amtsfrage praktisch zu lösen suchte, siehe S. 236.

als „absolut null und nichtig" erklärt hatte. Die Mechelner Gespräche (1921–1926), die diese Problematik wiederaufgriffen, brachten keinen kirchenamtlichen Durchbruch. Nach dem Zweiten Vatikanischen Konzil wurden offizielle Gespräche aufgenommen, die zu weitreichenden Übereinstimmungen in den Fragen Eucharistie, Amt, Autorität in der Kirche, Ekklesiologie und Rechtfertigungslehre führten.[226]

III. Die Freikirchen

Unter dem Begriff Freikirchen werden eine Reihe von Gemeinschaften zusammengefaßt, die in Europa zumeist zahlenmäßig klein sind, von denen einige aber vor allem in Nordamerika und in den Ländern der Dritten Welt weite Verbreitung gefunden haben. Die Sammelbezeichnung „Freikirchen" bleibt dabei notwendigerweise unscharf, sie wird von manchen der Betroffenen als unberechtigte Kategorisierung empfunden, die jeweils ihrem Selbstbewußtsein nicht entspricht und die Gefahr heraufbeschwört, sie in unberechtigter Weise zu vereinnahmen. Wenn man im Auge behält, daß diese Kirchen und Gemeinden sehr unterschiedlich strukturiert sind, und partiell zutreffende Aussagen nicht generalisiert, ist die Bezeichnung als Freikirchen jedoch dennoch sinnvoll und legitim; sie wird auch von den Betroffenen als Selbstbezeichnung verwendet.[227] Sie ist geeignet, manche gemeinsamen Charakteristika deutlich zu machen.

Die Freikirchen verstehen sich zumeist als die wahren Erben der Reformation, sie erkennen ihren Ursprung vornehmlich in deren radikalem Flügel, nämlich in den Täuferbewegungen. Grundüberzeugung der Freikirchen ist es, daß der christliche Glaube an den dreifaltigen Gott und der ihm entsprechende Gottesdienst nur dann Gott wohlgefällig sind, wenn sie freiwillig, d. h. ohne Zwang erfolgen. Kirchliche und staatliche Gewalt zur Herstellung des rechten Glaubens und Gottesdienstes werden abgelehnt. Die Freiheit, die diese Kirchen auszeichnet und die sie einfordern, konkretisiert sich heute jedoch in unterschiedlicher Weise.

Freikirchen verstehen sich als Gemeinden von wahrhaft Entschie-

---

[226] Dokumentiert in: DwÜ I, S. 125–232; DwÜ II, S. 333–373. Zur kirchenamtlichen Rezeption siehe: H. A. Raem, Ökumenische Dialoge und kein Ende?, in: US 50 (1995), S. 78f.

[227] In der „Vereinigung Evangelischer Freikirchen" (VEF) sind Gemeinschaften zusammengeschlossen, die sich selbst als Freikirchen verstehen, unbeschadet erheblicher Differenzen, die zwischen ihnen bestehen.

denen, die sich bewußt bekehrt und für den christlichen Glauben geöffnet haben, und das sind immer nur wenige. Freikirchen sind Minderheitskirchen, Entscheidungskirchen, sie lehnen das Volkskirchen- und „Nachwuchskirchen"prinzip mit seiner Unverbindlichkeit und offenkundigen Laxheit ab. Sie sehen sich als Ausnahmeerscheinung, nicht als Regelfall in der Gesellschaft, weil Christengemeinde und Bürgergemeinde in der Geschichte nie deckungsgleich sind. Der Begriff Freikirche bezieht sich zunächst auf das Freiwilligkeitsprinzip. Mitglied einer Freikirche wird man nicht durch Geburt, sondern durch eigene Überzeugung, durch selbständige Glaubensentscheidung. Mission und Evangelisation sind für diese Kirchen Existenzfragen, wobei ihre Mission sich auch an Getaufte wendet, die ohne persönlichen Glauben in ihren Kirchen leben. Eine Glaubensentscheidung kann erst im Erwachsenenalter getroffen werden. Folglich wird in den Freikirchen die Taufe traditionellerweise erst gespendet, wenn der einzelne in der Lage ist, sich selbst für den Glauben und die Zugehörigkeit zur Gemeinde zu entscheiden, oder wenn tatsächlich entschiedene Eltern die Gewähr bieten, daß ihre Kinder in die christliche Gemeinde hineinwachsen werden. Die Kindertaufe bleibt aber auch dort auf diese Ausnahmefälle beschränkt.

Freiheit konkretisiert sich weiterhin in der Unabhängigkeit gegenüber dem Staat. Dies war im 19. Jh. der historische Ausgangspunkt für den Begriff „Freikirchen". In dieser Tradition stehen die Freikirchen jeder Verbindung von Thron und Altar, von Kirche und Gesellschaft kritisch gegenüber. In Großbritannien und in Deutschland versteht man unter Freikirchen heute Gemeinschaften, die die völlige Trennung von Staat und Kirche fordern und die Hilfestellung des staatlichen Apparats, etwa zum Einzug der Kirchensteuer, ablehnen. So gesehen ist Freikirche der Gegenbegriff zu Nationalkirche, Staatskirche. Die Ablehnung des Eides und des Wehrdienstes sowie der Verzicht auf staatliche Gewaltanwendung sind besonders für die „Friedenskirchen" konstitutiv. Weil der Glaube nicht erzwungen werden kann, haben die Täufer von Anfang an die Freiheit für die Nicht-Glaubenden gefordert. Christliche und kirchliche Existenz ist nach dieser Überzeugung notwendigerweise die Sache einer Minderheit, sie kann von der Mehrheit nicht erwartet oder gar durch staatliche Gewalt erzwungen werden. Bei aller Kirchenzucht, die Freikirchen in ihrem Innenraum sehr wohl auszuüben vermögen, wandten sie sich in der Geschichte immer wieder dagegen, den Irrglauben oder den Unglauben mit Feuer und Schwert in Glauben verwandeln zu wollen. Sie wurden so zu Vorkämpfern von Glaubensfreiheit und Toleranz. Zusammen mit dem von ihnen propagierten Prinzip der Gleichheit aller Glaubenden und der Kritik an hierar-

chischen Konzeptionen verbreiteten sich unter ihrem Einfluß insbesondere in Nordamerika demokratische und liberale Ideen.

Weiterhin kann sich das „frei" auf eine weitgehende Unabhängigkeit
von dogmatischen Lehren und Bekenntnisschriften beziehen. Die individuelle Erlebnisfrömmigkeit in der Begegnung des einzelnen mit der
Botschaft des Neuen Testaments und dem Herrn Jesus Christus und das
geisterfüllte Zeugnis in der Öffentlichkeit dominieren dann gegenüber
verbindlichen Lehraussagen. Der Glaube hat vor allem das Herz jedes
einzelnen zu erfassen, er geschieht im Inneren, wird also nicht im Sinn
einer intellektuellen Zustimmung verstanden. Insbesondere die „non-
credential-churches" bilden weithin freie und offene Gemeinschaften,
denen alle angehören können, die sich vom Geist ergriffen wissen, ohne
daß sie besondere Forderungen hinsichtlich eines Bekenntnisses stellen
würden, vielleicht außer jener, kein festes Bekenntnis als normativ zu
erachten.

In Spannung zur letztgenannten Gruppe werden den Freikirchen
auch jene Gemeinschaften zugerechnet, die sich aus Treue zum Bekenntnis von den Volkskirchen abspalteten, als diese nach ihrer Überzeugung mit der überkommenen und verpflichtenden Lehre gebrochen
haben, etwa indem sie Unionen mit Gemeinden anderer Bekenntnisses
eingingen. In ihnen engagiert und versammelt sich die meist kleine
Zahl jener, die den Bekenntniskirchen vorwirft, die rechte christliche
und konfessionelle Botschaft preisgegeben zu haben. Hier bezieht sich
das „frei" auf Freiheit von Verfälschungen des Bekenntnisstandes und
die Bewahrung der reinen Lehre.

In ihren Strukturen stellen sich die Freikirchen naturgemäß sehr unterschiedlich dar. In aller Regel wird Kirche hier als die Ortsgemeinde
verstanden, die in ihrer Organisation und in ihrem Bekenntnis selbständig ist. Übergeordnete Strukturen werden gegebenenfalls aus Nützlichkeitsgründen anerkannt, theologische Qualität haben sie dagegen
nicht. Die lokale Gemeinde ist überschaubar, in ihr entscheidet sich, wer
zu den Kirchengliedern gehört. Die Ortsgemeinden wissen sich untereinander in Gemeinschaft, ohne daß sich aus dieser Einheit ein überge-
ordnetes Prinzip oder eine Autorität herleiten ließe, die die einzelnen
Gemeinden binden könnten. Amtsstrukturen bilden sich gegebenenfalls aus Nützlichkeitsgründen, nicht aus theologischer Notwendigkeit.
Frei wirkende Charismen und die Gleichheit aller wahrhaft Glaubenden bestimmen die Gemeinden, nicht ein mit Vollmacht versehenes
Amt.

Die Mennoniten beziehen sich auf Menno Simons (1496–1561), der
nach dem Fall des Täuferreichs in Münster (1535) die friedlich gesinnten Täufer in kleinen Gemeinden sammelte. Von diesem Ursprung

her werden sie auch Täufer oder Taufgesinnte genannt, während sie von ihren Gegnern mit dem Schimpfwort „Wiedertäufer" bezeichnet wurden und als solche schwere Verfolgungen zu erdulden hatten. Ihre größte Verbreitung haben die Mennoniten in den USA und Kanada sowie in Mittelamerika. Die einzelnen Gemeinden sind autonom, in finanzieller, juristischer und theologischer Sicht entscheiden sie selbst. Ihre Hauptanliegen sind die Erwachsenentaufe, die Ablehnung des Kriegsdienstes und des Eides. Die Vereinigung der Mennonitengemeinden bemüht sich um ökumenische Öffnung, sie hat gute Beziehungen zu anderen Kirchen, ist Gründungsmitglied des Ökumenischen Rats sowie regionaler Arbeitsgemeinschaften christlicher Kirchen.

Die Baptisten haben ihre Wurzeln im englischen Puritanismus; wegen verbreiteter Verfolgungen wanderten sie nach Nordamerika aus, wo sie ihre größte Verbreitung fanden. In der Besiedelung des amerikanischen Westens standen baptistische Laienprediger an vorderster Front. Mehr als die Hälfte der schwarzen Christen in den USA gehören heute baptistischen Gemeinden an. Diese entwickelten sich unabhängig vom Staat, sie lebten unter dem Anspruch, jeweils am Ort die „Gemeinde der Heiligen" zu realisieren und so Manifestation des einen Leibes Christi zu sein. Dies ließ sich nach ihrer Überzeugung nur durch eine Erwachsenentaufe realisieren. Die Baptisten entwickelten sich als Basisbewegung. Weniger die Amtsträger als die gemeinsame Willensbildung von unten bestimmen die Gemeinden. Als Gemeinschaft ohne Kindertaufe mußten sie besonderen Wert auf die Unterweisung von Kindern und Jugendlichen legen. Aus dieser Tradition entwickelte sich die Bewegung der Sonntagsschule. Im 19. Jh. kehrten die Baptisten aus Amerika auf den europäischen Kontinent zurück. Weil der Begriff „Baptisten" ursprünglich ein in der Reformationszeit geprägtes Schimpfwort war, nahmen sie in Deutschland 1941 den Namen „Evangelisch-freikirchliche Gemeinden" an.

Die Evangelische Brüder-Unität hat Anregungen aus vorreformatorischer Zeit, nämlich dem Hussitentum übernommen, als Flüchtlinge aus allen christlichen Konfessionen unter der Leitung des Grafen von Zinzendorf auf dessen Landsitz in Herrnhut in der Oberlausitz eine christliche Kommune begründeten. Ihr Anliegen war es, Jesus Christus als Herrn und Heiland im Herzen anzuerkennen und ihn in der Welt zu bezeugen. Die persönliche Bekehrung, die Erfahrung des Glaubens, ist hier bedeutsamer als Bekenntnis und Dogma. Zu dieser Gemeinde kann gehören, wer Jesus zum Mittelpunkt seines Lebens erwählt, während Lehrdifferenzen in dieser Tradition eine nur untergeordnete Rolle spielen. Die Einheit der Gemeinde wird durch Christus als die gemeinsame Mitte gewährleistet, die unterschiedlichen Konfessionen ergänzen und bereichern sich gegenseitig. Das Abendmahl wird grundsätzlich als offene Kommunion gefeiert, alle haben Zutritt, die von Christus ergriffen sind. Ökumenische Offenheit ist der Herrnhuter Brüdergemeine selbstverständlich, sie versteht die Konfessionen als die Zweige am Baum der Christenheit, dessen Einheit durch äußere Trennungen nie zerstört werden konnte.

Zum Bund „Freier evangelischer Gemeinden" haben sich Ende des 19. Jh. eine Reihe von selbständigen evangelischen Gemeinden zusammengeschlossen, die aus Erweckungsbewegungen des 19. Jh. hervorgegangen waren und sich wegen ihrer Betonung der individuellen, persönlichen Frömmigkeit und in der Kritik an der institutionell verfestigten Orthodoxie von den evangelischen Landeskirchen getrennt hatten. „Mitglied kann jeder werden, der von Herzen an Jesus Christus, den gekreuzigten, auferstandenen und wiederkommenden Herrn glaubt."[228] Diese Gemeinden sind ökumenisch aufgeschlossen. Sie erheben keinen universalen Anspruch auf das Kirche-Sein. Andererseits stehen sie dem Ökumenischen Rat der Kirchen eher skeptisch gegenüber. Nach ihrer Überzeugung haben sich in den verschiedenen Volkskirchen, die dem ÖRK angehören, Menschen breitgemacht, die nicht von Herzen an Christus glauben und darum in Wahrheit nicht zur Kirche gehören. Im Gegensatz zu einer Tendenz hin auf einen Säkularökumenismus, wie sie ihn im ÖRK erkennen, entwickelt sich hier ein evangelikaler Gegenökumenismus, der auf persönlichem Erleben, individueller Frömmigkeit und missionarischem Bekenntnis beruht und von hier aus die institutionellen und lehrmäßigen Schranken zu überwinden sucht. Die internationalen Beziehungen zwischen Bewegungen und Freikirchen, die sich im Protest gegen Volkskirchen und ihre Verflechtung mit dem Staat oder gegen verhärtete Lehrverpflichtungen gebildet haben und die sich um eine persönliche Erweckung konstituierten, könnten die Ökumenische Bewegung durchaus spalten. Daneben wird als Kritikpunkt genannt, Kirche dürfe nicht zu einer Institution werden, auch nicht zu einem verfestigten Rat von Kirchen, sondern sie müsse sich immer wieder in der Verkündigung des Wortes, im Glauben, im Bekenntnis und in der Feier der Sakramente neu ereignen.

Die Methodistische Erweckungsbewegung gründet auf John Wesley (1703–1791) und seiner Kritik an der englischen Staatskirche. Er bestritt, daß England eine christliche Nation sei und behandelte das Land als Missionsgebiet. Dieser missionarische Impuls führte mit innerer Notwendigkeit zur Auswanderung in die Neue Welt, in der diese Ideen rasch an Boden gewannen, so daß der Methodismus seine Verbreitung

---

[228] Zitiert nach HÖ II, S. 252.

vor allem in den USA fand. Wichtiges Anliegen ist, daß die Botschaft von
der Rechtfertigung in einem Leben der Heiligung Frucht tragen muß.
Diese Bemühung um die Heiligung des Lebens zeitigte erhebliche soziale und politische Wirkungen bis hinein in die politischen Parteien
und die Gewerkschaften. Erst Mitte des 19. Jh. konnte die Methodisten-
kirche auch in Deutschland Fuß fassen. Sie ist bewußt Freikirche, ohne
Bindung an den Staat. Im Zentrum stehen das persönliche Ergriffensein
und die soziale Verpflichtung. Ökumenische Aufgeschlossenheit ist hier
selbstverständlich, zwei Generalsekretäre des ÖRK, Philip Potter und
sein Nachfolger Emilio Castro, kamen aus dem lateinamerikanischen
Methodismus. In mancher Hinsicht ist es problematisch, den Methodismus den Freikirchen zuzurechnen. Hier wird die Kindertaufe praktiziert, die Kirche ist bischöflich verfaßt, die weltweit-gesamtkirchlichen
Generalkonferezen haben Autorität über die einzelnen Gemeinden.
Trotz dieser Besonderheiten gehört die Evangelisch-methodistische
Kirche zur 1926 gegründeten „Vereinigung Evangelischer Freikirchen"
in Deutschland.

Die Freikirchen erheben zumeist keinen Absolutheitsanspruch, sie
sind selbstverständlich bereit, auch Angehörige anderer Gemeinden als
Glieder der Kirche Jesu Christi anzuerkennen, allerdings nur solche, die
nach ihren Kriterien als wahrhaft Glaubende bezeichnet werden
können[229]. Eine Anerkennung der Kirchen, die sich als Volkskirchen
konstituiert haben, wird hier in der Regel ebenso abgelehnt wie die Anerkennung der Taufe, soweit diese ohne persönliche Entscheidung empfangen wurde.[230] Die Herkunft aus dem „linken Flügel" der Reformation
sowie die Unabhängigkeit der Ortskirchen machen ein verbindliches
theologisches Gespräch häufig schwierig. Die Hauptprobleme gegenüber den traditionellen Konfessionen liegen auf dem Gebiet der Ekklesiologie: Zumeist stehen das individuelle Bekehrungserlebnis und die
Geisterfüllung eines jeden einzelnen so sehr im Zentrum, daß Überlegungen zu Kirche und einem bevollmächtigten Amt weithin in den Hintergrund treten. Verbindliche Aussagen lassen sich auch innerhalb
dieser Gemeinden nur schwer formulieren, die persönliche Freiheit dominiert gegenüber dem Bekenntnis. Dennoch haben sich auch die Freikirchen in offiziellen Lehrgesprächen[231] mit den Großkirchen und in

---

[229] Der Baptistische Weltbund formulierte 1923: „Alle, die wahrhaft mit Christus verbunden sind, sind unsere Brüder in dem gemeinsamen Heil, mögen sie
zur katholischen oder zur protestantischen oder zu gar keiner Glaubensgemeinschaft gehören" (zitiert nach Frieling S. 170).

[230] Hier bilden die Methodisten, die der Leuenberger Konkordie beigetreten
sind, eine Ausnahme.

[231] Dies gilt insbesondere für die Methodisten und die Baptisten; vgl. DwÜ.

multilateralen Dialogen, insbesondere im Lima-Papier, engagiert. Die Betonung der Ortsgemeinde, die das Lima-Papier prägt, machte die Zustimmung möglich. Dabei ist jedoch im einzelnen zu untersuchen, inwieweit das orthodoxe, katholische, evangelische und freikirchliche Verständnis von Ortskirche miteinander in Einklang zu bringen sind.

IV. Die Altkatholische Kirche und die Utrechter Union

Die altkatholische Kirche entstand in der Auseinandersetzung um die Dogmen des Ersten Vatikanischen Konzils 1869/70 über den Universalprimat und die Unfehlbarkeit des Papstes. Der offizielle Katholizismus hatte sich im Laufe des 19. Jh. mehr und mehr in eine geistige Isolation hineinmanövriert, er erachtete die Entwicklungen der Neuzeit für verderblich und insbesondere die Forderungen des Liberalismus als für den Menschen und die gesellschaftliche Ordnung zerstörerisch[232]. Innerhalb dieser geistigen Welt wurde verschiedentlich die Idee propagiert, die Unfehlbarkeit des Papstes zu definieren, denn eine höhere als eine unfehlbare Autorität ließe sich gar nicht denken, und nur durch eine Bekräftigung der Autorität könne den Übeln in der modernen Gesellschaft begegnet werden. Wenn sich schon in den entstehenden Nationalstaaten Individualismus, Liberalismus, Freiheitsdrang und daraus resultierend eine demokratische Ordnung nicht mehr verhindern ließen, sollte wenigstens in der Kirche die überkommene, als gottgewollt erachtete Ordnung möglichst deutlich festgeschrieben werden.

Im Ersten Vatikanischen Konzil wurden die Unfehlbarkeit und der Universalprimat des Papstes dogmatisiert, allerdings wurde die Unfehlbarkeit an eine Vielfalt von Bedingungen geknüpft. Die Extremposition, die eine uneingeschränkte, nicht näher qualifizierte Unfehlbarkeit des Papstes zum Dogma erheben wollte, konnte sich nicht durchsetzen. Doch auch die verabschiedete Definition stieß auf lebhafte Kritik, sowohl innerhalb des Konzils als auch von außen. Die Mehrheit der deutschen Bischöfe reiste unmittelbar vor Konzilsende ab und dokumentierte damit ihre Ablehnung des als neu und inopportun erachteten Dogmas. Nachdem aber die Dogmatisierung erfolgt war, unterwarfen sich die meisten Bischöfe sofort und setzten nun alles daran, die Kritik am Dogma zum Schweigen zu bringen. Dies traf insbesondere den Mün-

---

[232] Ein Höhepunkt dieser Abkapselung war die Veröffentlichung des Syllabus von 1864, in dem Papst Pius IX. u. a. das Verlangen nach Demokratie, Pressefreiheit, Gewissensfreiheit und Religionsfreiheit verurteilte und die überkommene Ordnung mit ihren traditionellen Autoritäten als gottgewollt verteidigte.

chener Kirchenhistoriker Ignaz von Döllinger. Er sah durch die Beschlüsse des Konzils die alte Ordnung der Kirche in Frage gestellt und zerstört. Der päpstliche Universalprimat verdrängte nach seiner Überzeugung die Bischöfe aus ihrer seit alters her festgelegten und unveräußerlichen Stellung. Nun sei der Papst unmittelbar Bischof jeder einzelnen Diözese geworden, der Bischof damit automatisch abgesetzt und zu einem päpstlichen Kommissär degradiert, der sich zwar noch mit bischöflichen Insignien schmücke, in Wirklichkeit aber all die Rechte, die das bischöfliche Amt bestimmen, an den nun absolut regierenden Papst abgetreten habe. Nach seiner Überzeugung vollzog die Vatikanische Kirche damit den Bruch mit der apostolischen Sukzession, so wie es im 16. Jh. die Reformationskirchen getan hatten. Auch die Definition der päpstlichen Unfehlbarkeit stellte nach Döllingers Überzeugung einen Bruch mit der Alten Kirche dar: Nun gelte als oberstes Glaubenskriterium nicht mehr die apostolische Überlieferung, also was immer, überall und von allen geglaubt wurde[233], sondern was dem Papst jeweils neu einfalle und was er der Gesamtkirche zu glauben vorschreibe. Unfehlbarkeit ist somit der Bruch mit der apostolischen Tradition. Damit hatte die Kritik Döllingers dogmatischen Charakter. Er war überzeugt, die Vatikanische Kirche habe nach Inhalt und Form mit dem Glauben der Apostel gebrochen und damit aufgehört, Kirche des Credo zu sein.

Aus diesen Gründen war Döllinger nicht bereit, die neu verkündeten Dogmen anzuerkennen; er wurde darum im April 1871 exkommuniziert, seinen Anhängern wurden die Sakramente und die kirchliche Beisetzung verweigert. Die exkommunizierten Priester, allen voran Döllingers Fakultätskollege J. Friedrich, konnten kaum anders, als denen, die sie darum baten, jene Seelsorgsdienste zu leisten, die ihnen die Vatikanische Kirche verweigerte. Innerhalb weniger Jahre entstanden aus dieser Notlage eigene Gemeinden mit einer eigenen Seelsorge und eigenen Amtsträgern. Döllinger verwahrte sich gegen diese Entwicklung, weil sie dazu führte, „Altar gegen Altar" zu stellen und damit die Kirche zu spalten.[234] Er wollte lediglich im Notfall denen, die gegen das Konzil protestiert hatten, den seelsorglichen Beistand leisten, der ihnen von der offiziellen Kirche verweigert wurde, und berief sich dabei auf das Notrecht, demzufolge auch der exkommunizierte Priester berechtigt und verpflichtet ist, alle kirchlichen Dienste zu vollziehen, für die kein

[233] So die Bestimmung Vinzenz v. Lérins dessen, was als wahrhaft katholisch bezeichnet werden kann (tzt D 5 I, Nr. 62).
[234] Die Ereignisse sind dokumentiert in: U. Küry, Die Altkatholische Kirche, 2. Aufl. Stuttgart 1978; vgl. hierzu P. Neuner, Döllinger als Theologe der Ökumene, Paderborn u. a. 1979.

anderer Priester zur Verfügung steht. Doch die Entwicklung ging über das von Döllinger propagierte Notrecht hinaus. Die altkatholische Bewegung errichtete innerhalb weniger Jahre nach der über ihre Repräsentanten verhängten Exkommunikation eine eigene ordentliche Seelsorge in eigenen Gemeinden und suchte dazu Anschluß an die bischöfliche Sukzession. Da sich kein Bischof der altkatholischen Bewegung anschloß, wurde der von der Synode gewählte Kandidat Josef Hubert Reinkens im August 1873 von Hermann Heykamp, dem Bischof einer von Rom getrennten Kirche in Utrecht, zum Bischof geweiht. Diese Weihe wird von der römischen Kirche als gültig, wenn auch als unerlaubt angesehen, Bischof Reinkens wurde umgehend von Rom exkommuniziert. Damit war geschehen, wovor Döllinger gewarnt hatte, die Kirchenspaltung war endgültig, und seither nahm die Geschichte beider Kirchen einen getrennten Verlauf.

1889 schloß sich die altkatholische Kirche mit mehreren anderen bischöflich verfaßten Kirchen außerhalb der römischen Obödienz zur „Utrechter Union" zusammen. Zu ihr gehören neben der Kirche von Utrecht, die sich im Verlauf der Auseinandersetzungen um den Jansenismus von Rom getrennt hatte, die altkatholische Kirche in Deutschland, in Österreich und in der Tschechoslowakei, die Christkatholische Kirche in der Schweiz, die ebenfalls in Reaktion auf die Ereignisse um das I. Vatikanum entstand, die Polnische Nationalkirche in Amerika und in Polen sowie mit Einschränkungen die Unabhängige Philippinische Kirche.

Das Grundanliegen der altkatholischen Kirche ist es zunächst, die Ordnung und die Lehre der Alten Kirche ungebrochen weiterzuführen, also katholisch zu sein, aber unter Ausmerzung von Fehlentwicklungen, die nach Überzeugung dieser Gemeinschaft die römische Kirche im Laufe der Jahrhunderte verunstalteten. Die gewachsenen Traditionen des Katholizismus wurden beibehalten, lediglich die ärgsten Mißstände wollte man beseitigen: neben den päpstlichen Ansprüchen, wie sie im I. Vatikanum laut geworden waren, die Erhebung von Meßstipendien, das Ablaßwesen, die Auswüchse der Heiligenverehrung. Die Diskussion um den Zölibat führte die altkatholische Kirche in eine schwere Krise. Entgegen dem dringenden Rat Döllingers und weiterer führender Mitglieder wurde 1879 der Zölibat auf Freiwilligkeitsbasis gestellt, in der Folgezeit ist er weitestgehend verschwunden. Dies führte dazu, daß sich der Klerus der altkatholischen Kirche mehrheitlich aus Priestern rekrutiert, die wegen der Zölibatsverpflichtung die römisch-katholische Kirche verlassen hatten.

Der Gedanke der Einheit der Christen war für die altkatholische Bewegung und Kirche von Anfang an konstitutiv. Man wollte der Lehre und der Kirchenordnung der Alten Kirche treu bleiben und sah sich in Gemeinschaft mit all den Kirchen, die sich ebenso dieser Grundlage verpflichtet wissen, insbesondere mit der Orthodoxie und der Anglikanischen Gemeinschaft. An den Bonner Unionskonferenzen 1874 und 1875, den bedeutendsten ökumenischen Gesprächen des 19. Jh., beteiligten sich in erster Linie Anglikaner und Orthodoxe, Protestanten waren kaum, römische Katholiken gar nicht vertreten. Es konnte eine umfassende Übereinstimmung erzielt werden über Lehre und Struktur der Alten Kirche, sogar in der Frage des Filioque gab es weitgehenden Konsens.[235] Doch die orthodoxen Kirchen zogen sich weithin zurück, als sie feststellen mußten, daß der Altkatholizismus auf eine kleine Gruppe beschränkt blieb, die Gespräche wurden erst in den 60er Jahren unseres Jahrhunderts im Zusammenhang mit den Vorbereitungen der Panorthodoxen Synode wieder intensiviert. Der Entschluß zur Frauenordination dürfte hier eine gewichtige Problematik aufwerfen. Die Verhandlungen mit der anglikanischen Gemeinschaft führten dagegen im Juli 1931 zu Interkommunion und 1961 zu einer als „full communion" bezeichneten Kirchengemeinschaft. Die Reformen der römisch-katholischen Kirche im Umfeld des Zweiten Vatikanischen Konzils entsprachen weithin denen, die der Altkatholizismus in den ersten Jahrzehnten durchgeführt hatte, außerdem wurde im Konzil die Bedeutung des bischöflichen Amtes neu betont. Damit eröffneten sich neue Kontakte zwischen beiden Kirchen. Es waren vor allem nichttheologische Gründe, insbesondere das Zahlenverhältnis und die Herkunft vieler altkatholischer Priester aus der katholischen Kirche, die diese Gespräche erschwerten und Vereinbarungen über eine begrenzte Eucharistiegemeinschaft verhinderten. Zu den evangelischen Kirchen nahmen die Altkatholiken intensive Kontakte auf, die Theologen studierten zumeist in evangelischen Fakultäten. Mit mehreren evangelischen Kirchen wurden Vereinbarungen über eine gegenseitige Einladung zum Herrenmahl getroffen.

V. Die römisch-katholische Kirche

Die katholische Kirche gehört dem Ökumenischen Rat der Kirchen nicht an, wohl aber gehört sie mit in die eine Ökumenische Bewegung, die die Christenheit als ganze bestimmt. Auch dort, wo die römische Kirche nicht am Verhandlungstisch sitzt, ist sie inzwischen als unsichtbarer Dritter immer mit im Spiel. Schon die Zahlenverhältnisse machen dies unabdingbar.

[235] Die Altkatholiken haben später das Filioque aus dem Credo gestrichen.

1. Die traditionelle Kritik an der Ökumenischen Bewegung

Im Gegensatz zu einer weitverbreiteten Vorstellung, daß sich die Kirche Roms erst mit dem II. Vatikanum dem ökumenischen Anliegen geöffnet habe, gibt es eine Vielzahl ökumenisch bedeutsamer Äußerungen aus dem Katholizismus des 19. und der ersten Hälfte des 20. Jh.[236] Papst Leo XIII. stellte sich in einer Ansprache vom März 1896 in eine lange Ahnenreihe ökumenisch engagierter Päpste, deren Erbe er zu bewahren und weiterzuführen dachte. Auch nach den Papstdogmen des I. Vatikanums waren keineswegs alle Türen ins Schloß gefallen, wie es manchem erscheinen mochte. In erster Linie bemühten sich die Päpste insbesondere seit Pius XI. um eine Verbesserung der Beziehung zu den orthodoxen Kirchen. Am 8. September 1928 stellte Papst Pius XI. in seiner Enzyklika ›Rerum orientalium‹ fest, daß die Spaltung zwischen den Kirchen des Ostens und des Westens auf die Schuld beider Seiten zurückzuführen sei, daß es Katholiken an der rechten Pflichterfüllung hatten fehlen lassen, daß ihre Kenntnis der orthodoxen Kirchen nicht ausreiche, daß sie sich gegen die brüderliche Liebe vergangen hätten. Der Papst förderte die orientalischen Studien und verpflichtete insbesondere den Benediktinerorden zum Kontakt mit den Kirchen der Orthodoxie. Für die Aufrechterhaltung der Spaltung werden vor allem psychologische, weniger theologische Gründe angeführt. Die orthodoxen Kirchen verdienen „nicht nur alle Achtung, sondern auch volle Sympathie", denn „die gespaltenen Teile eines goldhaltigen Steins sind doch ebenfalls goldhaltig".[237]

Gegenüber den Kirchen der Reformation ist von diesem Wohlwollen in dieser Zeit nichts zu erkennen. Dies wird insbesondere deutlich in einem Schreiben Papst Pius IX. an „alle Protestanten und andere Nichtkatholiken" anläßlich der Einberufung des Ersten Vatikanischen Konzils. Er ermahnte sie zu einer Besinnung darüber, ob sie auf dem von Christus vorgeschriebenen Weg seien. Die innere Zerrissenheit ihrer Kirchen mache deutlich, daß weder eine von ihnen noch alle zusammen den Anspruch erheben können, Kirche Christi oder deren Glieder zu sein. Die inneren Widersprüche und der ständige Wandel in der Lehre zeige, daß ihre Lehre nicht der Botschaft des Geistes entspringe. Es könne für sie nur eine rechte Entscheidung geben, nämlich zur Einheit der katholischen Kirche zurückzukehren.

---

[236] Zum gesamten Abschnitt vgl. H. Petri, Die römisch-katholische Kirche und die Ökumene, in HÖ II, S. 95–168; H. G. Stobbe, Lernprozeß einer Kirche, in: P. Lengsfeld (Hrsg.), Ökumenische Theologie, Stuttgart u. a. 1980, S. 71–123.
[237] Zitiert nach G. H. Tavard, Geschichte der Ökumenischen Bewegung, Mainz 1964, S. 120.

Der Institutionalisierung der Einigungsbemühung im Ökumenischen Rat der Kirchen begegnete Rom zunächst mit erheblichem Mißtrauen. In diesem Bestreben erblickte man einen gesamtprotestantischen Zusammenschluß, die Einigung der nicht-römischen Christenheit und damit die Verfestigung der Trennung von Rom, also einen Prozeß, der der wahren Einheit der Christenheit direkt zuwiderlaufe. Darum wurde es Katholiken untersagt, an der Weltkonferenz für Glauben und Kirchenverfassung in Lausanne 1927 teilzunehmen. In der Enzyklika ›Mortalium animos‹ vom Januar 1928, die sich der „Förderung der wahren Einheit der Religion" widmete, wurde die sich etablierende und Gestalt gewinnende Ökumenische Bewegung in aller Schärfe zurückgewiesen. Über die als „Pan-Christen"[238] bezeichneten Ökumeniker heißt es: „Sie halten vor einer zahlreichen Zuhörerschaft Konferenzen, Versammlungen und Vorträge, zu denen sie alle ohne jeden Unterschied zur Aussprache einladen: Heiden jeder Art und Christen, und endlich auch jene, die unseligerweise von Christus abgefallen sind". Doch auf diesem Weg lasse sich die Einheit nicht verwirklichen. „Bei dieser Sachlage ist es klar, daß weder der Apostolische Stuhl in irgendeiner Weise an ihren Konferenzen teilnehmen kann, noch daß es den Katholiken irgendwie erlaubt sein kann, diese Versuche zu unterstützen oder an ihnen mitzuarbeiten. Wenn sie das täten, so würden sie einer falschen christlichen Religion, die von der einen Kirche Christi grundverschieden ist, Geltung verschaffen. Können wir dulden, was doch eine große Gottlosigkeit wäre, daß die Wahrheit, und zwar die von Gott geoffenbarte Wahrheit zum Gegenstand von Verhandlungen gemacht wird?"[239] Dagegen ist als Ziel und als einziges Mittel der Einheit der Christen festzuhalten: „Es gibt keinen anderen Weg, die Vereinigung aller Christen herbeizuführen, als den, die Rückkehr aller getrennten Brüder zur einen wahren Kirche Christi zu fördern, von der sie sich ja einst unseligerweise getrennt haben."[240] Von besonderem Gewicht war die Aussage, es sei „absolut unstatthaft, auf dem Gebiet der Glaubenswahrheiten den von ihnen (= den Panchristen) eingeführten Unterschied zwischen den sogenannten 'grundlegenden' und 'nicht-grundlegenden' Glaubenswahrheiten zu machen, als müßten die grundlegenden von allen angenommen werden, während die nichtgrundlegenden der freien Zustimmung der Gläubigen überlassen werden könnten … Deshalb müssen alle wahren Anhänger Christi beispiels-

---

[238] Dieser Begriff wurde von der Bewegung Faith and Order aufgegriffen und in positivem Sinn mit „Ganz-Christen" wiedergegeben.
[239] A. Rohrbasser, Heilslehre der Kirche, Freiburg/Schweiz 1953, S. 404.
[240] A. Rohrbasser, a. a. O., S. 408.

weise dem Dogma von der Unbefleckten Empfängnis der Gottesmutter Maria genau denselben Glauben schenken, wie dem Geheimnis der Allerheiligsten Dreifaltigkeit, und sie dürfen die Menschwerdung unseres Herrn nicht anders glauben als das unfehlbare Lehramt des Papstes."[241] An eine Zusammenarbeit im Dienst der Einheit der Kirche war unter diesen Voraussetzungen nicht zu denken.

Trotz aller Enttäuschungen war ›Mortalium animos‹ nicht das letzte Wort. Außerhalb der katholischen Kirche gewann die Ökumenische Bewegung mehr und mehr an Profil, die Entwicklung offizieller Gremien, in denen fast alle christlichen Kirchen ein Forum der Zusammenarbeit und des Austauschs fanden, mußte auf Dauer auch auf die katholische Kirche Rückwirkung zeitigen, insbesondere deswegen, weil sich die ökumenischen Institutionen trotz aller Zurückweisung bemühten, den Kontakt mit Rom nicht ganz abbrechen zu lassen. Daneben war es die Herausforderung durch kirchenfeindliche, absolutistische Regime, die Christen aller Kirchen in Europa einander näherbrachten. Die gemeinsame Bedrängnis von außen, die insbesondere im Krieg erlebbar wurde, führte zu einer Vielzahl von Kontakten katholischer und nichtkatholischer Theologen. In Deutschland gründete Max Joseph Metzger die ökumenische Bruderschaft „Una Sancta", in Frankreich initiierte Abbé Paul Couturier die Gebetswoche für die Einheit der Christen, die dazu dienen sollte, die spirituellen Reichtümer der Konfessionen gegenseitig zu erschließen und einen geistlichen Ökumenismus zu fördern. Daneben waren es Einzelpersönlichkeiten wie Max Pribilla, Robert Grosche, Arnold Rademacher, Yves Congar, Charles Boyer, Jean Daniélou, die zumeist durch persönliche Kontakte und breit angelegte Briefwechsel eine Basis für gegenseitiges Kennenlernen und Vertrauen jedenfalls unter Theologen legten. Unmittelbar nach dem Krieg entstand auf Initiative des evangelischen Bischofs Wilhelm Stählin und des späteren Kardinals Lorenz Jaeger ein Ökumenischer Arbeitskreis, der Jaeger-Stählin-Kreis, in dem angesehene Theologen sich zu ökumenischen Gesprächen zusammenfanden.[242] 1952 gründeten die Niederländer Frans Thijsen und Jan Willebrands, der spätere Kardinal und Präfekt des Sekretariats für die Einheit der Christen, die Katholische Konferenz für Ökumenische Fragen, der Visser't Hooft „weittragende Bedeutung" bescheinigte.

[241] A. Rohrbasser, a.a.O., S.407f.
[242] Einen Überblick über 50 Jahre Arbeit dieses Kreises gibt HK 50 (1996), S.230–232, sowie B. Schwahn, Der ökumenische Arbeitskreis evangelischer und katholischer Theologen von 1946 bis 1975, Göttingen 1996. Dieser Kreis war auch mit der Ausarbeitung der Lehrverwerfungsstudie betraut. Vgl. dazu unten S.171–178.

Mitten während des Zweiten Weltkrieges veröffentlichte Papst Pius XII. im Juni 1943 die Enzyklika ›Mystici Corporis‹, ein Lehrschreiben über das Wesen der Kirche, in dem „jene, die vom Schoß der katholischen Kirche getrennt sind", als einzelne Glaubende eine gewisse positive Wertschätzung erfuhren, nicht dagegen die nicht-römischen Kirchen. Den Gläubigen wurde zugesichert, daß sie „mit ausgebreiteten Armen, nicht als Fremde, sondern als solche, die in ihr eigenes Vaterhaus zurückkehren", aufgenommen würden,[243] andererseits wurden die Institutionalisierungen der Ökumene weiterhin kritisch betrachtet. Es spricht ein gehöriges Maß an Verbitterung aus den Worten, die Karl Barth in Amsterdam an die römische Adresse richtete: „Recht so, ihr gehöret tatsächlich nicht hierher, nicht zu uns. Dort, wo man nicht mehr an Jesus allein, sondern an Jesus und Maria glauben, dort wo man auf Erden eine unfehlbare Autorität aufrichten und sich selber als solche gebärden will, da können wir unsererseits nur ebenso bestimmt Nein sagen, da kann unsere ökumenische Aufgabe allein die Gestalt der Mission und der Evangelisation haben."[244]

Ein Wendepunkt schien sich anzubahnen, als im Dezember 1949 das Heilige Offizium eine umfangreiche Instruktion ›De motione oecumenica‹ (Über die Ökumenische Bewegung)[245] veröffentlichte, in der das von Tag zu Tag wachsende Verlangen, die Einheit wiederherzustellen, „dem gnadenvollen Wehen des Heiligen Geistes" zugeschrieben wird. Doch die Enttäuschung folgte bald. In der Enzyklika ›Humani generis‹ vom August 1950 warnte Papst Pius XII. „eifernde Befürworter eines unklugen Irenismus" davor, ein „Hindernis auf dem Weg zu einer brüderlichen Verständigung" aufzubauen, indem sie die Grundsätze des wahren Glaubens außer acht ließen und das katholische Bekenntnis in Frage stellten. Am 1. November des gleichen Jahres erfolgte die Dogmatisierung der leiblichen Aufnahme Mariens in den Himmel.[246] Vorsichtige Fühlungnahmen beispielsweise der „Katholischen Konferenz für ökumenische Fragen" mit dem Ökumenischen Rat der Kirchen oder die Tatsache, daß zur Dritten Weltkonferenz für Glauben und Kirchenverfassung in Lund auch einige katholische Beobachter entsandt wurden, blieben die Ausnahme. Wesentlich größere Aufmerksamkeit fand die

---

[243] So Papst Pius XII. in seinem Rundschreiben Summi Pontificatus vom 20. Okt. 1939, zitiert nach P. Lengsfeld, a. a. O., S. 86.

[244] Zitiert nach P. Lengsfeld, a. a. O., S. 90.

[245] Text in: HerKorr 4 (1949/50), S. 318–320.

[246] Die meisten Theologen hatten vor einer derartigen Erklärung gewarnt, sie würde die Annäherung der christlichen Kirchen erheblich beeinträchtigen. Tatsächlich durchliefen ökumenische Einrichtungen wie der Jäger-Stählin-Kreis eine schwere Krise.

Tatsache, daß der katholische Erzbischof von Chicago den aus Europa angereisten Priestern verbot, anläßlich der Zweiten Vollversammlung des ÖRK die in seiner Diözese gelegene Stadt Evanston zu betreten.

2. Die ekklesiologische Bewertung der christlichen Konfessionen

In dieser Spannung zwischen offizieller Zurückweisung und vorsichtiger Annäherung mußte die Theologie den Versuch unternehmen, den ekklesialen Status derer zu bestimmen, die getauft sind, damit also dem Leibe Christi und dem Volk Gottes zugehören, aber nicht in Gemeinschaft mit der römischen Kirche leben. Dazu wurden vornehmlich zwei Modelle entwickelt: Die Theorie vom *votum ecclesiae* und von den *vestigia* bzw. den *elementa ecclesiae*.

Die erstgenannte Konzeption wollte die Votumlehre für die Erklärung einer Zugehörigkeit von Nichtkatholiken zur Kirche fruchtbar machen. Analog zum Votum zur Taufe sprach man von einem Votum zur Zugehörigkeit zur katholischen Kirche. Wie es eine Begierdetaufe gibt, durch die jene Christen werden können, denen die Wassertaufe aus bestimmten Gründen nicht gespendet wurde, gibt es demnach auch eine Begierdezugehörigkeit, die gegebenenfalls jene zu Gliedern der katholischen Kirche macht, die außerhalb ihrer Grenzen leben. Der einzelne kann durch ein inneres Verlangen an die katholische Kirche gebunden sein, selbst wenn er davon explizit nichts weiß und ein solches nach außen hin vielleicht sogar zurückweist. Weil dieses Votum immer nur einzelnen zuerkannt werden kann, erfuhren hier die Gemeinschaften, innerhalb derer die Betroffenen ihr Christsein leben, in dieser Deutung keinerlei positive Wertung. Man kann eventuell zur Kirche gehören, trotz der Treue zu ihnen, niemals aber durch sie. Hauptproblem dieses Erklärungsversuchs war es, daß die ekklesiale Dimension christlicher Existenz in Frage gestellt zu werden drohte.

Daneben setzte sich in den Jahren vor dem Konzil im katholischen Bereich eine Konzeption durch, die schon vorher in der Ökumenischen Bewegung fruchtbar geworden war, nämlich die von den *vestigia* bzw. den *elementa ecclesiae*. Diese Vorstellung geht ursprünglich zurück auf Calvin, der in seiner ›Institutio‹ schrieb, daß auch im Papsttum trotz aller Zerrüttung und Entstellung immer noch *vestigia ecclesiae*, Spurenelemente von Kirche geblieben seien. In die ökumenische Diskussion wurde dieser Gedanke in der Frage nach den Bedingungen für die Mitgliedschaft im Ökumenischen Rat der Kirchen eingeführt. So formulierte Visser't Hooft bei der Gründung des Ökumenischen Rats, es sei Voraussetzung für die Mitgliedschaft, „daß jede Kirche bei ihren Schwesterkirchen zum wenigsten die vestigia ecclesiae erkennt, also die Tatsache, daß die Kirche Christi irgendwie auch in ihnen vorhanden und daß der Herr der Kirche in ihrem Leib am Werke ist"[247]. Zu diesen Elementen gehören nach Aussagen der Toronto-Erklärung „die Verkündigung des Wortes, die Auslegung der Heiligen Schrift und die Verwaltung der Sakramente"[248]. Diese Konzeption wurde in der katholischen Theologie mit der Idee der katholischen Fülle verbunden. Während in den verschiedenen Gemeinschaften jeweils Elemente der Kirche verwirklicht sind, ist die katholische Kirche die volle Verwirklichung all dessen, was Christus mit Kirche gewollt hat. Die ekklesialen Elemente außerhalb ihres Bereichs tendieren damit von sich aus auf Wiedervereinigung mit ihr.

3. Das II. Vatikanum und die Öffnung zur Ökumene

Vor dem Hintergrund der traditionellen Kritik war es nicht nur innerkatholisch eine Sensation, als Papst Johannes XXIII. am 25. Januar 1959 ein ökumenisches Konzil ankündigte. Mit dem Begriff „ökumenisch" wurden sofort weitreichende Erwartungen verbunden: Sollte das Konzil etwa ein Unionskonzil werden? Der Papst selbst leistete diesen Erwartungen in gewisser Weise Vorschub, als er in souveräner Mißachtung der herkömmlichen Sprachregelung mit der Ankündigung des Konzils „eine freundliche und neuerliche Einladung an unsere Brüder der getrennten christlichen Kirchen [verband], mit uns an diesem Festmahl der Gnade und Brüderlichkeit teilzunehmen, auf das so viele Seelen in jedem Winkel der Welt hoffen"[249]. Und wenige Tage später bekräftigte der Papst seine Absicht nochmals: „Wir wollen nicht aufzuzeigen versuchen, wer recht und unrecht hatte. Die Verantwortung ist geteilt. Wir wollen nur sagen: kommen wir zusammen, machen wir den Spaltungen ein Ende"[250].

Im Gegensatz zu manchen hochgespannten Erwartungen wurde das Konzil kein Unionskonzil. Es war ökumenisch zunächst im kirchen-

---

[247] Zitiert nach W. Dietzfelbinger, Die Grenzen der Kirche nach römisch-katholischer Lehre, Göttingen 1962, S. 142.

[248] Zitiert bei L. Vischer (Hrsg.), Die Einheit der Kirche, München 1965, S. 258.

[249] Zitiert nach O. H. Pesch, Das Zweite Vatikanische Konzil, Würzburg 1993, S. 58.

[250] HerKorr 13 (1958/59), S. 274f. In der offiziellen Pressemitteilung des Vatikans war man wesentlich behutsamer: Hier hieß es nur noch, das Konzil solle „eine Einladung an die getrennten Gemeinschaften zur Suche nach der Einheit sein". Hatte der Papst von „getrennten christlichen Kirchen" gesprochen, hießen diese nun wieder „getrennte Gemeinschaften (a. a. O., S. 273).

rechtlich dogmatischen Sinne: Durch das Zusammensein der katholischen Bischöfe mit dem Papst sah man die Kirche in ihrer Gesamtheit repräsentiert, der nichts ermangelt und die durch die Kirchenspaltung in ihrer theologischen Qualität keine Einbuße erlitten hatte. Es wurden keine Wiedervereinigungsverhandlungen geführt oder angeregt, weder mit der Kirche des Ostens noch mit reformatorischen Gemeinschaften. Anders als noch beim I. Vatikanum erging keine formelle Einladung zur Teilnahme an die nicht-römischen Kirchen, wohl aber zur Entsendung amtlicher Beobachter. Dies erwies sich als eine hervorragende Lösung. Weil sie Beobachter waren, nicht Teilnehmer, konnte ihr ekklesialer Status offenbleiben. Dennoch waren sie nicht einfach Privatleute, sondern sie hatten amtlichen Status und repräsentierten ihre jeweiligen Gemeinschaften. Diese Einladung fand in den angesprochenen christlichen Gemeinschaften breites Gehör, bei den Kirchen der Reformation früher als in der Orthodoxie. Bei Konzilsbeginn waren rund 40 Beobachter anwesend, in der vierten Sitzungsperiode waren es über 100 aus 29 Kirchen. Sie hatten das Recht der Einsicht in alle Vorlagen, konnten über das Einheitssekretariat Anregungen und Vorschläge zu den Textentwürfen geben und hatten damit faktisch den Status von privilegierten Beratern.[251] Eine wesentliche Weichenstellung für die ökumenische Ausrichtung des Konzils war die Gründung des Sekretariats zur Förderung der Einheit der Christen unter der Leitung des deutschen Jesuiten Augustin Bea.[252] Es hatte nicht nur die Aufgabe, die Einheit der christlichen Kirchen und das Verständnis mit den Juden sowie die Religionsfreiheit zu fördern, sondern darüber hinaus alle Texte und Vorschläge, die dem Konzil vorgelegt wurden, auf ihre ökumenische Tauglichkeit hin zu untersuchen. Damit wuchs ihm eine Schlüsselrolle zu. Das war ein stürmischer Auftakt, die Enzyklika ›Mystici corporis‹ lag gerade 20 Jahre, das Ende des Pontifikats Papst Pius' XII. noch keine 5 Jahre zurück.

Das bedeutendste ökumenische Einzelereignis während des Konzils war die Aufhebung der gegenseitigen Exkommunikation zwischen Ost und West durch den Papst und den anwesenden Vertreter des ökumenischen Patriarchen Athenagoras, den Metropoliten Meliton. Die Geschehnisse von 1054 sollten, wie man formulierte, dem Vergessen anheimgegeben werden. Damit war zwar nicht die Kircheneinheit hergestellt, aber ein entscheidender Punkt in einer belastenden Geschichte

[251] Schon wenige Wochen nach Konzilsbeginn erklärte Visser't Hooft, die Vertreter der verschiedenen Kirchen seien „längst keine Beobachter mehr" (M. Plate, Weltereignis Konzil, Freiburg i. Br. – Basel – Wien 1966, S. 153).

[252] Zum gesamten Abschnitt vgl. O. H. Pesch, a. a. O., S. 209–237.

sollte damit aus dem Weg geräumt werden, daß er der künftigen Annäherung zwischen beiden Kirchen nicht mehr im Wege stünde.

Die wichtigsten ökumenischen Äußerungen finden sich in den dogmatischen Konstitutionen über die Kirche und über die Offenbarung,
daneben im Ökumenismusdekret, im Dekret über die nichtchristlichen
Religionen mit seinen Ausführungen zum Judentum, im Dekret über
die Religionsfreiheit sowie über die Kirche in der Welt von heute. Letztlich war im Konzil kein Thema aus der ökumenischen Perspektive
ausgeklammert, es war deutlich, daß es in einer ökumenisch offenen
Kirche keine lediglich inneren Angelegenheiten geben kann. Bedeutsame Einzelaussagen galten der Frage des kirchlichen Amtes und der
Eucharistie, der konfessionsverschiedenen Ehe, der Interkommunion,
dem Verhältnis von Primat und Kollegialität sowie von Universal- und
Ortskirche, der Gewissens- und Religionsfreiheit. Weichenstellend für
alle diese Einzelfragen[253] war die im Konzil vorgenommene theologische Wertung der Konfessionen als „Kirchen und kirchliche Gemeinschaften".

Die dogmatische Konstitution ›Lumen gentium‹ enthält die wichtigste
theologische Selbstrelativierung, wenn von der Kirche Jesu Christi gesagt wird, sie sei „verwirklicht *(subsistit)* in der katholischen Kirche, die
vom Nachfolger Petri und den Bischöfen in Gemeinschaft mit ihm geleitet wird"[254]. Ursprünglich stand im Textentwurf: Diese Kirche ist *(est)*
die römisch-katholische Kirche, das *est* wurde ersetzt durch *subsistit in.*
Bei diesem Begriff hatten die Konzilsväter die altkirchliche Verwendung des Wortes *subsistit* in der Christologie im Auge. Ihr zufolge
subsistiert die menschliche Natur in der Hypostase des Logos. Die
menschliche Natur ist so die Weise, in der der göttliche Logos in der
Geschichte und in der Welt existiert. Mittels dieser der Christologie
entlehnten Terminologie wird die Beziehung der Kirche Roms zur
Kirche Jesu Christi durchbuchstabiert. Die Zwei-Naturen-Lehre wird
„in einer nicht unbedeutenden Analogie" mit dem Verhältnis von Kirche Christi und römisch-katholischer Kirche verglichen. Die faktische
Kirche, die in der Gemeinschaft mit dem Papst und den Bischöfen lebt,
ist mit der Kirche des Glaubensbekenntnisses vergleichsweise so eins
wie die Menschennatur Christi mit dem göttlichen Logos, sie dient ihr
als konkrete Erscheinungsform. Die Kirche als Institution bringt die
Kirche Jesu Christi in einer geschichtlich begrenzten Gestalt zur Erscheinung. Analog zur Einheit der beiden Naturen in Christus ist

---

[253] Einige dieser Themen werden in der systematischen Betrachtung der
wichtigsten ökumenischen Probleme angesprochen; siehe unten S. 185–296.
[254] LG 8.

die in der Geschichte existierende Kirche die konkrete Form, wie die im Heilsplan Gottes gründende Kirche in Raum und Zeit eine Verwirklichung findet. Den hier vertretenen Anspruch, die Kirche des Credo zu realisieren, wird jede Kirche erheben müssen, wenn sie sich nicht selbst für illegitim erklären will. Aber daraus wird im Konzil nicht mehr gefolgert, daß es nicht gegebenenfalls auch andere Subsistenzen von Kirche geben kann. Dies wird zwar an dieser Stelle nicht direkt formuliert, aber auch nicht ausgeschlossen. Sonst hätte man gleich das *est* stehenlassen können. Durch diese kleine, in der Übersetzung kaum auffallende Verschiebung von *„est"* zu *„subsistit in"* und die bewußt offengelassenen Deutungsmöglichkeiten ist „eine Entwicklung von unabsehbarer Tragweite möglich geworden"[255].

Die Kirchenkonstitution blieb allerdings in der Nutzung des Raums, der sich hier eröffnete, noch sehr zurückhaltend.[256] Den entscheidenden Schritt darüber hinaus deutet sie in der Aussage an, daß die nichtkatholischen Christen die Taufe und auch andere Sakramente „in ihren eigenen Kirchen oder kirchlichen Gemeinschaften" empfangen.[257] Die Bedeutung der Wendung „Kirchen und kirchliche Gemeinschaften" wird aus der Entstehungsgeschichte des Ökumenismusdekrets deutlich. In einem ersten Schema legte ein Abschnitt „besondere Erwägungen über die Ostkirchen" vor, ein zweiter widmete sich den „seit dem 16. Jh. entstandenen Gemeinschaften", von denen es heißt, sie seien „nicht ohne Bedeutung und Gewicht im Mysterium des Heils, denn der Geist Christi hat sich gewürdigt, sie als Mittel des Heils zu gebrauchen."[258] Damit war bereits die traditionelle Votum-Theorie mit ihrer rein individuellen Hinordnung des einzelnen auf die katholische Kirche überwunden. Als sachliches Unterscheidungskriterium zwischen den Kirchen des Ostens und den Gemeinschaften, die aus der Reformation des 16. Jh. hervorgegangen sind, diente das Amt in apostolischer Sukzession. Die Orthodoxie mit ihrem unbezweifelt gültigen Bischofs- und Priesteramt wird als „Kirche" bezeichnet. Ihr werden die

---

[255] So im Kommentar zu LG des späteren Kardinals A. Grillmeier, in: LThK. E I, S. 174.

[256] Sie spricht lediglich von „vielfältigen Elementen der Heiligung und der Wahrheit", die außerhalb der katholischen Kirche zu finden seien, und diese Elemente werden, ganz im traditionellen Sinn, auf diese zurückbezogen, weil sie „als der Kirche Christi eigene Gaben auf die katholische Einheit hindrängen" (LG 8). Das ist noch ganz die alte Elementen-Ekklesiologie.

[257] LG 15.

[258] Zitiert bei L. Jaeger, Das Konzilsdekret ›Über den Ökumenismus‹, Paderborn 2. Aufl. 1968, S. 25.

„Gemeinschaften" des Westens entgegengestellt, die mit dieser Sukzession im herkömmlichen Verständnis gebrochen haben. Diese Unterscheidung wurde als dem ökumenischen Fortschritt nicht dienlich kritisiert. Und so sprach Papst Paul VI. mit dem Beginn der zweiten Sitzungsperiode ohne weitere Spezifizierung von Gemeinschaften, „die sich mit dem Namen Kirche schmücken", später wandte er sich mehrmals mit der Formulierung „O Ecclesiae" an die Beobachter aus den getrennten christlichen Kirchen. Diese Terminologie fand ihren Niederschlag auch in den Konzilstexten, wo nun durchweg von „orthodoxen Kirchen" und „Kirchen und kirchlichen Gemeinschaften" des Westens gesprochen wird.[259] Dabei hat das Konzil bewußt offengelassen, welche Konfessionen mit „Kirche" und welche mit „kirchlicher Gemeinschaft" gemeint seien. Hier hat man keine Entscheidung treffen wollen, sondern in gut konziliarer Tradition eine nicht entscheidungsreife Frage der weiteren theologischen Diskussion überlassen.[260]

Bei alldem handelt es sich keineswegs um ein nur terminologisches Problem. Wenn man eine Gemeinschaft als „Kirche" bezeichnet, erkennt man ihr damit zu, was Kirche zur Kirche macht: gültige Taufe, rechte Verkündigung der Botschaft und – jedenfalls in katholischem Verständnis – letztlich auch ein Amt in apostolischer Sukzession. Die Anerkennung der Kirchen impliziert damit die Anerkennung der Elemente, die Kirche konstituieren, und dazu gehört nach katholischer Auffassung auch das Amt. So hat man aus der Bezeichnung „Kirchen" für die Konfessionen der Reformation eine implizite Anerkennung auch der Ämter der Kirchen der Reformation gefolgert. Andererseits wurde in der nachfolgenden Interpretation aber auch behauptet, die Unterscheidung zwischen „Kirchen" und „kirchlichen Gemeinschaften" sei danach erfolgt, ob ein gültiges Amt verwirklicht sei. „Kirchen" seien also die Altkatholiken und gegebenenfalls die Anglikanische Gemeinschaft, die anderen seien „kirchliche Gemeinschaften", ihr Amt sei keineswegs implizit anerkannt, sondern ausdrücklich bestritten.[261]

---

[259] Über die wichtigsten Konzilsvoten, die zu dieser Terminologie führten, vgl. P. Neuner, Kirchen und kirchliche Gemeinschaften, in: MthZ 36 (1985), S. 97‑109.

[260] Über diese Tatsache sind die wichtigsten Kommentare, die unmittelbar nach dem Konzil von maßgebenden Bischöfen und Theologen verfaßt wurden, einer Meinung. So Kardinal Jaeger: „Die unter den Theologen disputierten Fragen über die Art der Anwendung der Bezeichnung 'Kirche' auf die einzelnen christlichen Bekenntnisse bleibt der weiteren Forschung überlassen" (a. a. O., S. 150).

[261] Diese restriktive Interpretation wird von den Konzilstexten nicht gefordert, sie widerspricht ihnen allerdings auch nicht. Wohl aber widerspricht sie

In offensichtlichem Widerspruch zu den Aussagen in ›Mortalium animos‹ heißt es im Ökumenismusdekret, „beim Vergleich der Lehren miteinander soll man nicht vergessen, daß es eine Rangordnung oder 'Hierarchie' der Wahrheiten innerhalb der katholischen Lehre gibt, je nach der verschiedenen Art ihres Zusammenhangs mit dem Fundament des christlichen Glaubens"[262]. Die Themen, in denen die Kirchen übereinstimmen, sind von ungleich größerem Gewicht als die Kontroverspunkte. Am Ende des Ökumenismusdekrets richtete das Konzil seinen „Blick vertrauensvoll auf die Zukunft… ohne den Wegen der Vorsehung irgendein Hindernis in den Weg zu legen und ohne den künftigen Anregungen des Heiligen Geistes vorzugreifen"[263]. Die Aussagen des Konzils sind also als Anregungen, nicht als Grenzen zu verstehen, über die hinaus es keine weiteren Schritte geben dürfte.

4. Der nachkonziliare Katholizismus

Das Konzil war kein Abschluß, sondern ein Anfang. Papst Paul VI. stellte in seiner ersten Enzyklika ›Ecclesiam suam‹ vom August 1964 sein Pontifikat unter das Motto des Dialogs, wobei der Dialog mit den christlichen Kirchen einen hervorragenden Platz einnahm. Man müsse zunächst herausstellen, was gemeinsam ist, bevor man auf das Trennende eingeht. Kontroverse Punkte sollten einem vertieften Studium unterzogen, die ökumenischen Möglichkeiten ausgelotet und voll angewandt werden. Als größte ökumenische Schwierigkeit bezeichnete der Papst sein eigenes Amt. Hier sollte eine Annäherung dadurch möglich werden, daß in der praktischen Gestaltung der „Primat des Dienens, des Helfens, der Liebe" ins Zentrum trete. Papst Paul VI. besuchte den Ökumenischen Rat in Genf und betonte die wahre, wenn auch noch unvollständige Einheit, die zwischen allen Getauften und damit auch zwischen den Mitgliedskirchen des ÖRK und der katholischen Kirche bereits existiere. Hinsichtlich der Mitgliedschaft der katholischen Kirche im ÖRK blieb der Papst jedoch zurückhaltend, er bezeichnete die Frage als noch nicht entscheidungsreif, eine positive oder eine negative Antwort müsse derzeit noch nicht gegeben werden. Das gewachsene Vertrauen drückte sich in einer Vielzahl von persönlichen Begegnungen

---

der in den Kommentaren deutlich werdenden Intention der Konzilsväter. Sie wählten die offene Terminologie, weil nicht alle Gemeinschaften beanspruchen, Kirchen zu sein.

[262] UR 11.
[263] UR 24.

mit hohen Kirchenführern aus. Am 5. Januar 1964 trafen der Papst und der ökumenische Patriarch Athenagoras in Jerusalem zusammen, es folgten 1967 der Besuch des Papstes in Konstantinopel und der Gegenbesuch des Patriarchen im Vatikan, nachdem im Dezember 1965 der gegenseitige Bann aufgehoben worden war. 1966 besuchte der Erzbischof von Canterbury und Primas der anglikanischen Kirchengemeinschaft, Michael Ramsey, den Papst, 1973 stattete der koptische Patriarch von Alexandrien, Shenouda III., einen offiziellen Besuch ab.

Von besonderer Bedeutung für das konkrete Leben ungezählter Familien war die Neuordnung der konfessionsverschiedenen Ehen. Durch das Motu proprio ›Matrimonia mixta‹ von 1970 wurden die Kautelenleistungen modifiziert sowie die Möglichkeit einer Dispens von der katholischen Formpflicht eröffnet. Damit wurden keineswegs alle ökumenischen Hoffnungen und Erwartungen erfüllt, aber es wurde dennoch eine Basis geschaffen, auf der sich bei pastoraler Klugheit in aller Regel Verwundungen der Betroffenen und konfessionelle Irritationen vermeiden lassen.[264]

Die ökumenischen Bemühungen haben im Pontifikat Papst Johannes Paul II. eine kontinuierliche Fortsetzung gefunden. Ökumenische Veranstaltungen haben den Charakter des Außergewöhnlichen verloren, bei den Reisen des Papstes sind Treffen mit den Vertretern der nichtkatholischen Kirchen die Regel. Auch eine gewisse Schwerpunktsetzung auf die Annäherung an die orthodoxen Kirchen, die bereits unter Papst Paul VI. zu beobachten war, findet ihre Fortsetzung. Der Stellenwert, den der Papst dem ökumenischen Anliegen beimißt, wird insbesondere deutlich aus der Enzyklika ›Ut unum sint‹. Über den Einsatz für die Ökumene (1995)[265]. Mit aller Entschiedenheit spricht sich der Papst für eine Intensivierung des ökumenischen Bemühens aus, er unterstreicht, daß sich die katholische Kirche unumkehrbar dazu verpflichtet habe, auf dem Weg der Ökumene fortzuschreiten. Er stellt dar, daß eine Fülle von Mißverständnissen zwischen den Kirchen abgebaut und manche Unbeweglichkeit, Gleichgültigkeit und unzureichende Kenntnis überwunden werden konnten. Er spricht von der Schuld an der Trennung, die Katholiken auf sich geladen haben. Ein Großteil des Dokuments gibt einen Überblick über die Beziehungen und die bilateralen Dialoge der katholischen Kirche. Das ekklesiologische Selbstverständnis, aus dem die Enzyklika geschrieben ist, bleibt einerseits weithin im Rahmen der

---

[264] Siehe hierzu unten S. 251–256.
[265] Veröffentlicht als: Verlautbarungen des Apostolischen Stuhls Nr. 121. Vgl hierzu: G. L. Müller, Die Ökumene-Enzyklika Papst Johannes Paul II. „Ut unum sint", in: Catholica 50 (1996), S. 289–298.

traditionellen Elementen-Ekklesiologie. Es wird die Bedeutung der Gemeinschaft aller Teilkirchen mit der Kirche von Rom für die Einigung der Christenheit dargestellt und die Aufgabe des Papstes als Dienst an dieser Einheit unterstrichen. Andererseits wird deutlich, daß Einheit nur als Gemeinschaft, als Koinonia verstanden werden kann und daß jedenfalls nicht die Rückkehr nach Rom das angestrebte Ziel sein dürfe. Der Papst stellt sogar fest, daß die Form der Primatsausübung sich ändern könne und müsse, damit das Amt der Einheit der Christenheit dient. Er bittet die kirchlichen Verantwortlichen und die Theologen, „über dieses Thema mit mir einen brüderlichen, geduldigen Dialog aufzunehmen"[266], weil er und die römische Kirche allein diese Aufgabe nicht erfüllen könnten. Diese Bitte hat die Einstellung zum Papsttum allerdings weniger zu prägen vermocht als etwa einige päpstliche Äußerungen zur Sexualethik, die von keiner anderen christlichen Kirche inhaltlich so mitgetragen wurden, die Verlautbarungen zur Frauenordination und eine Reihe von Bischofsernennungen, die belastend wirkten und gewachsenes Vertrauen wieder zerstörten. Es zeigt sich: Wenn Kirchen ernstlich an eine ökumenische Annäherung denken, kann es keine internen Vorgänge geben, die zwischenkirchlich ohne Belang wären. Insofern ist die Art und Weise, wie sich das Papsttum innerhalb der katholischen Kirche darstellt, dafür bedeutsam, ob es als Dienst an der Einheit erkannt und Gemeinschaft mit ihm als der Koinonia dienlich angesehen werden kann.

Von besonderer Bedeutung für das katholische Verständnis des Ökumenismus sind die „ökumenischen Direktorien", vom römischen Einheitssekretariat veröffentlichte Ausführungsbestimmungen zum Ökumenismusdekret des Zweiten Vatikanischen Konzils. Der erste Teil (1967) behandelte als Einzelthemen die Errichtung ökumenischer Kommissionen, die gegenseitige Anerkennung der Taufe, die Förderung des geistlichen Ökumenismus sowie das Problem der Gebets- und Gottesdienstgemeinschaft mit anderen Kirchen. Der zweite Teil (1970) behandelte „ökumenische Aufgaben der Hochschulbildung" und forderte dabei die ökumenische Ausrichtung der Theologie als ganzer ebenso wie spezielle ökumenische Lehrveranstaltungen. Außerdem wurde eine konfessionsübergreifende Zusammenarbeit an Hochschulen in Lehre und Forschung angeregt. Nachdem insbesondere durch die Einführung des neuen Kodex (1983) und durch die Neuregelungen bezüglich der konfessionsverschiedenen Ehen sowie durch den ›Katechismus der katholischen Kirche‹ eine ganze Reihe von Veränderungen im Verhältnis zu den nicht-katholischen Kirchen eingetreten

---

[266] Nr. 96.

waren, veröffentlichte der „Päpstliche Rat zur Förderung der Einheit der Christen"[267] im März 1993 eine überarbeitete Fassung des ›Direktorium zur Ausführung der Prinzipien und Normen über den Ökumenismus‹. „Unter Berücksichtigung der gegenwärtigen ökumenischen Lage faßt es alle bisherigen Normen, die zur Verwirklichung und Förderung der Beschlüsse des Konzils erlassen worden sind, zusammen und aktualisiert sie."[268]

5. Bilaterale und multilaterale Beziehungen

Das Hauptgewicht der ökumenischen Anstrengungen liegt in Rom bei den bilateralen Gesprächen; sie werden der multilateralen Ökumene deutlich vorgeordnet. Diese Dialoge, von denen die katholische Kirche mehr führt als alle anderen Konfessionen, könnten leichter verbindlich werden, weil konkrete Einigungsbemühungen wohl am ehesten zwischen einzelnen Kirchen stattfinden könnten, während bei Gesprächen mit dem ÖRK dieser keine Entscheidungsvollmacht über die Kirchen besitzt.

Unter der Vielzahl der bilateralen Dialoge kommt dem mit den Ostkirchen besondere Bedeutung zu. Er begann während des Konzils mit eindrucksvollen Symbolhandlungen, bis hin zum Fußkuß, den Papst Paul VI. 1975 dem Vertreter des Ökumenischen Patriarchen erwies. 1979 wurde eine gemeinsame orthodox-katholische Kommission eingesetzt, die den „Dialog der Liebe" in den „Dialog der Wahrheit" überführen sollte. Die Kommission ist auf außergewöhnlich hoher Repräsentationsebene. Die dreißig orthodoxen Mitglieder vertreten alle Patriarchate und autokephalen Kirchen, auf katholischer Seite wird sie von fünf Kardinälen angeführt. Die konstituierende Sitzung fand 1980 in Patmos und Rhodos statt. In der Themenstellung war man von Anfang an darauf bedacht, eine möglichst breite und damit tragfähige Basis zu legen. Die verabschiedeten Dokumente behandeln die Fragen: ›Das Geheimnis der Kirche und der Eucharistie im Licht des Geheimnisses der Heiligen Dreifaltigkeit‹ (München 1982), ›Glaube, Sakramente und Einheit der Kirche‹ (Bari 1987), ›Das Sakrament der Weihe in der sakramentalen Struktur der Kirche‹ (Valamo 1988).[269] Bei der Vollversammlung in

---

[267] So die offizielle Bezeichnung des früheren Einheitssekretariats, das Paul VI. zu einer ständigen Institution der römischen Kurie gemacht hatte. Zunächst war es nur für das Konzil geschaffen worden.

[268] In: Verlautbarungen des Apostolischen Stuhls Nr. 110, 1993. Der Text stellt eher eine Zusammenfassung der bestehenden Regelungen dar, als daß er neue Impulse hätte bringen können.

[269] Die Ergebnisse sind dokumentiert in: DwÜ II, S. 531–567.

Freising 1990 wurde eine gemeinsame Erklärung verabschiedet.[270] Die Arbeit dieser hochrangigen Kommission zeigte, daß das Gespräch mit der Orthodoxie wesentlich schwieriger ist, als angesichts der weitgehenden Glaubensübereinstimmung im Westen verschiedentlich erwartet worden war. Bereits in den ersten Phasen des Dialogs erwies es sich für die Orthodoxie als problematisch, Konsenstexte gemeinsam und nicht einzeln von jeder autokephalen Kirche für sich verabschieden zu lassen. Die politischen Veränderungen durch den Zusammenbruch des Kommunismus haben die Spannungen zwischen manchen orthodoxen Kirchen verschärft, westliche Aktivitäten in orthodoxen Gebieten und vor allem das neu akut gewordene Problem der Uniaten belasteten das Klima zwischen Rom und den Ostkirchen erheblich. Die Orthodoxen Kirchen machten die Lösung des Problems des Uniatismus zum Prüfstein für die Qualität der Beziehungen beider Kirchen, es wurde zum einzigen Thema seit der Vollversammlung in Freising. Bei der 7. Vollversammlung 1993 in Balamand (Libanon) konnte ein gemeinsames Dokument verabschiedet werden: ›Der Uniatismus – eine überholte Unionsmethode – und die derzeitige Suche nach der vollen Gemeinschaft‹[271]. Hier gilt es primär, verlorengegangenes Vertrauen wieder aufzubauen. Ohne dieses werden theologische Verständigungen kein Fundament haben und ins Leere verpuffen.

Die Gespräche mit den altorientalischen Kirchen sind durch derartige Probleme nicht belastet. Papst Johannes Paul II. unterstrich in der Enzyklika ›Ut unum sint‹, er habe mit mehreren Patriarchen dieser Kirchen „unseren gemeinsamen Glauben an Jesus Christus erklären können, den wahren Gott und wahren Menschen"[272]. Das Dogma von Chalkedon stehe damit nicht mehr trennend zwischen den Kirchen, die eineinhalb Jahrtausende währende gegenseitige Verurteilung sei hinfällig.

Unter den Dialogen mit den westlichen Kirchen haben jene mit der Anglikanischen Gemeinschaft die am weitesten gehenden Ergebnisse gezeigt. Sie können auf eine lange Vorgeschichte zurückblicken. Als Reaktion auf den anglikanischen ›Aufruf zur christlichen Einheit‹ (1920) fanden zwischen 1921 und 1926 die „Mechelner Gespräche" statt. Unter der Leitung des belgischen Kardinals Mercier wurden Möglichkeiten der Anerkennung der anglikanischen Weihen und Formen einer Gemeinschaft beider Kirchen erörtert. Unmittelbar nach dem Konzil wurde von Papst Paul VI. und dem Erzbischof von Canterbury, Michael

---

[270] In: US 45 (1990), S. 327–329.
[271] In: US 48 (1993), S. 256–264.
[272] A.a.O., Nr. 62.

Ramsey, die „Anglikanisch/Römisch-katholische Internationale Kommission"[273] eingesetzt, die auf hoher kirchlicher Ebene offizielle Gespräche aufnahm. Hier wurde eine weitgehende Übereinstimmung erzielt in den Fragen von Herrenmahl und Amt, einschließlich Bischofsamt und der Möglichkeit eines Amts universalkirchlicher Einheit, der Lehre von der Rechtfertigung und der Ekklesiologie. Die Kommission formulierte in diesen Fragen eine „substantielle Übereinstimmung", die sie definierte als „einmütige Übereinstimmung in wesentlichen Fragen, in denen die Lehre ihrer Meinung nach keine Verschiedenheit zuläßt ... Die Mitglieder der Kommission stimmen in der Überzeugung überein, daß, wenn in irgendwelchen Punkten noch Uneinigkeit besteht, diese aufgrund der hier erarbeiteten Prinzipien überwunden werden kann."[274] Die Tatsache, daß die römische Glaubenskongregation 1982 die Aussage über eine „substantielle Übereinstimmung" zurückwies, bedeutete zwar zunächst eine schwere Enttäuschung, führte aber dennoch nicht zum Abbruch der gemeinsamen Bemühungen. Eine neu zusammengesetzte Kommission ARCIC II konnte weitere Klärungen formulieren, so daß Kardinal Cassidy, der Präsident des Einheitsrats, 1994 erklären konnte, daß zu den Fragen Eucharistie und Amt „derzeit kein weiteres Studium erforderlich" sei. Damit ist der erzielte Konsens in diesen beiden zentralen Themenstellungen – mit Ausnahme des Problems Frauenordination – von beiden Kirchen offiziell bestätigt.[275]

In Gesprächen mit den Altkatholischen Kirchen sollten die Regelungen zur Eucharistiegemeinschaft, die das Zweite Vatikanische Konzil gegenüber den orthodoxen Kirchen für legitim erachtet hatte, auch auf die altkatholischen Kirchen angewandt werden, deren Ämter ebenfalls als gültig anerkannt sind. Daß diese Bemühungen kirchenamtlich nicht rezipiert wurden, dürfte primär auf nicht-theologische Faktoren zurückzuführen sein, insbesondere auf die Tatsache, daß ein Großteil der altkatholischen Priester ursprünglich in der katholischen Kirche wirkte und wegen Heirat aus ihr ausgeschieden ist. Sie will man offensichtlich römischerseits nicht auf diesem Weg wieder anerkennen.

Die offiziellen Gespräche mit den lutherischen Kirchen wurden 1967 auf Weltebene aufgenommen, 1971 wurde der Malta-Bericht als Abschlußdokument vorgelegt, der wegen seiner weitgehenden Befürwor-

---

[273] Abk. ARCIC. Die Ergebnisse sind dokumentiert in: DwÜ I und II.
[274] DwÜ I, S. 143.
[275] So H. E. Raem, Ökumenische Dialoge und kein Ende?, in: US 50 (1995), S. 79.

tung gelegentlicher Interkommunion auf heftigen Widerstand stieß.[276] Folglich wurde in der neu zusammengesetzten Kommission an den Themen ›Das Herrenmahl‹ (1978) und ›Das geistliche Amt in der Kirche‹ (1981) weitergearbeitet und Texte erstellt, die sich für die ökumenische Arbeit als von besonderem Gewicht erwiesen[277], weil sie auch von den Gemeinden rezipiert wurden. Weitere Texte sind: ›Wege zur Gemeinschaft‹ (1980), ›Alle unter einem Christus‹ (1980), ›Martin Luther – Zeuge Jesu Christi‹ (1983), ›Einheit vor uns‹ (1984), ›Kirche und Rechtfertigung‹ (1994). Das Gespräch zwischen lutherischen und katholischen Theologen erfolgte auch auf regionaler Ebene. Besondere Bedeutung haben hier die US-Dialoge und die Texte der Gruppe von Dombes in Frankreich, zu der auch reformierte Theologen gehören. In Deutschland veröffentlichten die ökumenischen Universitätsinstitute ›Reform und Anerkennung kirchlicher Ämter‹[278] und ›Papsttum als ökumenische Frage‹[279]. Das wichtigste Ergebnis ist die Lehrverwerfungsstudie.[280] Der Entwurf einer gemeinsamen Erklärung zur Lehre von der Rechtfertigung ist veröffentlicht,[281] er soll als offizielle Antwort auf die Lehrverwerfungsstudie möglichst 1997 von beiden Kirchen verabschiedet und angenommen werden.

Bei vielen Gesprächen mit Lutheranern waren auch Vertreter der reformierten Tradition beteiligt. Durch die Leuenberger Konkordie besteht zwischen beiden Kirchengemeinschaft, so daß hier eine Abklärung als nötig erscheint. Gespräche mit der katholischen Kirche sollen und dürfen keinen Keil zwischen die Leuenberger Kirchen treiben. Dennoch gibt es, insbesondere auf Weltebene, auch eigene Gespräche Roms mit dem Reformierten Weltbund. Sie standen 1968–1977 unter der Thematik „Die Gegenwart Christi in Kirche und Welt"[282], eine zweite Phase widmete sich 1984–1990 dem Problem „Auf dem Weg zu einem gemeinsamen Verständnis von Kirche."[283]

Bilaterale Dialoge führt Rom auch mit den Disciples of Christ, den Methodisten, den Pfingstlern, den Baptisten.

Das Verhältnis Roms zum Ökumenischen Rat der Kirchen ist von

---

[276] Dokumentiert in: DwÜ I, S. 248–271.
[277] Diese und alle weiteren Texte der Gemeinsamen römisch-katholischen/ evangelisch-lutherischen Kommission wurden gesondert veröffentlicht; sie sind auch dokumentiert in DwÜ I und II.
[278] München – Mainz 1973.
[279] München – Mainz 1979.
[280] Siehe unten S. 171–178.
[281] HerKorr 50 (1996), S. 302–307.
[282] DwÜ I, S. 487–517.
[283] DwÜ II, S. 623–673.

einer gewissen Zurückhaltung geprägt, trotz des Besuchs von Papst Johannes Paul II. beim Sitz in Genf und der Gegenbesuche der Generalsekretäre des ÖRK. Das schließt eine Zusammenarbeit in vielen Bereichen nicht aus. Noch während des Konzils machte der ÖRK den Vorschlag, eine gemeinsame Arbeitsgruppe der katholischen Kirche und des ÖRK einzurichten, die dann im Mai 1965 ihre Arbeit aufnahm und anfänglich halbjährlich tagte. 1966 erschien der erste offizielle Bericht. Inzwischen hat diese Arbeitsgruppe eine Reihe von gewichtigen Dokumenten veröffentlicht, darunter die Studien ›Katholizität und Apostolizität‹ (1970), ›Gemeinsames Zeugnis und Proselytismus‹ (1971), ›Auf dem Weg zu einem Bekenntnis des gemeinsamen Glaubens‹ (1980), ›Gemeinsames Zeugnis‹ (1981), ›Die Kirche: lokal und universal‹ (1990), ›Der Begriff der 'Hierarchie der Wahrheiten'‹ (1990)[284], ›Ökumenisches Lernen‹ (1993)[285], ›Der ökumenische Dialog über ethisch-moralische Fragen‹ (1995)[286].

Bei der Vollversammlung des ÖRK 1968 in Uppsala äußerte einer der offiziellen Vertreter Roms, daß die Schwierigkeiten ekklesiologischer Art, die einem Beitritt Roms zum ÖRK entgegenstünden, „nach dem Urteil katholischer und nichtkatholischer Experten kein unüberwindliches Hindernis"[287] darstellten. Hoffnungen auf einen baldigen Beitritt erwiesen sich jedoch als verfrüht, die katholische Kirche gehört dem ÖRK nach wie vor nicht an. Doch seit der Vollversammlung in Uppsala sind neun, später zwölf römisch-katholische Theologen als Einzelpersonen Mitglieder von Glauben und Kirchenverfassung, das innerhalb des ÖRK eine gewisse Sonderstellung einnimmt. Sie arbeiteten beim Lima-Dokument voll und gleichberechtigt mit, Bischof Scheele (Würzburg) wurde auf der Vollversammlung in Vancouver in den ständigen Ausschuß von Glauben und Kirchenverfassung gewählt. Die Äußerung des Vatikans zum Lima-Papier ist im ganzen gesehen zustimmend, selbst wenn an Einzelaussagen Kritik geübt oder eine weitere Präzisierung angemahnt wird. Im ganzen gesehen ist in die Zusammenarbeit zwischen Rom und dem ÖRK eine gewisse Selbstverständlichkeit eingezogen, die auf gegenseitigem Vertrauen gründen. Spektakuläre Ereignisse sind kaum zu erwarten.[288]

[284] DwÜ I, S. 675–701 und DwÜ II, S. 732–760.

[285] ÖR 42 (1993), S. 487–495.

[286] ÖR 45 (1996), S. 355–370.

[287] S. R. Tucci als Gast aus der römisch-katholischen Kirche in Uppsala, in: Bericht aus Uppsala 1968, S. 347.

[288] Die offiziellen Berichte der Gemeinsamen Arbeitsgruppe aus den Jahren 1966–1990 sind veröffentlicht in: DwÜ I, S. 586–674; DwÜ II, S. 677–731.

Im sozialen Bereich erwies sich die Zusammenarbeit mit dem Ökumenischen Rat als schwieriger. Zunächst hatte man sich hier eine leichtere Verständigung erhofft, gemeinsames Tun erschien einfacher als gemeinsames Bekennen. 1968 wurde ein gemeinsamer Ausschuß des ÖRK und der päpstlichen Studienkommission Justitia et Pax mit dem Namen SODEPAX[289] gegründet. Die Erwartungen, die in die Zusammenarbeit gelegt wurden, erwiesen sich als zu hoch gesteckt. Es war nicht nur die Verschiedenartigkeit der Partner, auf der einen Seite eine geschlossene Kirche, dort ein Kirchenrat ohne Entscheidungsvollmacht, die die Arbeit komplizierte.[290] Innerhalb des ÖRK dominierten nun auch mehr und mehr die Kirchen der südlichen Hemisphäre, in den politischen Äußerungen des Rats wurden Einseitigkeiten nicht immer vermieden. Die Auseinandersetzung innerhalb des ÖRK, die in den Kontroversen um das „Anti-Rassismus-Programm" gipfelten, belasteten auch die Zusammenarbeit mit der römischen Kirche. Die Aufgabenbereiche von SODEPAX wurden eingeschränkt, bis man 1980 die Arbeit einstellte. In manchen ethischen Fragen gehen die Mehrheitsmeinung im Rat und die römische Vorstellung deutlich auseinander. Der 5. Bericht der gemeinsamen Arbeitsgruppe vom März 1982 nennt als solche Konfliktfelder: Aspekte der Rollen von Männern und Frauen im Leben der Gemeinschaft; Strukturen des Familienlebens; Geburtenkontrolle und Sexualethik; Formen und Mittel christlicher Reaktion auf die Notwendigkeit sozialer Veränderungen; Methodenprobleme in der Ethik. Vor allem Aussagen Roms zur Geburtenregelung und zur Bevölkerungspolitik haben das Gespräch auch atmosphärisch nicht unerheblich belastet.

Gegen einen Beitritt Roms spricht nicht zuletzt auch das Zahlenverhältnis der Partner. Die katholische Kirche hat mehr Mitglieder als alle Gliedkirchen des ÖRK zusammen, sie würde innerhalb des Rates ein erdrückendes Übergewicht erhalten, weil nach dessen Verfassung die Zahl der Delegierten sich nach der Mitgliederzahl einer Kirche richtet. Doch unüberwindbar wäre dieses organisatorische Problem nicht, wenn man ernstlich eine Mitgliedschaft anstrebte. Aber Rom will offensichtlich vermeiden, durch einen Beitritt als Kirche unter Kirchen zu er-

---

[289] Abkürzung aus: Society, Development, Pax.
[290] Dieses Ungleichgewicht behindert gemeinsame Projekte zwischen ÖRK und Rom. Rom würde sich hier verpflichten, der Rat kann dagegen nicht für seine Kirchen sprechen. Dies war der Hauptgrund, warum die katholische Trägerschaft bei JPIC in Seoul scheiterte. Auf die nicht-theologische Problematik dieses Verhältnisses geht auch die Gemeinsame Arbeitsgruppe Rom/Genf in ihrem Vierten offiziellen Bericht ein: DwÜ I, S. 667.

scheinen und der Vorstellung Vorschub zu leisten, als säßen die Kirchen gleichermaßen im Kreis um Christus als ihren Mittelpunkt und müßten die von ihm verheißene Einheit erst wieder suchen. Auf absehbare Zeit muß man sich wohl mit der Auskunft zufriedengeben, die schon der zweite offizielle Bericht der Gemeinsamen Arbeitsgruppe 1967 gab: Die katholische Kirche und der ÖRK leisten beide ihren Dienst „in der einen und einzigen Ökumenischen Bewegung"[291].

---

[291] DwÜ I, S. 599.

D. ÖKUMENISCHE DURCHBRÜCHE

Im Gegensatz zu einem verbreiteten ersten Eindruck, die Ökumene würde stagnieren, finden sich in der ökumenischen Diskussion, insbesondere im theologischen Diskurs, eine Reihe von Ergebnissen, die durchaus als Durchbrüche gewertet werden können. Sie stellen Modelle dar oder eröffnen Visionen, die für die Einigung der Christenheit entscheidende Bedeutung entfalten könnten. Mehrere dieser Durchbrüche haben sich inzwischen auch in der Praxis bewährt, sie wurden kirchenamtlich und in den Gemeinden rezipiert.

I. Die Leuenberger Konkordie

Die ›Konkordie reformatorischer Kirchen in Europa‹[292] ist eine theologische Erklärung, auf deren Basis zwischen den meisten reformatorischen Kirchen in Europa Gemeinschaft in Wort und Sakrament aufgenommen werden konnte. Die reformatorischen Kirchen hatten sich seit der Reformationszeit weit auseinanderentwickelt. Im 16. Jh. war es nicht möglich, eine gemeinsame evangelische Kirche zu bilden oder Landeskirchen zu etablieren, die durch ein gemeinsames Bekenntnis geeint gewesen wären. Es waren vorwiegend Differenzen in der Abendmahlslehre und der Prädestination, aber auch im Verständnis des Rechts und der Kirchenordnung, die in der Reformationszeit nicht überbrückt werden konnten. Bis in die Bekenntnisschriften hinein sind die Verwerfungen zwischen den reformatorischen Kirchen nicht weniger scharf als gegenüber den Altgläubigen. Das Nebeneinander von lutherischen und reformierten Territorialkirchen und Gemeinden führte vor allem im konfessionell gemischten Deutschland immer wieder zu Spannungen, die man nicht zuletzt um politischer Gründe willen zu überwinden suchte. Im Rahmen des Pietismus, der Erweckungsbewegungen und der Aufklärung entsprach dies einer breiten Strömung in den Gemeinden, hier schien der Lehrgegensatz zwischen beiden Traditionen unerheblich zu werden. Theologischer Gewährsmann dieser Be-

---

[292] Erarbeitet auf dem Leuenberg bei Basel, darum zumeist abgekürzt als ›Leuenberger Konkordie‹ bezeichnet. Vgl. hierzu W. Lohff, in: TRE XXII, S. 33–36.

mühungen wurde Schleiermacher, der in seiner Glaubenslehre (1821) schrieb, nach seiner Überzeugung scheine „keine dogmatische Scheidewand zwischen beiden Kirchengemeinschaften zu bestehen", deshalb habe er seine Dogmatik unabhängig von differierenden Bekenntnissen „nach den Grundsätzen der evangelischen Kirche" formulieren können. Auf der hier vorgelegten dogmatischen Basis konnten im 19. Jh. einige Unionen zwischen Lutheranern und Reformierten geschlossen werden, in denen die Unterschiede im Bekenntnis durch die Gemeinsamkeit des Glaubenslebens oder der Organisation überbrückt werden konnten. Von besonderer Bedeutung ist dabei die „Evangelische Kirche der Union" (EKU). Hier ist man mit den überlieferten Bekenntnissen großzügig umgegangen, hat beide Bekenntnistraditionen nebeneinander stehen lassen und ging davon aus, man könne im Geist der Mäßigung und der Milde die bestehenden Differenzen ertragen. Der Bekenntnisstand der Gemeinden wurde aufrechterhalten, keiner Gemeinde wurde ein ihr fremdes Bekenntnis aufgezwungen. Es bestanden also in der EKU reformatorische und lutherische Gemeinden mit ihren jeweiligen Bekenntnissen nebeneinander, es handelt sich um eine Verwaltungsunion, nicht um eine Konsensunion. Die Gemeinschaft zwischen ihnen sollte sich auf das in allen Bekenntnissen bezeugte Evangelium gründen. Daneben finden sich im 19. Jh. Unionen, in denen die Bekenntnisse wegen ihrer gegenseitigen Verwerfungen abgeschafft wurden, hier sollte die Kirche allein auf der Basis der Schrift stehen. Diese Unionen gehen in aller Regel auf landesherrliche Entscheidungen zurück, wurden also nicht zuletzt aus politischem Kalkül heraus geschlossen. Die ›Barmer theologische Erklärung‹ (1934), in der lutherische, reformierte und unierte Theologen im Kirchenkampf gemeinsam ein Bekenntnis ablegten, wurde in der Folgezeit wegen der Differenzen im Bekenntnisstand bald wieder in Frage gestellt, es vermochte also die reformatorischen Kirchen nicht auf Dauer zu einen. Zwischen den lutherischen, den reformierten und den unierten Gliedkirchen der EKD bestand keine volle Kirchengemeinschaft, Kanzel- und Abendmahlsgemeinschaft wurden nicht gewährt, auch die Arnoldshainer Abendmahlsthesen (1957) vermochten dies nicht zu überwinden. Andererseits wirkten die Kirchen eng zusammen, ihre Gläubigen wurden bei einem Umzug automatisch zu Gliedern der jeweiligen Landeskirche.

Seit 1963 wurden im Rahmen des Ökumenischen Rats auf europäischer Ebene Gespräche zwischen lutherischen und reformierten Kirchen geführt, die dem faktischen Zusammenwachsen der reformatorischen Kirchen auch ein theologisches Fundament geben sollten. In den Schauenburger Gesprächen wurden zunächst in traditioneller Weise

die überkommenen Kontroversen ausdiskutiert, man kam zu gemeinsamen Formulierungen hinsichtlich der Rechtfertigungslehre, aber
auch in den Kontroverspunkten Abendmahl und Prädestination. Es
zeigte sich jedoch auch, daß auf diesem Weg keine gemeinsame Lehraussage möglich werden könnte, die beiden Bekenntnistraditionen
voll gerecht zu werden vermöchte. Ein neuer Anstoß erfolgte, als man
im Rückgriff auf CA VII zwischen dem, was zur wahren Einheit der
Kirche nötig und hinreichend ist, und den dazu nicht erforderlichen
differierenden kirchlichen Traditionen unterschied. Die rechte Verkündigung des Evangeliums und die Feier der Sakramente gemäß der
Einsetzung schienen für wahre Kirchengemeinschaft als genug (*"satis
est"*). In der Konsequenz dieser Aussage erachtete man es als nicht
nötig, ein umfassendes gemeinsames Bekenntnis zu erstellen, sondern einigte sich darauf, sich mit einem Konsens zum Verständnis
von Wort und Sakrament zu begnügen und Differenzen in anderen
Fragestellungen zu tolerieren. Dabei erachtete man es für eine
Kirchengemeinschaft als hinreichend, wenn sich feststellen ließ, daß
die Verwerfungen den gegenwärtigen Stand in der Lehre der Partner-
kirche nicht treffen. Mehr muß nach reformatorischer Überzeugung
für die Gemeinschaft der Kirchen nicht verlangt werden. Insbesondere erschienen eine einheitliche Institution und übereinstimmende
Kirchen- und Amtsstrukturen als nicht erforderlich; sie wurden darum
auch nicht angestrebt.

Durch diese Bescheidung wurde es möglich, 1971 und 1973 auf dem
Leuenberg eine ›Konkordie reformatorischer Kirchen in Europa‹ zu erstellen.[293] Ein erster Teil dieses Textes umreißt den Horizont, innerhalb
dessen die Gemeinschaft reformatorischer Kirchen möglich wurde: Der
gemeinsame Aufbruch in der Reformation, veränderte Voraussetzungen in der Geschichte und gemeinsame Herausforderungen in der Gegenwart führten demnach zu einer Annäherung der Kirchen. In einem
zweiten Teil werden, wie es CA VII entspricht, die Gemeinschaft im
Verständnis des Evangeliums, also in der Lehre von der Rechtfertigung, sowie in der Feier der Sakramente, also in Taufe und Abendmahl, umrissen. Ein dritter Teil greift konkret die Kontroverspunkte
der Reformationszeit auf und macht deutlich, daß die damals ausgesprochenen Verwerfungen „nicht den gegenwärtigen Stand der Lehre
der zustimmenden Kirchen" treffen.[294] Es wird also festgehalten, daß es

---

[293] Veröffentlicht (u. a.) in: A. Birmelé (Hrsg.), Konkordie und Kirchengemeinschaft reformatorischer Kirchen im Europa der Gegenwart, Frankfurt a. M. 1982,
S. 13–22.
[294] Nr. 32.

zwischen den Traditionen durchaus beträchtliche Unterschiede gibt, und dies nicht nur in der Lehre, sondern auch in der Gestaltung des Gottesdienstes, daß diese Differenzen in den Gemeinden als bedeutsam empfunden werden. Dennoch, so die Aussage der Konkordie, „vermögen wir nach dem Neuen Testament und den reformatorischen Kriterien der Kirchengemeinschaft in diesen Unterschieden keine kirchentrennenden Faktoren zu erblicken"[295]. In einem vierten Teil wird die Kirchengemeinschaft festgeschrieben, die zwischen den Kirchen bestehen soll, die dieser Konkordie beitreten: Sie „gewähren einander Kanzel- und Abendmahlsgemeinschaft. Das schließt die gegenseitige Anerkennung der Ordination und die Ermöglichung der Interzelebration ein … Die dieser Gemeinschaft seit dem 16. Jahrhundert entgegenstehenden Trennungen sind aufgehoben. Die beteiligten Kirchen sind der Überzeugung, daß sie gemeinsam an der einen Kirche Jesu Christi teilhaben und daß der Herr sie zum gemeinsamen Dienst befreit und verpflichtet."[296] Auf dieser Basis wollen die Kirchen nun im Zeugnis und Dienst, in der Verkündigung und der Diakonie zusammenarbeiten und sich um Gerechtigkeit und Frieden in der Welt gemeinsam mühen. Außerdem verpflichtet die Konkordie die Kirchen zu einem kontinuierlichen Lehrgespräch untereinander, also dazu, an den Fragen, die nach wie vor offen sind, weiterzuarbeiten. Damit sollte vermieden werden, daß hier eine Ökumene allein durch Besinnung auf die Vergangenheit, eine „Ökumene im Rückwärtsgang"[297] erfolge, statt dessen solle bewirkt werden, daß sich die Kirchen nun gemeinsam den Forderungen der Zeit und der Gesellschaft zu stellen vermögen.

Dieser Text wurde den reformatorischen Kirchen Europas mit der Bitte um Zustimmung und Beitritt bis zum 30. September 1974 zugestellt, bis zu diesem Termin erklärten über 50 Kirchen ihre Zustimmung und nahmen damit Kirchengemeinschaft auf. In der Folgezeit schlossen sich weitere Kirchen vor allem auch aus Südamerika an. Bei der 4. Vollversammlung[298] kamen im Mai 1994 Vertreter aus 65 Kirchen zusammen, die der Konkordie beigetreten waren.

Über die hier erzielte Gemeinschaft zwischen den beigetretenen Kirchen hinaus ist das Modell, das in der Leuenberger Konkordie entwik-

---

[295] Nr. 28.
[296] Nr. 33f.
[297] So die häufig geübte Kritik.
[298] Diese Versammlungen im Rahmen der Leuenberger Kirchengemeinschaft sollen der gemeinsamen Lehrentwicklung dienen. Die Vollversammlungen fanden statt 1976 in Sigtuna, 1981 in Driebergen, 1987 in Straßburg und 1994 in Wien. Vgl. US 49 (1994), S. 153ff.

kelt wurde, von hoher ökumenischer Bedeutung. Man versuchte hier nicht, ein neues, gemeinsames Bekenntnis oder einen umfassenden Konsens zu formulieren, der von allen Seiten akzeptiert worden wäre. Ein solcher Versuch wäre wohl kaum erfolgreich gewesen. Man hat auch nicht die Bekenntnisse geändert und die in ihnen enthaltenen gegenseitigen Lehrverwerfungen zurückgenommen. Auch das hätte sich wohl kaum durchsetzen lassen. Vielmehr wurde in den Verwerfungen zwischen der positiven Glaubensaussage, die sie enthalten, und dem Damnamus unterschieden, das jeweils der anderen Seite galt. So konnte man die positive Lehraussage festhalten, das Bekenntnis mußte also nicht geändert werden, es wurde lediglich amtlich festgestellt, daß die Verwerfungen nicht den gegenwärtigen Stand der Lehre der zustimmenden Kirchen treffen. Dabei konnte offenbleiben, ob die Verwerfungen von vornherein ins Leere gegangen waren, also auf Mißverständnissen beruhten. Jedenfalls haben sie nicht mehr die Kraft, heute die Kirchentrennung noch zu legitimieren. Damit ist die Leuenberger Konkordie nicht ein Minimalkonsens, wie ihr verschiedentlich vorgeworfen wurde. Doch die erzielte Gemeinsamkeit im Verständnis des Evangeliums und in der Feier der Sakramente und das Wissen, daß die Verwerfungen die Partnerkirchen nicht mehr treffen, ist für die Aufnahme einer Kirchengemeinschaft hinreichend. Denn wenn an Verwerfungen nicht aus unabdingbaren Gründen der Wahrheit festgehalten werden muß, sind sie hinfällig und können die Gemeinschaft der Christen nicht mehr behindern. Dieses Modell wurde in der Lehrverwerfungsstudie wiederaufgegriffen.

II. Die Konvergenzerklärung über Taufe, Eucharistie und Amt

Die traditionelle Form der Konsensökumene fand auf multilateraler Ebene einen gewissen Abschluß in der Konvergenzerklärung, die 1982 in der peruanischen Hauptstadt Lima verabschiedet wurde. Dieser Text entstand im Rahmen der Kommission für Glauben und Kirchenverfassung, in ihm wirkten alle kirchlichen Traditionen mit, die im Ökumenischen Rat der Kirchen vertreten sind. Darüber hinaus waren auch katholische Theologen an der Ausarbeitung beteiligt, nachdem seit 1968 auch die katholische Kirche Mitglied von Faith and Order ist. Es handelt sich also um ein multilaterales Dokument, an dem rund 300 Kirchen direkt oder durch gemeinsame Vertreter gleichen Bekenntnisses mitarbeiteten. Dabei wurden auch zahlreiche Ergebnisse bilateraler Gespräche aufgenommen. Der Text versteht sich als Konvergenzerklärung zu den Themenbereichen Taufe, Eucharistie und Amt.[299] In dieser Kombination macht sich der anglikanische Hintergrund bemerkbar, aus dem Faith and Order hervorgegangen ist. Taufe, Eucharistie und Amt gehören zu dem, was in der anglikanischen Theologie mit „order" bezeichnet wird, nämlich „der Inbegriff der festen Formen göttlicher Einsetzung, die zum Wesen der Kirche gehören"[300]. In Taufe, Eucharistie und Amt macht sich nach anglikanischer Tradition die Grundordnung der Kirche fest, durch die der rechte Glaube verkündet und die christliche Botschaft weitergegeben wird. Insofern war es nur sinnvoll, daß Glauben und Kirchenverfassung in Weiterführung der Lima-Erklärung über „order" ein Studienprojekt unter dem Titel „Auf dem Weg zu einem gemeinsamen Ausdruck des apostolischen Glaubens" initiierte, das sich dem Aspekt „faith" widmen sollte.[301]

Die Lima-Erklärung hat eine 50jährige Vorgeschichte. Bereits bei der ersten Weltkonferenz für Glauben und Kirchenverfassung 1927 in Lausanne standen die Themen Taufe, Herrenmahl und Amt auf der Tagesordnung. Es war von Anfang an deutlich, daß eine Einigung der christlichen Kirchen nicht möglich sei, wenn in diesen grundlegenden Fragen kirchlicher Ordnung und Struktur keine Übereinkunft erzielt werden könnte. Eine erste Fassung eines Konvergenztextes, der die Ergebnisse langjähriger Studienarbeiten zusammenfaßte, wurde 1974 in Accra fertiggestellt und den Kirchen mit der Bitte um Stellungnahme übergeben. Zu besonders schwierigen Fragestellungen, wie zum Problem von Kinder- und Gläubigentaufe, zu *episkopé* und Episkopat wurden eigene Konsultationen veranstaltet. In Bangelore 1978 wurden diese Materialien ausgewertet. Ein Redaktionsausschuß unter Leitung von Max Thurian (Taizé) hat auf der Basis der Änderungswünsche der Kirchen den Text noch einmal grundlegend überarbeitet und verbessert. Bei der Konferenz 1982 in Lima wurden weitere 100 Änderungsvorschläge eingearbeitet, so daß auch der von Thurian vorgelegte Entwurf nochmals eine völlige Umgestaltung erfuhr. Insofern hat der Lima-Text keinen einzelnen Autor oder Redaktor. Doch die so entstandene Textfassung wurde ohne Gegenstimmen oder Enthaltungen einstimmig verabschiedet und den Kirchen zur offiziellen Stellungnahme zugeleitet. An-

---

[299] Aus der englischen Bezeichnung ›Baptism, Eucharist, Ministry‹ ist die Abk. BEM abgeleitet.

[300] H. Sasse, Die Weltkonferenz für Glauben und Kirchenverfassung, zitiert nach G. Voss (Hrsg.), Wachsende Übereinstimmung in Taufe, Eucharistie und Amt, Freising – Paderborn 1984.

[301] Dieses Projekt konnte abgeschlossen werden: Studiendokument von Glauben und Kirchenverfassung Nr. 153, Frankfurt a. M. – Paderborn 1991.

gesichts der Tatsache, daß hier die gesamte Bandbreite des Ökumenischen Rats und des Katholizismus vertreten war, wurde die Tatsache, daß man sich gerade in den schwierigen Punkten Eucharistie und Amt hatte verständigen und gemeinsame Formulierungen hatte finden können, als „Wunder von Lima" bezeichnet. Im Vorwort zum Text schwingt noch die Freude über diesen Erfolg mit: „Daß Theologen aus so unterschiedlichen Traditionen in der Lage sind, so einmütig über Taufe, Eucharistie und Amt zu sprechen, ist in der modernen Ökumenischen Bewegung ohne Beispiel ... Wir glauben, daß der Heilige Geist uns zu diesem Augenblick geführt hat, einem 'kairos' der Ökumenischen Bewegung, in dem es bedauerlicherweise noch getrennten Kirchen möglich geworden ist, wesentliche theologische Übereinstimmungen zu erzielen."[302] Selbst wenn sich der Text damit bescheidet, eine Konvergenzerklärung zu sein, also lediglich eine Zwischenstufe innerhalb des Prozesses zu einer vollen Einigung der Kirche darzustellen, sind die hier formulierten Übereinstimmungen höchst beachtlich. Walter Kasper, einer der katholischen Mitarbeiter in Lima, stellte fest: Diese Erklärungen „bringen jedoch einen so fundamentalen Konsens und in allen noch offenen Fragen eine so weitgehende Konvergenz zum Ausdruck, wie es zuvor wohl kaum jemand auch nur zu hoffen gewagt hätte. Diesen fundamentalen Konsens und diese weitgehende Konvergenz erstmalig öffentlich klar formuliert zu haben, stellt schon in sich ein ökumenisches Ereignis erster Ordnung dar." Dabei sind die erzielten Konvergenzen keineswegs nur mehr oder weniger tragfähige Kompromisse. „Die drei Erklärungen stellen alles andere als eine kompromißlerische Einheit auf dem kleinsten gemeinsamen Nenner dar; es handelt sich um eine Einheit im Fundamentalen und Wurzelhaften, auf der sich weiter aufbauen läßt."[303]

Hinsichtlich der Inhalte der drei Erklärungen[304] ist zunächst festzuhalten, daß sich der Lima-Text wieder den klassischen Fragen der Kontroverstheologie widmete. Nachdem jedenfalls zeitweilig die Konzentration auf die Weltverantwortung und die Verbesserung der Gesellschaft den Ökumenischen Rat dominiert hatte, traten damit wieder die Themen, an denen die Einheit der Kirchen zerbrochen war und die über Jahrhunderte hinweg die Trennung als unvermeidbar hatten er-

---

[302] Zitiert in DwÜ I, S. 548.

[303] W. Kasper, Rückkehr zu den klassischen Fragen ökumenischer Theologie, in: US 37 (1982), S. 10.

[304] Die Einzelaussagen von Lima werden aufgegriffen in der Darlegung der theologischen Kontroversthemen. Hier können nur allgemeine Aspekte angeführt werden.

scheinen lassen, ins Zentrum des Interesses. Die Probleme der Kontroverstheologie wurden wieder ernst genommen, Glauben und Kirchenverfassung gewann mit dieser Erklärung neue Bedeutung innerhalb des
Rats. Dabei war natürlich abzusehen, daß diese Schwerpunktsetzung
nicht ohne kritische Einwände bleiben würde. Überall dort, wo man die
Aufgabenstellung eher im Säkularökumenismus ansiedelte oder hoffte,
die Einigung durch gemeinsames Tun zu erreichen, oder auch die traditionellen Fragestellungen insgesamt für obsolet hielt, mußte die Methode
von Glauben und Kirchenverfassung auf Kritik stoßen.

In der Methodik des Lima-Papiers ist festzuhalten, daß die kontroversen Punkte durch eine Rückbesinnung auf die frühe Kirche, ihre Ordnung und Lehrentscheidungen einer Lösung entgegengeführt wurden.
Im Gegensatz zu einer polemischen Auslegung des *sola scriptura*-Prin-
zips und einer generellen Kritik am „Frühkatholizismus", wie sie in
manchen protestantischen Kirchen dominierten, hat sich das Lima-Papier auf die Lehre und Praxis der frühen Kirche bezogen und die dort ge-
troffenen Entscheidungen für normativ erachtet. Es ist offensichtlich,
daß sich hier die orthodoxe Tradition, die in Lima stark repräsentiert
war, durchsetzen konnte. Für die Orthodoxie ist es unabweisbar, daß
eine Einigung nur auf der Basis der frühen Kirche erfolgen kann. Um
überhaupt eine Verständigung möglich zu machen, mußte man diese
Vorgabe akzeptieren. Dabei kann es nicht wundernehmen, daß es den
orthodoxen, den anglikanischen und den katholischen Kirchen leichter
fällt, dieser Grundentscheidung und ihren Konsequenzen zuzustimmen, als den Kirchen reformatorischer oder freikirchlicher Provenienz.
Von dieser Seite sind dann auch insbesondere die Aussagen zum Amt auf
Kritik gestoßen.

In Lima wurde neben dem Konvergenztext auch die „Lima-Liturgie"
entworfen. Diese ist eine Gottesdienstordnung für die Feier des Herrenmahls, die auf den Konvergenztexten von Lima basiert und die verschiedenen christlichen Traditionen in ihrem liturgischen Gut aufnimmt. Die
in Lima theologisch erzielte und formulierte Gemeinschaft konnte also
auch in die gottesdienstliche Praxis übersetzt werden. Damit wurde es
möglich, nicht nur theoretisch über Gemeinschaft auch in den zentralen theologischen Fragen zu sprechen, sondern diese auch in der
liturgischen Feier sichtbar zu machen und sie gottesdienstlich zu verwirklichen. Dies hat die Rezeption von Lima durch die Basis in erheblichem Maße beflügelt. Die Lima-Liturgie eröffnete erstmals die Möglichkeit, bei der Vollversammlung des ÖRK 1983 in Vancouver einen
gemeinsamen Abendmahlsgottesdienst zu feiern.[305] Seither wird bei

---

[305] Dabei haben die Vertreter der Kirchen, die geschlossene Kommunion

ökumenischen Gottesdiensten, wenn sie als Abendmahlsgottesdienste gestaltet werden, die Lima-Liturgie häufig verwendet.

Das Lima-Papier bedeutete auch insofern einen gewissen Abschluß eines langjährigen theologischen Prozesses, als dieser Text nicht mehr mit der Bitte um Stellungnahme an die Mitgliedskirchen verschickt wurde, sondern mit der Bitte um Rezeption. Die Kirchen wurden gebeten, mitzuteilen, „welche Folgerungen Ihre Kirche aus diesem Text für ihre Beziehungen zu und Dialogen mit anderen Kirchen ziehen kann, besonders zu denjenigen, die den Text ebenfalls als einen Ausdruck des apostolischen Glaubens anerkennen; welche richtungweisenden Hilfen Ihre Kirche aus diesem Text für ihr gottesdienstliches, erzieherisches, ethisches und geistliches Leben und Zeugnis ableiten kann"[306]. Lima sollte nicht nur ein Punkt im Prozeß theologischer Konvergenzformulierungen bleiben, man war überzeugt, dieser Weg habe mit diesem überzeugenden Text einen gewissen Abschluß gefunden. Nun sei es an der Zeit, daraus auch kirchenamtliche Konsequenzen zu ziehen.

Der Rezeptionsprozeß verlief zunächst eher schleppend. Es erwies sich als unmöglich, daß die Kirchen ihre offiziellen Antworten bis zum 31. Dezember 1984, dem ursprünglich erbetenen Endtermin, abgegeben hätten. Zumeist dauerte der nötige Bewußtmachungs- und Klärungsprozeß wesentlich länger, vor allem deswegen, weil in vielen Kirchen die Texte von BEM auch in den Gemeinden intensiv zur Kenntnis genommen wurden. Das Lima-Dokument ist mit großem Abstand der erfolgreichste ökumenische Text, der je geschrieben wurde. In der offiziellen Auswertung der Stellungnahmen der Kirchen wurde 1990 festgestellt, daß insgesamt rund 400000 Exemplare des Textes und seiner Übersetzungen und zusätzlich 150000 Exemplare mit Studienhilfen und Arbeitsmaterialien gedruckt wurden. Die offiziellen Stellungnahmen der Kirchen bis 1987 sind publiziert.[307] Es gab kein ökumenisches Dokument, zu dem sich die Kirchen in so breitem Umfang geäußert und in Auseinandersetzung mit dem sie ihre eigenen ekklesiologischen Grundaussagen reflektiert und formuliert hätten. Insofern hatte der Text auch eine Katalysatorfunktion, besonders für jene Kirchen, die

---

praktizieren, sich in verschiedener Weise an der Liturgie beteiligt, ohne selbst das Herrenmahl zu empfangen. Damit tauchte die Frage auf, ob diese Praxis der Einheit diene oder ob nicht die Trennung erneut festgeschrieben und symbolisiert werde.

[306] DwÜ I, S. 549.

[307] M. Thurian (Hrsg.), Churches respond to BEM. Official Responses to the 'Baptism, Eucharist and Ministry' Text, Bd I–VI, Genf 1986–1988.

sich der ekklesiologischen Problematik bisher noch wenig geöffnet hatten. Dieser Prozeß ist als solcher ein Ereignis von hoher Bedeutung. Andererseits muß festgehalten werden, daß ein Großteil der Stellungnahmen zwar sehr freundlich gehalten war, daß aber an entscheidenden Punkten das Ergebnis jeweils am Maßstab der eigenen überkommenen Lehre und Praxis gemessen wurde. Immer wieder taucht an den entscheidenden Punkten die Forderung auf, hier sei noch wesentlich präziser zu formulieren, wobei die von den verschiedenen Seiten angemahnten Präzisierungen einander inhaltlich widersprechen. Kaum irgendwo überprüfte man die eigene Praxis und Lehre an den Ergebnissen der Texte von Lima. Nicht die Kirchen haben sich bekehrt, um die Einheit zu fördern, sondern sie haben die weitere Präzisierung und Überarbeitung der Texte gefordert. Amtliche Konsequenzen wurden daraus nicht abgeleitet.[308] Lima stellt einerseits einen Höhepunkt der ökumenischen Arbeit dar, es war ein Durchbruch im Prozeß theologischer Annäherung und der Überwindung kirchentrennender Kontroversen. Andererseits aber bedeutete das Dokument wohl auch einen gewissen Abschluß der Konsens- und Konvergenzökumene, deren ekklesiale Konsequenzenlosigkeit nicht zu übersehen war. Die schleppende oder auch ganz unterbleibende kirchenamtliche Rezeption machte deutlich, daß auf dem Weg über Konsensbildung allein, selbst wenn er erfolgreich ist, die Einigung der Kirchen offensichtlich nicht erreicht werden kann.

III. Der „Fries-Rahner-Plan"

Angesichts der Spannung zwischen den theologischen Konsensen einerseits und ihrer ekklesialen Wirkungslosigkeit andererseits legten Heinrich Fries und Karl Rahner 1983 einen Plan zur Einigung der Kirchen vor. Sie selbst bezeichneten diesen als einen „Notschrei von Christen, die den Eindruck haben, es gehe in dieser Sache nicht weiter", obwohl doch der Einigung der Christenheit „eine der höchsten Priori-

---

[308] Bis zur Weltversammlung von Glauben und Kirchenverfassung 1993 in Santiago de Compostela waren annähernd 200 offizielle Stellungnahmen der Kirchen eingegangen. Eine thematisch geordnete Zusammenfassung wichtiger Äußerungen der Kirchen wurde publiziert: Die Diskussion über Taufe, Eucharistie und Amt 1982–1990, Frankfurt a. M. – Paderborn 1990. Die wissenschaftliche Auswertung dieser Antworten der Kirchen steht noch aus. Die Tatsache, daß sich so viele Kirchen in teilweise sehr ausführlichen Stellungnahmen zu BEM äußerten, beweist, daß sie die klassischen Themen der Kontroverstheologie nach wie vor ernst nehmen und sie für lösungsbedürftig erachten.

täten" zukommen müßte.[309] Rahner und Fries stützten sich einerseits
auf die in den ökumenischen Dialogen erzielten Konvergenzen und
griffen deren Ergebnisse auf, stellten aber andererseits ins Zentrum
ihrer Überlegung die Frage, welches Maß an Übereinstimmung überhaupt gefordert werden müsse, um eine Einigung der Kirchen zu realisieren. Denn es ist offensichtlich, daß die Kirchen auch in ihrem jeweiligen Binnenbereich ein hohes Maß an Vielfalt akzeptieren, eine solche
also die Einheit im Glauben nicht in Frage stellen müsse. Damit stellte
sich als Thema: Welche Vielfalt zwischen den Teilkirchen ist innerhalb
einer geeinten Kirche möglich?

In der Beantwortung dieser Frage machten Rahner und Fries in ihren
acht Thesen zur Einigung der Christenheit zunächst deutlich, daß eine
Gemeinschaft der Kirchen nur auf der Basis des gemeinsamen Glaubens möglich sei: „Die Grundwahrheiten des Christentums, wie sie in
der Heiligen Schrift, im apostolischen Glaubensbekenntnis und in dem
von Nizäa und Konstantinopel ausgesagt werden, sind für alle Teilkirchen der künftig einen Kirche verpflichtend."[310] Die am Fries-Rahner-
Plan verschiedentlich geübte Kritik, hier würde eine Einheit ohne Wahrheit propagiert, ist damit jedenfalls widerlegt. Genau darum ging es
nicht, die Basis der hier intendierten Kirchengemeinschaft ist die Botschaft der Schrift und der Glaube der Alten Kirche. Nur wer auf diesem
Fundament steht, war mit den folgenden Thesen angesprochen. Die entscheidende zweite These lautete: „Darüber hinaus gelte ein realisti-
sches Glaubensprinzip: In keiner Teilkirche darf dezidiert und bekennt-
nismäßig ein Satz verworfen werden, der in einer anderen Teilkirche
ein verpflichtendes Dogma ist … Bei diesem Prinzip würde nur das
getan, was jede Kirche heute schon ihren eigenen Angehörigen gegenüber praktiziert."[311] Diese These gründet zunächst in den Erkennt-
nissen derzeitigen Wissenschaftsbetriebs. Durch die Ausdifferenzierung der verschiedenen Disziplinen ist es für den einzelnen Wissen-
schaftler immer schwieriger geworden, einen Gesamtüberblick schon
über sein eigenes Fach, geschweige denn über die wissenschaftliche
Forschung insgesamt zu behalten. Man ist mehr und mehr darauf ange-
wiesen, sich auf das Wissen anderer zu verlassen, das man selbst nicht
mehr zu überprüfen vermag. Das gilt auch für die Theologie, so daß man
auch hier darauf vertrauen muß, daß die Kollegen gut gearbeitet haben
und zu Ergebnissen gekommen sind, auf denen sich aufbauen läßt. In

---

[309] H. Fries–K. Rahner, Einigung der Kirchen – reale Möglichkeit, Freiburg
i. Br. – Basel – Wien 1983, S. 13.
[310] A.a.O., S. 23.
[311] A.a.O., S. 35.

vielen Fällen wird man also nicht zu einer verantworteten Zustimmung oder Ablehnung gelangen können. Es ist in weiten Bereichen unvermeidlich, sich eines positiven oder negativen Urteils zu enthalten. Diese Tatsache begegnet der erkenntnistheoretischen Aussage: „Wenn ein Mensch sich eines zustimmenden Urteils über einen (sicher oder möglicherweise) wahren Satz enthält, irrt er nicht."[312] Wer kein Urteil fällt über einen vorgetragenen Satz, der kann auch nicht irren. Es kann berechtigte Gründe dafür geben, sich einer Zustimmung zu einem Satz zu enthalten, das ist mit der Treue zur Wahrheit durchaus vereinbar. Der Häresie macht sich nach herkömmlicher Überzeugung nur schuldig, wer hartnäckig *(pertinaciter)* das direkte Gegenteil eines verbindlichen Glaubenssatzes behauptet und lehrt.

Schon heute ist es in allen Kirchen selbstverständlich, daß nicht jeder einzelne Christ alle Glaubensaussagen in gleicher Weise bejahen muß. Mit der Loyalität zur Kirche wäre es lediglich unvereinbar, eine Aussage, die sie als verpflichtend formulierte, explizit und dezidiert und endgültig abzulehnen und das direkte Gegenteil zu behaupten. Was sich unterhalb der Ebene einer dezidierten Ablehnung bewegt, muß keineswegs die Treue zur Kirche tangieren, es darf jedenfalls nicht der Häresie bezichtigt werden. Diese Grundregel müßte auch im Verhältnis zwischen den Kirchen Anwendung finden. Eine Einheit im Glauben ist nicht denkbar, wenn eine Kirche erklären muß, ein Satz, der von einer anderen Kirche als absolut und letztverbindlich gelehrt wird, sei um des Glaubens und der ewigen Seligkeit willen abzulehnen, weil er der christlichen Botschaft direkt widerstreite. Aber es darf zu einer Einigung weder verlangt werden, daß alle Partner den Glauben gemeinsam formulieren, noch daß jede Teilkirche alle Glaubenssätze der anderen Teilkirchen positiv aufnimmt und sie von vornherein für akzeptabel erklärt. Es kann durchaus genügen, daß sich jede Seite eines negativen Urteils über Glaubenssätze anderer Konfessionen enthält. Dabei besteht die Hoffnung, daß auch die Bereiche, in denen heute gemeinsame Aussagen noch nicht möglich sind, einmal in den Raum der Gemeinsamkeit übergehen könnten. Für den Augenblick aber genügt das, was Rahner und Fries als „Urteilsenthaltung" bezeichneten.

Eine Einigung der Christenheit wäre also bereits dann möglich, wenn die Kirchen gemeinsam die Schrift und die altkirchlichen Glaubensbekenntnisse annehmen und sich bezüglich späterer Entwicklungen, soweit sie diese nicht positiv akzeptieren und übernehmen können, eines negativen Urteils enthalten. Der Begriff „Urteilsenthaltung", der im Zentrum dieser Argumentation steht, darf dabei nicht im Sinn des philo-

---

[312] A.a.O., S. 42.

sophischen Skeptizismus verstanden werden, wo er eine Grundkonzeption umschrieb, die jede Wahrheitserkenntnis für unmöglich erklärte. Im Gegensatz zu einem solchen Skeptizismus verlangen die Autoren: „Es ist erforderlich, daß anerkannt wird, daß die konfessionsspezifische Praxis einer Konfession nicht evangeliumswidrig ist und deshalb auch nicht verurteilt und abgelehnt werden darf."[313] Dies ist sehr wohl ein Urteil, und dieses Urteil ist auch vorausgesetzt, damit eine Einigung möglich wird.[314]

Die Diskussion um dieses Buch war heftig.[315] Vor allem im katholischen Bereich wurde der Vorwurf laut, hier würde eine Einheit ohne Wahrheit angestrebt, es würden bleibende kirchentrennende Differenzen einfach überspielt. Die Grundthese aber, daß eine Einigung keineswegs einen umfassenden Konsens verlangt, daß Gemeinschaft der Kirchen durchaus auch dann möglich ist, wenn Differenzen bleiben, wurde in der ökumenischen Diskussion weithin aufgegriffen. Sie fand eine historische Bestätigung in der altprotestantischen Auffassung von den Fundamentalartikeln, die für eine Einigung der christlichen Kirchen nötig und hinreichend seien. Insbesondere Georg Calixt wurde als Gewährsmann für ein solches Modell einer Einigung der Christenheit angeführt,[316] mit gewissen Differenzen weist die Aussage des Zweiten Vatikanischen Konzils von der „Hierarchie der Wahrheiten" in dieselbe Richtung: Eine Einigung im Zentrum ist möglich, selbst wenn noch nicht alle Einzelausgestaltungen gemeinsam ausgedrückt werden können. In katholischer Tradition wurde in der Diskussion die Konzeption der *fides implicita* wiederaufgegriffen.[317] Diese Vorstellung intendierte ursprünglich nicht eine Entmündigung des einzelnen und die Delegation der Glaubensentscheidung an die Kirche, sondern genau im Gegenteil eine mögliche Differenz zwischen dem Glauben des einzelnen und der offiziellen Lehre der Kirche. In der Dogmengeschichte wurde immer wieder betont, daß eine derartige Differenz legitim sein könne, daß es in konkreten Fällen sehr wohl genüge, bestimmte Glaubensaussagen nicht explizit festzuhalten und zu bekennen, sondern sie

[313] A.a.O., S. 130.
[314] Es geht also im Grunde nicht um eine Enthaltung jedweden Urteils, sondern um eine „Verurteilungsenthaltung".
[315] In der erweiterten Sonderausgabe (Freiburg i. Br. – Basel – Wien 1985) geht H. Fries auf diese Reaktionen ein: S. 157–189.
[316] Vgl. Ch. Böttigheimer, Zwischen Polemik und Irenik. Die Theologie der einen Kirche bei Georg Calixt, Münster 1996.
[317] Vgl. P. Neuner, Was muß der Christ glauben? Die Lehre von der Fides implicita zwischen amtlicher Dogmatik und partieller Identifikation, in: Stimmen der Zeit 212 (1994), S. 219–231.

lediglich implizit dadurch anzunehmen, daß man dem Glauben der Kirche treu bleiben wolle. Im Verlauf der neuzeitlichen Geschichte, wo Differenzen zwischen dem Glauben der Kirche und der Skepsis der Gläubigen immer deutlicher werden und die Kirchen sich notgedrungen mit einer partiellen Identifikation ihrer Glieder abfinden, bekommt diese Vorstellung neue Dringlichkeit. Es kann durchaus genügen, im Zentrum der christlichen Botschaft eine Übereinstimmung zu finden und Differenzen in den anderen Fragen als legitim zu ertragen. Diese Erkenntnis wurde in der Diskussion um die Zielvorstellungen der Ökumene fruchtbar gemacht,[318] hier hat die Vorstellung von einer dynamischen Gemeinschaft die einer statischen Einheit weithin ersetzt.

IV. Die Lehrverwerfungsstudie

Beim ersten Papstbesuch in Deutschland 1980 legten die Repräsentanten der Evangelischen Kirche dem Papst konkrete Wünsche für das Zusammenleben der christlichen Kirchen vor.[319] Zu ihrer Beantwortung wurde eine Gemeinsame Ökumenische (Bischofs-)Kommission (GÖK) gegründet, in der man übereinkam, nicht zu versuchen, in den angesprochenen Problemen einen Konsens- oder Konvergenztext zu erstellen, sondern – ebenso wie in der Leuenberger Konkordie – zu untersuchen, ob die gegenseitigen Verwerfungen des 16. Jh., also die katholischen Anathemata und die lutherischen Damnationes, den heutigen Partner treffen und damit die Kirchen noch voneinander trennen müssen. Sei dies nicht oder nicht mehr der Fall, dann habe die ökumenische Regel zu gelten, die Kardinal Ratzinger, der katholische Vorsitzende der GÖK, so formuliert hatte: „Nicht die Einheit bedarf der Rechtfertigung, sondern die Trennung" und dies „in jedem einzelnen Fall".[320] Wenn die Trennung nicht mehr aus unabweisbaren Glaubensgründen

---

[318] Siehe unten S. 289–296.

[319] Die von Landesbischof Eduard Lohse formulierten und seither häufig wiederholten Fragen sind: Eucharistiegemeinschaft, ökumenische Gottesdienste an Sonntagen sowie Probleme der konfessionsverschiedenen Ehe.

[320] J. Ratzinger, Theologische Prinzipienlehre, München 1982, S. 211, 213. Daß eine Vielfalt kirchlicher Verwirklichung legitim ist und auch Differenzen im dogmatischen Verständnis die Einheit nicht notwendigerweise behindern, machte Kardinal Ratzinger in der Aussge klar, bei einer Einigung mit der Orthodoxie müßte diese nicht die Entwicklung des Primats im zweiten Jahrtausend bis zum I. Vatikanischen Konzil übernehmen. Es würde für eine Kircheneinigung genügen, wenn sie diese Entwicklung nicht für ketzerisch und dem Evangelium widerstreitend ablehnt (a. a. O., S. 209).

festgehalten werden muß, ist sie illegitim und damit hinfällig. Man hat also zunächst die gegenseitigen Verurteilungen ernst genommen. Keine Kirche hat das Recht, ihre bekenntnismäßigen Lehraussagen einfachhin als gegenstandslos und überholt abzutun. Und die angesprochenen Verwerfungen sind Bestandteil des Bekenntnisses bzw. des Dogmas; sie gehören damit zu der Lehrverpflichtung, die jeder Amtsträger bei seiner Ordination übernimmt, und das bis heute. Gerade deshalb müssen sie überwunden werden, denn sie können nicht mit Kirchengemeinschaft zusammengehen, so als gingen uns diese alten Texte nichts mehr an, als könnten wir sie getrost auf sich beruhen lassen und folglich unverändert, weil unbeachtet beibehalten. Man wollte also nicht das Bekenntnis in Frage stellen, sondern, wie in Leuenberg, in den Lehrverwerfungen zwischen Affirmation und Verurteilung unterscheiden. Wenn die Verwerfungen nicht (mehr) treffen, kann ihr positiver Gehalt festgehalten werden, ohne daß aus ihm eine Verurteilung der anderen Konfession abgeleitet werden müßte.[321]

Mit der Durchführung dieser Studie wurde der „Ökumenische Arbeitskreis evangelischer und katholischer Theologen"[322] beauftragt. Er untersuchte unter der wissenschaftlichen Leitung von W. Pannenberg und K. Lehmann, später von Th. Schneider in fünfjähriger akribischer Arbeit die einzelnen Lehrverwerfungen. Thematisch gruppierten sich die Arbeiten um die Lehre von der Rechtfertigung, von den Sakramenten und vom kirchlichen Amt. Dabei mußte Pionierarbeit geleistet werden. Es galt zu erforschen, welche derartigen Verwerfungen überhaupt bestehen und vor allem, wogegen sie sich richten. Häufig waren es einzelne Sätze oder Formulierungen der Reformatoren, die die Anathemata des Konzils von Trient herausgefordert hatten. Diese galt es zunächst zu erkennen und dann weiterhin zu überprüfen, ob sie tatsächlich die Position der jeweiligen Kirche zum Ausdruck zu bringen vermochten. Weiterhin war zu überlegen, ob damit auch noch die heutige Lehre in beiden Kirchen angemessen umrissen ist oder ob nicht die seitherige Lehrentwicklung die jeweilige Verwerfung habe gegenstandslos werden lassen.

---

[321] Diese Argumentation ist insbesondere für die katholische Form der Anathemata fruchtbar. Denn hier wurden in der Formulierung *„Si quis dixerit … a. s."* nirgendwo Personen, sondern allein abstrakte Positionen verurteilt. Wenn das Zurückgewiesene niemand behauptet, bleiben die Anathemata ohne ekklesiale Konsequenzen, ohne daß sie ihren positiven Lehrgehalt verlieren würden oder gar abgeschafft werden müßten. Vgl. hierzu P. Neuner, Anathemas, in: Dictionary of the Ecumenical Movement, hrsg. v. N. Lossky u. a., Genf – Grand Rapids 1991, S. 17.

[322] „Jäger-Stählin-Kreis", siehe oben S. 140.

In der Grundfrage, ob die Verwerfungen den Partner treffen, kam die Studie zu einem differenzierten Urteil. Die populäre Vorstellung, man habe sich im 16. Jh. lediglich mißverstanden und aneinander vorbeigeredet, ist als Pauschalaussage so nicht haltbar. Sicher gab es Mißverständnisse, und diese konnten bereinigt werden. Vielfach war es eine unterschiedliche Sprachgestalt oder Denkstruktur, die zu der Überzeugung führte, man sei auch in der Sache widersprüchlich. Alle Verwerfungen, die auf isolierten Sätzen beruhten, die zu Mißverständnissen Anlaß gaben oder wo sich hinter unterschiedlichen Formulierungen einander entsprechende Inhalte sichtbar machen ließen, vermögen die Kirchentrennung nicht zu legitimieren.[323] Daneben gab es Verwerfungen von Extrempositionen, die im 16. Jh. als Schulmeinungen vertreten oder kirchenamtlich toleriert wurden, aber schon damals nicht die offizielle Lehre darstellten und heute keine Rolle mehr spielen. Hier hat man sich nicht mißverstanden, vielmehr wurden diese Verurteilungen durch Unklarheiten in der Lehre oder Fehlentwicklungen in der Praxis hervorgerufen. So entzündete sich manche reformatorische Kritik an Vorstellungen und Verhaltensweisen bei den Altgläubigen, die im Konzil von Trient ebenfalls dem Verdikt verfielen.[324] Soweit derartige Einseitigkeiten bereinigt wurden, können diese Verwerfungen heute die Kirchen nicht mehr trennen. An manchen Punkten, so mußte man aber auch feststellen, hat man sich dagegen sehr wohl verstanden, die gegnerische Lehrmeinung genau getroffen und sie verurteilt. An diesen Stellen ist zu klären, welche Qualität diese Verwerfungen haben, ob sie auch heute noch die Last tragen können, die gegenseitigen Exkommunikationen zu legitimieren. Angesichts der Lehrentwicklung, die beide Kirchen durchlaufen haben, kann sich das Gewicht einer Verurteilung sehr wohl geändert haben.[325]

---

[323] Hier kann als Beispiel die Kontroverse zwischen „allein der Glaube" und „Glaube und Werke" angeführt werden. D. Ritschl hat für die Bemühung, die Sache in der Sprache einer anderen Denkwelt auszudrücken, den Begriff der „Alloiosis" geprägt (D. Ritschl – W. Ustorf, Ökumenische Theologie – Missionswissenschaft, Stuttgart – Berlin – Köln 1994, S. 59).

[324] Hier kann etwa auf Differenzen in der Rechtfertigungslehre sowie auf die Ablaßpraxis hingewiesen werden.

[325] Ein Beispiel hierfür ist das Anathem, mit dem die Kritik am Verbot feierlicher Trauungen zu den Bußzeiten des Kirchenjahres belegt wird (DH 1811). Hier hat sich trotz des Anathems die katholische Praxis erheblich geändert, und ein Verstoß gegen dieses nicht zurückgenommene Anathem wird nirgendwo als bedeutsam empfunden. Dies zeigt, daß keineswegs alles, was in Trient mit dem Anathem belegt wurde, als von dogmatischer Qualität angesehen werden muß. Es gibt auch ein ekklesiales Vergessen, ebenso wie es neue Dogmenentwicklung geben kann.

In mehrjähriger Arbeit wurden diese Untersuchungen in intensiven Detailstudien durchgeführt. Man mußte feststellen, daß manche Differenzen und offene Fragen zwischen den Konfessionen blieben. Dennoch kam die überwiegende Mehrheit der beteiligten Theologen in der Wertung des Gesamtergebnisses zu der Überzeugung, „daß die heutige Lehre nicht mehr von dem Irrtum bestimmt wird, den die frühere Verwerfung abwehren wollte"[326]. Konsequenterweise, so der Vorschlag des Ökumenischen Arbeitskreises, seien die Verwerfungen des 16. Jh. in ihrem negativen Aspekt gegenstandslos geworden und könnten aufgehoben werden.

Die Gemeinsame Ökumenische (Bischofs-)Kommission, in deren Auftrag die Studie ausgearbeitet worden war, machte sich dieses Urteil zu eigen. Sie übergab den Text den Leitungen beider Kirchen mit der Bitte, „verbindlich auszusprechen, daß die Verwerfungen des 16. Jh. den jetzigen Partner nicht treffen … Polemische und nicht zutreffende Ausdrücke gegen den anderen und seine Lehre müssen zurückgenommen und künftig vermieden werden. Die Kirchen, ihre Lehrer der Theologie und Pfarrer sollen die evangelischen Bekenntnisschriften und die lehramtlichen Aussagen der römisch-katholischen Kirche im Lichte der hier formulierten Erkenntnisse auslegen."[327]

Es war klar, daß niemand die Theologen zwingen konnte, sich diesem Urteil anzuschließen.[328] Im katholischen Raum blieben die Reaktionen in Theologie und kirchlicher Öffentlichkeit eher spärlich. Evangelischerseits war die Diskussion lebhafter und teilweise auch leidenschaftlich, verschiedentlich war offensichtlich der Eindruck entstanden, durch diese Studie werde die reformatorische Identität in Frage gestellt.[329] Wesentlich differenzierter fiel das Urteil der offiziell einge-

---

[326] K. Lehmann – W. Pannenberg (Hrsg.), Lehrverurteilungen – kirchentrennend? Bd. I, Freiburg – Göttingen 1986, S. 15 (abgek. LV). Die Vorstudien, die in der Verantwortung der einzelnen Theologen stehen, sind publiziert: LV Bde. 2 u. 3, 1989f.

[327] LV 195.

[328] Einen Überblick über den schwierigen Prozeß der Rezeption der LV-Studie gibt J. Brosseder in dem von ihm herausgegebenen Band ›Von der Verwerfung zur Versöhnung‹, Neukirchen 1996, S. 9ff.

[329] J. Baur, Einig in Sachen Rechtfertigung?, Tübingen 1989; D. Lange (Hrsg.), Überholte Verurteilungen?, Göttingen 1991; dazu: O. H. Pesch – U. Kühn, Rechtfertigung im Disput, Tübingen 1991. Verschiedentlich wurde die Studie von einem Anspruch her kritisiert, den sie selbst gar nicht erhoben hatte, nämlich inwieweit sie tatsächlich einen Konsens darstelle. Hinter einem Konsens blieb das Ganze natürlich zurück, aber ein solcher war auch von vornherein nicht intendiert.

setzten Kommissionen aus, die die amtliche Urteilsbildung der evangelischen Kirchen vorbereiten sollten. Im Mai 1990 legte der Facharbeits-
kreis Faith and Order und Catholica-Fragen in der ehemaligen DDR
seine Stellungnahme vor, jene des Gemeinsamen Ausschusses der
VELKD und des deutschen Nationalkomitees des Lutherischen Weltbundes wurde am 13. Sept. 1991 veröffentlicht, das Gutachten der von
der Arnoldshainer Konferenz eingesetzten Theologischen Kommission
am 29. Sept. 1991.[330]
Auf der Basis dieser Stellungnahmen faßten im Herbst 1994 die Gene-
ralsynode der VELKD und die Arnoldshainer Vollkonferenz[331] gleichlau-
tende Beschlüsse zu der Studie. Sie stellten darin fest, daß sie der Bitte,
„verbindlich auszusprechen, daß die Verwerfungen des 16. Jh. den
Partner nicht mehr treffen", nur teilweise entsprechen könnten. Es gibt
nach ihrer Überzeugung Verurteilungen, die auch heute noch treffen
und eine Einigung noch nicht erkennen lassen.[332] Doch in der Lehre
von der Rechtfertigung und in der Sakramentenlehre werden die noch
bestehenden Differenzen als nicht mehr kirchentrennend bezeichnet.
Sowohl in der Lehre von der Rechtfertigung als auch im Verständnis der
Taufe und des Herrenmahls und bei den anderen Zeichen, die katholischerseits als Sakramente angesehen werden, verlangen die noch bleibenden Differenzen weitere Lehrgespräche, aber sie werden ausdrücklich als nicht mehr kirchentrennend bezeichnet.

Damit wurde zweifellos ein ökumenischer Durchbruch erzielt, denn
die Übereinstimmung im Verständnis des Evangeliums, d.h. in der
Lehre von der Rechtfertigung, und in der Feier der Sakramente ist nach
CA VII „genug für die wahre Einigkeit der christlichen Kirchen". Die

---

[330] Die drei Stellungnahmen sind veröffentlicht: Lehrverurteilungen im Gespräch, Göttingen 1993. Alle diese Dokumente sind verhältnismäßig ausführlich,
der Text der VELKD umfaßt rund 100 Druckseiten. Am positivsten ist das Gutachten aus der ehemaligen DDR; es ist das kürzeste, weil es zustimmt und am
wenigsten Wenn und Aber bringt, während in den umfangreichen Einzelausfüh-
rungen der beiden anderen Stellungnahmen die kritischen Anmerkungen einen
sehr breiten Raum einnehmen. Viele der Aussagen sind konditional: Wenn die
katholische Kirche die hier vorgetragene Interpretation anerkennt, sind die Verwerfungen hinfällig. Eine Antwort auf diese Stellungnahmen hat der Ökumenische Arbeitskreis veröffentlicht in: W. Pannenberg – Th. Schneider (Hrsg.), Lehrverurteilungen – kirchentrennend? Bd. IV, Freiburg i. Br. – Göttingen 1994.

[331] In der Arnoldshainer Konferenz sind die reformierten und die unierten
Kirchen der EKD zusammengeschlossen.

[332] Der Text ist veröffentlicht in: ÖR 44 (1995), S. 99–102. Diese noch bleibenden Differenzen werden vielleicht sogar deutlicher betont, als dies angesichts der Diskussion noch nötig gewesen wäre.

Artikel, mit denen die Kirche steht und fällt, stehen nicht mehr trennend zwischen den Konfessionen, noch bleibende Differenzen verlangen Lehrgespräche, aber sie können die Kirchentrennung nicht mehr rechtfertigen. Die evangelischen Kirchen in Deutschland sind damit an einem Punkt angelangt, wo sie das „Damnamus" gegenüber der römisch-katholischen Kirche aufheben können.[333]

Dazu kommt: Es ist verbreitete katholische Klage, die Ökumene leide darunter, daß in den evangelischen Kirchen niemand verbindlich sprechen könne und daß Lehrautorität kaum ausgeübt werde. Dennoch ist es den evangelischen Kirchen in ihren zuständigen Gremien gelungen, trotz der vielen Einwände, die vorgebracht worden waren, die allgemeine Übereinstimmung, den *magnus consensus*, zu finden, der nach CA I Grundlage bekenntnismäßigen Redens ist. Die evangelischen Kirchen haben sich damit – auch ohne zentrales Lehramt – als sehr wohl fähig erwiesen, in Glaubensfragen zu einer verbindlichen Äußerung zu kommen.

Katholischerseits stellte sich zunächst die Frage, wer die Antwort auf die Bitte der GÖK zu geben hatte. Der Auftrag zur Lehrverwerfungsstudie war vom Rat der EKD und der Deutschen Bischofskonferenz ausgegangen, damit war nun zunächst die Bischofskonferenz angesprochen, die jedoch nicht ohne Rücksprache mit Rom entscheiden konnte. Der Päpstliche Rat zur Förderung der Einheit der Christen erstellte ein ausführliches Gutachten[334], auf dessen Basis die Bischofskonferenz im Juni 1994 ihre Stellungnahme formulierte. Sie nahm damit „ihr Recht und ihren Auftrag in Anspruch, gegebenenfalls eine wirklich erreichte Einheit im Glaubensbekenntnis festzustellen"[335]. Inhaltlich stimmte sie den Ergebnissen der Lehrverwerfungsstudie und der Bitte der GÖK weitgehend zu. In Übereinstimmung mit dem sehr positiven römischen Gutachten wurde bestätigt, daß die Verwerfungen im Rahmen der

---

[333] Im Dezember 1994 übergab Landesbischof Engelhardt als Ratsvorsitzender der EKD diesen Beschluß an die zuständigen römischen Stellen. Es ist bedauerlich, daß diese Tatsache in ihrer Bedeutung nicht klarer und unmißverständlich zum Ausdruck gebracht und damit in keiner der beiden Kirchen angemessen gewürdigt wurde.

[334] Der Text ist zwar nicht geheim, aber auch nicht zur Veröffentlichung freigegeben und darum nicht zitierbar.

[335] Hrsg. vom Sekretariat der Deutschen Bischofskonferenz, Nr. 52, 21. 6. 1994, hier S. 5. Wenn die Bischofskonferenz keine dringenden Aufforderungen zur Zustimmung an ein anderes Gremium formulierte, so deswegen, weil sie selbst die Antwort zu geben hatte und nicht Bitten an Entscheidungsträger weiterreichte. Darum ist diese Stellungnahme nicht nur ein unverbindliches Gutachten, wie in der Kritik verschiedentlich behauptet.

Rechtfertigungslehre und der allgemeinen Sakramentenlehre nicht
mehr treffen. In der Lehre von der Eucharistie, für die der römische Text
ebenfalls einen Grundkonsens konstatiert hatte, sowie in der Frage des
Amts und der weiteren Sakramente blieb das Urteil etwas zurückhaltender, jedoch konnten nach Überzeugung der Bischöfe auch hier
„mehrere traditionelle Verständnisschwierigkeiten ausgeräumt und gemeinsame Grundpositionen aufgezeigt werden"[336]. Die Übereinstimmungen im Verständnis der Rechtfertigung und in der Sakramentenlehre, die evangelischerseits anerkannt wurden, werden durch die Stellungnahme der Bischofskonferenz also bestätigt.[337] In Anklang an die
Formulierung, die bei der Aufhebung des Banns zwischen Rom und
Konstantinopel verwendet worden war, drückten die Bischöfe die Hoffnung aus, daß die Lehrverurteilungen das künftige Verhältnis zwischen
den Kirchen nicht mehr belasten mögen und daß „die mit der geschichtlichen Erinnerung daran verbundenen Hindernisse einer engeren Gemeinschaft der Kirchen der Vergessenheit anheimgegeben würden"[338].
Damit sind die Stellen aufgerufen, die für eine gesamtkirchliche Entscheidung zuständig sind. Der Lutherische Weltbund und der Päpstliche
Rat zur Förderung der Einheit der Christen arbeiten an einer gemeinsamen Erklärung, „daß sich Lutheraner und Katholiken in Sachen
Rechtfertigung einig sind und daß infolgedessen die früheren Lehrverurteilungen den heutigen Parner nicht treffen"[339]. Es ist geplant, diese
Erklärung 1997 bei der Vollversammlung des Lutherischen Weltbundes
in Hongkong anläßlich dessen 50. Geburtstags und gleichzeitig des 450.
Jahrestags des Rechtfertigungsdekrets von Trient zu veröffentlichen.
Ein Entwurf zu diesem Text stößt allerdings auf deutliche Widerstände
einiger evangelischer Kirchen.[340]

[336] A.a.O., S. 22.

[337] Dies hat allerdings im katholischen Raum nicht das gleiche Gewicht wie in
der evangelischen Kirche, denn nach katholischer Überzeugung sind auch Probleme der Ekklesiologie, insbesondere des kirchlichen Amts, für die Einheit der
christlichen Kirchen unverzichtbar, das *„satis est"* von CA VII ist hier nicht rezi-
pierbar. Wegen unterschiedlicher Kriterien hat die erzielte Gemeinschaft für
beide Seiten nicht die gleichen Konsequenzen. Doch um so dringlicher sind die
Katholiken aufgerufen, darüber nachzudenken, wo nun tatsächlich die Punkte
liegen, die auch jetzt noch die Kirchentrennung unabdingbar machen, bzw. die
Konsequenzen zu ziehen, wenn diese sich als nicht mehr begründbar und damit
als illegitim herausstellen sollte.

[338] A.a.O., S. 22.

[339] So H.-A. Raem, in: US 49 (1994), S. 305. H.-A. Raem ist Mitarbeiter im päpstlichen Einheitsrat.

[340] Veröffentlicht in: HerKorr 50 (1996), S. 302–306. Vgl. hierzu die Fragestellung Rechtfertigung, unten S. 256–261.

Die Lehrverwerfungsstudie ist kein Leuenberg II, eine Kanzel- und Abendmahlsgemeinschaft war nie als unmittelbar zu erreichendes Ziel angestrebt. Wer es als Mißerfolg der Studie ansieht, daß dieser letzte Schritt noch nicht erreicht wurde, kritisiert mit einem unangemessenen Maßstab. Doch wenn sich tatsächlich in der Verkündigung der beteiligten Kirchen allgemein die Überzeugung durchsetzen würde, daß die Lehre von der Rechtfertigung und die Spendung der Sakramente nicht mehr trennend zwischen den Konfessionen stehen, und wenn dies auch kirchenamtlich rezipiert würde, bedeutete dies zweifellos einen Durchbruch von kirchengeschichtlichem Rang. Sollte es gelingen, bei den Verwerfungen des 19. und des 20. Jh., die katholischerseits in den marianischen Dogmen und in den Papstdogmen erfolgten, zu ähnlichen Ergebnissen zu gelangen, also nicht einen Konsens oder eine einheitliche Praxis anzustreben, sondern darzutun, daß die Verwerfungen nicht treffen oder nicht um des Glaubens willen nötig sind, dann wären die hier involvierten Kirchen nicht mehr gezwungen, sich gegenseitig auszuschließen. Damit würde eine Gemeinschaft möglich, ähnlich jener, die jetzt zwischen den Leuenberger Kirchen besteht. Dabei würde nicht die Identität der Konfessionen in Frage gestellt, wohl aber könnten Kanzel- und Abendmahlsgemeinschaft aufgenommen und Zeugnis und Dienst in der Welt gemeinsam vollzogen werden.

V. Der Konziliare Prozeß

Im Verlauf der wechselvollen Geschichte des ÖRK haben sich die hauptsächlichen Bedeutungsgehalte von Ökumene: „weltweit – universal" und „die Einheit der Kirchen betreffend" immer wieder durchdrungen, gegenseitig beeinflußt und korrigiert. Das Verhältnis beider Tendenzen war keineswegs immer spannungsfrei. Während nach der Konstituierung des ÖRK zunächst die theologische Bemühung um die christliche Einheit das Feld beherrschte, Glauben und Kirchenverfassung eine dominierende Stellung einnahm und die Überzeugung herrschte, vor allem durch theologische Arbeit und durch die Aufarbeitung der herkömmlichen Kontrovesen könne man die Einheit der Kirchen fördern, traten mit Uppsala Tendenzen in der Vordergrund, die sich schlagwortartig mit dem Begriff „Sozialökumenismus" umschreiben lassen. Letztlich ist es erst bei der Vollversammlung 1983 in Vancouver gelungen, einen gewissen Ausgleich zwischen beiden Richtungen zu finden.

In Vancouver wurde um eine Erklärung zum Fragenkomplex Gerechtigkeit, Frieden und Abrüstung gerungen. Dabei wurde der Rat aufgefordert, „die Mitgliedskirchen in einen konziliaren Prozeß gegenseitiger Verpflichtung (Bund) für Gerechtigkeit, Frieden und Bewahrung der ganzen Schöpfung einzubinden"[341]. Dieser Bund, der „auf allen Ebenen – Gemeinden, Diözesen und Synoden, Netzwerken christlicher Gruppen und Basisgemeinschaften" stattfinden sollte, wurde von der Vollversammlung als „konziliarer Prozeß"[342] beschrieben. Damit griff man auf eine Idee zurück, die bereits Uppsala 1968 formuliert hatte, als man den Rat und die Kirchen aufforderte, „auf eine Zeit hinzuarbeiten, wo ein wirklich universales Konzil wieder für alle Christen sprechen"[343] könne. Nun sollten Christen über alle Grenzen der Konfessionen und Regionen hinweg mit höchster Autorität gemeinsam einen Impuls für Leben, Gerechtigkeit und Frieden geben. Diese Anregung wurde von Carl Friedrich von Weizsäcker aufgegriffen und weitergeführt. Auf dem Düsseldorfer Evangelischen Kirchentag vom Juni 1985 rief er die Kirchen der Welt zu einem Konzil des Friedens auf: „Auf einem ökumenischen Konzil, das um des Friedens willen berufen wird, müssen die christlichen Kirchen in gemeinsamer Verantwortung ein Wort sagen, das die Menschheit nicht überhören kann."[344] Der Zentralausschuß des Ökumenischen Rats war zwar nicht bereit, selbst ein Friedenskonzil zu initiieren, wohl aber zu einer „Unterstützung nationaler und regionaler Initiativen". Angesichts der Auseinandersetzungen um die Stationierung von Atomwaffen Mitte der 80er Jahre gewann diese Anregung rasch an Dynamik; sie führte zum „Konziliaren Prozeß für Gerechtigkeit, Frieden und Bewahrung der Schöpfung."[345]

Zunächst entzündete sich die Diskussion am Begriff „Konzil". Er hatte einerseits die Faszination eines gesamtchristlichen und damit verbindlichen, eventuell gar letztverbindlichen Sprechens der verschiedenen Kirchen; andererseits mutete er utopisch an, denn getrennte Kirchen könnten kaum in der Lage sein, gemeinsam ein Konzil abzuhalten. Um die Initiative nicht am Streit um den Terminus scheitern zu lassen, andererseits aber auch nicht eine lediglich unverbindliche Versammlung oder eine belanglose Konferenz anzustreben, verständigte man sich auf den Begriff „Konziliarer Prozeß". Er besagte einerseits Verbindlichkeit, andererseits eröffnete er auch den orthodoxen und der römi-

---

[341] Bericht aus Vancouver 83, S. 261.

[342] A.a.O., S. 116.

[343] Bericht aus Uppsala, S. 14.

[344] Zitiert nach HerKorr 42 (1988), S. 85. Vgl. auch C. F. v. Weizsäcker, Die Zeit drängt. Eine Weltversammlung der Christen für Gerechtigkeit, Frieden und Bewahrung der Schöpfung, München 1986.

[345] Die Abkürzung JPIC entstammt der englischen Bezeichnung Justice, Peace and Integrity of Creation.

schen Kirche, die sich an einem Konzil sicher nicht beteiligt hätten, die
Möglichkeit zu Teilnahme und Mitarbeit. Tatsächlich haben sie am Konziliaren Prozeß teilweise an entscheidender Stelle mitgewirkt.
Der Konziliare Prozeß begann auf regionaler Ebene. Insbesondere in
Deutschland fiel die Anregung von Weizsäckers auf fruchtbaren Boden.
In Königstein und in Stuttgart fanden nationale Foren statt. Sie wurden
von der Arbeitsgemeinschaft christlicher Kirchen in Deutschland vorbereitet und getragen. Die Stuttgarter Erklärung stellt schwerpunktmäßig dar, welche Konsequenzen sich aus der christlichen Botschaft für
die personale Würde des Menschen und die Verpflichtung zur Solidarität ableiten lassen.[346] Von besonderer Bedeutung aber waren die Veranstaltungen in der damaligen DDR. Die katholische Kirche in der DDR
vermochte über ihren eigenen Schatten zu springen und die volle Mitverantwortung zu übernehmen. Erstmalig äußerten sich hier in größerem Umfang katholische Theologen und Kirchenleitungen zu gesell-
schaftspolitisch relevanten Fragen.[347] Zudem wurde der konziliare
Prozeß in der DDR von der Basis her aufgebaut. Am Anfang stand eine
Anregung des Stadtökumenekreises Dresden, sie wurde von der Arbeitsgemeinschaft Christlicher Kirchen in der DDR aufgegriffen, die die
Menschen im Lande aufforderte, auf Postkarten das mitzuteilen, was
ihnen zum Komplex Gerechtigkeit, Frieden und Bewahrung der Schöpfung als am dringendsten notwendig erschien. Aus den annähernd
10000 Äußerungen wurden Textentwürfe zusammengestellt, die von
der Betroffenheit der Menschen ausgingen und sie deutlich machten.
Was hier formuliert, an die Gemeinden zurückgegeben und in mehreren Durchgängen immer wieder anhand der Reaktionen der Basis[348]
überarbeitet und bei der Versammlung in Dresden im April 1989 endgültig verabschiedet wurde, war damit ein höchst dramatisches Stim-
mungsbild der Situation im Lande. Dieses Bild wurde theologisch gedeutet durch den Ruf zur Umkehr, zur Metanoia. Daß Christen über
Konfessionsgrenzen hinweg gemeinsam und öffentlich über ihre gesellschaftliche Situation sprechen und Metanoia propagieren konnten, war
ein entscheidender Impuls für die Friedensgottesdienste in der DDR, die
sehr schnell zu Massendemonstrationen wurden. Natürlich erwartete
damals niemand, daß ein halbes Jahr später die DDR zusammenbre-
chen würde. Aber der Konziliare Prozeß, der dazu ermutigte, Kritik und

---

[346] Alle Treffen sind dokumentiert in epd-Dokumentation.
[347] Vgl. dazu die Berichte von U. Radke (ev.) und L. Ullrich (kath.), in: US 44
(1989), S. 337–345.
[348] Es wurden 1400 zum Teil sehr ausführliche Stellungnahmen aus den Gemeinden eingearbeitet.

Visionen öffentlich darzustellen, und der damit einen Prozeß der Bewußtmachung des Unrechts auslöste, hat an diesen Ereignissen gewichtigen Anteil. Nicht zufällig haben nach der politischen Wende mehrere Delegierte der Versammlungen in Dresden und Magdeburg hohe und höchste politische Ämter in den neuen Bundesländern übernommen.

Vom 15. bis 21. Mai 1989 fand in Basel unter dem Motto „Frieden in Gerechtigkeit" die „I. Europäische Ökumenische Versammlung" statt, die den bisherigen Höhepunkt des Konziliaren Prozesses bildete. Je die Hälfte der 700 Delegierten wurden von der Konferenz Europäischer Kirchen (KEK) und vom Rat der Europäischen Bischofskonferenz (CCEE) nominiert. Bei dieser Konferenz war also die katholische Kirche gleichberechtigter Mitveranstalter, was sich nicht zuletzt in der Präsenz von 30 Bischöfen zeigte. Ihre Dynamik erhielt die Veranstaltung von Basel vor allem durch die Voten von Delegierten aus kommunistisch regierten Ländern. Besonders die Delegation aus der DDR war bestens vorbereitet – schließlich lag Dresden kaum mehr als zwei Wochen zurück. Im Schlußdokument[349] sind die Impulse aus der ökumenischen Versammlung in der DDR deutlich erkennbar. Es bringt eine kurze Charakterisierung der heutigen Bedrohung von Frieden, Gerechtigkeit und Umwelt und deren Ursachen, ein Schuldbekenntnis der Kirchen angesichts ihres Zurückbleibens hinter ihrer Botschaft sowie ein Bekenntnis des gemeinsamen Glaubens an den Gott der Gerechtigkeit, des Friedens und der Schöpfung. Als konkrete Schritte werden gefordert der Erlaß der Schulden für die ärmsten Entwicklungsländer, die vollständige Durchführung aller internationalen Menschenrechtsabkommen, die Schaffung kooperativer Sicherheitsstrukturen, die Anerkennung des Rechts auf Wehrdienstverweigerung, strenge Gesetzgebung und Kontrolle für die Genforschung sowie drastische Einschränkung des Energieverbrauchs.

Mit diesem Text, dem 95% der Delegierten zustimmten, machten erstmals seit der Reformation Vertreter der verschiedenen christlichen Kirchen aller Länder Europas – ausgenommen nur Albanien – gemeinsame Aussagen zum künftigen Weg und zur speziellen Verantwortung der Christen auf diesem Kontinent. Die Kernpunkte wurden zusammengefaßt in einer griffig formulierten Botschaft, in der es heißt: „So tief die Wunden der Vergangenheit in Europa sind, haben sich die Bande, die uns in Christus einen, als stärker erwiesen. Eine Gemein-

---

[349] Veröffentlicht zusammen mit der Botschaft der Ökumenischen Versammlung und einigen sich darauf beziehenden Texten (z. B. die Erklärug von Stuttgart 1988) in den Arbeitshilfen der Deutschen Bischofskonferenz Nr. 70, Bonn 1989.

schaft ist im Wachsen, die uns Hoffnung gibt; dafür sind wir dankbar."[350] Kardinal Martini von Mailand, einer der beiden Präsidenten der Baseler Versammlung, erklärte abschließend, daß in dieser Konvokation zwar nicht die klassischen Themen des ökumenischen Dialogs behandelt wurden, die Konferenz aber dennoch ein wichtiges ökumenisches Ereignis sei. Gerade weil in den streng theologischen Fragen die Annäherung zwischen den Kirchen auf offizieller Ebene nur schleppend vorangehe, könnten gemeinsame Aussagen in sozial-ethischen Fragen neue Dynamik vermitteln. Durch gemeinsames Tun solle und könne die Ökumene neue Impulse erhalten. Basel war zweifellos eine Sternstunde der Ökumenischen Bewegung. Die politische Situation stellte eine klare Herausforderung dar, einen Kairos, und die Kirchen wagten es, ihn zu ergreifen. Es ist sicher nicht übertrieben, eine direkte Linie von Dresden über Basel zum Fall der Berliner Mauer ein halbes Jahr später zu ziehen. Jede weitere Veranstaltung im Rahmen des konziliaren Prozesses mußte es schwer haben, angesichts der Maßstäbe, die in Basel gesetzt worden waren, zu bestehen.

Vom 5. bis 12. März 1990 fand in Seoul in Südkorea die in Vancouver angeregte Weltversammlung für Gerechtigkeit, Frieden und Bewahrung der Schöpfung statt. Sie konnte allerdings den hochgesteckten Erwartungen, die sich an Basel entzündet hatten, kaum gerecht werden. Zunächst war es eine Enttäuschung, daß die katholische Kirche ihre Mitwirkung auf ein Minimum reduzierte. Sie trat nicht als Mitveranstalterin auf und war lediglich durch 20 Spezialisten im Status von Beobachtern vertreten. Außerhalb Europas, insbesondere in der Dritten Welt, hatten keine Veranstaltungen wie die von Basel, Dresden oder Stuttgart stattgefunden. Vertreter aus diesen Ländern fühlten sich damit in den Hintergrund gedrängt. Sie kritisierten, die Entwurfstexte seien allzusehr aus europäisch-westlicher Optik verfaßt, das Problem Friede und Atombewaffnung dominiere gegenüber der Kritik an der Ungerechtigkeit, unter der sie litten. Die reale Massenvernichtung durch Unterdrükkung, Hunger, Ausbeutung und Krankheit, die in weiten Bereichen insbesondere der südlichen Hemisphäre herrschen, schien ihnen näherliegend und bedeutsamer als die eher ferne Möglichkeit eines atomaren Krieges. Die einzelnen Regionen waren daran interessiert, daß das verurteilt würde, was jeweils in ihrer Sicht als das nächstliegende Unrecht erschien: Die Afrikaner forderten die Verurteilung des Rassismus, die gastgebenden Koreaner eine Stellungnahme zur Wiedervereinigung ihres Landes, Lateinamerika eine Kritik am nordamerikanischen Kapitalismus, Vertreter Nordamerikas an der Diskriminierung der Indianer,

---

[350] Zitiert nach HerKorr 43 (1989), S. 298.

Frauen aus den verschiedensten Ländern hofften auf die Brandmarkung des Sexismus. In der Presse wurde kritisiert, daß Dritte-Welt-Slogans, antirassistische und feministische Parolen über eine detaillierte Analyse dominierten. Die Betroffenheit, die darin jeweils sichtbar wurde, dürfte größeres Gewicht haben als die gebotenen Lösungsansätze. Das Schlußdokument von Seoul beinhaltet vier „Bundesschlüsse". Diese sind Selbstverpflichtungen für eine gerechte Wirtschaftsordnung, für eine Entmilitarisierung der internationalen Beziehungen, für die Erhaltung der Erdatmosphäre, für die Überwindung des Rassismus. Allerdings war es nicht möglich, in Seoul auch die im Entwurfstext vorgesehenen Konkretionen dieser Bundesschlüsse zu verabschieden, so daß diese als allgemein gehaltene Statements Gefahr laufen, unverbindliche Willensäußerungen zu bleiben. Der Impuls, der von Basel ausgegangen war, ließ sich nicht in die veränderte kulturelle, historische und politische Situation von Seoul übertragen.

Die Idee war damit aber nicht erschöpft. Im Frühjahr 1994 beschlossen die Konferenz Europäischer Kirchen (KEK) und der Rat der Europäischen Bischofskonferenzen (CCEE), für den Mai 1997 eine „II. Europäische Ökumenische Versammlung" nach Graz einzuberufen; sie soll unter dem Thema „Versöhnung" stehen. Die Arbeitsgemeinschaft Christlicher Kirchen in Deutschland veranstaltete im Juni 1996 eine vor allem als Vorbereitung für Graz gedachte Konferenz in Erfurt unter dem Motto „Versöhnung suchen – Leben gewinnen"[351]. Man wollte die Probleme aufgreifen, die sich seit der Veranstaltung in Dresden 1989 angesammelt hatten. Die Ost-West-Problematik stand nun in ganz neuer Form zur Diskussion, die Kontroverse zwischen denen, die die Marktwirtschaft sozial und ökologisch weiterentwickeln wollen, und jenen, denen nur die Abkehr von ihr als ethisch vertretbar erscheint, war durch den Fall der Berliner Mauer keineswegs hinfällig geworden. Die Botschaft von der Versöhnung wurde kontrovers diskutiert. Bei vielen ökumenisch Engagierten bestand der Verdacht, mittels einer Theologie der Versöhnung wolle man die bestehenden Konflikte lediglich überdecken und letztlich doch nur den Status quo festschreiben. In Erfurt ging man den anstehenden Konflikten nicht aus dem Weg, somit hat die Versammlung mehr Probleme aufgezeigt, als sie einvernehmliche Lösungsvorschläge hätte erarbeiten können, die über eine eher allgemein gehaltene Botschaft[352] hinausgegangen wären. Carl Friedrich von Weizsäcker machte den Vorschlag, die regionalen Versammlungen in Erfurt

---

[351] Veröffentlicht: K. Lefringhausen (Hrsg.), Versöhnung suchen – Leben gewinnen, Frankfurt a.M. 1996.
[352] In: ÖR 45 (1996), S. 347–349.

und Graz als Wege zur Fortsetzung des weltweiten Prozesses zu verstehen, bei dem auch mit den nichtchristlichen Religionen zusammengearbeitet werden sollte. Denn nur auf universaler Ebene und unter Einbeziehung aller Weltdeutungen lasse sich das Ziel von Frieden, Gerechtigkeit und Bewahrung der Schöpfung realisieren.[353] Die Bedeutung von „Ökumene" im Sinn von weltweit-universal hat sich hier wieder durchgesetzt.

---

[353] HerKorr 50 (1996), S. 332f.

E. THEOLOGISCHE HAUPTPROBLEME

Die traditionellen kontroverstheologischen Probleme betreffen im ganzen gesehen nicht die Themen, an denen sich die Mitte des christlichen Glaubens festmacht. Die zentralen Aussagen des Christentums, wie sie in der Umschreibung des Kanons biblischer Schriften und in der Ausformulierung der frühkirchlichen Dogmen festgeschrieben wurden, sind jedenfalls zwischen den Großkirchen nicht kontrovers.[354] In der Mitte ihrer Glaubensbotschaft und ihres Frömmigkeitslebens stimmen die Kirchen überein, die Mauern der Trennung reichen nicht bis in der Himmel. Alle christlichen Kirchen bekennen sich zur einen Heiligen Schrift, weithin sind sie auch darin eins, daß sie die Kirche der ersten Jahrhunderte, also die ungeteilte Kirche der Märtyrer und Bekenner, für verbindlich erachten und die Dogmen der frühchristlichen Konzilien und ihre Entscheidungen über Gestalt und Struktur der Kirche anerkennen.[355] Diese Betonung der Alten Kirche, ihres Glaubens und ihrer Entscheidungen, ist für die Orthodoxie und die altkatholischen Kirchen selbstverständlich, sie fühlen sich in ungebrochener Treue zu dieser Tradition und in Gemeinschaft mit allen Kirchen, die diese bewahrt haben. Ähnliches gilt für die römisch-katholische Kirche, die gerade im Zweiten Vatikanischen Konzil die Alte Kirche zum Leitbild ihrer Reform wählte und sich bemühte, manchen Ballast, der sich im Laufe der Jahrhunderte angesammelt hatte, zurückzudrängen. Im Prinzip gilt diese Verpflichtung auf die Alte Kirche auch für die Kirchen der Reformation. Sie gingen aus dem Bemühen hervor, die Kirche zu reformieren, sie also in ihrer ursprünglichen Reinheit wiederherzustellen und von menschlichen Traditionen zu reinigen, die dazu angetan

---

[354] So konnte E. Schlink, der Altmeister ökumenischer Theologie, eine ›Ökumenische Dogmatik‹ (Göttingen 1983) schreiben, H. Schütte einen ökumenischen Katechismus vorlegen unter dem Titel ›Glaube im ökumenischen Verständnis‹ (Paderborn – Frankfurt a. M. 1993).

[355] Damit soll nicht einer mystifizierenden Sicht der Alten Kirche und der in den ersten Jahrhunderten angeblich bewahrten Einheit das Wort geredet werden. Die Kirchengeschichte spricht hier eine andere Sprache. Dennoch läßt sich feststellen, daß die Kirchen heute insgesamt auf der Basis beruhen, die in der Schrift und in den frühchristlichen Konzilien gelegt wurde. Vgl. hierzu P. Stockmeier, Die alte Kirche – Leitbild der Erneuerung, in: Theologische Quartalschrift 146 (1966), S. 385–408.

waren, die Botschaft zu überdecken und den göttlichen Ursprung in sein Gegenteil zu verkehren.

Die christliche Botschaft ist also in den großen Entscheidungen zur Gotteslehre und zur Christologie, in denen sich die Alte Kirche von Irrlehre und Verfremdung des Glaubens abgrenzen mußte, zwischen den Kirchen nicht kontrovers. In all diesen Problemkreisen können die Kirchen heute gemeinsam sprechen und beten. Das Gegenüber des Glaubens, also jener Gott, zu dem der Christ sagen kann: „Ich glaube Dir", „Ich glaube an Dich", kann von den Konfessionen gemeinsam ausgesagt und angesprochen werden. Die Kontroversen zwischen den Kirchen bewegen sich nicht auf der Ebene des Ziels, sondern der kirchlichen Vermittlung.[356] Die traditionellen kontroverstheologischen Fragen entstanden vornehmlich, als in der Reformationszeit unversehens konkurrierende Kirchentümer neben- und gegeneinander standen, die einander absprachen, das Heil zu vermitteln, den Menschen den Weg zu Christus zu eröffnen und den rechten Weg zu zeigen, also rechte Kirche Jesu Christi zu sein. Aus der Frage nach der rechten Kirche entstand am Beginn der Neuzeit die Ekklesiologie, als einander ausschließende Kirchenparteien jeweils ihren Anspruch und ihr Recht begründen wollten. Man sieht es der heutigen Ekklesiologie noch deutlich an, daß sie aus diesem kontroverstheologischen Ansatz heraus entstand.[357]

Innerhalb dieses ekklesiologischen Rahmens bewegen sich vorwiegend die Probleme der Kontroverstheologie. In den großen Themen der Lehre von Gott und von Jesus dem Christus waren die Antworten bereits in der christlichen Frühzeit gegeben worden, sie wurden weder im Schisma zwischen Ost und West noch in der Reformationszeit in Frage gestellt; dagegen waren die Fragen der Vermittlung, der Ekklesiologie und damit verbunden der Sakramentenlehre im 16. Jh. zu einem guten Teil noch offen. Gerade wegen dieser theologischen Ungeklärtheit konnten sich die Fehlentwicklungen und Mißbräuche einschleichen, die Anlaß wurden zur Forderung nach Reform. Diese aber wurde in der Reformation und in der katholischen Reform in einander ausschließender Weise durchgeführt, hier gingen die Kirchen unterschiedliche

---

[356] Dies gilt unbeschadet der „Filioque-Problematik". Es wird die These vertreten, daß hier nicht unterschiedliche und einander ausschließende Gottesbilder festgeschrieben werden, sondern daß lediglich die ekklesiologische Frage zur Diskussion steht, wer das Recht hat, das von einem Konzil festgelegte Glaubensbekenntnis zu verändern. Damit erweist sich die Frage als nicht die Gotteslehre betreffend, die mit und ohne Filioque rechtgläubig sein kann, sondern als der Ekklesiologie zugehörig.

[357] Vgl. dazu P. Neuner, Ekklesiologie, in: W. Beinert (Hrsg.), Glaubenszugänge Bd. 2, Paderborn u. a. 1995, S. 507f.

Wege. Die ökumenischen Probleme liegen folglich vorwiegend auf dem Gebiet der Sakramentenlehre und der Ekklesiologie.

Die folgenden Darlegungen der wichtigsten Themen der Kontroverstheologie sind in der Absicht formuliert, Konvergenzen aufzuzeigen, die sich theologisch zwischen den christlichen Kirchen abzeichnen. Es soll dargestellt werden, wie überkommene Verwerfungen überwindbar werden, welche neuen Erkenntnisse die bisherigen Abgrenzungen in Frage stellten. Dabei soll nicht behauptet werden, daß diese Ergebnisse der ökumenischen Arbeit bereits allgemein rezipiert wären, daß sie die amtliche Verkündigung der einzelnen Kirchen und das Glaubensleben der Gemeinden bereits überall prägen würden. Das Beharrungsvermögen überkommener Kontroversen ist erheblich, nicht selten haben die Abgrenzungen gegenüber anderen Kirchen wesentlich dazu beigetragen, die jeweilige konfessionelle Identität zu stützen. Man brauchte den Anderen, um sich von ihm abzusezten. Indem man genau umschreiben konnte, was man nicht will, wurde die eigene Identität mehr stabilisiert, als durch die Betonung einer gemeinsamen Mitte.[358] Dies machte es schwierig, die Erkenntnisse ökumenischer Arbeit in die Verkündigung und die Glaubenspraxis der Kirchen aufzunehmen. Die mangelnde Rezeption ist zum zentralen Thema der Ökumene geworden. Doch die Übereinstimmungen, die sich in der ökumenischen Arbeit zeigen, machen es sinnvoll und höchst notwendig, zu fragen, ob die überkommenen Kontroversen die Kirchen auch heute noch um des Glaubens willen trennen müssen, ob diese nach wie vor gezwungen sind, einander abzusprechen, Kirche Jesu Christi zu sein. Karl Rahner war überzeugt, daß mit Ausnahme des Papsttums „auf dem Gebiet der theologischen Reflexion und also auch auf dem Gebiet des kirchlichen Glaubensbekenntnisses eigentlich keine konfessionstrennenen Hindernisse mehr vorhanden" seien[359]. Diese Aussage ist weitreichend, denn wenn die gegenseitigen Verurteilungen nicht mehr um der Treue zur Wahrheit willen nötig und unabdingbar sind, dann ist die Kirchentrennung illegitim, dann kann sie und muß sie überwunden werden[360].

---

[358] Es scheint eine Tatsache: Der gemeinsame Gegner führt mehr zusammen als die gemeinsame Idee.

[359] K. Rahner, Strukturwandel der Kirche als Aufgabe und Chance, Freiburg i. Br. – Basel – Wien 1972, S. 111.

[360] Das ist eine andere Methode, als sie R. Frieling, Der Weg des ökumenischen Gedankens (Göttingen 1992) anwendet. Dort wird eher deskriptiv von nach wie vor bestehenden Differenzen in Praxis und Lehraussagen ausgegangen und von hier aus auf noch nicht überwundene Unterschiede geschlossen. In der hier gewählten Methode ist die theologische Aussage kritischer Bezugspunkt gegenüber einer oft ungeklärten Praxis. Dabei wird in dieser Dar-

Dann ist es Pflicht der Kirchen, diese Erkenntnisse der ökumenischen
Arbeit auf den verschiedenen Ebenen ihres Lebens zu rezipieren und
ihre Ergebnisse in die Praxis umzusetzen.

I. Die Schrift, die Tradition und die Traditionen

Alle christlichen Kirchen beziehen sich auf Jesus den Christus, so wie
er in der Heiligen Schrift bezeugt wird. Sie ist für alle Norm des Glaubens und des Handelns, denn sie wird in allen Kirchen als vom Heiligen
Geist inspiriertes und nur in ihm recht zu verstehendes Wort Gottes festgehalten. Verschiedentlich war die Ökumenische Bewegung von dem
Gedanken beseelt, so wie sich in der Reformation die Väter über die
Bibel getrennt hatten, so könne es jetzt gelingen, über die Schrift wieder
zusammenzufinden und die Einheit der Kirchen zu erreichen. Aber
diese Hoffnung erwies sich als trügerisch. 1951 schrieb der Exeget
Ernst Käsemann: „Der neutestamentliche Kanon begründet als solcher
nicht die Einheit der Kirche. Er begründet als solcher dagegen ... die
Vielzahl der Konfessionen."[361] Die unterschiedlichen biblischen Ekklesiologien legitimieren gegensätzliche kirchliche Ordnungen, die sich
alle auch in ihren Differenzen auf die neutestamentliche Botschaft berufen können. Die biblischen Ekklesiologien in der Breite der neutestamentlichen Traditionen zeigen demzufolge nicht eine Kirche, sondern
eher eine „Konföderation ohne Ökumenischen Rat"[362]. Darüber hinaus
ist die christliche Botschaft im Laufe der Kirchengeschichte sehr unterschiedlichen neuen Fragestellungen begegnet, die nicht einfachhin
durch die Wiederholung der neutestamentlichen Botschaft hätten gelöst und beantwortet werden können. Es war unausweichlich, daß auf
neue Fragen aus der überkommenen Botschaft im Licht des Glaubens
neue Antworten formuliert werden mußten. Diese wollten die biblische
Botschaft in die konkrete Situation und auf die jeweilige Problemstellung hin übersetzen. Diese Antworten stimmten nun nicht nur nicht
überein, sondern sie sprachen sich gegenseitig sogar ab, die biblische

stellung nicht in jedem einzelnen Punkt darauf hingewiesen, wenn sich Differenzen zwischen ökumenischer Erkenntnis und praktischer Verwirklichung in
den einzelnen Konfessionen ergeben. Die Tatsache, daß derartige Differenzen
bestehen, widerlegt die hier festgestellte theologische Gemeinsamkeit noch
nicht.

[361] E. Käsemann, Exegetische Versuche und Besinnungen I, Göttingen 1960,
S. 214.

[362] Ders. in: ÖR 13 (1964), S. 58–63.

Botschaft recht wiederzugeben, und sie verurteilten sich gegenseitig. Die Kontroversen zwischen den Kirchen wurden deshalb so unerbittlich, weil alle überzeugt waren, die jeweils andere Seite weise die biblische Botschaft und damit das Wort Gottes selbst zurück, sie habe mit der Offenbarung gebrochen und verschließe darum den Menschen den Weg zur ewigen Seligkeit. Es waren unterschiedliche Verstehensweisen der Schrift, aus der die konfessionelle Problematik entstand.

In der Reformationszeit stand die Auseinandersetzung um den vierfachen Schriftsinn bzw. um den Literalsinn im Zentrum, wobei die Positionen keineswegs so weit auseinander lagen, wie häufig vermutet.[363] Dies gilt zunächst auch für das Problem der Tradition. Die Reformatoren erkannten die Glaubensentscheidungen der Alten Kirche durchaus an, soweit sie nur nicht im Widerspruch zum klaren Zeugnis der Schrift standen. Selbst wenn jede kirchliche Aussage vom Wort Gottes her geprüft werden müsse, erblickte die Reformation in den frühchristlichen Konzilien, ihren Bekenntnissen und Dogmen die Bewahrung und Rettung der biblischen Botschaft. Die Schrift ist dabei nach Luthers Überzeugung klar und durchsichtig, sie interpretiere sich selbst, und jeder, der sie im Glauben lese und in der Verkündigung aufnehme, könne sie in der Kraft des Glaubens recht verstehen,[364] bedürfe also keines Lehramts. Das Sola-scriptura-Prinzip, das die Reformation prägte, bedeutete aber keineswegs, daß damit die Alte Kirche in ihren Entscheidungen prinzipiell in Frage gestellt worden wäre. Ganz im Gegenteil gingen die großen Streitgespräche der Reformationszeit immer um die Frage, auf welcher Seite die Lehre und die Praxis der Alten Kirche unverfälscht beibehalten worden seien und wo spätere menschliche Erfindungen sie verdrängt hätten. Die Reformatoren waren keineswegs antitraditionell. Sie wandten sich lediglich an den Punkten gegen die Überlieferung, wo sie Traditionen im Gegensatz zu klaren Aussagen der Schrift sahen. Sonst aber waren sie durchweg bestrebt, die Tradition der Alten Kirche festzuhalten[365] oder wiederherzustellen.

---

[363] Vgl. hierzu P. Neuner, Das Schriftverständnis in der katholischen Kirche, in: R. Ziegert (Hrsg.), Die Zukunft des Schriftprinzips, Stuttgart 1994, S. 115–131.

[364] Vgl. hierzu P. Neuner – F. Schröger, Luthers These von der Klarheit der Schrift, in: Theologie und Glaube 74 (1984), S. 39–58.

[365] An dieser Stelle ist eine weitgehende Überwindung der These vom „Frühkatholizismus" als Abfall von der Botschaft des NT, insbesondere von der paulinischen Verkündigung, festzustellen. Dieser These zufolge wäre die Kirchen- und Dogmengeschichte als ganze als Abfall von der biblischen Botschaft zu verstehen, der bereits in den späteren Schichten des NT (Pastoralbriefe, Lukasevangelium, Petrusbriefe) begann. Innerhalb dieser Konzeption wurde das Sola-scriptura-Prinzip als Absage an die Dogmenbindung verstanden. Es war ein

In der Auseinandersetzung mit der Vorstellung von der Klarheit der
Schrift und angesichts der Wirren, die ihre eigenverantwortliche Auslegung selbst zwischen den Reformatoren, die sich alle auf sie beriefen,
auslöste, unterstrich das Konzil von Trient die Bedeutung der Tradition.
Diese müsse ebenfalls als Quelle der Offenbarung anerkannt werden.
Das Wort Gottes sei „in geschriebenen Büchern und ungeschriebenen
Überlieferungen"[366] auf uns gekommen. Dies entspricht auch der orthodoxen Auffassung. Während allerdings die Orthodoxie die Tradition
– jedenfalls prinzipiell – in der Lehre und der Ordnung der Alten Kirche
festmacht und Bekenntnis und Kirchenordnung der ersten Jahrhunderte für verbindlich und als Basis für eine Versöhnung der Kirchen versteht, wurde katholischerseits die Tradition eng an das kirchliche
Lehramt gebunden. Deswegen bestand hier die Tendenz, die Tradition
möglichst weit auszudehnen und lehramtlichen Entscheidungen damit
indirekt Offenbarungsqualität zuzuerkennen.[367] Der Schwerpunkt der
katholischen Argumentation lag jedenfalls auf der Verteidigung der
nicht-geschriebenen Überlieferung. Das ging bis zur Lehre von der gegenseitigen Exklusivität: Was in der Schrift steht, ist nicht in der Überlieferung, was die Überlieferung beinhaltet, steht nicht in der Schrift.

In der reformatorischen Theologie wurde im Gegenzug Tradition in
engste Verbindung mit menschlicher Erfindung gebracht. In den lutherischen Bekenntnisschriften findet sich unter dem Stichwort „Traditionen" nur der Verweis: „siehe Menschensatzungen"[368]. Die Schrift erschien als der einzige Träger des Wortes Gottes, als Zeuge für das Ursprüngliche, Unverfälschte, klar Verstehbare, die Tradition dagegen als
das Spätere, das von menschlicher Erfindung Entstellte. Weil die Schrift
als suffizient für den Glauben verstanden wurde, also die Offenbarung
als ganze enthält, kann es folglich keine sie ergänzende Tradition geben.
Diese Skepsis verstärkte sich, als sich die katholische Kirche in der Verkündigung der marianischen Dogmen (1854 und 1950) mangels direkter Schriftzeugnisse auf die Tradition als Quelle der Offenbarung berief.

wichtiger Schritt ökumenischer Verständigung, daß im Lima-Dokument auf
breitester kirchlicher Ebene die Alte Kirche wieder zum Leitbild von Erneuerung und ökumenischer Verständigung erhoben wurde. Damit ist, selbst wenn
dieses Ziel nicht in allen Punkten erreicht werden konnte, eine höchst bedeutsame Ebene der Verständigung erreicht.

[366] „...in libris scriptis et sine scripto traditionibus..." (DH 1501).

[367] Insofern hat auch die Differenz zwischen der protestantischen Sola-scrip-
tura-Konzeption und dem katholischen „Schrift und Tradition" eine ekklesiologische Dimension und muß von der Ekklesiologie her aufgearbeitet werden.

[368] BSLK, S. 1209.

In den Jahren unmittelbar vor dem Zweiten Vatikanischen Konzil bahnte sich in dieser Fragestellung in beiden Kirchen eine Neubesinnung an. Zunächst wurde deutlich, daß das Konzil von Trient im Gegensatz zur späteren Interpretation seiner Dekrete keineswegs eine Zwei-Quellen-Lehre formuliert hatte, sondern lediglich zum Ausdruck hatte bringen wollen, daß die Offenbarung in der Schrift und in der Tradition der Kirche voll präsent sei, ohne daß man die Verhältnisbestimmung beider festgeschrieben hätte.[369] Daneben konnte die neutestamentliche Wissenschaft zeigen, daß die Schrift selbst der Niederschlag von Verkündigung, also von mündlicher Tradition ist, daß es also bereits vor der Schrift Überlieferung gab. Tradition ist so verstanden nicht ein Kanal, der neben der Schrift herliefe und unabhängig von ihr Offenbarung vermitteln würde, sondern ein Prozeß, der bereits vor der Schrift liegt und die Festlegung des Kanons biblischer Schriften ermöglichte. Die Schrift steht in der Tradition, und sie hat wiederum Tradition als das Geschehen der Verkündigung aus sich entlassen. Das II. Vatikanische Konzil hat die Verhältnisbestimmung von Schrift und Tradition offengelassen, allerdings deren engen Zusammenhang betont. „Die Heilige Überlieferung und die Heilige Schrift sind eng miteinander verbunden und haben aneinander Anteil. Demselben göttlichen Quell entspringend, fließen beide gewissermaßen in eins zusammen und streben demselben Ziel zu."[370]

Auch evangelischerseits ist es gelungen, von der neutestamentlichen Wissenschaft her einen neuen Zugang zur Tradition zu finden. Bei der vierten Weltkonferenz von Glauben und Kirchenverfassung 1963 in Montreal wurden im Traditionsbegriff die Offenbarung Gottes in Christus durch den Heiligen Geist, der Vorgang der Tradierung der Frohbotschaft und die konfessionell und historisch geprägten Traditionen unterschieden. Damit verlor der Begriff Tradition seine negativen Konnotationen, und viele Mißverständnisse waren überwunden. Es wurde deutlich, daß die Schrift niemals allein sein kann, sondern sich in der Verkündigung erschließt und ihrer bedarf. Die Formulierung *„sola traditio"*, allein die Überlieferung, wurde in Montreal nur wegen ihres antireformatorischen Klangs vermieden.[371]

---

[369] Hierzu R. Geiselmann, Die Heilige Schrift und die Tradition, Freiburg i. Br. – Basel – Wien 1962.

[370] DV 9. Schon während des Konzils wurde angemerkt, daß es höchst wünschenswert und notwendig gewesen wäre, an dieser Stelle auch die kritische Funktion der Schrift gegenüber jeder späteren kirchlichen Tradition und amtlichen Lehraussage stärker zu betonen. Die Grundstruktur aber, daß das Lehramt „nicht über dem Wort Gottes (steht), sondern ihm dient" (DV 10), wird im Konzil sehr wohl deutlich.

[371] Diese Neubesinnung hatte Adolf von Harnack bereits im Jahre 1907 vor-

Diese in den 60er Jahren entwickelte Vorstellung von der Tradition als umfassendem Inhalt und Geschehen der Überlieferung hat sich inzwischen weithin durchgesetzt. Kaum jemand denkt heute noch daran, an die Tradition zu appellieren, wenn ihn die Schrift in seiner Argumentationsnot alleine läßt. Auch Differenzen, die scheinbar kirchentrennend sind und die bis an das Fundament der Offenbarung selbst gehen, können offensichtlich sterben.

Dennoch bleiben in der Wertung der Schrift durchaus konfessionsspezifische Differenzen. In evangelikaler Sicht gewährleistet die göttliche Inspiration der Heiligen Schrift „ihre völlige Zuverlässigkeit und höchste Autorität in allen Fragen des Glaubens und der Lebensführung"[372]. In diesem Verständnis wird, quer durch die Konfessionen, in fundamentalistischen Kreisen an der wissenschaftlichen Exegese ebenso Kritik geübt wie am ÖRK, dem eine Kontextualisierung der Botschaft und damit eine Verfälschung der Schrift vorgehalten werden. Auch in der Zeit nach dem II. Vatikanum haben lehramtliche Entscheidungen in der katholischen Kirche nicht allein in anderen Kirchen verschiedentlich Zweifel darüber aufkommen lassen, ob das Wort vom Dienstcharakter des Lehramts und seine Unterordnung unter das Evangelium tatsächlich auch in die kirchliche Praxis übersetzt worden sei und sie bestimme. Es bleibt eine eigentümliche Tatsache, daß in der Auslegung der Schrift jedenfalls zwischen den großen Kirchen bei allen offenen Detailfragen sich kaum kirchentrennende Differenzen festmachen lassen, daß diese Übereinstimmung jedoch kaum Frucht bringt für Konvergenzen in den Lehraussagen. Sowohl in den Fragen der Kirchenordnung als auch in den Aussagen zur Lehre und in den Verwerfungen sind biblische Texte oft mehr ornamental-bestätigend als argumentativ-tragend. Es ist eine auch ökumenisch belastende Erfahrung, daß sich

weggenommen: „Schrift und Tradition – wie erbittert ist um die Autorität dieser beiden Größen im 16. Jh. und auch später gekämpft worden, in wie falschen Formeln hat man die Lehre hier niedergelegt! Jetzt aber und schon seit langem haben protestantische Gelehrte eingesehen, daß die Schrift nicht von der Tradition getrennt werden kann und daß die Sammlung und Kanonisierung der neutestamentlichen Schriften selbst ein Teil der Tradition ist. Aber umgekehrt haben auch katholische Gelehrte eingesehen, daß keine Tradition kritiklos hingenommen werden darf, und daß das Neue Testament in Bezug auf die wichtigsten Fragen des Urchristentums die einzige zuverlässige Quelle ist. Der ganze Streit hat also nicht nur seine Schärfe, sondern wesentlich auch seinen Sinn verloren, sobald man die Schrift selbst als Tradition versteht und nirgendwo eine ungeprüfte Tradition zuläßt." (Harnack, Protestantismus und Katholizismus in Deutschland, Berlin 1907, S. 18 f.)

[372] So in der Basis der Deutschen Evangelischen Allianz, zitiert nach R. Frieling, a. a. O., S. 203.

Konvergenzen im Schriftverständnis keineswegs unmittelbar auf Lehre und Praxis der Kirchen auswirken.

II. Die Lehre von den Sakramenten

1. Gemeinsamkeiten und Differenzen im Verständnis der Taufe

Mit der Taufe verbinden sich in der Theologie Gedanken wie Bekehrung, Metanoia, Bekenntnis, Eingliederung in die Kirche. Taufe ist Wiedergeburt, Mit-Sterben und Mit-Auferstehen mit Jesus, Vergebung der Erbschuld. Schon das Neue Testament beschreibt die Wirklichkeit der Taufe in einer Vielzahl von Bildern, Begriffen und Vorstellungen: als Sündenvergebung, als Abwaschung der Sünden, Reinigung, Besprengung der Herzen, als Heiligung und Rechtfertigung, als Vernichtung des Leibes der Sünde, als Rettung vor dem göttlichen Gericht. Im Zusammenhang mit der Taufe bezeugt die Schrift ein besonderes Geistwirken: Taufe ist Geburt von oben, Wiedergeburt. „Ihr alle, die ihr auf Christus getauft seid, habt Christus angelegt" (Gal 3,27). Die Getauften werden hinzugetan zum Gottesvolk, „in einen einzigen Leib aufgenommen" (1Kor, 12,13), sie haben teil am königlichen Priestertum. Diese Vielfalt neutestamentlicher Aussagen zur Taufe wäre noch breiter, wenn man die zahlreichen Stellen mit heranziehen wollte, die vom grundlegenden Anfang christlichen Lebens sprechen, ohne die Taufe namentlich zu nennen. „Die Unterschiede in der Tauflehre sind kaum geringer als die der Abendmahlslehre."[373] Dennoch wirkten die Differenzen in der Tauflehre im Gegensatz zur Abendmahlslehre jedenfalls zwischen den traditionellen Konfessionen nicht kirchentrennend. Aus diesem Grund wurde in den meisten bilateralen Gesprächen die Thematik der Taufe eher beiläufig erwähnt; bezugnehmend auf die altkirchlichen Entscheidungen um die Ketzertaufe wurde die gegenseitige Anerkennung der Taufe festgeschrieben. Die Kontroversen zwischen den alten Kirchen und den Kirchen der Reformation betreffen weniger die Lehre von der Taufe selbst als vielmehr Aussagen zur allgemeinen Sakramentenlehre, die dann auf die Taufe zurückwirkten: das Problem der Wirksamkeit *ex opere operato"* und damit verbunden die Frage der Heilsnotwendigkeit des Glaubens. Doch diese Differenzen führten nicht dazu, daß man die Gültigkeit der Taufe in anderen christlichen Kirchen in Frage gestellt hätte. Dies war bei den „Taufgesinnten", die die Kindertaufe als ungültig zurückwiesen, und einzig und allein die Erwachsenentaufe gelten

---

[373] E. Schlink, Die Lehre von der Taufe, Kassel 1969, S. 171.

ließen, anders. Als „Wiedertäufer" wurden sie von den Großkirchen verurteilt und häufig grausam verfolgt, sie wiederum haben die Unmündigentaufe pauschal für ungültig erklärt. Eine ökumenische Verständigung muß also vor allem zwischen den Kirchen erfolgen, die die Kindertaufe praktizieren oder sie für die Regel halten, und jenen, die sie als ungültig ablehnen. Zur Diskussion steht dabei das Verhältnis von Taufe und Glaube. Das wichtigste Dokument in diesem Zusammenhang ist das Lima-Papier. Unter den vielen Kirchen, die in Glauben und Kirchenverfassung zusammenarbeiten, kommen viele aus der täuferischen Tradition, so daß die Taufe und ihre Anerkennung hier eine bedeutsame Rolle spielen mußten.

Es ist unbezweifelt, daß Taufe und Glaube einander engstens zugeordnet sind. Taufe ist das Bekenntnis zu Jesus dem Christus, der Glaube drückt sich im Zeichen der Taufe endgültig aus. Glaube und Taufe sind zwei Aspekte des christlichen Heilswegs. Im biblischen Verständnis läßt sich das Verhältnis von Glaube und Taufe in drei Modellen ausdrücken. Zunächst führt der Glaube zur Taufe, in der Taufe erfährt er seinen dichtesten Ausdruck. Hier geht der Glaube der Taufe voraus, er führt zur Taufe. Es gibt im Neuen Testament aber auch Stellen, die von der bereits vollzogenen Taufe ausgehen und den Glauben als Konsequenz der Taufe darstellen. Hier ist die Taufe zusammenfassender Ausdruck für den komplexen Vorgang des Christ-Werdens, der nie abgeschlossen ist. Der Glaube erscheint hier als Prozeß, nicht als einmalige Entscheidung. Die Mahnreden der neutestamentlichen Briefe sind Tauferinnerungen: Weil ihr getauft seid, sollt ihr ein Leben aus dem Glauben führen. Hier wird die Taufe Anfang eines Wegs im Glauben. Daneben finden sich Texte, wo die Taufe als Erleuchtung erscheint, die Glauben schenkt, vermittelt und weckt. Taufe und Glaubenserfahrung fallen hier gewissermaßen ineinander. In der Verhältnisbestimmung von Glaube und Taufe ist eine einlinige und einsinnige Festschreibung also nicht möglich. Glaube muß der Taufe vorangehen und gleichzeitig auch aus ihr folgen. Glaube ist ein Weg; die Initiation in den Glauben ist prozeßhaft, sie kann in der Regel nicht als einmalige Entscheidung verstanden werden. Weder der Glaube noch die Taufe liegen einfach abgeschlossen hinter uns. Damit ist die Kontrovese zwischen den traditionellen Kirchen und den Taufgesinnten entschärft.[374]

Akut wird das Verhältnis von Glaube und Taufe in der Frage der Kin-

---

[374] Diese Aussage gilt nur für die Großkirchen. Den Kirchen baptistischer Tradition ist es nach wie vor nicht möglich, die Taufe innerhalb der Volkskirche grundsätzlich anzuerkennen. Taufe ohne vorhergehende Glaubensentscheidung erscheint hier als ungültig.

dertaufe. Auch in den traditionellen Großkirchen wird heute die Forderung laut, man müsse die Kinder für sich selbst entscheiden lassen: Dies
verlange sowohl deren Personwürde als auch die Kirche, der man nicht
durch Konvention, sondern allein durch persönliche Entscheidung angehören könne. Karl Barth brachte es auf den Punkt: „Weil man durch
die Schlaftaufe in die Volkskirche kommt, deshalb gibt es so viele Schlaf-
christlichkeit und so wenig bekennende Christen."[375] An dieser Stelle
stoßen zwei unterschiedliche Modelle im Taufverständnis aufeinander.
Vornehmlich in der reformierten Tradition wird die Taufe verstanden
als Ratifizierung des Glaubens, als Zusammenfassung des Prozesses,
den das Zum-Glauben-Kommen ausmacht. In der Theologie der Orthodoxie, der katholischen und der lutherischen Kirchen wird die Taufe dagegen zunächst als Geschenk des uns zuvorkommenden Gottes gesehen, das wir nicht verdient haben, auch nicht durch unseren Glauben.
Hier wird insbesondere betont, daß der Glaube nicht Leistung des Menschen ist, sondern geradezu der Verzicht auf jede menschliche Vorlei-
stung. Die vor allem von Luther formulierte Rechtfertigungslehre gip-
felt in der Aussage, daß Gott an uns wirkt, obwohl wir von uns aus nichts
beizutragen vermögen.

In ökumenischen Dokumenten wird anerkannt, daß beide Traditionen ihre Berechtigung haben, für sich alleine genommen jedoch die
christliche Botschaft verkürzen würden. So muß sich die Tradition, die
sich zur Kindertaufe skeptisch verhält, fragen lassen, ob sie den
Glauben nicht allzusehr auf den Punkt der Entscheidung konzentriert
und der Prozeßhaftigkeit von Lebens- und Glaubensvorgängen zu
wenig gerecht wird. Andererseits muß die altkirchlich-lutherische Vorstellung gefragt werden, ob sie nicht in der Gefahr steht, die Taufe vom
Glauben abzutrennen und sie damit im Extremfall zu einem magischen
Akt verkommen zu lassen. Dabei ist festzuhalten, daß die Kindertaufe
immer nur im Rahmen einer kirchlichen Gemeinschaft legitim ist, die
den Glauben des noch nicht Entscheidungsfähigen trägt, ihn aufnimmt
und die Gewähr dafür bietet, daß das Kind in den Glauben hineinwachsen kann. Wäre von vornherein abzusehen, daß dieser Glaube
nicht realisiert werden kann, dürfte die Taufe nicht gespendet werden.
Der Glaube der Eltern, der Gemeinde, der Paten ist Bedingung für eine
Taufspendung, ohne ihn wäre die Taufe aufzuschieben. Ein solcher Auf-
schub müßte Hand in Hand gehen mit dem Angebot eines Katechume-
nats, wo Kinder, Jugendliche oder Erwachsene in der ihnen jeweils an-
gemessenen Form in den Glauben und in die Kirche hineinwachsen und
später eventuell die Taufe empfangen können.

---

[375] Zitiert nach Th. Schneider, Zeichen der Nähe Gottes, Mainz 1979, S. 99.

Mit diesen Aussagen ist ein hohes Maß an Annäherung erreicht. Selbst wenn nicht alle täuferisch gesinnten Kirchen heute die Unmündigen-taufe als gültig anerkennen, ist der Prozeß der gegenseitigen Anerken-nung der Taufe doch weit gediehen. „Kirchen erkennen zunehmend die Taufe anderer Kirchen als die eine Taufe in Christus an, wenn vom Tauf-kandidaten Jesus als der Herr bekannt worden ist oder, im Falle der Säuglingstaufe, wenn das Bekenntnis von der Kirche (Eltern, Erzie-hungsberechtigten, Paten und Gemeinde) abgelegt und später durch persönlichen Glauben und persönliches Engagement bekräftigt wurde. Gegenseitige Anerkennung der Taufe wird als ein bedeutsames Zei-chen und Mittel angesehen, die in Christus gegebene Einheit in der Taufe zum Ausdruck zu bringen."[376]

Die Taufe gliedert in die Kirche ein, glaubende Gemeinde ist Bedin-gung der Möglichkeit von Kindertaufe, bei der Erwachsenentaufe er-scheint die konkrete Gemeinde als die Wirklichkeit, auf die hin die Taufe erfolgt. Diese Eingliederung erfolgt in die Kirche als ganze, der Getaufte ist Glied der Kirche Christi, nicht nur einer Konfession. Andererseits werden Bestrebungen, die Taufe von der Zuordnung zu einer be-stimmten Konfession zu lösen, aus theologischen und pastoralen Gründen nicht akzeptiert. Jede Taufe ist damit ökumenisch, anderer-seits kann das Christsein heute nur in konkreter Konfession gelebt werden. Das Allgemeine, die ökumenische Kirchlichkeit, ist nur im Be-sonderen, in der konkreten Konfession zu haben. Dabei ist die Konfes-sion der Weg, wie die christliche Kirche realisiert wird. Einbindung in eine Konfession bedeutet nicht Trennung von der ökumenischen Kirche. Aber wer das Besondere nicht akzeptieren will, geht in der Regel auch des Allgemeinen verlustig. So bedeutet die Taufe die Eingliede-rung in die christliche Kirche in jeweils konfessioneller Zuordnung.[377]

In den Kirchen orthodoxer und katholischer Tradition wurde die In-itiation auf zwei Sakramente aufgeteilt: Taufe und Firmung. Es waren

---

[376] BEM 15, in: DwÜ I, S. 555.

[377] Probleme entstehen, wenn Eltern zumeist in konfessionsverschiedenen Familien die Taufe als ökumenische Taufe verstehen, die in die allgemeine christliche Kirche, nicht aber in eine Konfession eingliedern und damit von der anderen trennen soll. Würde man die Zuordnung der Taufe zu einer Konfession aufheben, kämen wohl ähnliche Schwierigkeiten im Rahmen der christlichen Erziehung, des Gottesdienstbesuches, der Einführung in das sakramentale Leben. Wahrscheinlich läßt sich hier keine befriedigende Lösung finden, weil die Kirchentrennung selbst der Wahrheit und dem Geist so widerspricht, daß alle Lösungsversuche innerhalb dieses Rahmens geistlos und widersprüchlich bleiben müssen. Innerhalb einer falschen Grundposition gibt es keine befriedi-genden Zwischenlösungen.

dabei vorwiegend praktische Gründe, die zu dieser Unterscheidung führten. In der frühen Kirche waren die Zeichen von Untertauchen, Handauflegung und Salbung gemeinsam der Akt der Aufnahme und Eingliederung in die Kirche. Zur Ausdifferenzierung von Taufe und Firmung führte vor allem die Frage nach dem Spender. Ursprünglich wurde die Initiation als ganze durch den Bischof vollzogen. Mit dem Anwachsen der christlichen Gemeinden erwies sich diese Praxis zunehmend als undurchführbar. In der Ostkirche ging das Recht der Initiation auf den Priester über, der die Salbung nach der Taufe, die „Versiegelung", mit dem vom Bischof geweihten Öl vornimmt. Im Westen dagegen verselbständigte sich die Salbung nach der Taufe und wurde dem Bischof vorbehalten. Die Deutung dieser Zeichenhandlung und damit zusammenhängend die Frage nach dem rechten Firmalter ist dabei sehr breit gestreut. Von besonderer Bedeutung ist heute die Interpretation, daß in der Firmung persönlich und in individueller Entscheidung das vollzogen wird, was in der Taufe dem noch nicht entscheidungsfähigen Kind geschenkt wurde. Firmung wird als die persönliche Entscheidung zum christlichen Glauben und für die Kirche verstanden. Diese Deutung wird in aller Regel auch von den christlichen Kirchen als Möglichkeit akzeptiert, die eine Firmung nicht kennen.

Der Grund dafür, daß die christlichen Kirchen weithin die Taufe gegenseitig anerkennen, liegt dogmengeschichtlich in den Entscheidungen des Ketzertaufstreits. Im Gegensatz zu Cyprian von Karthago, der überzeugt war, daß es außerhalb der rechten Kirche kein Heil, keinen Heiligen Geist und damit auch keine rechte Taufe geben könne, erkannte der Bischof von Rom, Stephan I., die Taufe der Häretiker an und nahm Bekehrte mit einer einfachen Zeremonie der Handauflegung in die Kirche auf. Die Tatsache, daß auch außerhalb der rechten Kirche der Name des dreieinigen Gottes über den Taufbewerber herabgerufen worden war, schien ihm wesentlicher als eventuelle Mängel im Glauben und in der Amtsvollmacht. Es wurde sogar entschieden, daß auch Nichtgetaufte taufen können, wenn sie nur die rechte Absicht haben, es im Sinne der Kirche zu tun. Taufe ist Gottes Tat, nicht Tat der Kirche. Getreu dieser Entscheidung erkennen heute die großen Kirchen weithin alle Taufen an, die in der rechten Intention und unter Verwendung von Wasser und der rechten Taufformel gespendet wurden.

2. Das Herrenmahl

Die Argumentation, daß das Wirken Gottes wichtiger ist als die kirchliche Vermittlung, daß Christus selbst es ist, der das Sakrament spendet, hat sich beim Herrenmahl nicht in gleicher Weise durchgesetzt, an dieser Stelle sind die Kirchen in der gegenseitigen Anerkennung darum wesentlich zurückhaltender. Dabei ist die Frage der Eucharistie die einzige ökumenische Problematik, mit der sich auch die Gemeinden intensiv befassen, die Gemeinschaft im Herrenmahl erscheint für sie als das ökumenische Zentralproblem, und die sogenannte Basis zeigt lebhaftes Interesse daran. Alle anderen ökumenischen Fragestellungen, seien es Amtsfragen, ekklesiologische Themen, historische Probleme, werden nur insoweit für relevant erachtet, als sie für das Verständnis der Eucharistie und für eine Gemeinschaft im Herrenmahl etwas austragen. Mit dieser Engführung haben die Gemeinden zweifelsohne etwas Gewichtiges und Richtiges erkannt: Ökumene muß sich auch leben und feiern lassen, sie muß in die gottesdienstliche Gemeinschaft und in die Spiritualität eingehen, will sie nicht eine rein theoretische und abstrakte Auseinandersetzung darüber bleiben, wer recht hat. Die gemeinsame Feier des Herrenmahls wird als Zeichen dafür angestrebt, daß Versöhnung nicht nur theoretisch bleibt, sondern auch gelebt wird und daß sie im Gottesdienst gefeiert werden kann. Dabei ist es in der ökumenischen Diskussion gelungen, auch dort neues Interesse für das Herrenmahl zu wecken, wo dieses traditionellerweise nur verhältnismäßig selten gefeiert wurde. In den bilateralen und multilateralen ökumenischen Gesprächen nehmen die Fragen um das Herrenmahl durchweg einen zentralen Platz ein. Seit dem Beginn der Ökumenischen Bewegung wurde es immer deutlicher: „Wir betrachten die Abendmahlsgemeinschaft als einen notwendigen Teil jeder wirklich befriedigenden Kirchengemeinschaft."[378] Die Erklärung von Lund machte einen Vorschlag zur Terminologie, sie unterschied dabei volle Abendmahlsgemeinschaft, Interzelebration, Interkommunion, offene Kommunion und geschlossene Kommunion.[379] Einer Eucharistiegemeinschaft stehen traditionellerweise zwei Problemkreise gegenüber, an denen die Kirchen unterschiedliche Wege gegangen sind: die Frage der Realpräsenz und der Opfercharakter der Messe. Dazu kommen Differenzen in der Praxis des „Laienkelchs" und natürlich das Problem des kirchlichen Amts.

---

[378] Dieses Zitat aus Edinburgh 1937 wurde in der Erklärung von Lund zur Interkommunion aufgegriffen.

[379] Nach L. Vischer (Hrsg.), Die Einheit der Kirche. Material der Ökumenischen Bewegung, München 1965, S. 127–138.

a) Die Realpräsenz

Seit frühester Zeit hat die Kirche das Herrenmahl in dem Bewußtsein gefeiert, daß Christus selbst in seinem Leib und Blut gegenwärtig ist, daß sein Heilswerk unmittelbar zugänglich wird. Die Eucharistielehre der griechischen Väter deutete diese Präsenz Christi vornehmlich mittels des platonischen Bilddenkens, demzufolge im Bild das Urbild selbst gegenwärtig wird. In der Gedächtnisfeier bildet sich Jesu Heilstat, von der Schöpfung über die Inkarnation und sein irdisches Leben, sein Kreuz, seine Auferstehung und Himmelfahrt und die Geistsendung ab, und gleichzeitig wird in dieser Zeichenhandlung die eschatologische Vollendung der Geschichte vorweggenommen. All dies wird in der Anamnese, der erinnernden Feier gegenwärtig, weil Christus sich in diesem Mahl immer neu schenkt. In der eucharistischen Speise wird Christus selbst als die Heilsgabe dargereicht und empfangen, im Herrenmahl findete eine „Verwandlung", eine *metabolé* oder *conversio* der Speise und der Mahlhaltenden zugleich statt. Dieser Gedanke der Verwandlung hatte bei den griechischen und bei den lateinischen Kirchenvätern allerdings weithin dynamischen Charakter, die „Realität wurde weitgehend vom Eigentums-, Herrschafts- oder Einflußverhältnis her definiert, das zwischen dem mächtigen Gott und der eucharistischen Feier besteht."[380] Das platonische Bilddenken eröffnete die Möglichkeit, in Brot und Wein das Abbild von Christi Leib und Blut und darin Christus selbst in seinem Heilswirken wahrhaft gegenwärtig zu sehen. Durch diesen Metabolismus wurde gedeutet, was als Geheimnis des Glaubens verehrt wurde: die unbegreifliche Gegenwart von Leib und Blut Christi und seinem Heilswerk im Empfang von Brot und Wein.

Dieses Bilddenken zerbrach in der frühmittelalterlichen Kirche des Westens. Hier traten Bild und Wirklichkeit, Symbol und Realität auseinander, das Bild wurde nicht mehr als Realsymbol verstanden, sondern als Hinweis auf eine fremde Wirklichkeit. Das Symbol vermochte die Realität nicht mehr zu umfassen und zu erschließen, sondern nur noch auf etwas zu verweisen, was ihm selbst äußerlich blieb. Zeichen und Wirklichkeit waren nun voneinander getrennt. Das führte zu den mittelalterlichen Abendmahlsstreiten, die zwischen den Extremen eines massiv-dinglichen und eines spiritualistischen Mißverständnisses pendelten. In dieser Auseinandersetzung entstand die Lehre von der Transsubstantiation, die einerseits die tatsächliche Gegenwart Jesu ausdrücken wollte, sie aber in der Tiefendimension der Substanz, nicht auf der Ebene der Akzidenzien, also der historischen Konkretion, ansie-

---

[380] LV, S. 98.

delte. Mittels der Vorstellung von der Transsubstantiation wurde es möglich, die Realität der Verwandlung in der Substanz und die bleibende Wirklichkeit der Akzidenzien von Brot und Wein zugleich festzuhalten. Die Glaubensaussage, daß Brot und Wein in ihren Erscheinungsformen bleiben, sich aber dennoch in ihrem tiefsten und gesamten Wesen verändern und zum Leib und zum Blut Christi werden, brachte die scholastische Theologie mit dem Begriff „Transsubstantiation" zum Ausdruck.[381]

Es waren unterschiedliche Gründe, die die Reformatoren dazu führten, diese Lehre von der Transsubstantiation zurückzuweisen.[382] Zwingli vertrat einen Symbolbegriff, in dem Zeichen und Wirklichkeit deutlich voneinander getrennt waren. Das Herrenmahl ist ihm eine Gedächtnishandlung, zu der uns Jesus mit den Worten verpflichtete: „Tut dies zu meinem Gedächtnis." Dies geschieht im Essen und Trinken. Gedächtnis aber ist die Erinnerung an einen Abwesenden, nicht an einen Gegenwärtigen. Darum kann das Brot nicht der gegenwärtige Leib, der Wein nicht das gegenwärtige Blut sein. Das Essen verweist vielmehr den Glaubenden an das Kreuz, zu dessen Gedächtnis sich die christliche Gemeinde im Mahl versammelt. Bei Zwingli wird die Realpräsenz damit nicht festgehalten. Die Gemeinschaft mit Christus erfolgt allein im Geist, wie es in der Schrift heißt: „Der Geist ist es, der lebendig macht; das Fleisch nützt nichts" (Joh 6,63). Die Brücke zum erhöhten Christus bilden nicht Brot und Wein, sondern die Memoria an Jesu Tun und der Gehorsam gegenüber seinem Auftrag.

Calvin verstand das Abendmahl ebenfalls als Gedächtnis, als Anamnese des Kreuzes Christi. Dieser ist nach Tod und Auferstehung in den Himmel aufgefahren, er sitzt zur Rechten des Vaters; ihm gilt die Memoria. Doch Calvin ist der Lehre von der Realpräsenz näher als Zwingli. Denn nach seiner Überzeugung ergreift der Heilige Geist anläßlich des gläubigen Empfangs von Brot und Wein das Herz des Menschen und verbindet ihn mit dem zur Rechten des Vaters sitzenden Christus. Immer wenn der Mensch im Gedächtnis an den erhöhten Herrn das Herrenmahl empfängt, wird ihm durch den Heiligen Geist die wahre Gemeinschaft mit Christus zuteil. Wenn in der Tradition Calvins davon gespro-

---

[381] Dabei ist zu beachten, daß die Lehre von der Transsubstantiation zunächst einem massiv dinglichen Realismus wehren wollte, wie er z.B. Berengar von Tour abverlangt wurde (Text DH 690), und die Verwandlung auf der metaphysischen Ebene der Substanz ansiedelte. Die Probleme tauchten auf, als sich in der Folge der Substanzbegriff änderte und mehr und mehr das Einzelding bezeichnete.

[382] Zum gesamten Abschnitt vgl. L. Lies, Eucharistie in ökumenischer Verantwortung, Graz – Wien – Köln 1996.

chen wird, daß Brot und Wein Leib und Blut Christi „bedeuten", dann wird festgehalten, daß im leiblichen Empfang die geistige Gegenwart und die Gemeinschaft tatsächlich geschenkt werden. Dies aber geschieht *anläßlich* des Empfangs, nicht *in* Brot und Wein oder durch sie. Denn materielle Dinge sind unfähig, den erhöhten Herrn zu umschließen, *finitum non est capax infiniti*, das Endliche kann den Unendlichen nicht fassen.

Während es bei den Schweizer Reformatoren Glaubensgründe waren, die sie die Lehre von der Transsubstantiation anzweifeln ließen, hatte Luthers Kritik vor allem philosophische Ursachen. Zunächst wird der Versuch, das Geheimnis des Glaubens rational zu umfassen, zurückgewiesen. „Wir kümmern uns nichts um die sophistische Subtilität, mit der sie erdichten, daß Brot und Wein ihr natürliches Wesen verlassen und verlieren, und daß nur die Form und die Farbe des Brotes und nicht rechtes Brot zurückbleibe."[383] Der Glaube solle nicht durch philosophische Kunst überspielt werden. Gewichtiger aber war für Luther, daß die Deutung der Transsubstantiation voraussetzt, daß die Akzidentien, also die Eigenschaften, ohne ihre Substanz bestehen bleiben, daß sie also Eigenschaften einer nicht mehr existierenden Substanz seien und damit gleichsam in sich selbst subsistieren müßten. Subsistierende Akzidenzien aber sind in sich widersprüchlich. Luther hat deshalb aus philosophischen Gründen den Begriff „Transsubstantiation" verworfen und von einer „Konsubstantiation" gesprochen, nach der „in, mit und unter" Brot und Wein Leib und Blut Christi wahrhaft gegenwärtig sind.

In der heutigen theologischen Diskussion ist es auch katholischerseits keineswegs mehr selbstverständlich, daß sich die Realpräsenz innerhalb unseres Wirklichkeitsverständnisses mit dem Begriff „Transsubstantiation" so problemlos aussagen läßt, wie das in der mittelalterlichen Kirche und noch im Konzil von Trient in seiner Antwort auf die Reformation als möglich erschien. Neuere Erklärungsversuche wie die der „Transfinalisation" oder der „Transsignifikation" versuchen, die Wesensverwandlung, die unverändert festgehalten werden soll, mit neuen philosophischen Mitteln auszudrücken. Es braucht an dieser Stelle nicht darüber geurteilt zu werden, ob derartige Erklärungsversuche hinreichen. Jedenfalls aber gehören die philosophischen Voraussetzungen und insbesondere der hier implizierte Substanzbegriff nicht zum Glaubensinhalt.

Aus der Tatsache, daß die Reformatoren den Begriff der Transsubstantiation ablehnten, hat man katholischerseits häufig gefolgert, sie würden die Lehre von der Realpräsenz verwerfen und lediglich einem

---

[383] Schmalkaldische Artikel III, in: BSLK 452.

leeren Symbolismus huldigen. Dabei wurde kaum beachtet, daß gerade
an der Frage der Realpräsenz die Einheit der Reformatoren zerbrach.
Beim Marburger Religionsgespräch 1529 konnten sich Luther und
Melanchthon in der Abendmahlsfrage nicht mit Zwingli und Oekolampad einigen. Wegen seines Glaubens an die Realpräsenz gab Luther
die Gemeinschaft mit den Schweizer Reformatoren preis, hier war die
Kluft unüberbrückbar. In der Frage der Realpräsenz laufen die Grenzen
traditionellerweise zwischen katholischer und lutherischer Lehre auf
der einen und reformierter Vorstellung auf der anderen Seite.

So konnten Lutheraner und Katholiken in dem Dokument ›Das Herrenmahl‹ gemeinsam formulieren: „Im Sakrament des Abendmahls ist
Jesus Christus, wahrer Gott und wahrer Mensch, voll und ganz mit
seinem Leib und seinem Blut unter dem Zeichen von Brot und Wein gegenwärtig."[384] Und im gleichen Text heißt es: „Gemeinsam bekennen
katholische und lutherische Christen die wahre und wirkliche Gegenwart des Herrn in der Eucharistie."[385] Im eucharistischen Mahl geschieht jene Veränderung, die seit dem Altertum als *conversio* bzw. *mu-
tatio*, als Verwandlung bezeichnet wurde. Diese ist nicht mehr über-
holbar, sie hat eschatologischen Sinn und macht Brot und Wein zur
„Speise zum ewigen Leben". Dieses Bekenntnis ist nicht notwendig
an bestimmte Erklärungsmodelle gebunden, alle begrifflichen Bemühungen können den Geheimnischarakter der eucharistischen Gegenwart nicht aufheben.

Durch eine Neuinterpretation im Rückgriff auf das frühkirchliche
Symbolverständnis ist es in der Zwischenzeit gelungen, diesen Glauben
an die Realpräsenz auch mit der reformierten Tradition zu verbinden.
Hier wird das Symbol nicht mehr als leeres Zeichen verstanden, sondern als „Realsymbol", das die Sache zu dem macht, was sie ist. Das Ding
ist das, was es bezeichnet. Nach dieser Deutung schenkt sich Christus
im Zeichen von Brot und Wein, weil er Brot und Wein aufnimmt, sie
durch diese neue Zeichenhaftigkeit verwandelt und weil die christliche
Gemeinde sie im Glauben als Leib und Blut des Herrn empfängt. Durch
diese Interpretation der Wirklichkeit aus ihrer Zeichenhaftigkeit wurde
es möglich, den Gedanken der Realpräsenz auch in der reformierten
Tradition heimisch werden zu lassen.[386] So konnte im Lima-Papier auf
breitester Basis gemeinsam formuliert werden: „Das eucharistische

---

[384] Das Herrenmahl Nr. 16, in: DwÜ I, S. 276.

[385] A.a.O., Nr. 48, in: DwÜ I, S. 286.

[386] Im reformiert/römisch-katholischen Dialog heißt es: „In der Eucharistie
teilt er sich selbst uns mit in der ganzen Realität seiner Gottheit und seiner
Menschheit" (in: DwÜ I, S. 506).

Mahl ist das Sakrament des Leibes und Blutes Christi, das Sakrament seiner wirklichen Gegenwart (Realpräsenz) ... Die Kirche bekennt Christi reale, lebendige und handelnde Gegenwart in der Eucharistie.“[387] Damit wird Eucharistie nicht zu einem Tun „als ob“, als wären es allein der Glaube oder die Vorstellung der feiernden Gemeinde, die so tut, als ob Brot und Wein Leib und Blut Christi wären. Vielmehr beruht diese neue Realität von Brot und Wein auf der Stiftung Jesu. Das Lima-Dokument kann festhalten: „Obwohl Christi wirkliche Gegenwart in der Eucharistie nicht vom Glauben der einzelnen abhängt, stimmen jedoch alle darin überein, daß Glaube erforderlich ist, um Leib und Blut Christi unterscheiden zu können.“[388] Diese Gegenwart wird nicht durch den Glauben der Empfangenden gestiftet, sondern durch die Verheißung des Heiligen Geistes, der Brot und Wein zum Sakrament der Gegenwart Christi macht. Die Epiklese, die Herabrufung des Heiligen Geistes auf Brot und Wein, hat in der Liturgie der meisten christlichen Kirchen ebenso wie in der Lima-Liturgie einen entscheidenden Ort.[389] Mit dieser gemeinsamen Glaubensaussage sind die traditionellen Verwerfungen hinsichtlich der Realpräsenz überwunden, identische theologische Erklärungsversuche sind für eine Einigung der Kirchen nicht vorausgesetzt.

Dennoch bleiben einige Probleme. Das Konzept der Transsubstantiation hat katholischerseits im Anschluß an das Konzil von Trient zu einer verbreiteten Tabernakelfrömmigkeit geführt, die in der Alten Kirche unbekannt war und die auch die orthodoxen Kirchen nicht mitvollziehen. Verschiedentlich trat die Feier des Herrenmahls gegenüber der Verehrung des eucharistischen Brotes in den Hintergrund, die Kontroverssituation gegenüber der Reformation verstärkte diese Tendenz. Unter „Eucharistie“ verstand man mehr die im Tabernakel aufbewahrten und zu verehrenden Gestalten als die Feier des Herrenmahls. Im Gegensatz dazu konzentrierten sich die Kirchen der Reformation in ihrem Verständnis des Abendmahls ganz auf das Geschehen und erachteten die Gestalten außerhalb des Empfangs weitestgehend als irrelevant. Dies hat nicht selten zu einer wenig ehrfurchtsvollen Behandlung des übriggebliebenen Brotes und Weines geführt. Das war und ist für Katholiken ein bleibender Anstoß, der die Übereinstimmung in der Lehre von der Realpräsenz wieder in Frage zu stellen droht. Es wäre um der angestrebten Einheit im Herrenmahl willen zu hoffen, daß derartige Prak-

---

[387] BEM, Eucharistie Nr. 13, in: DwÜ, S. 560.
[388] A. a. O., S. 560f.
[389] Die Betonung der Bitte um den Heiligen Geist bewahrt das Verständnis der Realpräsenz vor einer mechanistischen Deutung des „opus operatum“.

tiken überwunden werden. Die Kirchen der Reformation könnten in
Treue zu ihrem Glaubensbewußtsein sehr wohl in der Feier das be-
reiten, was ausgeteilt wird, und den Rest konsumieren. Eine solche
Praxis, die sich durchaus auf Luther berufen könnte, würde erhebliche
Irritationen zwischen den Kirchen beheben.

In ähnlicher Weise könnten auch katholischerseits Anstöße überwunden werden. Das II. Vatikanum hat dargelegt, daß Brot und Wein auf
den Empfang hingeordnet sind und daß eine grundsätzliche Isolierung
vom Empfang dem Wesen der Eucharistie widersprechen würde. Jede
Form eucharistischer Frömmigkeit müßte deutlich machen, daß sie sich
als Ausgestaltung und Weiterführung des Herrenmahls versteht. Als
praktische Möglichkeit könnte auch hier angestrebt werden, in der Meßfeier zu bereiten, was für den Empfang in dieser Feier bestimmt ist. Das
schließt nicht aus, den Herrenleib für die Kranken aufzubewahren, die
physisch nicht anwesend sein können, und ihm ehrfurchtsvolle Behandlung und Verehrung zuteil werden zu lassen. Eine gute ökumenische
Praxis würde hier Irritationen überwinden. Dabei können die unterschiedlichen Traditionen zweifellos nebeneinander bestehen. Die evangelischen Kirchen müßten ebensowenig Tabernakel aufstellen, wie
man sie aus den katholischen Kirchen entfernen müßte. Unterschiedliche Formen sind hier legitim, wie ja auch die eigenständige Praxis der
orthodoxen Kirchen beweist. Bei gutem Willen und ökumenischer Sen-
sibilität könnten Belastungen überwunden werden, die oft weniger im
Bereich der Theologie als in der gemeindlichen Frömmigkeit angesiedelt sind.

b) Die Messe als Opfer

Im Gegensatz zu einem verbreiteten Eindruck ist die Frage der Realpräsenz weniger gewichtig als die Problematik der Messe als Opfer. An
diesem Punkt gingen die Wege in der Reformationszeit auseinander.
Denn in der Meßopferlehre sahen die Reformatoren die Einmaligkeit
des Kreuzesopfers Christi in Frage gestellt. Wenn die Messe als rechtfer-
tigendes Opfer der Kirche verstanden wird, dann, so die Reformatoren
im Anschluß an Paulus, reicht das Opfer Christi offensichtlich nicht aus,
dann muß und kann der Mensch selbst Sühne leisten für seine Sünden
und braucht Christus nicht. In der Konsequenz sahen die Reformatoren
an diesem Punkt die Lehre von der Rechtfertigung allein aus Gnade und
ohne unser Verdienst in Frage gestellt. Wenn die Messe ein Opfer ist,
dann kann der Mensch aus eigener Kraft etwas zu seiner Rechtfertigung
beitragen und ist damit nicht von der Gnade allein abhängig. An diesem
Punkt finden sich die schärfsten Verwerfungen der katholischen Posi-

tion. Wegen dieser Lehre bezeichnete Luther in den Schmalkaldischen Artikeln, die zu den Bekenntnisschriften zählen, die Messe als „das größte und schrecklichste Greuel" und kam zu dem Urteil: „Also sind und bleiben wir ewiglich geschieden und wider einander. Sie fühlen es wohl: Wo die Messe fällt, fällt auch das Papsttum."[390] Und der aus der reformierten Tradition stammende ›Heidelberger Katechismus‹ gibt auf die Frage: „Was ist für ein Unterschied zwischen dem Abendmahl des Herrn und der päpstlichen Messe?" die lapidare Antwort: „Es ist also die Messe im Grunde nichts anderes, als eine Verleugnung des einzigen Opfers und Leidens Jesu Christi, und eine vermaledeite Abgötterei."[391]

Diese Aussagen der Reformation können nur vor dem Hintergrund der spätmittelalterlichen Meßpraxis und mancher von Schultheologen vertretener Meinung vom begrenzten und endlichen Wert der Messe richtig verstanden werden. Die Reformatoren kämpften gegen eine Vorstellung der Messe als Werk, als Genugtuung *(satisfactio)*, als Opfer *(sacrificium)*, das durch den Vollzug wirksamer Zeremonien selbst *(ex opere operato)* wirksam wird. Demgegenüber betonten sie, daß die Versöhnungstat Jesu Christi am Kreuz weder einer multiplizierenden Wiederholung noch einer hinzufügenden Ergänzung bedürfe. Sie lehnten die Vorstellung ab, die Messe sei eine Wiederholung des Kreuzesopfers durch das Handeln des Priesters. Andererseits wies das Konzil von Trient die Vorstellung zurück, die Feier des Herrenmahls sei ein bloß worthaftes Andenken *(nuda commemoratio)* [392], nicht aber die reale Vergegenwärtigung des Kreuzesopfers, das Christus ein für allemal dargebracht hat.

Neuere Untersuchungen haben deutlich gemacht, daß sich die beiderseitigen Verwerfungen primär gegen Praktiken der damaligen Zeit richteten und daß durch sie Extrempositionen beider Traditionen getroffen wurden, nicht aber die offizielle Lehre der jeweils anderen Kirche. Schon das Konzil von Trient stellte das Meßopfer nicht als Wiederholung oder Ergänzung, sondern als Vergegenwärtigung, *repraesentatio*, des einmaligen Opfers Jesu Christi am Kreuz dar und wies damit genau die Position zurück, gegen die sich die reformatorische Kritik richtete. Die Feier des Herrenmahls wird als Opfer verstanden, weil in ihr das einmalige Opfer Christi real gegenwärtig wird, also nicht nur eine rein intellektuelle Erinnerung an dieses geschieht. Das Kreuzesgeschehen wird nach tridentinischer Lehre sakramental gegenwärtig und die Kirche wird in dieses Opfer Christi mit aufgenommen.

---

[390] Schmalkaldische Artikel II Art. 2, BSLK, S. 416; 419.
[391] Heidelberger Katechismus, Frage 80.
[392] DH 1753.

Die Gläubigen bieten, wie der Text ›Das Herrenmahl‹ nun gemeinsam formulieren kann, sich „selbst in einem lebendigen und heiligen Opfer dar, das in unserem ganzen alltäglichen Leben zum Ausdruck kommen muß."[393] Die konfessionellen Kontroversen gegenüber der lutherischen und der reformierten Tradition ließen sich durch ein vertieftes Verständnis des anamnetischen Gedankens in der Feier des Herrenmahls überbrücken. So heißt es in der Lehrverwerfungsstudie: „Im gottesdienstlichen Gedächtnis der Heilstaten Gottes werden diese selbst in der Kraft des Geistes gegenwärtig, und die feiernde Gemeinde wird mit der früheren, die die Heilstaten selbst erfuhr, verbunden."[394] In der Verkündigung des Heilstodes, in der Memoria, wird das gegenwärtig, was ein für allemal geschehen ist, aber für alle Zeiten von bleibender Bedeutung und Kraft ist. In der Anamnesis wird das Heilswerk real präsent. Diese Interpretation machte es möglich, die Feier des Herrenmahls als Opfer zu verstehen, ohne sie vom einmaligen Kreuzesopfer Christi zu trennen oder sie zu einem bloß worthaften Andenken verkommen zu lassen. In dieser Deutung konnte die Lehrverwerfungsstudie feststellen, daß die Verwerfungen des 16. Jh., die an dieser Stelle besonders schroff waren, den ökumenischen Partner nicht treffen.

Diese theoretische Verständigung müßte sich in der kirchlichen Praxis in der Deutung der „Meßstipendien" auswirken. Die Vorstellung, daß die Früchte des Meßopfers einer bestimmten Person, zumeist einem Verstorbenen, zugeeignet werden und zu diesem Zweck eine Messe bestellt, wenn nicht gar „gekauft" werden kann, ist mit dieser Interpretation kaum zu vereinbaren. Der in der katholischen Kirche verbreitete Brauch der Meßintention wirft keine Probleme auf, wenn er als Fürbitte verstanden wird, die die Kirche auch für ihre verstorbenen Glieder leistet. Denn die Feier des Herrenmahls ist eine Feier der *communio sanctorum*, der Gemeinschaft der Heiligen, zu denen auch jene gehören, die im Glauben vorangegangen sind. Andererseits aber ist durch manche volkstümliche Vergröberung, der vielleicht nur wenig gewehrt wird, oft die Vorstellung entstanden, man könne eine Messe kaufen und ihre Früchte besonderen Anliegen zuwenden. Hier wären Verbesserungen in der Praxis dringlich, damit die rechte Lehre nicht von Frömmigkeitsformen überdeckt wird, die fast zwangsläufig zu Mißverständnissen Anlaß geben.

[393] Nr. 18, in: DwÜ I, S. 277.
[394] LV, S. 91.

c) Der Laienkelch

In der Reformationszeit spielte die Frage des Laienkelches eine gewichtige Rolle, an ihr entzündete sich die Forderung nach der stiftungsgemäßen Feier des Herrenmahls. Die Kirchen der Reformation sind hier durchweg zur altkirchlichen Praxis zurückgekehrt, die auch in den orthodoxen Kirchen beibehalten wurde, so daß die Austeilung des Herrenmahls nur unter der Gestalt des Brotes als eine katholische Sonderregelung erscheint, die sich im Mittelalter aus vorwiegend praktischen Gründen durchsetzte. Wenn im Augsburger Bekenntnis als Kennzeichen der wahren Kirche genannt wird, daß „die Sakramente dem göttlichen Wort gemäß gereicht werden"[395], bekommt die Forderung nach Austeilung unter beiden Gestalten dogmatische Qualität. Der Entzug des Laienkelches erscheint im zweiten Teil der CA als der erste und gewichtigste Mißstand, den es zu beseitigen gelte. Er verstoße nicht nur „wider Gottes Gebot, auch wider die alten Canones"[396], sondern er mache einen Unterschied zwischen Priestern und Laien und werde nur dazu verteidigt, „damit der Pfaffenstand heiliger scheine gegenüber dem Laienstand"[397]. Beim Reichstag in Augsburg drängten auch viele Altgläubige auf den Laienkelch, er erschien als Heilmittel gegen die Neuerungen der Reformation.

Das Konzil von Trient verwarf die allgemeine Forderung nach dem Laienkelch sowie den Vorwurf, die Kirche „sei nicht durch gerechte Gründe und Erwägungen" zu ihrer Praxis gekommen, verteidigt wird das Recht der Kirche zur konkreten Gestaltung der Sakramente. Positiv wurde festgehalten, daß „unter der einen Gestalt des Brotes der ganze und unversehrte Christus, die Quelle und der Urheber aller Gnaden, empfangen wird"[398]. Insgesamt erachtete das Konzil im Gegensatz zu den Reformatoren den Laienkelch als disziplinäres, nicht als dogmatisches Problem. Darum konnte ihn Papst Pius IV. 1564 für die Metropolien Mainz, Köln, Trier, Salzburg und Gran bewilligen. Doch inzwischen war er so sehr zum Unterscheidungsmerkmal zwischen den Kirchenparteien geworden, daß er in katholischen Ländern nicht mehr angenommen wurde. In der Kirchengeschichtsschreibung wird verschiedentlich die Praxis der „Doppelkommunion" als leicht handhabbares, wenn auch nicht unproblematisches Unterscheidungskriterium zwischen „Altgläubigen" und „Neugläubigen" verwendet, so daß alle als

---

[395] CA VII, BSLK 61.
[396] CA XXII, BSLK 86.
[397] Apol XII, BSLK 330.
[398] DH 1732f.

Protestanten verstanden werden, die den Laienkelch forderten oder praktizierten.

Diese Differenz hat inzwischen ihre Bedeutung weithin verloren. Es ist heute unbestritten, daß Leib und Blut nicht zwei verschiedene und einander ergänzende Bestandteile Jesu Christi bezeichnen, sondern „den einen Herrn in dem einen Akt seiner Hingabe". Die Deuteworte über Brot und Wein sind die „zweifache Verkündigung eines und desselben Geschehens"[399]. Andererseits ist deutlich, daß die Verweigerung des Laienkelches in der katholischen Kirche nicht oder nicht mehr aus prinzipiellen Gründen erfolgt, um den Unterschied zwischen Priestern und Laien zu unterstreichen. Vielmehr wird seit dem Zweiten Vatikanischen Konzil die Kelchkommunion bei vielen Anlässen empfohlen und praktiziert,[400] das Anliegen der Reformation also positiv aufgenommen. Damit sind trotz bleibender Unterschiede in der Praxis die Lehrdifferenzen weithin überwunden, sie haben jedenfalls keinen kirchentrennenden Charakter mehr.[401]

d) Eucharistiegemeinschaft und Interkommunion

α) *Kommunion und Interkommunion*

Eucharistiegemeinschaft gilt häufig als das ökumenische Ziel schlechthin. Seit in der katholischen Kirche die Messe wieder als Mahlfeier der Gemeinde gestaltet wird und die evangelischen Kirchen die Bedeutung des Abendmahls für den sonntäglichen Gottesdienst wiederentdeckt haben, wird die Trennung im Herrenmahl immer schmerzlicher erlebt. Solange man in beiden Kirchen nur sehr selten an ihm teilnahm, wurde dies kaum als Problem empfunden. Aber weil die Kirchen heute weithin übereinstimmend betonen, die Feier der Eucharistie sei die zentrale Form gemeindlichen Gottesdienstes, wird man sich nur schwer damit abfinden können, als Christ davon ausgeschlossen zu sein oder die Menschen, mit denen man das Leben teilt, davon ausgeschlossen zu sehen. Der Hinweis auf die Möglichkeiten einer „geistlichen Kommunion" und einer wirklichen Gegenwart Jesu auch in seinem Wort erscheint angesichts der sonstigen Bemühung um die Sichtbarmachung im Sakrament als fast peinliche Vertröstung. Die

---

[399] LV, S. 115.
[400] Vgl. Liturgiekonstitution SC Nr. 55.
[401] So die LV-Studie, S. 116. Zum Ganzen siehe H. Wagner, Zur Praxis der Kelchkommunion in der katholischen Kirche, in: Catholica 49 (1995) S. 114–124.

Trennung im Herrenmahl ist in den Gemeinden der eigentliche ökumenische Stachel, die Verweigerung der Interkommunion erscheint als anti-ökumenischer Affront und als Verstoß gegen die Einheit der Christenheit.

Nicht allein die Gemeinden, auch die Kirchenleitungen beklagen die Trennung im Herrenmahl. So formulierte die evangelisch-lutherische/römisch-katholische Kommission: „Wir sind bedrückt davon, daß der Stand der Beziehungen unserer Kirchen zueinander die Eröffnung voller eucharistischer Gemeinschaft noch nicht gestattet. Wir bekennen jedoch erneut unsere Sehnsucht [da]nach ... Das große Drängen nach eucharistischer Gemeinschaft, das wir gegenwärtig erleben, legt für uns die Annahme nahe, daß es nicht ohne das Wirken des Heiligen Geistes geschieht. Wir geben die Suche nach Möglichkeiten nicht auf, bereits jetzt eine gegenseitige Zulassung zur Kommunion in besonderen Fällen zu gewähren."[402] Der Ökumenische Rat der Kirchen hat die eucharistische Gemeinschaft sogar als Ziel in seine Verfassung aufgenommen.[403] Die Theologen werden aufgefordert, sich den Fragen der Eucharistie zu widmen, um die Trennung im Herrenmahl zu überwinden.

Selbst wenn es Kirchen vor allem reformierter Provenienz gibt, die eine offene Kommunion praktizieren und jedermann einladen, „der Jesus Christus liebt und ihn als Herrn und Erlöser bekennt"[404] und der in dieser Feier die Stiftung Christi zu erkennen vermag, wurden Interkommunion und offene Kommunion traditionellerweise von den meisten evangelischen Kirchen ebenso abgelehnt wie von Orthodoxen und Katholiken. Die Gründe dafür lagen zunächst in den Lehrdifferenzen hinsichtlich der Realpräsenz und des Opfercharakters, aber darüber hinaus auch in der seit altkirchlicher Zeit überlieferten Praxis, Kirchengemeinschaft und Abendmahlsgemeinschaft untrennbar zu verbinden. W. Pannenberg machte darauf aufmerksam, daß in den lutherischen Kirchen nach CA 25 niemandem das Sakrament gereicht werden dürfe, „so nicht zuvor verhort und absolviert seind", dessen Glaube also nicht feststeht.[405] Im Herrenmahl findet demzufolge Kirche ihre höchste Verwirk-

---

[402] Wege zur Gemeinschaft, in: DwÜ I, S. 316.

[403] Gemäß seiner Verfassung hat der ÖRK die Aufgabe, „die Kirchen aufzurufen zu dem Ziel der sichtbaren Einheit im einen Glauben und der einen eucharistischen Gemeinschaft".

[404] So der RWB in seiner Vollversammlung 1954, vgl. oben S. 115.

[405] Daraus folgt nach Pannenberg aber nicht eine schlechthin geschlossene Kommunion, denn es dürfe niemand die Zulassung zum Kommunionempfang verweigert werden, „solange der Wille zur Gemeinschaft mit Jesus, die durch

lichung, wo man das Herrenmahl empfängt, hat man seine kirchliche Heimat. Dabei gilt herkömmlicherweise, jedenfalls für die genannten Kirchen, auch die Umkehrung: Wer in einer anderen Konfession das Herrenmahl empfängt, schließt sich ihr an und wendet sich von seiner Kirche ab. Wer mit Häretikern kommuniziert, wird selbst zum Häretiker.

Nachdem die ökumenische Theologie in den Jahren nach dem Zweiten Vatikanischen Konzil viele der überkommenen Lehrdifferenzen zu bereinigen vermochte und in den Gemeinden der Wunsch nach der Gemeinschaft im Herrenmahl immer drängender wurde, haben die evangelisch-lutherischen Kirchen in Deutschland 1975 in einer pastoralen Handreichung offiziell die eucharistische Gastbereitschaft für Katholiken erklärt.[406] Sie bezeichnen sich darin als nicht mehr ermächtigt, evangelischen Christen „in besonderen Fällen die Teilnahme an der römisch-katholischen Eucharistiefeier grundsätzlich zu verwehren", oder katholische Christen allein deshalb zurückzuweisen, „weil sie nicht Glieder der evangelisch-lutherischen Kirche sind" (Nr. 3; 4). In beiden Fällen entfremdet sich nach der Überzeugung der evangelischen Kirchen ein solcher Kommunikant nicht von seiner Konfession. Eine rechtliche Mitgliedschaft in der anderen Kirche kommt durch eine solche gastweise Teilnahme am Abendmahl in besonderen Fällen nicht zustande. Weil nicht die Kirchen einladen, sondern Christus selbst, haben sie nach dieser Überzeugung nicht das Recht, getaufte und glaubende Christen auszuschließen. Selbst wenn die evangelischen Kirchen mit dieser Handreichung nicht die offene Kommunion erklärten und die Zulassung sich auf konkrete Sonderfälle beschränkte, war mit der Einführung eines Gaststatus der Durchbruch zur Eucharistiegemeinschaft erfolgt.

Auf der Basis der Leuenberger Konkordie wurde 1974 die Kirchengemeinschaft als Kanzel- und Sakramentengemeinschaft zwischen lutherischen, reformierten und unierten Kirchen aufgenommen und damit eine auch schon vorher weithin geübte Praxis kirchenamtlich rezipiert. Zwischen 1985 und 1988 konnte die EKD mit der methodistischen Kirche in Deutschland die Kanzel- und Abendmahlsgemeinschaft aufnehmen sowie mit der Kirche von England und der Altkatholischen Kirche die gegenseitige Einladung zum Abendmahl erklären.[407] Die evangelischen Kirchen erschienen damit als ökumenisch aufge-

---

das Herrenmahl vermittelt wird, vorausgesetzt werden kann" (W. Pannenberg, Systematische Theologie Bd. III, Göttingen 1993, S. 362).

[406] Der Text dieser pastoralen Handreichung ist veröffentlicht in: Lutherische Monatshefte 14 (1975), S. 614–616.

[407] Inzwischen besteht Abendmahlsgemeinschaft auch mit den Mennoniten.

schlossen, ganz anders als die orthodoxen und die katholische Kirche, die den Gaststatus nicht akzeptierten und darum von außen und in ihren eigenen Reihen oft als antiökumenisch kritisiert wurden. Katholische und orthodoxe Kirchen binden die Eucharistiegemeinschaft grundsätzlich an die Kirchengemeinschaft. Die Orthodoxie macht von diesem Prinzip keinerlei Ausnahmen;[408] aber auch die Sonderregelungen, die katholischerseits seit dem II. Vatikanum gelten, sind wesentlich enger, als dies allgemein im Bewußtsein ist. Das Konzil ging von dem Grundsatz aus: „Die Bezeugung der Einheit verbietet in den meisten Fällen die Gottesdienstgemeinschaft, die Sorge um die Gnade empfiehlt sie indessen in manchen Fällen."[409] Konkret folgerte man daraus: Im Verhältnis zu den Kirchen der Orthodoxie sei eine gegenseitige Zulassung zum Sakramentenempfang immer dann möglich, wenn ein wirklicher geistiger Nutzen dazu rät und es den Gläubigen unmöglich ist, einen Spender der eigenen Kirche aufzusuchen. Gegenüber den Kirchen der Reformation ist nach Aussage des Konzils diese gegenseitige Zulassung nicht möglich,[410] weil sie nach der Aussage des Ökumenismusdekrets „die ursprüngliche und vollständige Wirklichkeit des eucharistischen Mysteriums nicht bewahrt haben", und dies „vor allem wegen des Fehlens des Weihesakramentes"[411]. Darum wurden für die Angehörigen der Reformationskirchen lediglich für extreme Ausnahmesituationen Möglichkeiten zum Kommunionempfang in der katholischen Kirche eröffnet. Gegenseitigkeit ist nach diesen Aussagen nicht möglich, sofern in diesen Kirchen kein gültiges Amt und darum die volle Wirklichkeit der Eucharistie nicht gegeben ist.[412]

---

[408] Das Angebot einer begrenzten Sakramentengemeinschaft, das das Konzil den orthodoxen Kirchen machte, wurde von diesen mit Ausnahme der russisch-orthodoxen Kirche zurückgewiesen, und auch diese Kirche hat es später als in der Praxis nicht bewährt wieder aufgekündigt.

[409] UR 8.

[410] Dennoch wird deren Abendmahlsfeier mit hohen Worten gerühmt: Sie bekennen „bei der Gedächtnisfeier des Todes und der Auferstehung des Herrn im Heiligen Abendmahl, daß hier die lebendige Gemeinschaft mit Christus bezeichnet werde, und sie erwarten seine glorreiche Wiederkunft" (UR 22).

[411] UR 22.

[412] Zufolge des ökumenischen Direktoriums (1967) ist die Zulassung nicht-katholischer (und nichtorthodoxer) Christen zum Sakramentenempfang erlaubt „etwa bei Todesgefahr oder in schwerer Not (Verfolgung, Gefängnis), wenn der getrennte Bruder einen Amtsträger seiner Gemeinschaft nicht aufsuchen kann … Ein Katholik aber, der sich in derselben Lage befindet, darf diese Sakramente nur von einem Amtsträger, der die Priesterweihe gültig empfangen hat, verlangen" (Nr. 55).

Der Druck der Basis wurde in den Jahren nach dem Konzil immer stärker, nicht zuletzt unter dem Eindruck der Neuregelungen in vielen evangelischen Kirchen. Die Gemeinsame Synode der Bistümer in der Bundesrepublik Deutschland machte sich 1975 den Wunsch der Gemeinden und insbesondere der zahlreichen Christen, die in konfessionsverschiedenen Ehen leben, zu eigen. Sie plädierte dafür, „alle legitimen Möglichkeiten wahrzunehmen, um den getrennten Christen, wenn sie es wünschen, den Zutritt zur Eucharistie zu eröffnen". Insbesondere solle man „prüfen, ob es nicht auch 'ausreichende Gründe' für die Zulassung evangelischer Christen geben kann, selbst wenn diese die Möglichkeit zum Empfang des Abendmahles hätten. Solche Gründe könnten sich zum Beispiel aus der Sorge um die Glaubensgemeinschaft der Familie in der konfessionsverschiedenen Ehe ergeben."[413] Wegen der offenen Amtsfrage sprach sich die Synode nicht für Gegenseitigkeit aus, sie konnte also, wie man formulierte, „zum gegenwärtigen Zeitpunkt die Teilnahme eines katholischen Christen am evangelischen Abendmahl nicht gutheißen". Doch der Synodentext fährt fort: „Es kann jedoch nicht ausgeschlossen werden, daß ein katholischer Christ – seinem persönlichen Gewissensspruch folgend – in seiner besonderen Lage Gründe zu erkennen glaubt, die ihm seine Teilnahme am evangelischen Abendmahl innerlich notwendig erscheinen lassen."[414] Entscheidend ist in diesem Passus der Hinweis auf die Gewissensentscheidung, die selbstverständlich die unmittelbare Norm des persönlichen Verhaltens sein muß. Die Synode konnte sich erst nach langem Ringen zu dieser Kompromißformulierung durchringen. Doch weder im nachkonziliaren Kirchenrecht noch im ökumenischen Direktorium von 1993 wurden ihre Vorschläge aufgegriffen, trotz weitgehenden Unverständnisses seitens der Betroffenen und ungeachtet einer vielfach abweichenden Praxis in den Gemeinden.

Der Grund für diese offiziellen Regelungen liegt nicht einfach in antiökumenischer Rechthaberei und konfessioneller Arroganz. Vielmehr sahen sich die Verantwortlichen in der katholischen wie in den orthodoxen Kirchen nicht befugt, die Einheit von Kirchengemeinschaft und Eucharistiegemeinschaft aufzubrechen. Kirche ist nach dieser Überzeugung nicht primär Institution[415], sondern sakramentale Wirklich-

---

[413] Beschluß Gottesdienst 5.4.2, in: Gemeinsame Synode der Bistümer in der Bundesrepublik Deutschland, Offizielle Gesamtausgabe, Freiburg i. Br. – Basel – Wien 1976, S. 215.

[414] Beschluß Gottesdienst 5.5, a. a. O., S. 216.

[415] Eine solche könnte natürlich bereitwillig jedermann zu ihren Feiern zulassen.

keit. Wo die Kirche ist, dort werden die Sakramente gefeiert, wo die Sakramente gefeiert werden, ist Kirche. In der Feier der Sakramente entsteht Kirche; diese gründet nicht auf einem Zusammenschluß Gleichgesinnter, sondern auf sakramentaler Stiftung. Die Kirche als der Leib Christi lebt vom eucharistischen Leib. Die gemeinsame Feier des Herrenmahls und die Gemeinschaft der Kirche lassen sich darum nicht grundsätzlich voneinander trennen. Die Kirche ist nach katholischem Verständnis Grund- oder Wurzelsakrament: sie gründet in den Sakramenten und entläßt die sakramentalen Zeichen aus sich.[416]

Wegen dieser ekklesiologischen Grundüberzeugung kann nach katholischer Auffassung Eucharistie nicht gefeiert werden ohne kirchliche Gemeinschaft. Schon das Beispiel der Alten Kirche zeigt, daß jede Kirchentrennung, aus welchem Grund auch immer sie erfolgte, die Gemeinschaft im Herrenmahl beendete. Eine Annäherung in den Fragen der Eucharistie und des Amts reicht für sich alleine für die Eucharistiegemeinschaft noch nicht aus. Dabei gilt nach der Aussage des Zweiten Vatikanischen Konzils beides: Kirchengemeinschaft ist für Eucharistiegemeinschaft vorausgesetzt und wird durch sie wiederum bewirkt und gestärkt. Eucharistiegemeinschaft ist sehr wohl auch Mittel, um Kirchengemeinschaft zu fördern. Aber ekklesial konsequenzlos kann sie nicht sein, sie kann nicht Kircheneinheit ersetzen oder gar als nicht mehr nötig erscheinen lassen. Darum verwahrt sich diese Konzeption gegen den Vorwurf, anti-ökumenisch zu sein. Das seien eher jene, die Interkommunion praktizieren, aber daraus keine Konsequenzen für die Einigung der Kirchen ziehen. Eine vorschnelle Praxis gaukele eine Einheit vor, die tatsächlich nicht besteht, Interkommunion trete dann an die Stelle der Communio. Aber nur die Communio, die Kirchengemeinschaft, nicht die „Interkommunion" könne Ziel der Ökumene sein. Die Gemeinschaft im Herrenmahl habe ihren Platz in der einen Kirche. Es gehe um die umfassende Communio der Kirchen, nicht um punktuelle Akte der Interkommunion bei unveränderter Kirchenspaltung.

β) Kirchengemeinschaft und konfessionsverschiedene Ehe

Diese eucharistische Sicht von Kirche birgt nun aber ökumenische Chancen, die bisher noch keineswegs voll ausgeschöpft zu sein scheinen. Sie ermöglichte es dem Konzil, Kirche überall dort zu entdecken, wo die Sakramente gefeiert werden, und damit die exklusive Identifizierung der Kirche Jesu Christi mit der römisch-katholischen

---

[416] Zur Problematik der Sakramentalität der Kirche vgl. S. 261–266.

Kirche aufzugeben und ein vorwiegend institutionenorientiertes Bild von Kirche zu überwinden. Sie öffnete den Blick auf kirchliche Wirklichkeit außerhalb ihrer Grenzen.[417] Von hier aus wurde es möglich, Grade von Kirchenzugehörigkeit anzuerkennen und eine partielle Eucharistiegemeinschaft mit den orthodoxen Kirchen für legitim zu erachten. Durch die gemeinsame Taufe, die Gemeinschaft im Wort, im Bekenntnis und im Dienst besteht bereits jetzt zwischen den christlichen Kirchen eine wahre, wenn auch nicht vollkommene Gemeinschaft. Wenn durch die Taufe die Eingliederung in den einen Leib Christi erfolgt, kann die dadurch gestiftete Einheit für die Zulassung zum Herrenmahl nicht irrelevant sein. Darüber hinaus ist in vielen ökumenischen Kreisen inzwischen eine echte, ekklesial bedeutsame Gemeinsamkeit verwirklicht. Wenn Christen verschiedener Konfessionen über lange Zeit hinweg miteinander beten, die Schrift lesen, auf das Wort Gottes hören, sich für Gerechtigkeit, Frieden und Erhaltung der Schöpfung einsetzen, wenn sie im Sakrament der Taufe, im Wort und in der Diakonie gemeinsam ihre christliche Existenz vollziehen, hat dies ekklesiale Qualität.

Wenn die Würzburger Synode formulierte: „Volle Eucharistiegemeinschaft ist nur möglich bei voller Kirchengemeinschaft"[418], müßte eine partielle – eine wahre, aber noch nicht vollkommene – Kirchengemeinschaft eine partielle – auf bestimmte Fälle begrenzte – Eucharistiegemeinschaft möglich machen.[419] Eine solche zumindest partielle Kirchengemeinschaft wird nun aber nach katholischer und orthodoxer Lehre durch die konfessionsverschiedene Ehe[420] realisiert, die sich damit für die Frage der Gemeinschaft im Herrenmahl als bedeutsam erweist. Denn in gemischten Ehen werden unterschiedliche Konfessionen durch die Gemeinschaft eines sakramentalen Vollzugs umfangen. Nach katholischem Verständnis ist die Ehe Sakrament, jede gültige Ehe zwischen Christen ist sakramental, eine nicht sakramentale Ehe wäre ungültig. Dies gilt unabhängig vom Bekenntnis der Beteiligten, auch eine konfessionsverschiedene Ehe ist Sakrament, wenn sie nur überhaupt gültige Ehe ist. Auch Christen verschiedenen Bekennt-

---

[417] Vgl. dazu oben S. 145–147.

[418] Beschluß ›Gottesdienst‹ 5.4., a. a. O., S. 214.

[419] Einen Hinweis in dieser Richtung bietet die Tatsache, daß die katholische Kirche – im Gegensatz zur Orthodoxie – nicht-gefirmte Jugendliche, die die volle Initiation in die Kirche noch nicht empfangen haben, zur Kommunion zuläßt. Offensichtlich kann eine partielle Kirchengliedschaft für die Zulassung zur Eucharistie hinreichen.

[420] Vgl. hierzu P. Neuner, Geeint im Leben, getrennt im Bekenntnis. Die konfessionsverschiedene Ehe, Düsseldorf 1989.

nisses können nach katholischem Verständnis nur eine sakramental gültige Ehe eingehen.[421]

Weil die Ehe Sakrament ist, verwirklicht sich in ihr Kirche, denn in jeder sakramentalen Handlung wird Kirche realisiert. Im Zweiten Vatikanischen Konzil erscheinen Ehe und Familie als „Hauskirche"[422], als die kleinste Zelle von Kirche. Dieses Verständnis der Ehe als Hauskirche ist einzig und allein abhängig von der Aussage, daß die Ehe Sakrament ist, es ist unabhängig von der konfessionellen Zugehörigkeit der Ehepartner. Auch die konfessionsverschiedene Ehe ist Sakrament; in ihr verwirklicht sich Kirche, nicht Kirchenspaltung.[423]

Wenn nun aber Eucharistiegemeinschaft und Kirchengemeinschaft, wie katholischerseits so sehr betont, unlösbar zusammengehören, verlangt die konfessionsverschiedene Ehe die Gemeinschaft im Herrenmahl, weil sie Kirche vollzieht, und für Kirche ist nach katholischer Überzeugung Eucharistie unverzichtbar und konstitutiv. Die bleibende Konfessionsverschiedenheit ist umfangen von der Sakramentalität der Ehe zwischen Getauften, die Hauskirche leben. Diese verlangt nach der Sichtbarmachung auch im Zeichen des Herrenmahls, denn ohne Eucharistie kann Kirche nicht sein.[424] Durch eine christlich gelebte konfessionsverschiedene Ehe kommen beide Eheleute jeweils in eine geistliche Gemeinschaft mit der Kirche ihres Partners, die den Ausschluß vom Herrenmahl als nicht mehr gerechtfertigt erscheinen läßt.[425]

Selbstverständlich ist für eine Teilnahme am Herrenmahl gefordert, daß der Partner, der aus der anderen Konfession kommt, in der jeweiligen Feier das Gedächtnis Jesu Christi erkennen kann und daß die Kon-

[421] Die Eheschließung nach katholischer Form ist dabei ein Zeichen, nicht die notwendige Bedingung für die Sakramentalität. Auch Ehen, die beispielsweise unter Dispens von der katholischen Formpflicht nach evangelischem Trauritus geschlossen sind, werden katholischerseits als sakramental erachtet.

[422] LG 11.

[423] Hier ist es sinnvoll, von der „konfessionsverbindenden" Ehe zu sprechen.

[424] Diese These wurde aufgegriffen und in die Situation des „schon" und „noch nicht" gestellt von K. Koch, Gelähmte Ökumene, Freiburg i. Br. – Basel – Wien 1991, S. 229–236.

[425] Diese These, mit der Vf. im Sommer 1993 in eine breitere Öffentlichkeit gegangen ist, hat innerkatholisch weithin Zustimmung gefunden. Lediglich ein Kritiker (G. Hintzen, Eucharistiegemeinschaft für konfessionsverschiedene Ehen?, in: Stimmen der Zeit 211 [1993], S. 831–837) will zwar auch Eucharistiegemeinschaft, möchte diese allerdings nicht dogmatisch, sondern allein pastoral begründen. Gelegentliche Akte der Interkommunion seien nicht lehrmäßig, sondern allein durch den Verweis auf pastorale Notwendigkeiten zu legitimieren. Diese Trennung von Pastoral und Dogmatik erscheint jedoch als nicht akzeptabel.

troversen um das Herrenmahl, an denen sich im 16. Jh. die Konfessionen getrennt haben, die Kirchen nicht mehr entzweien. Darüber hinaus kann Gegenseitigkeit, also nicht nur Zulassung evangelischer Christen, sondern auch die Teilnahme des katholischen Partners am evangelischen Herrenmahl, nur dann möglich sein, wenn die Amtsfrage nicht mehr trennend zwischen den Kirchen steht.[426] Naturgemäß treffen diese Überlegungen nur auf jene konfessionsverschiedenen Ehen zu, in denen beide Partner ihre christliche und kirchliche Existenz bewußt leben. Das ist sicher nur eine Minderheit. Aber diese realisieren tatsächlich Kirche. Wo diese Bedingungen erfüllt sind, dort erfordert und legitimiert die gelebte Kirchengemeinschaft auch Eucharistiegemeinschaft. Diese Argumentation versucht einen Weg zu eröffnen, wie die katholische Kirche in Treue zu ihren dogmatischen Grundsätzen und innerhalb ihres Horizonts in konkreten Fällen eine Eucharistiegemeinschaft als legitim erachten und die allseits beklagte Trennung im Herrenmahl überwinden könnte, wozu sie sich bisher noch nicht ermächtigt sieht.[427]

Wenn hier nur die konfessionsverschiedene Ehe in den Blick genommen wurde, bedeutet dies nicht, daß andere Personenkreise von der Gemeinschaft im Herrenmahl notwendigerweise ausgeschlossen sein müßten. Es ist sehr wohl denkbar, daß sich auch auf anderen Wegen ein Maß an Kirchengemeinschaft verwirklichen läßt, das dann auch Eucharistiegemeinschaft legitimiert. Allgemein verbindliche Regelungen, insbesondere universelle Verbote, können dabei der konkreten Situation am Ort und beim einzelnen Betroffenen nicht in allen Fällen gerecht werden. Was für die Kirchen als ganze oder für die Pfarrgemeinden insgesamt heute noch nicht legitim ist, muß deswegen keineswegs auch für jeden Einzelfall ausgeschlossen sein. Der Appell an die

---

[426] Dazu vgl. unten S. 235–238.

[427] Zu einer Rezeption dieses Vorschlags wäre es nicht erforderlich, daß die evangelische Theologie den gleichen Weg gehen und sich diese Argumentationsschritte vorbehaltlos zu eigen machen, also die Sakramentalität der Ehe und die Sakramentalität der Kirche in ihre Lehre aufnehmen müßte. So lautete der Tenor mancher evangelischen Kritik an diesem Vorschlag. Die evangelische Kirche hat von ihren Voraussetzungen her mittels anderer Argumentationsfiguren einen eucharistischen Gaststatus eröffnen können. Es ist durchaus möglich, daß in den verschiedenen Kirchen unterschiedliche, konfessionsspezifische Argumente dazu dienen, das von allen angestrebte Ziel zu erreichen. Die Unterschiedlichkeit der Argumentationsfiguren würde sich nur dann als ökumenisch schädlich erweisen, wenn ein Partner die Begründung der anderen Kirche als der christlichen Botschaft selbst direkt widersprechend ablehnen müßte. Wenn er sie für die andere Konfession als möglich anerkennen kann, ohne sie für sich selbst zu übernehmen, ist sie sehr wohl tragfähig.

verantwortliche Gewissensentscheidung, wie ihn auch die Gemeinsame Synode formulierte, ist hier unverzichtbar.

Diese Überlegung erhebt nicht den Anspruch, alle anstehenden Probleme zu lösen und in sich unangreifbar zu sein. Doch hier gilt, wie in anderen ökumenischen Problemfeldern auch: Innerhalb des Grundfehlers Kirchentrennung kann es keine „richtige" und in sich widerspruchsfreie Antwort auf konkrete Einzelfragen geben. Das betrifft alle Vorschläge zur Interkommunion, den hier vorgetragenen ebenso wie die verschiedensten „pastoralen" Bemühungen, aber auch die offiziellen Regelungen, selbst wenn man sich an sie gewöhnt hat und sie vielleicht sogar fast für normal hält. Alle leiden unter dem Grundmangel, daß es innerhalb des Wesenswiderspruchs, den es bedeutet, das Mahl der Einheit in sich gegenseitig ausschließenden Konfessionen zu feiern, keine richtige Lösung geben kann. In dieser Kirchenspaltung liegt das Grundübel. Sie ist „theologisch ein größeres Ärgernis, als Versuche einer vielleicht ungeduldigen Antizipation der Einheit der Kirche durch 'Interkommunion'"[428].

3. Die Zahl der Sakramente

Die Kirchen differieren in der Zahl der Sakramente, die sie feiern. Während in der orthodoxen, der katholischen und der altkatholischen Tradition sieben Sakramente gezählt werden, haben die Kirchen der Reformation zumeist nur zwei Sakramente festgehalten, Taufe und Herrenmahl, während die Buße, verschiedentlich auch die Ordination, teilweise zunächst als Sakramente gewertet wurden, sich aber auf Dauer nicht als solche haben durchsetzen können. Das Konzil von Trient hat die sieben Sakramente aufgezählt und eine unterschiedliche Zählung anathematisiert. Dennoch lassen sich an dieser Stelle heute ökumenische Annäherungen feststellen.

[428] K. Lehmann, Die Wurzel der Trennung – die Chance ihrer Heilung, in: Publik Nr. 47, 20. 11. 1970, S. 23. W. Kasper empfand im gleichen Jahr sogar gelegentliche Akte einer offenen Kommunion als weniger bedenklich denn die bestehenden Verbote: „Die eigentliche Irregularität sind nicht solche offenen Kommunionfeiern, sondern die Spaltung und die gegenseitige Exkommunikation der Kirchen. Die nicht positiv genug zu würdigende Funktion einzelner Gruppen, welche hier vorpreschen, ist es, daß sie den Kirchen den Skandal ihrer Trennung im Sakrament der Einheit immer wieder vor Augen führen und dafür sorgen, daß wir uns nicht bequem mit dem Status quo abfinden." (W. Kasper, Skandal einer Trennung, in: Publik Nr. 45, 6. 11. 1970, S. 23.)

In der Geschichte der Kirche gibt es sehr unterschiedliche Zählungen der Sakramente. Die Grundbestimmung des Sakraments, nämlich von Christus eingesetztes äußeres Zeichen innerer Gnade zu sein, wurde einerseits häufig auf Taufe und Herrenmahl beschränkt. Von manchen mittelalterlichen Theologen wurde diese Beschreibung aber auch beispielsweise auf die Fußwaschung, die Kniebeuge, das Almosengeben angewandt. Dementsprechend differierte die Zahl der Sakramente zwischen zwei und bis zu vierzig. In der mittelalterlichen Theologie wurde die Einsetzung durch Christus zumeist nicht auf einzelne historische Stiftungsakte bezogen, sondern auf die Grundlegung im Heilswerk Christi in Kreuz, Auferstehung, Geistsendung und der Sendung der Apostel. Demgemäß ist die Einsetzung sehr wohl auch in einer nachösterlichen Entwicklung denkbar. Damit wurde es möglich, auch Sakramente anzunehmen, bei denen sich eine Einsetzung durch den historischen Jesus biblisch nicht nachweisen läßt, wie etwa die Firmung, die Ehe, die Priesterweihe, insofern sie im Heilswerk Jesu gründen und einen Auftrag Gottes *(mandatum Dei)* haben. Im Gegensatz dazu haben die Reformatoren nur jene Zeichen als Sakramente anerkannt, die nach biblischem Bericht auf eine direkte Stiftung Jesu zurückgehen, und eine solche schien ihnen nur für Taufe, Herrenmahl (und Buße) gegeben. Darüber hinaus wehrten sie sich gegen eine Festlegung der Zahl der Sakramente, „weil die Väter die Sakramente nicht gleich gezählt haben", außerdem „sind auch diese sieben Zeremonien nicht alle gleich nötig"[429].

Die Erkenntnisse der neueren Exegese haben diese Differenz relativiert. Es ist heute nicht mehr umstritten, daß die Evangeliumsberichte aus der Situation der entstehenden jungen Gemeinden geschrieben wurden, eine strenge Trennung zwischen dem vorösterlichen historischen Jesus und dem erhöhten Christus im Glaubensbewußtsein der frühen Kirche also nicht getroffen werden kann. Zudem ist beispielsweise die Einsetzung der Taufe schon nach biblischer Aussage Werk des Auferstandenen. Damit läßt sich die Unterscheidung in herkömmlicher Sicht nicht mehr aufrechthalten. Außerdem kennt die katholische Tradition die Vorstellung von den Hauptsakramenten, den *sacramenta maiora* bzw. *principalia*, und diese sind Taufe und Herrenmahl. Es zeigt sich, daß die Verwendung des Sakramentenbegriffs zu einem Gutteil von einem weiteren oder einem engeren Sakramentenverständnis abhängt. Bei einem weiteren Verständnis, das auch eine indirekte Stiftung im Rahmen der sich entfaltenden Kirche anerkennt, ist es richtig und legitim, von sieben Sakramenten zu sprechen, in denen und durch die die

---

[429] Apol. XIII, in: BSLK, S. 292.

Gläubigen und die Kirche ihr Leben gewinnen, weil sie die Zusage des Heils haben. Bei einem engeren Verständnis, das die Stiftung durch Jesus biblisch festmachen will, ist die Begrenzung auf die Hauptsakramente legitim. Dabei folgt in der evangelischen Theologie aus der Tatsache, daß beispielsweise Ehe und Ordination nicht als Sakramente gewertet werden, keineswegs, daß sie darum als menschliche Erfindung, schriftfremde Tradition oder gar als Teufelswerk abgetan würden. Vielmehr wird ihnen sehr wohl eine Heilsverheißung zuerkannt, die inhaltlich mit Begriffen umschrieben wird, die dem katholischen Sakramentenverständnis sehr nahekommen. Die Bezeichnung als „Sakrament" erweist sich damit zu einem guten Teil als Sprachregelung, die nicht unbedingt eine bleibende Sachdifferenz beinhalten muß. Die unterschiedliche Zählung der Sakramente kann die Kirchentrennung damit nicht mehr fundieren und legitimieren.[430]

III. Das geistliche Amt in der Kirche

Die Amtsfrage berührt den Kern der ökumenischen Problematik, hier werden die Differenzen zwischen den Kirchen besonders deutlich. Verschiedentlich wird die These aufgestellt, daß mit Ausnahme der Amtsfrage – oder einiger ihrer Aspekte – alle Probleme zwischen den Kirchen gelöst seien oder gelöst werden könnten. Eine besondere Bedeutung kommt in diesem Zusammenhang dem bischöflichen Amt zu. Der Ökumenische Rat der Kirchen hat bereits in der Vollversammlung in Amsterdam 1948 eine Typologie in Kirchenfamilien vorgenommen, bei der die Amtsfrage eine entscheidende Rolle spielt. „Die eine Seite, die man gewöhnlich 'katholisch' nennt, wird gekennzeichnet durch eine starke Betonung der sichtbaren Kontinuität der Kirche in der apostolischen Sukzession des Bischofsamtes. Die andere, die man gewöhnlich 'protestantisch' nennt, betont in ihrer Lehre von der Rechtfertigung sola fide vor allem die Initiative des Wortes Gottes und die Antwort des Glaubens."[431] Diese Differenzierung an Hand der Existenz des (bischöflichen) Amts findet sich auch im katholischen Denken. So sagte das Ökumenismusdekret des II. Vatikanums von den Kirchen der Orthodoxie, daß sie „trotz ihrer Trennung wahre Sakramente besitzen, vor allem aber in der Kraft der apostolischen Sukzession das Priestertum und die Eucharistie, wodurch sie in ganz enger Verwandtschaft bis heute mit

---

[430] So das Urteil in LV, S. 79.
[431] In: L. Vischer (Hrsg.), Die Einheit der Kirche. Material der Ökumenischen Bewegung, München 1965, S. 85.

uns verbunden sind"[432]. Dies gilt ebenso für die altkatholischen Kirchen sowie, wenn auch unter Einschränkung, für die anglikanische Gemeinschaft.[433] Demgegenüber sagt das Ökumenismusdekret, daß die reformatorischen Kirchen „vor allem wegen des Fehlens des Weihesakramentes die ursprüngliche und vollständige Wirklichkeit (substantia) des eucharistischen Mysteriums nicht bewahrt haben"[434]. Dabei stellt sich die Frage, ob die lateinische Formulierung „propter sacramenti Ordinis defectum" mit „Fehlen" angemessen übersetzt ist oder ob defectus nicht mangelhafte Verwirklichung bedeutet, wobei dann im einzelnen zu prüfen ist, worin der defectus besteht bzw. ob er heilbar ist.

Dogmengeschichtlich ist festzustellen, daß sich die Lehre vom kirchlichen Amt in der Reformationszeit und von der damaligen Fragestellung ausgehend jeweils in der Zurückweisung der Position der anderen Kirche entwickelt hat. Gerade in der Ämterfrage hat die apologetische Herausforderung die jeweils eigene Systematik wesentlich mitgeprägt. Aus dieser Kontroershaltung sind manche Entwicklungen und Äußerungen zu interpretieren. So wurde die katholische Kirche zunehmend zu einer Kleruskirche, die vom Amt und seiner Vollmacht her betrachtet wurde, wo Priester und Ordensleute als die wahren und eigentlichen Christen erschienen, Laien dagegen auf die Funktion des Hörens und Gehorchens festgelegt blieben und in dem Maß als Christen verstanden wurden, als sie mit den Klerikern und deren Lebens- und Frömmigkeitsstil übereinstimmten.[435] Im Gegensatz dazu wurde in den Kirchen der Reformation die Freiheit eines jeden Christenmenschen und die Gleichheit aller, die „aus der Taufe gekrochen" sind, verkündet, sie sollte zum Strukturprinzip der reformatorischen Gemeinschaften werden. Als sich aber auch in den Kirchen der Reformation Amtsstrukturen bildeten oder solche aus der Tradition übernommen wurden, haben sich wiederum Protestbewegungen etabliert, die die Geistbegabung eines jeden einzelnen in den Mittelpunkt ihrer Botschaft stellten und möglichst amtsfreie Gemeinden gründeten. Kirchliche Ordnung und Amtsstrukturen verstehen sich in diesen Gemeinschaften ausschließlich aus organisatorischen Notwendigkeiten stammend, ohne daß ihnen eine theologische Relevanz zukommen würde.

Die Differenzen in der Amtsthematik erscheinen nach wie vor

---

[432] UR Nr. 15.

[433] Deren Amt wurde zwar im Jahr 1896 als „absolut null und nichtig" bezeichnet, in neueren bilateralen Verhandlungen ist es aber einer Anerkennung durch Rom sehr nahe gekommen. Daran hat auch die Einführung der Frauenordination in der englischen Kirche letztlich nichts geändert.

[434] UR Nr. 22.

[435] Vgl. hierzu P. Neuner, Der Laie und das Gottesvolk, Frankfurt a. M. 1988.

weithin als schroff, eng mit der konfessionellen Identität verbunden und damit als kirchentrennend. Trotz aller ökumenischen Bemühungen tun sich, so wird immer wieder behauptet, „in der Amtsfrage keine neuen Horizonte auf. Es bleibt vorerst bei dem Dilemma: Die Kirchen sind sich im Glauben an Christus wesentlich eins, aber sie sind uneins über das, was sie von sich selbst und ihren Ämtern glauben."[436] In der Praxis zeigen sich jedoch wesentlich mehr Übereinstimmungen. Auch in den Kirchen reformatorischer Provenienz konzentrieren sich die Aktivitäten und die Verantwortung zumeist auf die Amtsträger, es läßt sich feststellen, daß ökumenische Initiativen in den Gemeinden häufig von den persönlichen Beziehungen der Pfarrer zueinander abhängen und ökumenische Kreise sich auflösen, wenn die Amtsträger wechseln und Nachfolger weniger Interesse zeigen. Dies gilt für evangelische Gemeinden kaum weniger als für katholische. Innerhalb des ÖRK wurde auf Beschluß der Vollversammlung in Evanston 1954 ein Laienrat eingerichtet, der an die Initiativen aus dem Studentenweltbund und dem CVJM anknüpfen und regionale Initiativen unterstützen sollte. Schließlich hatte sich der ÖRK in wichtigen seiner Ausprägungen ursprünglich als Laienbewegung verstanden. Besondere Bedeutung konnte diese Initiative aber auch im Rat nicht entfalten. 1971 wurde das Laienreferat im Zuge einer Strukturreform aufgelöst, die Zeitschrift ›Laity‹ hatte schon vorher ihr Erscheinen eingestellt.[437] Nicht zuletzt durch den Eintritt der Orthodoxie und des Katholizismus in die Ökumenische Bewegung wurde die Diskussion um das Amt unausweichlich. Dabei wurden trotz bleibender Differenzen durchaus entscheidende Annäherungen und Durchbrüche erzielt. Das gilt sowohl für eine Reihe von bilateralen Gesprächen als auch für die multilaterale Ebene, wo im Lima-Papier in der Amtsproblematik weitreichende Konvergenzen formuliert werden konnten.

1. Das ordinierte Amt

a) Das Amt und das Volk Gottes

Der Ausgangspunkt jeder Amtstheologie muß die Lehre von der Kirche sein. Kirche wird nicht vom Amt, sondern Amt von der Kirche her verstanden, Amt ist ein besonderer Dienst innerhalb des Volkes Gottes.

---

[436] So R. Frieling, Der Weg des ökumenischen Gedankens, Göttingen 1992, S.256.
[437] Siehe K. Raiser, Auf dem Weg zu einer Neubestimmung des Profils der Laien in der Ökumenischen Bewegung, in: ÖR 43 (1994), S.122–134.

Der Lima-Text stellt fest, daß alle Kirchen in ihrer Lehre vom ordinierten Amt „ihren Ausgangspunkt bei der Berufung des ganzen Volkes Gottes nehmen"[438]. Auf bilateraler Ebene wurde formuliert: „In der Lehre vom gemeinsamen Priestertum aller Getauften und vom Dienstcharakter der Ämter in der Kirche und für die Kirche besteht heute für Lutheraner und Katholiken ein gemeinsamer Ausgangspunkt."[439] Das besondere Amt steht in der Kirche, nicht über ihr oder getrennt von ihr. Amt ist ein Relationsbegriff, das Amt wird seinem Träger nicht um seiner selbst willen verliehen, etwa zu seiner persönlichen Heiligung oder gar zur Übertragung einer besonderen und hervorgehobenen Stellung, sondern als Dienst. Und jeder Dienst definiert sich von dem her, dem er gilt. Das Amt bestimmt sich von der Kirche und nicht, wie es in mancher klerikalistischen Engführung erscheint, die Kirche vom Amt her.

In der neutestamentlichen Botschaft bezeichnet der Begriff „Laos" alle, die an Christus glauben, er umschreibt die Gesamtheit aller Christen. Laos, zu deutsch „Laie", ist der höchste Ehrentitel, der einem Christen gegeben werden kann. Insofern sind alle Glaubenden, selbstverständlich auch die Amtsträger, als Laien zu verstehen. Der Begriff „Laos" unterscheidet nicht die einfachen Gläubigen von den Amtsträgern, sondern die Glaubenden von den Nicht-Glaubenden, das Volk vom Nicht-Volk. Im Volk Gottes sind alle Brüder und Schwestern, die Geschwisterlichkeit (Bruderliebe, Philadelphia), schafft innerhalb der christlichen Gemeinde ein Höchstmaß an Gemeinschaft. Trennende natürliche und geschichtliche Grenzen werden vor dem Hintergrund dieser fundamentalen Gleichheit irrelevant. Wenn sich auch diese Idee der Geschwisterlichkeit auf Dauer nicht durchgehalten hat und schon vom 3. Jh. an das Wort „Bruder" als Benennung der Christen untereinander zurücktrat, muß jede Lehre vom kirchlichen Amt von dieser Gemeinsamkeit und Gleichheit aller ausgehen. Auch die Kirchen, in denen das Amtsverständnis eine besondere Bedeutung einnimmt und in denen das Amt als priesterlich qualifiziert wird, halten diesen Ausgangspunkt vom gemeinsamen Priestertum aller Glaubenden und Getauften fest. Jedes Amt ist Dienst an der Gemeinschaft der Glaubenden. In einer Predigt, die für die Theologie der bischöflichen Kirchen von hoher Bedeutung wurde, betonte Augustin: „Für euch bin ich Bischof, mit euch bin ich Christ. Jenes bezeichnet die von mir übernommene Pflicht, dies die Gnade; jenes die Gefahr, dies das Heil."[440] Der Kirchen-

---

[438] BEM Nr. 6, in: DwÜ I, S. 568.

[439] Das geistliche Amt in der Kirche, in: DwÜ I, S. 334.

[440] tzt D 5, Nr. 61. Diese Stelle wird im II. Vatikanum zitiert, sie ist auch für katholisches Amtsverständnis prägend.

vater drückt damit aus, daß sein Bischof-Sein in seiner Beziehung zur Gemeinde besteht, in sich selbst und für sich betrachtet ist er Christ und nichts als Christ. Dieses Christ-Sein ist das allen gemeinsame Heil, das Bischof-Sein dagegen seine Pflicht, aber auch die Gefahr. Auf der Ebene des Christ-Seins gibt es zwischen den Getauften und dem Amtsträger keine Differenz, der Unterschied besteht nach Augustin in der Aufgabe, die er für seine Gemeinde wahrzunehmen hat. Damit ist einem Klerikalismus, der Kirche vom Amt her versteht und den Priester als dem Laien überlegen erscheinen läßt, vom Prinzip her ein Riegel vorgeschoben, selbst wenn derartige Vorstellungen in der Praxis der bischöflichen Kirchen noch keineswegs ausgestorben sind.

b) Das besondere Amt und sein Auftrag

Diese umfassende Gleichheit aller Getauften in bezug auf ihr Christsein besagt nicht, daß es nicht innerhalb der christlichen Gemeinde besondere Funktionen, Charismen und Ämter geben müßte. In der neutestamentlichen Botschaft ist es das Kennzeichen geistgewirkter Gaben, daß sie dem Aufbau der Gemeinde dienen. Im Laufe der Kirchengeschichte haben sich besondere Dienstaufgaben in der Gemeinde herausgebildet. Nach der Überzeugung der meisten christlichen Kirchen ist der Dienst der öffentlichen Verkündigung des Evangeliums und der Sakramentenverwaltung bestimmten Amtsträgern übertragen, die damit eine besondere Verantwortung für die Einheit und die Leitung der Gemeinde wahrzunehmen haben. Es ist die Aufgabe des Amtsträgers, durch Wort und Sakrament die Gemeinde zu leiten und sie zur Diakonie nach innen und nach außen zu ermächtigen. Zu dieser Aufgabe wird durch „ordentliche Berufung", durch eine „Ordination" bestellt.[441] Die Aufgabe der Wortverkündigung und der Sakramentenverwaltung zeigt, daß das Amt nicht allein in der Gemeinde steht, sondern ihr gleichzeitig auch gegenübertritt: Es spricht mit Vollmacht und handelt an Christi Statt. Die Existenz eines ordinierten Amts liegt also keineswegs im Belieben der Gemeinde, es leitet sich nicht einfach aus deren Vollmacht her. Es vergegenwärtigt vielmehr im ständigen Bezug auf die maßgebliche apostolische Tradition die Sendung Christi. Die Präsenz dieses Amtes ist Zeichen der Priorität der göttlichen Initiative

---

[441] Dabei ist festzuhalten, daß vorwiegend in freikirchlicher Tradition die Vollmacht der Gemeinde so betont wird, daß hier besondere Aufgaben lediglich als Delegation seitens der Gemeinde verstanden werden. Dies ist aber nicht das Verständnis der großen reformatorischen Kirchen.

und Autorität im Leben der Kirche. Es ist deshalb nicht bloße Beauftragung von unten, sondern Stiftung, Institutio Jesu Christi.[442] Das Amt gründet damit auch in den Kirchen der Reformation nicht in einer Delegation seitens der Gemeinde. Der Amtsträger spricht nicht allein in deren Namen und als ihr Repräsentant, sondern er kann ihr auch im Auftrag Christi Dinge sagen müssen, die sie nicht gerne hört. In der Verhältnisbestimmung von Amt und Gemeinde wird betont, „daß das Amt sowohl gegenüber der Gemeinde wie in der Gemeinde steht. Insofern das Amt im Auftrag und als Vergegenwärtigung Jesu Christi ausgeübt wird, steht es der Gemeinde in Vollmacht gegenüber ... Die Vollmacht des Amtes darf deshalb nicht als Delegation der Gemeinde verstanden werden."[443]

In der katholischen Theologie wurde der Träger des geistlichen Amts oft als „Mann der Sakramente" verstanden, während im Bereich der evangelischen Kirchen diese Funktion zugunsten der Wortverkündigung eher in den Hintergrund trat. Inzwischen hat die ökumenische Theologie gezeigt, daß dieser Gegensatz keineswegs der genuinen Lehre beider Kirchen entspricht. Das Konzil von Trient stellte zwar in seinen Lehrdekreten die sakramentale Vollmacht des Priesters ins Zentrum, aber dies geschah vor allem deswegen, weil man diese Aufgabe durch die Reformatoren in Frage gestellt sah. Das Konzil wollte damit keine umfassende Wesens- oder Aufgabenbeschreibung des Amtes geben, es formulierte lediglich eine perspektivische Antwort auf konkrete Herausforderungen. Die Reformdekrete des Konzils von Trient beweisen, daß die Verkündigung sehr wohl zu den ureigenen Aufgaben des kirchlichen Amtes gehört. Erst in der Rezeption des Konzils von Trient hat man in den damals gegebenen Antworten die umfassende katholische Lehre erblickt und den Priester als Mann der Sakramente verstanden, dessen Spezifikum in der Vollmacht zur Wandlung und Sündenvergebung liegt. Im Gegensatz zu dieser sakramentalistischen Engführung wurde im evangelischen Bereich gerade diese Dimension zurückgedrängt und der Amtsträger fast ausschließlich als Verkünder des Wortes verstanden.

Inzwischen ist diese Gegenstellung weithin überwunden. Das II. Vatikanische Konzil hat es als „erste Aufgabe" des Bischofs und des Priesters bezeichnet, „allen die frohe Botschaft Gottes zu verkünden."[444] Andererseits hat das evangelische Amtsverständnis die Dimension des Sakraments wiederentdeckt. So konnte das Lima-Dokument zum Amt formu-

---

[442] Das geistliche Amt in der Kirche, Nr. 20, in: DwÜ I, S. 336.
[443] A.a.O., Nr. 23 in DwÜ I, S. 337.
[444] PO Nr. 4.

lieren: „Die hauptsächliche Verantwortung des ordinierten Amtes besteht darin, den Leib Christi zu sammeln und aufzuerbauen durch die Verkündigung und Unterweisung des Wortes Gottes, durch die Feier der Sakramente und durch die Leitung des Lebens der Gemeinschaft in ihrem Gottesdienst, in ihrer Sendung und in ihrem fürsorgenden Dienst."[445] Mit dieser Aussage sind Gegensätze überbrückt, die die christlichen Kirchen bisher getrennt hatten.

Die besondere Aufgabenstellung unterscheidet das kirchliche Amt vom gemeinsamen Priestertum zufolge dem Zweiten Vatikanischen Konzil „dem Wesen und nicht bloß dem Grade nach"[446]. Damit ist keineswegs eine Überlegenheit des Amtsträgers gegenüber der Gemeinde ausgesagt. Vielmehr wird der Tatsache Rechnung getragen, daß das ordinierte Amt vom gemeinsamen Priestertum aller Getauften der Art, nicht dem Grad der Teilhabe am Priestertum Christi nach unterschieden ist. Der Amtsträger ist nicht mehr Christ als jeder Getaufte. Gerade gegen die Annahme eines Gradunterschiedes, also einer Steigerung des persönlichen Gnadenstands des Priesters durch die Ordination und seiner Überlegenheit gegenüber den anderen Getauften, richtete sich die Kritik der Reformatoren. Eine derartige Überlegenheit wird, wie in der Literatur zu dieser Konzilsaussage betont wird, auch im Konzil ausgeschlossen. Die Besonderheit des Amtes ist mit dem Dienst an Wort und an Sakrament und darin an der Einheit der Gemeinde identisch, sie bedeutet keine ontische Überlegenheit des Priesters.[447]

c) Der Begriff „Priester"

In der ökumenischen Diskussion ist es üblich geworden, vom „geistlichen Amt in der Kirche" oder vom „ordinierten Amt" zu sprechen. Der Begriff „Priester" ist in einigen Kirchen wie in der Orthodoxie, im Anglikanismus und im Katholizismus üblich, in den Kirchen der Reformation wird er vermieden. Hier herrscht die Sorge, daß durch die Verwendung des Priesterbegriffs die Einmaligkeit des Priestertums Christi, das keine Wiederholung und Fortsetzung kennt, verdunkelt und sein Opfer in seiner Bedeutung als das eine und einzige Opfer des Neuen Bundes geschmälert werden könnte. Dieser Einspruch der Reformation hat eine gute biblische Grundlage. Nirgendwo im Neuen Testament werden die

---

[445] BEM Nr. 13, in: DwÜ I, S. 570.
[446] LG 10.
[447] Vgl. hierzu O. H. Pesch, Das Zweite Vatikanische Konzil, Würzburg 1993, S. 181f.

Amtsträger im Unterschied zu den einfachen Gläubigen als „Priester" tituliert. Wohl gibt es den Presbyteros, den Ältesten, dessen Funktion aus der jüdischen Synagogenordnung übernommen ist, wo er in die Verkündigung einbezogen war. Seine Funktion ist aber nicht als „priesterlich" im Sinne des Hiereus, des Sacerdos zu verstehen.

In den außerchristlichen Religionen ist der Priester bestimmt durch eine Mittlerstellung zwischen einer religiösen Gemeinschaft und transzendenten Mächten. Der Priester vollzieht den öffentlichen Kult, er bringt den Göttern die Opfer dar, um sie zu versöhnen. Wegen dieses Vorverständnisses war der Terminus „Priester" für kirchliche Amtsträger nicht sehr geeignet, die Gefahr einer Überlagerung durch nichtchristliche Motive war erheblich. Die Reformatoren haben den Priesterbegriff vor allem wegen dessen Verbindung mit dem Opferverständnis abgelehnt. Dennoch kann das kirchliche Amt, recht verstanden, als priesterlich charakterisiert werden. Dies wurde auch in ökumenischen Dokumenten dargelegt: „Wenn Amtsträger in der katholischen Tradition als Priester bezeichnet werden, dann in dem Sinn, daß sie im Heiligen Geist Anteil erhalten an dem einen Priestertum Jesu Christi und es vergegenwärtigen."[448] Das Amt in der Kirche ist somit kein neues Priestertum, sondern die reale Gegenwärtigsetzung dessen, was Christus ein für allemal getan hat. Die Kirche als ganze ist priesterlich, daran hat auch und in qualifizierter Weise das Amt derer teil, die in ihr eine besondere Verpflichtung haben.[449] In dieser anamnetischen Konzeption ist es legitim, den Amtsträger als Priester zu bezeichnen.

Andererseits folgt in den Kirchen, die nur das allgemeine Priestertum kennen, daraus keineswegs, daß alle Glieder der Gemeinde in ihrer Aufgabenstellung und Vollmacht einander identisch wären. Hinsichtlich des Priestertums gibt es hier keine Differenz, wohl aber hinsichtlich der Amtsvollmacht, selbst wenn diese nicht als „priesterlich" qualifiziert wird. Die öffentliche Verkündigung des Wortes und die Verwaltung der Sakramente verlangt vielmehr nach der Lehre lutherischer und reformierter Kirchen die ordnungsgemäße Bestellung durch Ordination.[450]

---

[448] Das geistliche Amt in der Kirche, Nr. 21, in: DwÜ, S. 336.

[449] Vgl. P. Neuner, Ekklesiologie, in: Glaubenszugänge Bd. II, Paderborn 1995, S. 547f.

[450] Die evangelischen Kirchen sollten auch um der ökumenischen Verantwortung willen die Tatsache ernst nehmen, daß gemeinsames Priestertum nicht gleichzeitig eine identische Aufgabenstellung aller begründet. Dies sollte insbesondere bei der Feier des Herrenmahls durch „Beauftragte" beachtet werden. Nach weithin gemeinchristlicher Auffassung erfolgt diese Beauftragung eben durch Ordination und nicht durch Delegation.

Wo diese Deutung ernst genommen wird, ist eine gewichtige Differenz zwischen den kirchlichen Traditionen überwunden.

d) Die Ordination und ihre Wirkung

Die Übertragung des Amtes geschieht seit frühchristlicher Zeit im Zeichen von Handauflegung und Gebet. Dadurch werden die das Amt konstituierenden Aufgaben der Wortverkündigung, der Sakramentenspendung und der Einheitsstiftung übertragen. Dabei beten die Ordinierenden und die Gemeinde, daß dem Ordinierten bleibend die Kraft zuteil werde, sein Amt recht auszuüben. Auch die Kirchen der Reformation ordinieren, und sie tun es in aller Regel durch Handauflegung und Gebet.

α) Die Sakramentalität

In den katholischen Kirchen wird die Ordination als Sakrament verstanden, die Kirchen der Reformation lehnen dies zumeist ab. Grund dafür ist das engere Sakramentenverständnis, demzufolge als Sakrament nur bezeichnet wird, wofür eine unmittelbare Einsetzung durch den historischen Jesus belegt werden kann. Wenn in den Kirchen der Reformation die Ordination in aller Regel nicht als Sakrament verstanden wird, ist damit nicht ausgesagt, daß sie bedeutungslos oder rein menschliche Erfindung oder gar eine Verdrängung der biblischen Botschaft durch menschliche Traditionen wäre. Die Aspekte, die die evangelische Theologie dem Amt zuschreibt, decken sich inhaltlich weitgehend mit dem, was katholischerseits durch den Sakramentenbegriff umschrieben wird. So konnte die evangelisch-lutherische/römisch-katholische Kommission gemeinsam formulieren: „Wo gelehrt wird, daß durch den Akt der Ordination der Heilige Geist den Ordinierten mit seiner Gnadengabe für immer zum Dienst an Wort und Sakrament befähigt, muß gefragt werden, ob nicht in dieser Frage bisherige kirchentrennende Unterschiede aufgehoben sind."[451] Das Amt ist in beiden Traditionen nicht lediglich kirchliche Anstellung und Amtseinweisung, zwischen Ordination und Installation ist zu unterscheiden.

---

[451] Das geistliche Amt in der Kirche, Nr. 33, in: DwÜ I, S. 341. H. Wagner legt überzeugend dar, daß, ausgehend von einem kommunikativen Sakramentenverständnis die überkommenen Kontroversen überwindbar wären: H. Wagner, Das Amt im Kontext der Communio-Ekklesiologie, in: Catholica 50 (1996), S. 34–44.

β) Der sakramentale Charakter

Nach katholischem Verständnis verleiht die Ordination einen sakramentalen, unverlierbaren Charakter. Diese Lehre hat den Widerspruch der Reformatoren hervorgerufen. Sie erblickten darin einen Anspruch des Klerus, eine höhere Christlichkeit zu besitzen, die auf dieser Ebene noch dazu unverlierbar sein solle. Tatsächlich hat sich nicht selten mit der Lehre vom „Charakter" ein Überlegenheitsanspruch des Klerus gegenüber den Laien verbunden, verschiedentlich wurde auch die Priesterweihe vornehmlich als Mittel der persönlichen Heiligung verstanden. Grundlage dafür war, im Charakter eine wesensmäßige Umgestaltung des Ordinierten und damit eine seinsmäßige Überlegenheit gegenüber den Laien zu erkennen.

Nun ist aber die Interpretation des sakramentalen Charakters, so wie ihn die Reformatoren kritisierten, in der katholischen Theologie keineswegs unbestrittene Lehre. Die Konzeption vom sakramentalen Charakter wurde für die Sakramente entwickelt, die nach kirchlicher Praxis keine Wiederholung zulassen: die Taufe, die Firmung und die Ordination. Aussagegehalt war, daß diese Sakramente den Empfänger bleibend prägen und darum eine Wiederholung ausschließen. Ebensowenig wie bei Taufe und Firmung muß bei der Ordination daraus ein Überlegenheitsanspruch hergeleitet werden. Eher das Gegenteil trifft zu: Aussagegehalt ist die Differenz zwischen der Person und ihrem Amt, zwischen menschlicher Unwürdigkeit und der Heiligkeit des Auftrags. Auch menschliche Unwürdigkeit macht den Dienst nicht ungültig. Wer das Amt verläßt und zurückkommt oder wer ein anderes Amt übernimmt, z.B. indem er das Pfarramt wechselt, wird nicht neu ordiniert. Er ist ordiniert, und das gilt ein für allemal. Dies ist der Kern der Aussage vom unverlierbaren Charakter. Mehr muß sich inhaltlich damit nicht verbinden.[452]

Die Praxis, die die Lehre vom sakramentalen Charakter begründet, nämlich die Einmaligkeit und Unwiederholbarkeit der Ordination, wird auch im evangelischen Bereich geübt. Auch dort ist die Ordination grundsätzlich ein Lebensprojekt, sie nimmt den Ordinierten auf Dauer in den Dienst. „Wie der Getaufte ein für allemal ein Getaufter bleibt, so

---

[452] Dies wurde in einem ›Schreiben der deutschen Bischöfe über das priesterliche Amt‹ so formuliert: Wir haben heute „die Pflicht, bisweilen unkontrollierte Vorstellungen (z.B. die einer fixen und immobilen Qualität, manchmal verbunden mit einem Überlegenheitsanspruch des Klerus gegenüber den Laien) auf ihren Grund hin zu befragen und die traditionellen Anschauungen von dem in ihnen Gemeinten zu unterscheiden" (Trier 1969, S.55).

bleibt auch der Ordinierte für alle Zeit ein öffentlich zum Amt der Kirche Berufener, auch wenn er dieses Amt nicht mehr ausübt oder seine Ausübung ihm untersagt wird."[453] Darum wird die Ordination von der Einweisung in ein Pfarramt unterschieden. „Wo dieses Verständnis der ein für allemal erfolgenden Ordination besteht und wo die Einseitigkeiten und Fehlentwicklungen überwunden sind, kann von einem Konsens in der Sache gesprochen werden."[454]

e) Die Sukzession

Das Amt hat die Aufgabe, der Einheit der Kirche mit ihrem Ursprung, also der Apostolizität zu dienen. Es macht greifbar und anschaulich, daß der Glaube der Kirche der Glaube der Apostel ist, den die Kirche empfangen, nicht gemacht hat. Apostolizität bedeutet Ursprungstreue. Diese wird katholischerseits eng mit dem Amt zusammengesehen. Demzufolge ist die Kirche apostolisch, weil ihr Amt in einer ununterbrochenen Sukzession steht: Die Apostel haben Schüler ins Amt eingesetzt, diese wiederum ihre Nachfolger, und so besteht eine ununterbrochene Kette von Ordinationen durch Handauflegung und Gebet bis heute. Manchmal wurde dieser Gedanke auch fast mechanistisch im Sinn einer „Pipeline" interpretiert: Die lückenlose Verbindung der einzelnen Teile gewährleistet nach dieser Vorstellung einen unmittelbaren Zugang zum Ursprung. Ist irgendwo eine Unterbrechung, dann wird nichts weitergegeben, weil der Inhalt fehlt. Dies wird herkömmlicherweise den reformatorischen Gemeinschaften angelastet und ihnen folglich die Apostolizität abgesprochen.

Demgegenüber verstehen die evangelischen Kirchen die Apostolizität zumeist als Identität mit der Lehre der Apostel. Die Kirche ist dadurch apostolisch, daß sie in ihrer Botschaft, eventuell auch in ihrem Leben, das weitergibt, was ihr von den Aposteln her überkommen ist. Diese Apostolizität wird gewährleistet durch die Konzentration allein auf die Schrift und die Zurückweisung aller späteren Traditionen, also durch das Sola-scriptura-Prinzip. Von hier aus wird der katholischen Kirche vorgeworfen, durch die Einführung menschlicher Traditionen die apostolische Botschaft verdrängt und verfälscht, also die Apostolizität preisgegeben zu haben. Die Kontroversen zwischen den Kirchen bündelten sich im gegenseitigen Vorwurf mangelnder Apostolizität.

---

[453] W. Pannenberg, Systematische Theologie Bd. III, Göttingen 1993, S. 435.
[454] Das geistliche Amt in der Kirche, Nr. 39, in: DwÜ I, S. 343.

Zu einer Annäherung dieser gegensätzlich erscheinenden Standpunkte führt die dogmengeschichtliche Betrachtung. Die Entwicklung des Amtsverständnisses erfolgte in der frühen Kirche in der Auseinandersetzung mit häretischen Positionen. In gnostischen Kreisen berief man sich auf angebliche Geheimüberlieferungen, die Jesus und die Apostel nur den Auserwählten mitgeteilt hätten. Diesen wurde damit ein besonderes Wissen erschlossen, das der Großkirche nicht offenstehe. In der Auseinandersetzung mit dieser Berufung auf Geheimtraditionen haben Tertullian und insbesondere Irenäus von Lyon argumentiert, daß alle Gewähr für eine rechte apostolische Tradition dort gegeben sei, wo ein (bischöfliches) Amt sich auf die Gründung durch einen Apostel zurückverfolgen ließe. Denn es ist Aufgabe des Amtes, die rechte Botschaft getreu zu bewahren, weiterzugeben, was ihm überliefert wurde, nicht aber Neues zu erfinden. Um dieser Aufgabe der Bewahrung und der Treue zur Herkunft willen ist das Amt da, darin besteht sein Wesen und sein Sinn. Die Pastoralbriefe des Neuen Testaments zeigen diese Struktur bereits auf: Die Apostelschüler werden in ihr Amt eingeführt, um zu bewahren, weiterzugeben, in Treue zu überliefern, was ihnen selbst überkommen ist.[455] Daraus folgerte Irenäus: Wo ein kirchliches Amt bis auf eine Einsetzung durch einen Apostel zurückverfolgt werden kann, war immer ein Amtsträger da, dessen Aufgabe darin bestand, der überlieferten Botschaft getreu zu bleiben, also der Apostolizität zu dienen. Und damit ist bei diesen Amtssukzessionen alle Gewähr dafür gegeben, daß dort die apostolische Lehre erhalten geblieben ist und getreu weitergegeben wurde. Die Überlieferung und mit ihr die Treue zum Ursprung erfolgt nicht automatisch, sondern sie hat eine personale Zuspitzung in den Amtsträgern. Die Anbindung der Botschaft an das kirchliche Amt ist dabei nach Irenäus nicht eine automatisch wirkende Garantie, er nennt die Amtssukzession als *ein* Kriterium neben anderen, das die christliche Botschaft von der Irrlehre unterscheiden läßt. Die Amtsnachfolge ist nach dieser Vorstellung ein wirksames Zeichen: Nicht die Apostolizität selbst, sondern ein Zeichen für sie, ein Zeichen, nicht das einzige, wohl aber ein wesentliches Zeichen, das nicht einfachhin preisgegeben werden darf.[456] Joseph Ratzinger hat das Verhältnis von apostolischer Tradition und Amtssukzession in das Wortspiel gebracht: „Nachfolge ist die Gestalt der Überlieferung. Die Überlieferung ist der Gehalt der Nachfolge."[457]

[455] Zu dieser Argumentation siehe P. Neuner, Ekklesiologie, in: W. Beinert (Hrsg.), Glaubenszugänge Bd. II, Paderborn u. a. 1995, S. 483f.

[456] Vgl. dazu W. Kasper, Ökumenischer Konsens über das kirchliche Amt?, in: Stimmen der Zeit 191 (1973), S. 230.

[457] J. Ratzinger, Primat, Episkopat und successio apostolica, in: ders. –

Damit ist jedenfalls eine mechanistische Konzeption der Amtssukzession überwunden, selbst wenn sie in manchem kirchlichen Dokument noch nachwirken mag, wenn man einfach und ohne weitere Differenzierung davon ausgeht, daß die Kirchen der Reformation im 16. Jh. die Sukzession preisgegeben haben, damit kein gültiges Amt mehr verwirklichen und deshalb den Titel „Kirche" nicht mehr verdienen, weil ihnen die Apostolizität fehlt, die nach dem Glaubensbekenntnis Wesensmerkmal von Kirche ist. Eine derartig mechanistische Sicht kann katholischerseits nicht mehr aufrechterhalten werden. Die Kirchen der Reformation haben auch nach katholischem Verständnis nicht mit der Apostolizität gebrochen; gegebenenfalls ließe sich argumentieren, daß sie die personale Zuspitzung der apostolischen Überlieferung, die das Amt bedeutet, nicht beibehalten haben. Wenn nun aber das Amt so sehr im Dienst der rechten Botschaft steht, wie hier vorausgesetzt, dann ist in einer ökumenischen Erschließung die Frage zu stellen, ob nicht immer dann, wenn das Amt die rechte Lehre verkündigt, es damit auch als rechtes Amt anerkannt werden könnte, und das selbst dort, wo die Art und Weise, wie die Amtsübertragung erfolgte, nicht nach den Regeln verlief, die die katholische Theologie für den Normalfall aufstellt. Wenn ein Amtsträger die rechte Lehre verkündet, dann, so die These, wäre sein Amt legitimierbar.[458]

K. Rahner, Episkopat und Primat (QD 11), Freiburg i. Br. – Basel – Wien, 3. Aufl. 1963, S. 49.

[458] An dieser Stelle ist festzuhalten, daß hier auch die umgekehrte Argumentation begegnet: So wie das Amt Zeichen ist für die Treue zur Überlieferung, ist der Bruch im Amt ein Zeichen dafür, daß die Überlieferung nicht weitergegeben wurde, daß von hier ab nicht mehr das verkündet wurde, was der Betreffende selbst übernommen hat, sondern etwas anderes, nicht die apostolische Botschaft. Insofern wäre der Bruch nicht aus einem mechanistischen Verständnis, wohl aber als Zeichen für einen inhaltlichen Bruch durchaus dramatisch. Diese Argumentation hat eine lange Tradition, in der die rechte Lehre grundsätzlich an das rechte Amt gebunden wurde. Demzufolge wäre bei Kontroversen nicht inhaltlich zu untersuchen, was die rechte Lehre ist, sondern wer sie vorgetragen hat. Döllinger hat in seiner polemischen Frühzeit den Vergleich mit einer Quelle angestellt: „Zu dem Quell, der aus dem Felsen hervorsprudelt, auf welchem Christus seine Kirche gegründet hat, muß man seine Zuflucht nehmen und aus ihm die Lehre des Heils schöpfen. So findet man die rechte Lehre in der Kirche, das heißt, die Lehre ist in der Kirche, nicht die Kirche in der Lehre" (zitiert nach P. Neuner, Döllinger als Theologe der Ökumene, Paderborn u. a. 1979, S. 34).

2. *Das Bischofsamt*

Die Konzilsaussage vom *defectus ordinis* in den Kirchen der Reformation wird herkömmlicherweise so verstanden, daß im 16. Jh. die Sukzession im bischöflichen Amt abgebrochen ist und damit die Kontinuität mit der frühen Kirche preisgegeben wurde. Das Bischofsamt ist nach altkirchlicher Überlieferung das Amt der synchronen und der diachronen Einheit der Kirche. Darum bedeutet die Aufgabe dieses Amtes durch die Reformatoren nicht nur die Aufsplitterung in zahllose sich gegenseitig ausschließende kirchliche Einzelgemeinschaften, sondern vor allem auch den Bruch mit der apostolischen Botschaft. Die Probleme der Amtssukzession konkretisieren sich damit in der Frage nach dem bischöflichen Amt. Dieses steht im Zentrum der ökumenischen Amtsdiskussion. An der Existenz und Wertung des bischöflichen Amts in historischer Kontinuität bilden sich Konfessionsfamilien, an diesem Punkt bündeln sich viele Kontroversen zwischen den Kirchen.

Neuere Untersuchungen haben auch in dieser Problematik deutliche Konvergenzen sichtbar werden lassen. Auch im evangelischen Bereich werden die Ordinationen von Ordinierten durchgeführt, so daß damit auch hier so etwas wie eine Kette von Amtssukzessionen nachgewiesen werden kann, die zurückreicht bis zu den Reformatoren, deren Ordinationen innerhalb der katholischen Kirche nie in Zweifel gezogen wurden. Damit läßt sich, so eine verbreitete katholische Interpretation, auch im evangelischen Bereich eine Kette von Ordinationen und damit eine Sukzessionsreihe erkennen, die auf der katholischen Amtssukzession aufruht. Allerdings, so die Argumentation, stehe diese Sukzession nicht auf episkopaler, sondern auf presbyterialer Ebene. Denn in den evangelischen Kirchen haben seit der Reformation nicht mehr Bischöfe, sondern Pastoren, also nicht-bischöfliche Amtsträger ordiniert. Damit sei aber nicht die Sukzessionskette als solche gebrochen, sondern lediglich deren bischöfliche Struktur. Da nun aber nach neutestamentlicher Botschaft und in der Alten Kirche die Unterscheidung zwischen Priester und Bischof in vielen Fällen nicht durchführbar sei und da außerdem auch aus späterer Zeit noch einige Fälle bekannt sind, wo Priester, vor allem Äbte, Priester geweiht haben, könne man sich, so eine ökumenisch aufgeschlossene Interpretation, gegebenenfalls auch mit einer presbyterialen Sukzessionsreihe begnügen, sie anerkennen und die gespendeten Ordinationen für gültig erachten. Tue man das nicht, laufe man Gefahr, Bedingungen für die Ordination aufzustellen, denen auch die Weihen innerhalb der katholischen Kirche nicht gerecht zu werden vermögen. Historische Probleme wirken hier unmittelbar auf die systematische Fragestellung zurück.

Die evangelische Theologie argumentiert hier anders. Sie geht aus vom einen und ungeteilten Amt. Die Kirchen der Reformation wollten zunächst die bischöfliche Verfassung und damit das dreigegliederte Amt beibehalten, so wie es im Anglikanismus und in den lutherischen Kirchen Skandinaviens tatsächlich geschehen ist. Doch zunächst schlossen sich keine Bischöfe der Reformation an.[459] In dieser Notsituation, wo die Einführung neuer Amtsträger unerläßlich, ihre Ordination durch Bischöfe aber nicht möglich war, beriefen sich die Reformatoren auf die Ordnung der Alten Kirche, nach der Bischöfe und Priester gleich waren, ihr Amt also eines und ungeschieden war. Die Pastoren haben demzufolge das eine, ungeteilte Amt inne und damit das Recht zur Ordination. Der Pfarrer ist Bischof, der Bischof Pfarrer. Vor allem unter Berufung auf Hieronymus sahen sich die Reformatoren als berechtigt, Ordinationen durch Pfarrer vornehmen zu lassen, ohne daß sie damit das Prinzip der bischöflichen Amtssukzession hätten aufgeben wollen.[460] Weil nach evangelischer Auffassung im Pfarramt das Bischofsamt im Sinn der Alten Kirche verwirklicht ist, kann es dem evangelischen Selbstverständnis nicht entsprechen, den Kirchen der Reformation eine „nur" presbyteriale Amtssukzession zuzusprechen. Vielmehr ist im Pfarramt das ganze und ungeteilte Amt verwirklicht, dem dann auch die Aufgabe der Ordination zufällt.

Diese Deutung ist theologisch auch im katholischen Bereich nicht ausgeschlossen. Auch hier ist es möglich, vom ungeteilten Amt zu sprechen, das in der Ordination verliehen wird. Die theologische Deutung und Verhältnisbestimmung von Bischof und Priester blieb auch über das Zeugnis der Alten Kirche hinaus vielgestaltig.[461] Noch das Konzil

---

[459] Als die Reformatoren Amtsträger für ihre Gemeinden brauchten, andererseits aber keine Bischöfe für Ordinationen zur Verfügung standen, haben sie weder auf eine amtsfreie Kirche rekurriert und die Bedeutung des Amtes in Frage gestellt noch einen Individualismus vorgetragen, der den einzelnen so unmittelbar zu Gott und seinem Wort gestellt hätte, daß amtliche Vermittlung als nicht mehr notwendig erschienen wäre. Ein kirchenfreies Christentum oder eine amtsfreie Kirche, wie sie gelegentlich unter Berufung auf die Reformatoren propagiert werden, können sich nicht zu Recht auf diese berufen. Für sie war es eindeutig, daß Wort und Sakrament in der christlichen Gemeinde nicht gewährleistet bleiben könnten, wenn zu deren Vollzug und Dienst nicht Amtsträger ordiniert werden.

[460] So insbesondere in Melanchthons Tractatus, BSLK 489ff. Weitere Stellen sind genannt: LV, S. 164.

[461] In der mittelalterlichen Theologie wurden hier zwei Vorstellungen entwickelt: 1. Die Unterscheidung zwischen Bischof und Priester ist rein kirchenrechtlicher Natur. In der Weihegewalt sind beide gleich, beim Priester sind lediglich

von Trient, das die Antwort auf die Reformation formulierte, ließ die Verhältnisbestimmung offen. Es begnügte sich damit zu sagen, daß es,
„durch göttliche Anordnung eingesetzt" *(divina ordinatione institutam)*
ein dreifach gestuftes hierarchisches Amt, bestehend aus Bischöfen, Priestern und Diakonen, gebe,[462] ohne deren Relationen theologisch zu umreißen. Vorherrschend wurde die Bischofsweihe in der neuzeitlichen
Theologie als Sakramentalie, als Herrscherweihe, nicht als Sakrament
verstanden. Erst das II. Vatikanum lehrte eindeutig ihre Sakramentalität
und erklärte den Bischof zum eigentlichen Träger des Ordo.[463] Wie aber
Priester- und Bischofsweihe sich zueinander verhalten, wurde auch im
II. Vatikanum offengelassen. Das Konzil stellte lediglich fest, daß es „seit
alters" *(ab antiquo)* Bischöfe, Priester und Diakone gebe.[464] Daß das
Konzil die Verhältnisbestimmung von Priesterweihe und Bischofsweihe
offenließ, ist ökumenisch höchst bedeutsam, weil diese Offenheit auch
im Gespräch zwischen den christlichen Kirchen gelten muß. Die Auffassung vom einen und ungeteilten Amt, wie sie in den Kirchen der Reformation vorgetragen wird, kann die Nichtanerkennung des Amtes in den
Kirchen der Reformation folglich nicht legitimieren. Selbst wenn seit
dem Zweiten Vatikanischen Konzil das bischöfliche Amt wiederum als
das zentrale Amt in der Kirche verstanden wird, ist es theologisch keineswegs ausgeschlossen, dieses Amt auch im Pfarramt realisiert zu
sehen.[465] Damit ist eine Deutungsmöglichkeit eröffnet, die traditionelle
Grenzen zwischen den Konfessionen überwinden könnte. Das besagt

einige Vollmachten „gebunden" (Firmung und Priesterweihe). Der Bischof hat
darüber hinaus besondere jurisdiktionelle Gewalt. Durch das Sakrament der
Priesterweihe wird das eine kirchliche Amt verliehen, die Bischofsweihe ist kein
weiteres Sakrament, sondern ein Rechtsakt. 2. Aufgrund göttlichen Willens gibt
es Priester ersten Ranges, nämlich die Bischöfe, die auf die Apostel zurückgehen,
und Priester zweiten Ranges, die sich von den 72 Jüngern herleiten. Vor allem die
mittelalterlichen Kanonisten hingen dieser Theorie an. Sie konnte aber so lange
nicht überzeugen, als das Wesen des Priestertums in der Konsekrationsgewalt
gesehen wurde. Denn diese war in der Priesterweihe gegeben und damit den Bischöfen nicht in anderer Weise verliehen als den Priestern.
    [462] DH 1776. Bewußt wurde der Ausdruck „göttlichen Rechts" *(de iure divino)*
vermieden – keine der genannten Deutungen sollte verurteilt werden.
    [463] LG 21; 26.
    [464] LG 28. Selbst wenn sich das II. Vatikanum in dieser Aussage auf Trient be-
ruft, ist die Abschwächung gegenüber dessen Formulierung unübersehbar.
    [465] Belege dafür sind angeführt bei H. Müller, Zum Verhältnis zwischen Epi-
skopat und Presbyterat im Zweiten Vatikanischen Konzil, Wien 1971; H. Jorissen,
Erwägungen zur Struktur des geistlichen Amtes und zur apostolischen Sukzession in ökumenischer Perspektive, in: Concilium 32 (1996), S. 442–448.

nicht, daß damit nicht weiterhin Differenzen in der Deutung des Amts und in seiner praktischen Verwirklichung bestehen. Aber kirchentrennend müssen diese nicht mehr sein.

Zudem haben sich in der Praxis nicht nur unterschiedliche Verwirklichungsformen, sondern sehr wohl Annäherungen herausgebildet. Diese betreffen auch das Verhältnis von Pfarramt und regionalem Amt, das in vielen evangelischen Kirchen wieder als Bischofsamt bezeichnet wird. So kann der Text ›Das geistliche Amt in der Kirche‹ gemeinsam formulieren: „Wenn beide Kirchen anerkennen, daß für den Glauben diese geschichtliche Entfaltung des einen apostolischen Amtes in ein mehr lokales und in ein mehr regionales Amt unter dem Beistand des Heiligen Geistes geschehen und insofern für die Kirche Wesentliches entstanden ist, dann ist ein hohes Maß an Konsens erreicht."[466]

3. Möglichkeiten zu einer Versöhnung der Ämter

Die Anerkennung der Ämter ist vor allem ein Problem der bischöflich verfaßten Kirchen, die die Existenz eines sakramentalen Amts in apostolischer Sukzession als wesentlich erachten und in einem *„defectus ordinis"* einen Bruch mit der apostolischen Tradition zu sehen geneigt sind. Demgegenüber ist das Problem des Amts für die Kirchen der Reformation zunächst weniger gewichtig, es erscheint kaum als in sich relevant, sondern allein Teilaspekt in der Frage angemessener Evangeliumsverkündigung und Sakramentenspendung. Darum ist es für die Kirchen der Reformation keine Schwierigkeit, das Amt in den alten Kirchen anzuerkennen, soweit es nur dem Wort und dem Sakrament dient, während diese in der Anerkennung der Ämter in den Reformationskirchen den entscheidenden Schritt auf dem Weg zur Versöhnung der Kirchen als Schwesterkirchen sehen. Der Anerkennung oder der Gültigmachung der nicht-bischöflich verfaßten Ämter kommt nach dem Verständnis dieser Kirchen entscheidende Bedeutung im Prozeß der ökumenischen Annäherung zu. Für diesen Akt wurden unterschiedliche Modelle entwickelt.

Traditionellerweise gingen die bischöflichen Kirchen davon aus, daß die nicht-bischöflich ordinierten Amtsträger die Priesterweihe empfangen müßten, um als Amtsträger anerkannt werden zu können. Diese Forderung ist weithin identisch mit der nach einer Rückkehr, selbst wenn man den betroffenen Gemeinschaften eine gewisse organisatorische und liturgische Selbständigkeit zugestehen könnte. Verschiedent-

---

[466] Das geistliche Amt in der Kirche, Nr. 49, in: DwÜ I, S. 346.

lich wurde vorgeschlagen, lediglich bedingt *(sub conditione)* eine bischöfliche Ordination zu spenden, also mit der Intention, nur dann zu ordinieren, wenn der Empfänger nicht bereits gültig geweiht sei. Hier wird die Ordination der anderen Kirche nicht von vornherein als null und nichtig betrachtet. Jedenfalls stehen die Kirchen bei diesen Modellen nicht auf gleicher Ebene, sondern eine vermittelt, was sie selbst hat, der anderen aber zumindest gegebenenfalls noch fehlt. Damit verbindet sich zumindest der Eindruck, daß alle Amtshandlungen, die vor dieser (bedingten) Gültigmachung erfolgten, eventuell ungültig und wirkungslos gewesen seien.

Besonders intensiv wurde das Modell der gegenseitigen Handauflegung diskutiert. Dabei sollten bei einem Versöhnungsgottesdienst die (bischöflichen) Repräsentanten der beteiligten Kirchen sich gegenseitig die Hände auflegen. Dieser Gestus kann als Zeichen der Versöhnung und Wiederaufnahme gedeutet werden, er läßt sich aber auch als Ordination verstehen. Diese Vieldeutigkeit ist dabei bewußt intendiert. Der Bischof der einen Kirche kann davon ausgehen, daß er den nicht-bischöflich ordinierten Vertreter der anderen Kirche zum Bischof weiht, ohne daß dieser die Handauflegung in gleicher Weise interpretieren müßte. Die vorgeschlagenen liturgischen Formulare, die für einen derartigen Versöhnungsgottesdienst entwickelt wurden, sprechen lediglich davon, daß durch diesen Ritus die Kirchen sich gegenseitig in ihren Ämtern das vermitteln, was ihnen bisher gegebenenfalls noch fehlte. Diese Handauflegung müßte dann anschließend innerhalb der beteiligten Kirchen an alle Amtsträger weitergegeben werden. Nur so besteht die Möglichkeit, darin gegebenenfalls eine (Re-)Ordination der Amtsträger zu erblicken, soweit diese nötig sein sollte. Dieser Vorschlag birgt das Problem, daß hier die Zeichenhandlung in ihrem Vollzug von der persönlichen Intention getrennt wird. Es ist schwer denkbar, daß durch Handauflegung eine Ordination gespendet wird, die der zu Ordinierende gar nicht empfangen will.

Eine pragmatische Lösung wurde im südindischen Modell entwickelt, in dem nicht-bischöfliche Kirchen mit der anglikanischen Gemeinschaft eine Union eingingen.[467] Hier wurde beschlossen, alle Amtsträger, bischöflich oder nicht-bischöflich ordiniert, grundsätzlich anzuerkennen, mit Beginn der Union aber alle Ordinationen bischöflich zu vollziehen. Damit würde innerhalb eines überschaubaren zeitlichen Rahmens das nicht-bischöfliche Amt aussterben.[468] In diesem Zusam-

---

[467] Rouse-Neill II, S. 89–93.

[468] Bis dahin sollten folgende Regelungen gelten: In der Union sind alle Amtsträger anerkannt; alle Ordinationen werden künftig unter bischöflicher Mitwir-

menhang ist festzuhalten, daß inzwischen beispielsweise durch die Mitwirkung altkatholischer Bischöfe an anglikanischen Weihen sowie von schwedischen Lutheranern an Bischofsbestellungen in anderen lutherischen Kirchen gerade in Kirchen der Dritten Welt bischöfliche Sukzessionen auch in vielen Kirchen der Reformation faktisch verwirklicht sind. Die traditionelle katholische Argumentation, durch die Unterbrechung der Sukzessionskette sei in diesen Kirchen kein gültiges Amt verwirklicht, wird damit zunehmend brüchig.

In aller Regel wird die Versöhnung der Ämter in einem Akt der gegenseitigen Anerkennung angestrebt. Die angeführten theologischen Deutungen und die praktischen Annäherungen scheinen eine solche jedenfalls gegenüber manchen Kirchen der Reformation möglich zu machen. Die in der ökumenischen Theologie aufgezeigten Konvergenzen offenbaren ein Maß an Gemeinsamkeit, das es jedenfalls schwer macht, die Nichtanerkennung weiterhin zu legitimieren. Diese Anerkennung wäre nicht allein ein institutionell-rechtliches, sondern ein geistliches Geschehen, sie sollte darum in einer gottesdienstlichen Feier erfolgen. In einem solchen liturgischen Akt könnte gegebenenfalls auch eine Gültigmachung der existierenden Ämter erfolgen und eventuell bestehende Mängel könnten dabei geheilt werden. Die Sakramentenlehre beweist, daß es in der Macht der Kirche steht, sakramentale Zeichen festzulegen und damit Symbolhandlungen anzuerkennen.[469] Insbesondere das Konzil von Trient hat den Vorwurf der Reformatoren zurückgewiesen, die mittelalterliche Kirche habe den Auftrag Jesu verraten, als sie die sakramentalen Zeichen gegenüber der Stiftung Jesu veränderte. Dagegen betonte das Konzil, die Kirche sei „durch gerechte Gründe und Erwägungen dazu veranlaßt worden", und sie habe sich in diesen ihren Entscheidungen nicht geirrt.[470] Angewandt auf die Anerkennung der Ämter ließe sich hier folgern: Diese Vollmacht im sakramentalen Zeichen könnte die (katholische) Kirche auch in einer Anerkennung der Ämter in den Kirchen der Reformation ausüben. Sie könnte diese als gültig anerkennen und damit einen gegebenenfalls noch bestehenden „*defectus*" tilgen. Diese Gültigmachung unterscheidet sich vom Modell der gegen-

kung erteilt; keiner Gemeinde wird ein Amtsträger aufgezwungen, den sie nicht akzeptieren kann; in einem dreißigjährigen Schwebezustand sollten die Ämter anerkannt werden; danach stellen nicht-bischöfliche Amtsträger kein Problem mehr dar.

[469] In der katholischen Kirche galt lange Zeit hindurch nicht die Handauflegung, sondern die Übergabe von Meßkelch und Patene als das sakramentale Zeichen der Ordination.

[470] So in DH 1732 in bezug auf die Verweigerung des Laienkelchs.

seitigen Handauflegung dadurch, daß hier keine Trennung zwischen Vollzug und Intention vorgenommen werden müßte, weil hier die Anerkennung als Amtsträger ja von allen Beteiligten intendiert sein müßte.

4. Das Papsttum

Die Frage nach dem Papst wurde vor allem in bilateralen Gesprächen der katholischen Kirche thematisiert. Während sich zeitweise die Zurückweisung päpstlicher Ansprüche als einigendes Band der nicht-römischen Kirchen erwies, ist durch den Eintritt der katholischen Kirche in die Ökumenische Bewegung die Frage nach dem Papsttum unabweisbar geworden. Die Einigung der Christenheit kann ihr Ziel nicht in einem Zusammenschluß der nicht-römischen Kirchen haben, sie muß sich auch auf die Gemeinschaft mit der Kirche Roms hin öffnen. Dies ergibt sich nicht allein aus der Zahl der Mitglieder der Kirchen, sondern auch aus der Kontinuität christlicher Botschaft. Denn zumindest als Patriarchat des Westens hat Rom – zusammen mit anderen Patriarchatssitzen – eine Bedeutung für die universale Christenheit, an der vorbei die Einigung der Kirchen nicht angestrebt werden kann oder ohne die sie erheblich unvollkommen bliebe. Nachdem spätestens seit dem Zweiten Vatikanischen Konzil das Einheitsmodell nicht mehr einfach das der Rückkehr der getrennten Kirchen nach Rom ist, stellt sich notwendigerweise die Frage, wie eine Gemeinschaft mit der römischen Kirche und mit dem Papst aussehen könnte, die nicht gleichzeitig Unterwerfung bedeuten würde.

In der katholischen Kirche wird das Papsttum als Amt universalkirchlicher Einheit verstanden. Seine Aufgabe besteht darin, die Gemeinschaft der Ortskirchen zu gewährleisten und zu befördern. Diese sollen nicht einfach römischer Zentralgewalt untergeordnet oder als Filialen der Universalkirche verstanden und einheitlich regiert werden. Vielmehr gehört es nach Aussage des Konzils zu den Aufgaben des Papstes, daß er „die rechtmäßigen Verschiedenheiten schützt"[471]. Als Amt der Einheit der Orts- und Teilkirchen hat das Papsttum eine eminent ökumenische Aufgabe und Funktion.[472] Dies ist eine Konzeption des Papst-

---

[471] LG 13.

[472] Diese wird nicht zuletzt daran sichtbar, daß zufolge der Unfehlbarkeitsdefinition des I. Vatikanums Letztverbindlichkeit daran gebunden ist, daß der Papst als „Hirt und Lehrer aller Christen", also nicht nur für eine Konfession spricht (DH 3074). Vergleiche dazu: M. Hardt, Papsttum und Ökumene, Paderborn – München 1981; W. Klausnitzer, Das Papstamt im Disput zwischen Lutheranern und Katholiken, Innsbruck u. a. 1987.

tums, die implizit als Kritik an einer langen Entwicklung zu verstehen ist, in deren Verlauf die katholische Kirche immer mehr zentralisiert wurde, der Papst alle Vollmacht beanspruchte und alle Amtsträger in der Kirche als seine Delegierten ohne eigene Vollmacht erschienen. Gegen ein derartiges Verständnis des Papsttums haben die Kirchen protestiert, es erscheint als der bedeutendste Stein des Anstoßes zwischen den Konfessionen und als der schwierigste Punkt einer ökumenischen Annäherung.[473]

Der Einspruch der Reformation gegen das Papsttum erfolgte vor allem durch Luther. Er gipfelte in der Aussage, daß der Papst das Evangelium nicht zulasse, daß er den Menschen die Tür zum Himmelreich verschließe, daß er nicht wolle, daß jemand ohne ihn selig werde und daß er darum der Antichrist sei. Doch selbst in Luthers Spätzeit, als seine Kritik immer maßloser wurde, stand sie unter der Bedingung, das gelte nur, sofern der Papst das Evangelium nicht zulasse. Würde er es verkünden, wollte Luther ihm nicht nur die Füße küssen, sondern ihn auf Händen tragen. Melanchthon erklärte sich sogar bereit, dem Papst „um des Friedens und der gemeinsamen Einigkeit willen ... seine Superiorität über die Bischöfe, die er jure humano hat", anzuerkennen.[474]

Im späteren Protestantismus fielen derartige Differenzierungen weithin weg, nun erschien die Reformation in erster Linie als eine Los-von-Rom-Bewegung. Die Dogmen des Ersten Vatikanischen Konzils schienen alle Hoffnungen auf Ökumene zu beenden. Man war überzeugt: Wenn die Reformation noch nicht erfolgt wäre, müßte sie jetzt nachgeholt werden. Das Nein zum Papst wurde Grundpfeiler aller nicht-römischen Einigungsbemühungen. Und Rom selbst hat sich diesem Urteil in gewisser Weise angeschlossen, als Papst Paul VI. bei seinem Besuch beim ÖRK in Genf sagte, er wisse wohl, daß sein Amt das am

---

[473] Dies gilt bereits für die Trennung zwischen Ost und West, in deren Verlauf der Osten römische Ansprüche zurückwies. Die Eroberung Konstantinopels am Beginn des 4. Kreuzzugs 1204 und die Errichtung des lateinischen Kaiserreichs (1204–1261) verstand der griechische Osten als Bruch mit der altkirchlichen Pentarchie und damit als Verstoß gegen die vorgegebene Ordnung der Kirche. In der Auseinandersetzung um das Filioque stand im Zentrum die Frage, ob der Papst das Recht beanspruchen könne, das von einem Konzil verbindlich formulierte Glaubensbekenntnis zu verändern. Die Orthodoxie sieht herkömmlicherweise in den Ansprüchen des Papstes die Zerstörung des bischöflichen Amtes, der Selbständigkeit der Ortskirchen und damit der Verfassung der Alten Kirche. Die Papstdogmen des I. Vatikanischen Konzils (1870) brachten demzufolge diesen Prozeß zu seinem Abschluß.

[474] So Melanchthons Zusatz zu seiner Unterschrift unter die Schmalkaldischen Artikel in: BSLK 464.

schwersten wiegende Hindernis gegen die Einigung der Christenheit sei.

Ein gewisser Impuls, auch über ein Amt des Papstes nachzudenken, stellte sich in den reformatorischen Kirchen, als sie ihre herkömmliche landeskirchliche Beschränkung überwanden. Wie können Kirchen ihre Einheit wahren, wenn sie einander fremden Kulturen angehören, in unterschiedlichen Sprachen reden und ihre Theologie in Kontexten formulieren, die untereinander kaum noch kommunikabel sind? Weder die konfessionellen Weltbünde noch der ÖRK vermögen die nötigen Strukturen der Einheit zu gewährleisten. Der Evangelische Erwachsenenkatechismus (1975) betonte, daß „die nichtrömischen Kirchen bisher kein überzeugendes Modell vorgelebt [haben], wie die Einheit der Kirche sichtbare Gestalt gewinnen könnte". Damit wurde die Frage akut, ob nicht ein Amt universalkirchlicher Einheit geeignet, nützlich oder gar notwendig sei, um die Gemeinschaft der Kirchen zu wahren und zu fördern. Mit dieser Überlegung knüpften manche evangelischen Theologen an eine Interpretation des Papsttums an, die auch die katholische Deutung dieses Amtes prägt. „Die Stellung der anderen Kirchengemeinschaften zum Papsttum wird weitgehend davon abhängen, ob es Rom gelingt, das Papsttum als einen Dienst an der Einheit und als Zeichen der Einheit überzeugend darzustellen."[475]

Von dieser Herausforderung bestimmt wurde die Frage nach dem Papst auch Thema offizieller ökumenischer Kommissionen. Exemplarisch geschah das im Dialog mit der anglikanischen Gemeinschaft, der unter dem Motto der Koinonia stand. Damit war der Rahmen gesteckt: Papsttum und Einheit der Kirche werden nicht im Sinne eines Zentralismus oder einer Überorganisation gedacht, sondern im Kontext einer Gemeinschaft von Kirchen, die ihre Selbständigkeit wahren, sich aber anerkennen und in Gemeinschaft miteinander leben können. Diesem Ziel könne ein Amt universalkirchlicher Einheit dienen. „Der Primat erfüllt seinen Sinn, wenn er den Kirchen hilft, aufeinander zu hören, in der Liebe und Einheit zu wachsen und gemeinsam nach der Fülle christlichen Lebens und Zeugnisses zu streben; er wird die christliche Freiheit und Spontaneität achten und fördern, er wird keine Uniformität anstreben, wo sich Vielfalt legitim entfaltet, noch die Organisationsformen auf Kosten der Ortskirche zentralisieren."[476] Ebenfalls vom Gedanken der Koinonia der Kirchen ausgehend, hat die 5. Weltkonferenz von Glauben und Kirchenverfassung 1993 in Santiago de Compostela emp-

[475] Evangelischer Erwachsenenkatechismus, 5. Aufl. Gütersloh 1989, S. 907.
[476] So in der Venedig-Erklärung der ARCIC I, ›Autorität in der Kirche‹ in: DwÜ I, S. 168.

fohlen, „daß die Kommision für Glauben und Kirchenverfassung eine neue Studie beginnt über die Frage eines universalen Amtes der christlichen Einheit."[477] Der entscheidenden Aussage, daß eine Anerkennung des Papstamtes durch nicht-römische Christen davon abhängt, ob und wie dieses Amt der Gemeinschaft der Kirchen und der Verkündigung des Evangeliums dient, hat sich Papst Johannes Paul II. in seiner Ökumene-Enzyklika ›Ut unum sint‹ angeschlossen. Er rief zu gemeinsamer Bemühung um eine Reform dieses Amtes auf, das so gestaltet werden müsse, daß es seinem Auftrag, die Einigung und nicht die Trennung der Christenheit zu befördern, gerecht werden kann. Dabei verwies der Papst auf die Praxis des ersten christlichen Jahrtausends, in dem das Papsttum noch ganz anders gestaltet war als nach der gregorianischen Reform. Dieser Anregung, die zunächst weder in der katholischen noch in den nichtkatholischen Kirchen größere Aufmerksamkeit fand,[478] sollen folgende zusammenfassende Überlegungen dienen.[479]

1. Die evangelischen Kirchen sind in der Gestaltung ihrer Ämter weitgehend frei. Vorgegeben ist allein die Existenz eines besonderen Amtes der bevollmächtigten Wortverkündigung und Sakramentenverwaltung. Wie dieses Amt am Ort und überörtlich gestaltet wird, regelt sich danach, wie sich das Wort Gottes am wirkungsvollsten verkünden läßt. Damit wäre gegebenenfalls auch ein Amt universalkirchlicher Einheit möglich.

2. In der Situation einer kleiner werdenden Welt, einer Infragestellung des Christlichen und der Hinordnung der Einheit der Kirche auf die Einheit der Menschheit erscheint ein Amt universaler Einheit nicht nur als möglich, sondern sogar als dringend wünschenswert. Durch die Bindung an ein solches Amt könnten die Kirchen besonders in Konfliktfällen leichter ihre Unabhängigkeit von staatlicher Einflußnahme wahren. Die gregorianische Reform, die die Weichen für das Papsttum im zweiten Jahrtausend stellte, stand unter dem Stichwort *„libertas Ecclesiae"*. Das Papsttum kann sehr wohl der Freiheit der Kirche dienen. Ein solches universalkirchliches Amt als Garant der Freiheit läßt sich kaum neu konstruieren. Es empfiehlt sich, auf das Papsttum als das Amt zurückzugreifen, das diesen universalen Auftrag bereits wahrnimmt.

---

[477] Santiago de Compostela 1993, ÖR. B. 67, S. 233.

[478] Der Frage, wie das Papsttum katholischer, orthodoxer, evangelischer und ökumenischer werden könnte, ging bereits vor dieser Anregung Johannes Paul II. nach: K. Koch, Gelähmte Ökumene, Freiburg i. Br. – Basel – Wien 1991, S. 177–183.

[479] Vgl. hierzu P. Neuner, Ekklesiologie, in: W. Beinert (Hrsg.), Glaubenszugänge Bd. II, Paderborn u. a. 1995,. 572f.

3. Eine ökumenische Anerkennung des päpstlichen Primats setzt eine Erneuerung dieses Amtes und damit verbunden die Abgabe von Macht voraus. Als vordringlich erscheint die Entflechtung der verschiedenen Ämter, die der Bischof von Rom in sich vereinigt, vor allem von Papsttum und Patriarchat des lateinischen Westens. Einigung kann nicht durch Depotenzierung aller nichtpäpstlichen Funktionen erreicht werden. Wenn das Papsttum absolutistisch regieren wollte, würde es nicht der Einigung, sondern der Spaltung dienen und damit seine Aufgabe nicht erfüllen, sondern ihr entgegenwirken.

4. In der exegetischen und historischen Arbeit geht der ökumenische Konsens nicht über die Aussage hinaus, daß die biblische Botschaft in ihrer weiteren Entwicklung ein Petrus-Amt in der Kirche nicht ausschließe. Eine Begründung des Primats, wie sie das I. Vatikanische Konzil vorlegte, wird von den anderen Kirchen durchweg nicht mitvollzogen. Während in der katholischen Theologie das Papsttum oft als Petrus-Dienst charakterisiert wird und dieser als kritisches Vorbild gegenüber späteren Modellen fungiert, erheben sich in der evangelischen Theologie gegenüber dem Papsttum als Dienst an der Einheit weniger Bedenken als gegenüber einer biblischen Begründung dieses Amtes.

5. Damit scheint die Diskussion wie in der Reformationszeit bei der Frage angelangt, ob der Primat von Jesus eingesetzt und damit *iure divino* für die Kirche verbindlich ist oder ob er als nützlich und damit *iure humano* wünschenswert erscheint. Hier ist zu beachten, daß Melanchthons Kritik am *„iure divino"* letztlich gegen den Anspruch Papst Bonifaz' VIII. und seiner Bulle ›Unam sanctam‹ gerichtet war. Er bestritt, daß der Papst „aus göttlichem Rechte habe beide Schwerter, das ist, daß er vermöge, Könige einzusetzen und abzusetzen"[480]. Dieser Anspruch wird zurückgewiesen. Demgegenüber hat das *„iure humano"* der Reformatoren keinen abwertenden Sinn, so als sei das Papstamt unnötig, nebensächlich, menschliche Erfindung oder gar Teufelswerk. Wenn es der Einheit der Kirche dient, dann ist es „wahrlich keine Sache der bloßen Zweckmäßigkeit oder Wünschbarkeit"[481], dann ist es notwendig. Diese Aussage scheint dem *„ius divinum"* nahezukommen, das in der katholischen Theologie keineswegs einfachhin die Stiftung durch den historischen Jesus meint.

6. Das Papsttum hat nach den Aussagen des Ersten Vatikanischen Konzils eine Funktion für alle Christen: Der Papst ist für die Christenheit

---

[480] De potestate et primatu papae, in: BSLK, S. 471.
[481] H. Meyer, Das Papsttum in lutherischer Sicht, in: H. Stirnimann – L. Vischer (Hrsg.), Papsttum und Petrusdienst, Frankfurt a.M. 1975, S. 73–90, hier S. 89.

als ganze da. Zweck seines Amtes ist es, die Einigung der Orts- und Teilkirchen in der *koinonía* der universalen Kirche zu befördern und jeweils neu zu ermöglichen. Wenn sich das Papsttum dieser Aufgabenstellung neu bewußt wird, kann es im ökumenischen Bereich eine Bedeutung erlangen, die noch gar nicht abzuschätzen ist. Es bleibt zu hoffen,
daß sich Päpste im konkreten Vollzug ihres Amts faktisch als Sprecher
aller Christen erweisen und als solche betrachtet werden, selbst wenn
sie rechtlich noch nicht als solche anerkannt sind. Die Praxis wird hier
der Rechtsordnung vorangehen müssen.

IV. Die Lehre von der Ehe
und die konfessionsverschiedenen Ehen

In der Lehre von der Ehe sind die Differenzen zwischen den Konfessionen nicht so tiefgreifend wie in der Ämtertheologie. Dennoch sind
unterschiedliche Schwerpunktsetzungen und konfessionelle Differenzen vor allem wegen der ständig steigenden Zahl von konfessionsverschiedenen Ehen auch heute noch von erheblichem ökumenischem
Gewicht. Um Einzelprobleme in der rechtlichen und seelsorglichen Behandlung konfessionsverschiedener Ehen zu verstehen, gilt es zunächst, die Ehelehre beider Kirchen in den Blick zu nehmen.[482]

1. *Katholisches Eheverständnis in historischer Entfaltung*

a) Die Ehe als Sakrament

Nach katholischem Verständnis ist die Ehe ein Sakrament.[483] Neutestamentlicher Ausgangspunkt für die Zuordnung der Ehe zu den Sakramenten war Eph 5,32, wo von ihr gesagt wird, sie sei „ein tiefes Mysterium". Und es wird hinzugefügt: „Ich beziehe es auf Christus und die
Kirche." Der Begriff „Mysterium" wurde in der Vulgata an dieser Stelle
mit „*sacramentum*" übersetzt. Damit war der Weg eröffnet, daß die Ehe
in der Folgezeit unter die Sakramente gezählt werden konnte.[484]

---

[482] Vgl. zum ganzen Abschnitt P. Neuner, Geeint im Leben – getrennt im Bekenntnis? Die konfessionsverschiedene Ehe, Düsseldorf 1989.

[483] „Wer sagt, die Ehe sei nicht wahrhaft und im eigentlichen Sinne eines von
den sieben Sakramenten des Gesetzes des Evangeliums, das von Christus, dem
Herrn, eingesetzt wurde, sondern es sei von Menschen in der Kirche erfunden
worden und verleihe keine Gnade, der sei ausgeschlossen" (DH 1801).

[484] Dabei bezweifelt heute niemand, daß der Begriff „mysterium-sacra-

Im biblischen Verständnis ist die Ehe ein Bild für die Liebe Gottes zu seinem Volk, und damit weist sie über die Schöpfungsordnung hinaus.[485] Unter dem Zeichen der Ehe wird im Alten Testament das Verhältnis Jahwes zu seinem Volk dargestellt, die Liebe zwischen Mann und Frau wird zum Bild für den Bund Gottes mit seinem Volk. In der Ehe, die zur Schöpfung gehört, ist der von Gott gestiftete Bund, der zur Erlösung gehört, bereits angelegt, die Ehe ist auf den Bund hin ausgerichtet. Damit wird der Bereich der menschlichen Liebe nicht verkürzt, so als ginge es nicht um sie, sondern im Grunde um etwas anderes. Es geht sehr wohl um die Liebe zwischen Mann und Frau, aber sie bekommt einen Aspekt des Unbedingten und Absoluten. Nicht zufällig wird sie in den verschiedenen Religionen dem göttlichen Bereich zugeordnet und als von den Göttern bewirkt verstanden.

Im Neuen Testament erscheinen Ehe und Familie als Ort christlicher Bewährung. Gerade der Alltag und die Gewöhnung an das Alltägliche, wie sie menschliches Zusammenleben nun einmal prägen, werden zum Zeichen, an dem die Treue zu Gott in einer fortwährenden Geschichte lebendig und sichtbar werden kann. Wenn die Ehe als Sakrament bezeichnet wird, bedeutet dies, daß Gott sie als Zeichen angenommen hat, in dem das Heil Christi sichtbar und greifbar wird. Gerade als Sakrament bleibt die Ehe aber sehr wohl auch „weltlich Ding". Dem Menschen steht es nicht zu, in der Ehe nur die Gottesliebe zu realisieren, vielmehr ist die eheliche Liebe selbst die Wirklichkeit, die das Sakrament ausmacht. „Sakrament ist nicht etwas über, neben oder an der Ehe, sondern gerade die Ehe selbst, und als solche ist sie für den, der sie im Glauben lebt, das Sakrament."[486]

Nach katholischem Verständnis hat jedes Sakrament teil an Christus, dem Urmysterium, und an der Kirche, dem Grundsakrament, aus dem es lebt und das es realisiert. Darum wird in der Ehe „die Kirche präsent, die Kirche ist … wirklich die kleinste Gemeinschaft, die kleinste, aber noch wahre Gemeinde der Erlösten und Geheiligten, … die kleinste,

mentum" im neutestamentlichen Verständnis keineswegs mit dem heutigen Sakramentenbegriff deckungsgleich ist.

[485] So ist das Hohelied im Alten Testament zunächst nichts anderes als orientalische Liebeslyrik, in der ein junger Mann und seine Geliebte einander huldigen. Dieser Text wurde in den Kanon der Heiligen Schrift aufgenommen, manche Verse des Hohenliedes wurden zu einer bevorzugten Quelle, aus der die christlichen Theologen und die Mystiker die Gemeinschaft Gottes mit seinem Volk zum Ausdruck brachten.

[486] J. Ratzinger, Zur Theologie der Ehe, in: G. Krems – R. Mumm (Hrsg.), Theologie der Ehe, 2. Aufl. Regensburg – Göttingen 1972, S. 91 f.

aber wahre Einzelkirche"[487]. Im II. Vatikanum werden, vom Gedanken der Sakramentalität der Ehe ausgehend, Ehe und Familie als „Hauskirche" bezeichnet.[488] Sakrament ist dabei die Ehe von Getauften, die nach katholischer Überzeugung nur eine sakramentale Ehe eingehen können. Dabei spenden sich die Brautleute das Sakrament gegenseitig. Im Gegensatz zur orthodoxen Theologie, derzufolge der Priester Spender des Ehesakraments ist, sind es nach vorherrschender katholischer Lehre die Brautleute selbst, die sich in ihrem Jawort das Sakrament der Ehe spenden, „in dem sich die Eheleute gegenseitig schenken und annehmen"[489]. Die Sakramentalität der Ehe hängt nicht an der kirchlichen Form, weil es nicht der Priester ist, der die Ehe spendet. Darum hat auch eine Ehe unter Christen, die unter Absehung von der kirchlichen Form geschlossen wird, sakramentalen Charakter und sakramentale Würde, sofern sie nur gültige Ehe ist. Die kirchliche Form konstituiert nicht die Sakramentalität der Ehe, selbst wenn sie ein eindrucksvolles Zeichen für sie darstellt. Dies gilt auch für die konfessionsverschiedene Ehe. Auch sie ist Sakrament und verwirklicht damit Kirche, weil Kirche als Grundsakrament in den Sakramenten konkret wird.[490]

b) Die Formpflicht

Nach katholischer Rechtsordnung können katholische Christen eine gültige Ehe nur unter der Beachtung der kanonischen Form, d.h. im Austausch des Ehewillens vor dem zuständigen Priester und vor mindestens zwei Zeugen schließen. Diese vom Konzil von Trient erlassene Vorschrift hat eine lange Vorgeschichte. In der Alten Kirche haben die Christen ihre Ehe gemäß den vorgegebenen gesellschaftlichen Ordnungen geschlossen, Christen heirateten wie alle anderen Bürger auch. Erst in der zweiten Hälfte des ersten Jahrtausends findet sich eine langsame Entwicklung hin zu einer eigenen kirchlichen Trauung. Zunächst wurde die Heirat aus dem häuslichen Bereich vor die Kirche verlegt, oder es wurde – nach in Gallien und Spanien herrschendem Usus – das Ehebett gesegnet. Die kirchliche Liturgie griff die Bräuche auf, die in der Gesellschaft jeweils anerkannt waren. Im frühen Mittelalter wurden Vorschriften erlassen, nach denen die Priester beauftragt wurden, in

---

[487] Karl Rahner, Kirche und Sakramente, Freiburg 1960, S. 99.

[488] LG Nr. 11.

[489] GS Nr. 48.

[490] Die Konsequenzen für die Eucharistiegemeinschaft, die sich daraus ergeben könnten, vgl. oben S. 213–217.

einer Art Brautexamen Ehehindernisse, insbesondere bereits bestehende Ehen, aufzudecken. Die Kirche bemühte sich um eine rechtliche
Ordnung der Ehe und damit um eine Sicherung der Familien und einen
Schutz des schwächeren Partners in der Ehe, und das war im Mittelalter
eindeutig die Frau. Sie durfte nicht ohne oder gegen ihren Willen verheiratet und nicht vom Bräutigam geraubt werden, ohne freie Willenserklä-
rung auch der Frau, so nun die kirchliche Lehre, kam keine gültige Ehe
zustande. Das IV. Laterankonzil (1215) schrieb das Aufgebot vor und verfügte, die Eheschließung solle *„in facie ecclesiae"* stattfinden,[491] also in
der Öffentlichkeit.

Trotz aller Bemühungen um eine Verrechtlichung war es unbezweifelt, daß die ehestiftenden Akte, nämlich der Konsens und der Vollzug,
nur durch die Brautleute selbst gesetzt werden konnten und damit
kirchlicher Verfügung entzogen blieben. Darum gab es auch weiterhin
im breiten Umfang Ehen, die ohne kirchliche Mitwirkung und ohne
Wissen der Priester geschlossen wurden, und sie waren selbstverständlich gültig. Es war nach wie vor verbreitet, daß Ehen geschlossen
wurden, indem die Brautleute sich gegenseitig ihren Willen erklärten,
gemeinsam leben zu wollen, und die geschlechtliche Gemeinschaft aufnahmen. Es gab eine Vielzahl von „klandestinen" Ehen, von Geheim-
ehen.[492] Die Folge war eine große Unsicherheit in den familiären Strukturen, es ließ sich in vielen Fällen kaum ausmachen, wer mit wem verheiratet war. Willkürliche Eheauflösungen, Wiederverheiratungen und
Doppelehen waren die unvermeidliche Folge. Um diesem Mißstand zu
begegnen, stellte das Konzil von Trient in dem Dekret ›Tametsi‹ die
Formpflicht auf. Die Ehe sollte nur im Austausch der Ehewillenserklärung vor dem eigenen Pfarrer in Gegenwart von mindestens zwei Zeugen gültig geschlossen werden können. Wer diese Form nicht einhält,
kann, so das Konzil, keine gültige Ehe eingehen. In dieser Verfügung
ging es dem Konzil von Trient zunächst um die Gewährleistung der Öffentlichkeit, an konfessionsverschiedene Ehen dachte in diesem Zusammenhang zunächst niemand.

---

[491] Das bedeutete zunächst nicht „im Angesicht der Kirche" oder „vor dem
kirchlichen Forum", sondern, wie es der liturgische Brauch war, „vor der Kir-
chentüre".
[492] Diese waren keineswegs notwendigerweise vor der Öffentlichkeit geheim, sie waren lediglich nicht „amtsbekannt".

c) Die Unauflöslichkeit

Bei einem Vergleich der evangelischen, der orthodoxen und der katholischen Ehelehre fällt als erste Differenz das Problem der Unauflöslichkeit auf. Nach Überzeugung der katholischen Kirche wird die Ehe nur durch den Tod eines der beiden Ehegatten aufgelöst, sonst kann keine staatliche oder kirchliche Instanz ein bestehendes Eheband lösen. Ein solches besteht auch dann weiter, wenn eine Ehe scheitert und die Partner sich trennen oder geschieden werden. Diese Regelung gründet im neutestamentlichen Verbot der Ehescheidung sowie in der Unverbrüchlichkeit der Zusage Gottes zu seinem Volk, die in der Ehe sakramental anschaulich und greifbar wird. Im Gegensatz dazu kennt die evangelische Kirche eine Scheidung und die Wiederverheiratung Geschiedener. Weil hier kein dem katholischen vergleichbares Eherecht entwickelt wurde, erfolgt die Eheschließung nach staatlichem Recht, und davon sind auch Scheidung und Wiederverheiratung nicht ausgenommen. Trotz der einschneidenden Konsequenzen an dieser Stelle sind die Unterschiede in der Glaubensaussage weniger schwerwiegend, als es durch die unterschiedliche Praxis erscheinen mag. Auch für den evangelischen Christen gilt die Ehe grundsätzlich als unauflösbar, sie dauert nach dem Willen Gottes und dem Gebot Jesu, solange die beiden Partner leben. Auch für evangelische Christen ist die Ehe keineswegs eine kündbare Angelegenheit der beiden Partner allein, sondern sie gründet im göttlichen Auftrag, ist der menschlichen Verfügung entzogen und stellt grundsätzlich ein Lebensprojekt dar.

Dies gilt auch für die orthodoxe Kirche. Sie geht grundsätzlich davon aus, daß die Ehe als Sakrament und als Zeichen der unverbrüchlichen Liebe Gottes zu den Menschen unauflösbar ist. Doch bei aller Hochschätzung dieses Prinzips will sie auch der Tatsache Rechnung tragen, daß eine Ehe scheitern kann. Wenn sie unheilbar zerrüttet ist, wenn beispielsweise der andere Eheteil schon mit einem neuen Partner lebt, wenn die Weiterführung der ersten Ehe ausgeschlossen ist, dann kennt die Orthodoxie auch Trennung und Wiederverheiratung. Sie hat dafür besondere liturgische Formen entwickelt, die den Gedanken der Schuld und die Bitte um Vergebung ebenso zum Ausdruck bringen wie den der göttlichen Barmherzigkeit und seiner zuvorkommenden Gnade.

Die katholische Kirche versteht die Ehe nicht nur als prinzipiell, sondern auch als faktisch unauflöslich. Folglich erkennt sie Eheschließungen nach einer bürgerlichen Scheidung einer kirchenrechtlich gültigen Ehe nicht an. Dennoch ist mit einer Wiederverheiratung Geschiedener nach neuem Kirchenrecht keine Kirchenstrafe mehr verbunden. Weil man aber davon ausgeht, daß die neu aufgenommene Gemeinschaft wegen des fortbestehenden Ehebandes sündhaft ist, werden die Betroffenen nicht zu den Sakramenten zugelassen. Lediglich in Fällen, in denen die Nichtigkeit einer früheren Ehe feststellbar ist, besteht die Freiheit zu einer neuen (kirchlichen) Eheschließung. Was hier als Scheidung erscheint, versteht die katholische Kirche als Feststellung, daß diese erste „Ehe" von Anfang nicht gültig geschlossen wurde, ein Eheband also nie bestand.[493]

Die theologische Lehre von der Unauflöslichkeit der christlichen Ehe ist zwischen den Konfessionen weniger kontrovers, als Differenzen in der Praxis dies vermuten lassen. Dabei kann die unterschiedliche Behandlung gescheiterter Ehen gerade für konfessionsverschiedene Ehen erhebliche Probleme aufwerfen: Dem einen steht es frei, wieder zu heiraten, der andere ist, wenn er sich an die Ordnung seiner Kirche hält, weiterhin gebunden.

2. Evangelische Ehelehre in ökumenischer Sicht

Die Reformatoren wurden durch vielfältige Probleme in der Praxis der Ehen herausgefordert, auf die sie eine seelsorgliche Antwort zu geben hatten. Im Spätmittelalter hatte sich eine Stimmung der Ehemüdigkeit durchgesetzt, sie war Ausdruck einer verbreiteten Abwertung und Geringschätzung der Ehe. Geprägt von einem verbreiteten Grobianismus findet sich eine oft rohe Ehesatire und damit verbunden eine Geringachtung der Frau. Dies führte auf der einen Seite zu sexuellem Laxismus, zu einer Verachtung der ehelichen Bindung, auf der anderen Seite erwuchs daraus eine Überbewertung des Ordensstandes und des Ideals der Jungfräulichkeit. Von diesen Problemen herausgefordert,

---

[493] Angesichts der steigenden Zahl der Ehescheidungen wird dieses Problem auch innerkatholisch mehr und mehr als bedrückend empfunden. Es wird die Frage gestellt, ob die eheliche Gemeinschaft in der neu geschlossenen Ehe tatsächlich immer schwer sündhaft sein muß, weil sie der objektiven Ordnung widerspricht, oder ob subjektive Gegebenheiten nicht eine ganz andere Bewertung verlangen können. Darum werden von vielen Seelsorgern pastorale Einzelfallregelungen praktiziert, die eine Zulassung zu den Sakramenten eröffnen. Sie können aber wegen ihrer Zugeschnittenheit auf den Einzelfall nicht Grundlage für eine allgemeine Ordnung werden. Wenn es hier keine befriedigende allgemeine Lösung geben kann, heißt das nicht, daß nicht in der konkreten Situation seelsorgliche Wege eröffnet werden können, die der Tatsache Rechnung tragen, daß – mit oder ohne menschliche Schuld – auch gute und ehrlich gefaßte Pläne scheitern können. Für diese Problematik muß hier auf die einschlägige Literatur verwiesen werden.

widmete sich Luther der Seelsorge an Ehen und Familien. Sein Kampf richtete sich vor allem gegen die klandestinen Ehen und ihre Konsequenzen in willkürlicher Auflösung und Doppelehen.

a) Luthers Kritik an Zölibat und Ordensgelübden

Im Gefolge der Abwertung der Ehe erschien im Spätmittelalter die Ehelosigkeit als höchste Form christlichen Lebens, sie wurde als der eigentliche christliche Stand gepriesen, der allein dem Klerus angemessen sei. Für die Seligkeit sei es auf alle Fälle besser, Mönch, Nonne oder Priester zu werden, als zu heiraten. Jungfräulichkeit erschien als Stand der Vollkommenheit, Ehe als Stand der Unvollkommenheit. In Kritik an diesen Vorstellungen vertrat Luther die Auffassung, es sei unrecht, von jemandem den Verzicht auf die Ehe zu verlangen, denn diese sei von Gott für gut geheißen und allen Menschen aufgetragen. Der Ehestand ist von Gott geheiligt und geboten, der Zölibat dagegen nicht, und dieser zeitige, wie Luther überzeugt war, durchweg schlechte Früchte. Nicht zuletzt hatte Luther die verbreiteten Verstöße gegen die Zölibatsregelung und das Unrecht vor Augen, das Frauen von Priestern zugefügt wurde, die man am Eingehen einer legitimen Ehe hinderte.

Den tiefsten Grund für Luthers Kritik an den Ordensgelübden bildete seine Lehre von der Rechtfertigung. Im Mönchstand sah Luther den Versuch des Menschen, sich durch eigene Leistung, also durch „Werkerei", sein Heil selbst zu verdienen, selbst heilswirksame und rechtfertigende Opfer zu leisten. Dieses Vertrauen auf die eigene Leistung und das Streben, sich gegenüber Gott abzusichern, erschien ihm aber als eine Zurückweisung Christi und seines Kreuzes. Darum war für Luther der Mönchstand zumindest in der Gefahr, den Glauben an Christus und sein Opfer am Kreuz zu verraten. Er sei keineswegs der höchste Stand der Christenheit, wie das Konzil von Trient geurteilt hatte, er verleihe keine Seligkeit, die über jene hinausgeht, die den „einfachen" Christen, vor allem den Eheleuten, zugänglich und erreichbar ist.

b) Die Ehe als der heilige Stand der Christen

Im Gegensatz zur Überbewertung der Ehelosigkeit pries Luther die Ehe als den allgemeinen, rechten und heiligen Stand der Christen. Die Natur des Menschen und damit der Schöpfungswille Gottes schreiben die Ehe nahezu zwingend für alle Menschen vor. Sie wurde von Gott mit der Erschaffung des Menschen zugleich gestiftet, Gott selbst hat gewollt, daß Frau und Mann in der Ehe zusammenkommen. Der Schöpfungsauftrag „seid fruchtbar, mehret Euch" (Gen 1,28) ist zufolge Luther das erste und älteste Gebot Gottes, ihm dürfe sich der Mensch in aller Regel nicht entziehen. Der Ehestand ist ihm darum der höchste und eigentlich gottgefällige Christenstand, den „Gott vor allen Ständen aufs reichlichste gesegnet hat"[494], er übertreffe den geistlichen Stand und die Ehelosigkeit an Wert.

Die Ehe stammt nach Luther aus göttlichem Gebot, nicht aus menschlichem Willen. Sie ist ihm zunächst nicht ein Vertrag zwischen den Eheleuten, sie gründet nicht in ihrem Wollen oder ihrer gegenseitigen Liebe, sondern in Gottes Schöpfungswort und Auftrag. Darum sei sie Stand und Berufung, von Gott gestiftet, nicht eine Vereinbarung zwischen Menschen. Nicht der gemeinsame Ehewille, sondern Gottes Gebot und Schöpfung begründet demnach die Ehe.[495] Ein glückseliger Stand ist die Ehe zufolge Luther nicht wegen der in ihr erfahrbaren Liebe und wegen des Familienglücks, sondern weil sie von Gott eingesetzt ist. Auf der Ebene des menschlichen Zusammenlebens zeichnete er sie eher in düsteren Farben, sie erschien vorwiegend als Kreuztragen und als Gottesdienst auf Erden. Der göttliche Auftrag werde erfüllt im Amt der Eltern, in dem Menschen von Gott bestellt werden, ihren Kindern körperliches und geistig-religiöses Leben zu schenken.[496] Als heiligen Stand erachtete Luther die Ehe, weil er in ihr das einzige Heilmittel gegen sexuelle Verwirrung erkannte, in seiner derben Sprache bezeichnete er sie als „Schutz gegen die Hurerei". Als solcher sei sie der „Stand der Reinheit", der eigentlich keusche Stand, weil in ihr das ungeordnete geschlechtliche Begehren seine rechte Ordnung finde. Ganz anders der Mönchstand, dessen Askese und Ehelosigkeit zufolge Luther auf Dauer nicht gelingen können oder nur hochmütig machen. Dabei schloß er nicht aus, daß es auch die Berufung zur Ehelosigkeit geben könne, diese aber erachtete er als seltene Ausnahme, die nur durch göttliche Berufung, nicht durch ein kirchliches Gesetz auferlegt werden dürfe.[497]

---

[494] WA 30 I, S. 161.

[495] In unserem Jahrhundert hat Dietrich Bonhoeffer in einer Traupredigt aus dem Gefängnis diesen Gedanken so formuliert: „Nicht Eure Liebe trägt die Ehe, sondern von nun an trägt die Ehe Eure Liebe" (in: Widerstand und Ergebung, München – Hamburg 1951, S. 33).

[496] „So siehest Du, wie reich der eheliche Stand ist von guten Werken, dem Gott die Seelen in den Schoß gibt vom eigenen Leib erzeugt, an welchen sie können alle christlichen Werke üben. Denn gewißlich ist Vater und Mutter der Kinder Apostel, Bischof, Pfarrer, indem sie das Evangelium ihnen kundmachen" (WA 10 II, S. 301).

[497] „Ich will die Jungfrauschaft nicht verwerfen noch davon (weg) zum eheli-

c) Die Ehe als „weltlich Ding"

Trotz der Bewertung der Ehe als heiliger Stand ist sie für Luther ein
„weltlich Ding"[498]. Dabei bedeutet „weltlich" keineswegs „säkular",
sondern daß die Ehe in der Schöpfung gründet, nicht im Heilswerk Jesu,
daß sie der Erhaltung der Welt dient, nicht ihrer Erlösung. Weltlich besagt daneben, daß die Ehe weltweit verbreitet ist, nicht allein unter Christen. In einem dritten Sinn bedeutet weltlich, daß die Eheschließung
nach weltlichem Recht geschieht, nicht in der kirchlichen Traufeier.
Luther wollte ebenso wie Trient die Öffentlichkeit der Ehe, diese schien
ihm am besten durch einen öffentlichen Rechtsakt und durch die Einbeziehung der Ehe in die Familien der Brautleute gewährleistet. Darum
erachtete er die Zustimmung der Eltern als konstitutiv für die Eheschließung. Dieser Öffentlichkeitsaspekt wird durch das Wort von der
Ehe als „weltlich Ding" unterstrichen. Es wäre eine Fehlinterpretation,
daraus einen neuzeitlichen Subjektivismus und Individualismus abzu-
leiten und die Ehe jedes religiösen Gehalts zu berauben.

3. Die konfessionsverschiedene Ehe

Das Problem der konfessionsverschiedenen Ehe entwickelte sich im
Anschluß an das Konzil von Trient als Folge der im Dekret ›Tametsi‹ auf-
gestellten Formpflicht. Es war beim Konzil bereits abzusehen, daß diese
sich in den Ländern, die sich der Reformation angeschlossen hatten,
nicht würde durchsetzen lassen. Dies hätte zur Folge gehabt, daß alle
Ehen von Anhängern der Reformation als ungültig erachtet worden
wären. Um dies zu vermeiden, wurde ›Tametsi‹ die Klausel beigegeben,
„daß dieses Dekret in jeder Pfarrei nach dreißig Tagen in Kraft trete, ge-
rechnet vom Tag der ersten Verkündigung in der betreffenden Pfarrei"[499]. Damit war gewährleistet, daß in den Gebieten, die sich der Reformation angeschlossen hatten und in denen ›Tametsi‹ nicht amtlich
verkündet werden konnte, die alte Ordnung unverändert blieb, daß dort
also die Gültigkeit einer Eheschließung nicht an der Einhaltung der ka-

---

chen Leben reizen. Ein jeglicher fahre, wie er kann und sich fühlet und wie es
ihm gegeben ist von Gott. Allein den Lästermäulern hab ich wollen wehren, die
den ehelichen Stand so weit unter den Jungfernstand werfen … Man soll keinen
Stand vor Gott besser sein lassen denn den ehelichen" (WA 10 II, S. 302).
  [498] So die bekannte Formulierung im ›Traubüchlein‹, in: BSLK, S. 528.
  [499] Dokumentiert in: W. Sucker – J. Lell – K. Nitzschke, Die Mischehe, Göttingen 1959, S. 289–292.

nonischen Form hing. In den Gebieten dagegen, die bei der alten Kirche blieben, würde ›Tametsi‹ verkündet und damit die allgemeine Formpflicht eingeführt. In den katholischen Gebieten sollte die Formpflicht bestehen, und zwar für alle, auch für die Nicht-Katholiken; in den evangelischen Regionen ließ sie sich nicht durchsetzen, und so mußte man generell darauf verzichten.

An Ehen zwischen Katholiken und Protestanten scheint zunächst niemand gedacht zu haben, doch weil die Bestimmungen von ›Tametsi‹ mit der Kirchenspaltung kollidierten, führten sie zu erneuter Unsicherheit. Kompliziert wurde die Situation in konfessionell gemischten Gebieten, vor allem in Deutschland und in den Niederlanden. In manchen der Splitterstaaten wurde ›Tametsi‹ verkündet, in anderen nicht. Man unterschied zwischen „tridentinischen" und „nicht-tridentinischen" Gebieten, die oft auf engstem Raum zusammenlagen, so daß von Dorf zu Dorf unterschiedliche Rechtssituationen bestanden. In einem Ort war eine formlos geschlossene Ehe gültig, im anderen nicht, hier bestand ein unauflösliches Eheband, dort war man nach dem Scheitern einer (kirchen-)rechtlich nicht bestehenden Ehe frei, eine neue Verbindung einzugehen. Kaum jemand vermochte festzustellen, welche Bestimmungen für wen galten und welchen Sinn die Rechtsunterschiede hatten. Für die konfessionsverschiedenen Ehen ergaben sich daraus zumeist keine schwierigeren Probleme, denn in den konfessionell gemischten Gebieten, auf die sie sich beschränkten, ließen sich immer nicht-tridentinische Orte finden, an denen keinerlei Rechtsvorschrift hinsichtlich der Form bestand und damit jede Art und Weise der Eheschließung als gültig anerkannt wurde, und zwar für Protestanten und Katholiken in gleicher Weise. Nicht wegen Unzuträglichkeiten der konfessionsverschiedenen Ehe, sondern wegen der untragbaren Rechtsunsicherheit verlangte dieser Zustand einer Lösung.

Papst Benedikt XIV. befreite 1741 die rein nicht-katholischen und die konfessionell gemischten Ehen von der tridentinischen Form. Zwar warnte er mit starken Worten vor dem Eingehen konfessionsverschiedener Ehen, aber gleichzeitig wurden sie auch dann als gültig angesehen, wenn sie nicht vor dem zuständigen Pfarrer und zwei Zeugen geschlossen wurden. Diese Regelung blieb weithin bis 1907, in manchen Regionen, wie auch in Deutschland, bis zum Kodex von 1917 in Kraft. Erst seit diesem Zeitpunkt galt ohne Ausnahme, daß für jede Ehe, die ein Katholik mit einem Katholiken oder einem Nichtkatholiken eingehen wollte, die Einhaltung der tridentinischen Form für die Gültigkeit vorausgesetzt wurde. Die Nichteinhaltung der Form führte zur Nichtigkeit, bei rein katholischen ebenso wie bei konfessions- oder religionsverschiedenen Ehen. Lediglich rein nichtkatholische Ehen unterlagen nicht der Formpflicht.

Als diese Bestimmungen des Konzils von Trient endgültig wirksam wurden, dienten sie nicht mehr der Rechtssicherheit, sondern der Abwehr konfessionsverschiedener Ehen und der konfessionellen Besitzstandssicherung. Vom Ehehindernis der Bekenntnisverschiedenheit wurde nur dispensiert, wenn der nichtkatholische Teil zusagte, den katholischen Partner nicht von seinem Glauben abzubringen und beide die katholische Taufe und Erziehung aller aus der Ehe hervorgehenden Kinder versprachen. Außerdem war es untersagt, vor oder nach der katholischen Trauung auch noch vor dem „nichtkatholischen Religionsdiener" den Ehewillen zu erklären. Wer eine Ehe ohne Einhaltung der katholischen Form einging, etwa weil der evangelische Partner nicht bereit war, die geforderten Versprechungen zu geben, verfiel automatisch der Exkommunikation.

In der Ablehnung der Mischehen waren sich beide Kirchen grundsätzlich einig. Den evangelischen Kirchen stand dazu allerdings das Kirchenrecht nur sehr begrenzt zur Verfügung, weil es bei ihnen keine Formpflicht gab. So entstand der Eindruck, daß sich die evangelische Kirche mit der katholischen Trauung und Kindererziehung abfinde,[500] dem evangelischen Teil also letztlich nichts passiere, während der Katholik bei Zuwiderhandlung exkommuniziert würde. Dieses Ungleichgewicht führte dazu, daß die katholischen Forderungen weithin erfolgreich waren, man konnte ihnen evangelischerseits nichts Entsprechendes entgegensetzen. Mangels rechtlicher Möglichkeiten versuchte man vor allem mittels der Seelsorge eine Barriere gegen konfessionsverschiedene Ehen und deren Sogkraft in Richtung Katholizismus zu errichten.[501]

Wenn beide Kirchen mit den ihnen jeweils zu Gebote stehenden Mitteln versuchten, konfessionsverschiedene Ehen zu verhindern, taten sie das aus Sorge um den konfessionellen Bestand, sie taten es aber auch um ihrer Kirchenglieder willen, die sie vor den Problemen einer konfessionellen Spaltung quer durch die Familien und vor der Gefahr einer Erosion des Christlichen bewahren wollten. Nur langsam konnten sie sich dazu durchringen, diese Ehen als Normalfall anzusehen, sich nicht zu mühen, sie zu verhindern, sondern dazu beizutragen, daß sie glückten und daß durch die Konfessionsverschiedenheit keine schwer-

---

[500] Außer bei ihren eigenen Angestellten und bei den Pfarrern, bei denen der Abschluß einer konfessionsverschiedenen Ehe zumeist als unvereinbar mit ihren Amtspflichten erachtet wurde. Inzwischen werden in den evangelischen Kirchen meist auch bei den Pfarrern Ehen mit Mitgliedern von Kirchen, die der Arbeitsgemeinschaft christlicher Kirchen angehören, akzeptiert.

[501] Vgl hierzu P. Neuner, Geeint im Leben – getrennt im Bekenntnis?, Düsseldorf 1989, S. 41–47.

wiegenden Belastungen für die Familien entstünden. Dies wurde möglich, als der ökumenische Gedanke in den Kirchen Fuß faßte und gleichzeitig die Bereitschaft zur konfessionell gemischten Ehe erheblich zunahm. Während in der ersten Hälfte unseres Jahrhunderts Konfessionsgrenzen noch eine deutlich wahrnehmbare Barriere gegen Eheschließungen darstellten, ist in den 60er Jahren ein Umbruch festzustellen, der nicht allein durch die zunehmende Mobilität und durch die Bevölkerungsvermischung in der Folge des Zweiten Weltkriegs zu erklären ist. Die konfessionsverschiedene Ehe wurde in diesen Jahren weithin zum Normalfall, von manchen Betroffenen wird sie eher als ökumenische Chance denn als Gefahr für den Glauben gewertet.[502] Nur für eine Minderheit stellt seither eine Differenz in der Konfession ein gewichtiges Problem gegen eine Eheschließung dar.

Im Gefolge des Konzils wurden die überkommenen Regelungen für die konfessionsverschiedene Ehe unhaltbar. Eine Neuregelung erließ Papst Paul VI. im März 1970 im Motu proprio ›Matrimonia mixta‹, in dem den Bischöfen das Recht zugestanden wurde, von der Einhaltung der Form zu dispensieren. Damit wurde es möglich, mit Dispens in einer anderen öffentlichen Form, also z. B. in der evangelischen Kirche oder vor dem Standesamt, eine kirchlich gültige Ehe zu schließen. Außerdem wurden alle Kirchenstrafen, die auf dem Abschluß ungültiger Ehen standen, aufgehoben, und das rückwirkend. In den Ausführungsbestimmungen der Deutschen Bischofskonferenz wurde die Vollmacht, vom Ehehindernis der Konfessionsverschiedenheit zu dispensieren, an die Pfarrer delegiert. Seither muß nicht mehr von beiden Partnern die katholische Kindererziehung versprochen werden, sondern lediglich vom katholischen Teil die Bemühung, diese zu gewährleisten, „soweit das in Ihrer Ehe möglich ist"[503]. In der liturgischen Feier können seither Geistliche einer anderen Kirche bei einer katholischen Trauung mitwirken, die Ehewillenserklärung aber kann allein der katholische Geistliche entgegennehmen. Findet dagegen die Eheschließung nach Dispens von der Formpflicht statt, kann dieser in geeigneter Form an den Zeremonien beteiligt werden, nicht dagegen an der Entgegennahme des Ehekonsenses selbst. In diesem Sinn gibt es also keine ökumenische Trauung, sondern jeweils die Trauung nach katholischer Form gegebe-

---

[502] Hier spricht man von der „konfessionsverbindenden Ehe", die dazu helfen kann, die eigene Kirche ebenso wie die des Partners besser kennen und lieben zu lernen. Vgl. B. u. J. Beyer, Konfessionsverbindende Ehe, Mainz 1986.

[503] Ausführungsbestimmungen der Deutschen Bischofskonferenz über die rechtliche Ordnung konfessionsverschiedener Ehen (23. Sept. 1970), zitiert in P. Neuner, a. a. O., S. 51.

nenfalls unter Mitwirkung des nichtkatholischen Pfarrers oder nach einer anderen Form unter Mitwirkung des katholischen Geistlichen. Diese Regelung wurde im wesentlichen im Kodex (1983) übernommen, allerdings ist die Konfessionsverschiedenheit hier nicht mehr ein Ehehindernis, sondern sie begründet ein Trauverbot, von dem ebenfalls der Pfarrer dispensieren kann. Diese Veränderung ist rein gesetzestechnischer Natur ohne Relevanz für die Praxis.

Durch diese Neuregelungen wurden die erheblichen ökumenischen und persönlichen Belastungen, die die Bestimmungen zur konfessionsverschiedenen Ehe mit sich gebracht hatten, weitestgehend beseitigt, bei gutem Willen auf allen Seiten und einer gewissen Flexibilität und pastoralen Offenheit lassen sich schwerwiegende Unzuträglichkeiten vermeiden. Dennoch blieben einige Probleme, die mehr sind als bloße Schönheitsfehler. So werden Ehen, die ohne Dispens nicht nach tridentinischer Form geschlossen wurden, katholischerseits nach wie vor als ungültig erachtet. Darüber hinaus müssen Katholiken auch dann versprechen, sich um eine katholische Kindererziehung zu bemühen, wenn sich die Brautleute zu einer evangelischen Taufe und Erziehung entschlossen haben, was oft mühsame Erklärungsversuche verlangt. Gemeinsame Verlautbarungen der evangelischen und der katholischen Kirche zur konfessionsverschiedenen Ehe und zu ihrer seelsorglichen Begleitung machen jedoch deutlich, daß durch dieses Versprechen keineswegs ein Gewissensdruck oder gar ein Kampf darüber, wer sich religiös durchsetzen kann, in die Familien hineingetragen werden soll. Vielmehr werden die Brautleute aufgefordert, ihre eigene Gewissensentscheidung zu treffen, die kirchliche Beheimatung der Kinder möglichst schon vor der Ehe festzulegen und diese Entscheidung weder durch Rücksichtnahme auf die Familien noch durch einen eventuellen Druck seitens der Pfarrer in Frage stellen zu lassen. Sie werden ermuntert, sich in ihren jeweiligen Kirchen zu engagieren, die Konfessionsverschiedenheit könnte dazu helfen, den gemeinsamen christlichen Glauben ebenso wie die unterschiedlichen konfessionellen Ausgestaltungen tiefer zu entdecken und schätzen zu lernen. Sie werden zu gemeinsamem Gottesdienstbesuch eingeladen, wobei eigens vermerkt wird, daß der katholische Partner durch die Teilnahme am evangelischen Gottesdienst „von der Verpflichtung zum Besuch der Sonntagsmesse entbunden sein"[504] kann. In der Frage der Eucharistiegemeinschaft sehen sich bisher die katholische und die orthodoxe Kirche auch für konfessionsverschiedene Ehen nicht zu einer Öffnung ermächtigt. Darum und wegen der genannten offenen Fragen gehört das Problem der konfes-

---

[504] Zitiert nach P. Neuner, a. a. O., S. 58f.

sionsverschiedenen Ehe neben dem der Interkommunion und der ökumenischen Gottesdienste an Sonntagen[505] zu den ökumenischen Desi-
derata, die immer wieder genannt werden und die Bischof Lohse als der
Ratsvorsitzende der EKD dem Papst bei dessen erstem Deutschlandbe-
such als dringend lösungsbedürftig vorlegte.

V. Rechtfertigung und Kirche

1. Konvergenzen in der Lehre von der Rechtfertigung

In der Lehre von der Rechtfertigung gingen in der Reformationszeit
die Wege der Kirchen auseinander, in diesem Themenfeld wurden die
schärfsten Verwerfungen ausgesprochen. Dabei ist die Lehre von der
Rechtfertigung für die Reformatoren nicht nur ein in sich stehender
Glaubensartikel neben anderen, sondern der *articulus stantis vel cadentis ecclesiae*, die Mitte des Glaubens, „das Evangelium", mit dem die
christliche Kirche steht und fällt. Sie ist das Kriterium, nach dem alle
Lehraussagen und jede kirchliche Ordnung und Struktur sich zu
richten haben.[506] Weil Luther in der römischen Kirche die biblische
Lehre von der Rechtfertigung preisgegeben, einer Werkerei und einer
kirchlichen Verfügung über das Heil geopfert sah, mußte er sich von
Rom lossagen; weil die römische Kirche in Luthers Position die Verantwortung des Menschen und die ethischen Konsequenzen der christlichen Botschaft in Frage gestellt sah, mußte sie diese Konzeption zurück-
weisen.

In der Kontroverstheologie werden als die zentralen Aussagen der
Rechtfertigungslehre festgehalten: Die Reformatoren lehren die völlige
Verderbnis der menschlichen Natur, der Mensch hat durch die Erbsünde jede Fähigkeit verloren, das sittlich Gute zu tun und die Gebote
Gottes zu halten. Der Wille des Menschen ist geknechtet, er kann sich
nur zum Bösen neigen, „und wenn er tut, was in ihm ist, so sündigt er
tödlich"[507]. Die böse Begierlichkeit ist Wesensbestandteil der mensch-

---

[505] Dieses Problem wurde durch das Ökumenische Direktorium entschärft,
in dem von ökumenischen Gottesdiensten zur normalen Gottesdienstzeit an
Sonntagen abgeraten wird, ohne daß man sie direkt verboten hätte. Die Praxis ist
hier jedoch nach wie vor sehr restriktiv.

[506] In der Leuenberger Konkordie ist es gelungen, die Rechtfertigungsbot-
schaft als die Grundlage des gemeinsamen Verständnisses des Evangeliums zu
formulieren (Art. 6–12), so daß sie als gesamtprotestantische Glaubensaussage
verstanden werden kann.

[507] WA 1, S 354, 5–6.

lichen Natur, so daß deren Definition lautet: Der Mensch ist Sünder. Dies bezieht sich nicht primär auf ethische Fehlhandlungen, sondern auf die Erbsünde und damit auf die Grundhaltung des Menschen, der von sich aus im Widerstreit zu Gott existiert. Folge ist die völlige Passivität des Menschen in der Rechtfertigung, jede Mitwirkung zum Heil ist damit ausgeschlossen. Ja noch schlimmer, „er ist viel ärger als ein Stein oder ein Holzblock, weil er dem Wort und Willen Gottes widersteht"[508], also gegen Gott handelt. Darum ist die Rechtfertigung ausschließlich Gottes Tat und sie verbleibt in Gott. Sie geht nicht in den Menschen ein, dieser bleibt Sünder, aber Gottes Gerechtigkeit wird ihm als fremde Gerechtigkeit angerechnet. Anteil erhalten kann der Mensch an der Gerechtigkeit Gottes allein durch den Glauben. Dieser ist das Vertrauen auf die Barmherzigkeit Gottes, der um Christi willen die Sünde des Menschen nicht anrechnet. Das Heil muß geglaubt „und sonst mit keinem Werk, Gesetze noch Verdienst mag erlanget oder gefasset werden, so ist es klar und gewiß, daß allein solcher Glaube uns gerecht macht ... Von diesem Artikel kann man nichts weichen oder nachgeben, es falle Himmel und Erden."[509] Dieser Glaube als Vertrauen auf Gott ist sich des Heils und der Rechtfertigung gewiß, denn „wenn einer zweifelt, ob ihm die Sünden vergeben seien, tut er Christus Schmach an"[510]. Gute Werke sind als Frucht der Rechtfertigung gefordert, aber sie dürfen nicht als Verdienst verstanden werden, so als könne der Mensch durch sie etwas zu seinem Heil beitragen oder seinen Heilsstand erhöhen.

Im Gegensatz dazu steht die katholische Aussage, wie sie vornehmlich im Rechtfertigungsdekret des Konzils von Trient formuliert wurde[511]: Die Natur des Menschen ist nicht völlig verderbt. Die Freiheit und die Fähigkeit, das Gute zu tun, sind zutiefst geschwächt, aber nicht völlig verloren. Die Konkupiszenz, die böse Begierlichkeit, ist nicht Sünde, solange der Mensch ihr nicht in aktuellen Sünden Folge leistet. Dem Menschen bleibt auch unter der Erbsünde die Fähigkeit, von Gottes Gnade angerührt Gutes zu wirken und damit zu seiner Rechtfertigung beizutragen. Die Rechtfertigung schafft den Menschen um, sie bleibt ihm nicht äußerlich, sondern tilgt die Sünde und macht ihn zum Erlösten. Sie wird nicht allein durch Glauben erlangt, so als sei nichts als bloßes Vertrauen unter Ausschluß der Gnade und Liebe gefordert. Werke der Liebe sind demzufolge nicht gleichgültig oder gar schädlich,

---

[508] So die Konkordienformel, BSLK, S. 895.
[509] Schmalkaldische Artikel II,1, BSLK, S. 415.
[510] Apol 4, BSLK, S. 189.
[511] DH 1520–1583. Damit sind im wesentlichen auch die orthodoxen Grundpositionen erfaßt.

vielmehr ist es unerläßlich, daß der Mensch „zur Erlangung der Recht-
fertigungsgnade mitwirke und ... daß er sich durch seine eigene Wil-
lensregung vorbereite und zurüste"[512]. Darum sind gute Werke nützlich, und selbst wenn man sie in der Hoffnung auf einen ewigen Lohn
verrichtet, werden sie deswegen nicht sündhaft. Wegen der Unvollkommenheit seiner Liebe und der Grenzen seiner Werke könne auch der
Glaubende seines Heils nie völlig sicher sein.[513]

Der bedeutsamste ökumenische Beitrag zur Rechtfertigungslehre ist
die Studie über die Lehrverwerfungen, die sich in einem ihrer drei
Hauptteile dieser Thematik und ihrer Relevanz für die Gegenwart
widmet.[514] Ihre Autoren strebten nicht an, einen Konsens zu formulieren, man hat lediglich untersucht, ob die Verwerfungen, die die Kirchen im 16. Jh. einander entgegengehalten haben, auch heute noch den
ökumenischen Partner treffen. Tun sie das nicht, etwa weil sie von vornherein auf Mißverständnissen beruhten, oder nicht mehr, etwa weil sie
sich gegen Extrempositionen oder bloße Schulmeinungen richteten, erscheint eine Gemeinschaft der Kirchen als möglich. Unterschiede in der
Betrachtungsweise und im Denkansatz sind durchaus legitim, sie
können auch dann die Kirchentrennung nicht legitimieren, wenn sie zu
differierenden Einzelaussagen führten.

Die LV-Studie konnte feststellen, daß die Aussagen der Reformation
zur Rechtfertigung unter der Fragestellung stehen, „was im Bußsakrament unter dem Bekenntnis der Sünde und dem Zuspruch der Vergebung im Namen Christi geschieht"[515]. Demgegenüber hat das Rechtfertigungsdekret des Konzils von Trient den Prozeß der Rechtfertigung von
der Taufe über den Vollzug eines christlichen Lebens bis hin zum End-
gericht im Auge. Es ist offensichtlich, daß beide Fragestellungen legitim
sind, selbst wenn sie unterschiedliche Antworten aus sich entlassen, die
einander zu widersprechen scheinen. „Niemand kann diejenigen verurteilen und des Abfalls vom christlichen Glauben anklagen, die in der Erfahrung des Elends ihrer Sünde, ihrer Widerwilligkeit gegen Gott, ihres
Mangels an Liebe zu Gott und dem Nächsten im Glauben allein auf den
rettenden Gott vertrauen, seines Erbarmens gewiß sind und in ihrem
Leben diesem Glauben zu entsprechen suchen ... Niemand kann aber
auch diejenigen verurteilen und des Abfalls vom christlichen Glauben
anklagen, die, tief durchdrungen von der grenzenlosen Macht Gottes,
auch im Rechtfertigungsgeschehen vor allem die Ehre Gottes und den

---

[512] DH 1559.
[513] Zum Ganzen vgl. LV, S. 35–43.
[514] LV, S. 35–75. Siehe dazu oben S. 171–178.
[515] LV, S. 46.

Sieg seines gnädigen Handelns am Menschen herausstellen und das Versagen und die Halbherzigkeit des Menschen diesem gnädigen Handeln gegenüber im strengen Sinne für zweitrangig halten."[516] In der Reformation stießen unterschiedliche Denkansätze aufeinander. Während die altgläubige Tradition das Rechtfertigungsgeschehen in ontischen Kategorien auszudrücken suchte, also die Gnaden umschreiben wollte, die dem Menschen jeweils zuteil werden, dachte die Reformation vorwiegend relational. Der Mensch erschien hier als nicht in sich bestimmbar, sondern als derjenige, der er vor Gott ist. Das Sein vor Gott, die Relation zu ihm, macht seine Existenz. Darum wird der in sich stehende Mensch, der sich nicht von Gott her versteht, definitorisch als Sünder bezeichnet. Aber wenn Gott ihn rechtfertigt, indem er die Sünde nicht anrechnet, also eine neue Beziehung zu ihm herstellt, wird der Mensch auch in seiner Existenz neu, er wird zum Gerechtfertigen. Das ist kein Tun „als ob", wie in der Kritik an der Reformation behauptet, sondern es geschieht eine Neuschöpfung des Menschen, der auch als Gerechtfertigter der ist, als der er vor Gott steht. Diese unterschiedlichen Denkansätze führten im 16. Jh. wohl unvermeidlich zu gegenseitiger Verwerfung, weil sie Lehraussagen aus sich entließen, die miteinander nicht vereinbar erschienen. Dennoch müssen diese Anathemata und Damnationes, wenn sie heute innerhalb dieser unterschiedlichen Denkansätze verstanden und in ihrem jeweils relativen Recht festgehalten werden, keineswegs als Ausdruck unvereinbarer und einander ausschließender Verständnisse des Glaubens interpretiert werden.

In einzelnen konnte die Studie festhalten, daß nach beiden Traditionen die Gnade das Heil ist, das nicht zum menschlichen Tun hinzutritt, sondern den Menschen überhaupt erst zu eigenem Handeln befähigt. Diese Gnade kann man sich nur schenken lassen, nie aber verdienen. Luthers Polemik richtete sich vor allem gegen die Vorstellung, Christus habe nur für die Erbsünde Genugtuung geleistet, für die persönlichen Sünden dagegen müsse jeder selbst durch gute Werke, Opfer und Ablässe Sühne leisten. Diese im 16. Jh. durchaus vertretene Position, in der der Mensch als weithin gleichrangiger Akteur der Rechtfertigung erschien, wurde durch das Konzil von Trient auch für die katholische Kirche zurückgewiesen.[517] Dagegen richteten sich die Aussagen von Trient gegen überspitzte Formulierungen der Reformatoren, als sei der Mensch ein lebloses Ding, als bedürfe es seiner Bemühung nicht, als

---

[516] LV, 46f.
[517] DH 1551: „Wer sagt, der Mensch könne durch seine Werke ... ohne die göttliche Gnade durch Christus Jesus gerechtfertigt werden, der sei ausgeschlossen."

sei das Verharren in der Sünde die beste Voraussetzung für Gottes
Wirken, als seien Werke der Gottes- und Nächstenliebe schädlich. Die
reformatorische Grundaussage „Allein der Glaube" ist von einem umfassenden Glaubensbegriff bestimmt, der Hoffnung und Liebe mit ein-
schließt, während das Konzil von Trient einen engeren Glaubensbegriff
im Sinne eines Für-wahr-Haltens verwendete und darum sagen mußte,
daß der Glaube allein für das Heil nicht hinreiche, wenn nicht Hoffnung
und Liebe hinzutreten. Die Heilsgewißheit, deren Behauptung Cajetan
mit der Bemerkung apostrophierte, „das heißt eine neue Kirche bauen",
bedeutete keine subjektive Unerschütterlichkeit, sondern das Vertrauen auf die Kraft der im Bußsakrament zugesprochenen Vergebung.
Die Reformation forderte, wie die ökumenische Erschließung nachweisen konnte, sehr wohl Werke als Früchte des Glaubens. Denn dieser
kann ohne Werke nicht sein, selbst wenn sie das Heil nicht wirken. Die
Kontroverse von Glauben und Werken erweist sich damit als „die über-
flüssigste aller Streitfragen"[518]. Wäre die Grundaussage, daß das Heil
Geschenk göttlicher Gnade ist und nicht durch uns verdient werden
kann oder muß, bereits 1517 eindeutig als katholische Lehre festge-
standen, oder wäre wenigstens die Antwort gegeben worden, als Zweifel
daran auftauchten, wären also die Klarstellungen des Rechtfertigungsdekrets von Trient nicht erst ein Jahr nach Luthers Tod verabschiedet
worden, dann, so das Urteil Adolf von Harnacks, hätte die Reformation
einen anderen Verlauf genommen.

Die Kontroversen um die Lehrverwerfungsstudie konzentrierten
sich auf das Rechtfertigungskapitel. Vor allem von evangelischer Seite
wurde behauptet, daß in diesen Fragen nach wie vor keine Übereinstimmung zwischen evangelischer und katholischer Kirche bestehe und
folglich die reformatorischen Verwerfungen nach wie vor träfen.[519] Insbesondere würden in der katholischen Kirche in keiner Weise die nötigen Konsequenzen aus der Rechtfertigungslehre für die Ekklesiologie
gezogen. Sie stelle vielmehr im Bereich der Strukturen von Kirche nach
wie vor zusätzliche Bedingungen für das Heil auf, die sich mit der Lehre
von der Rechtfertigung nicht vereinbaren ließen. Da die Rechtferti-
gungsbotschaft aber entweder Kriterium für die christliche Verkündigung als ganze sei oder nicht sei, impliziere die katholische Ekklesiologie einen Bruch auch mit der Lehre von der Rechtfertigung.[520] Damit

---

[518] So O. H. Pesch, Hinführung zu Luther, Mainz 1982, S. 162.

[519] In dieser Position hat sich die Göttinger evangelisch-theologische Fakultät
profiliert.

[520] Eine ökumenische Erschließung der Rechtfertigungslehre und ihrer Bewährung in der Ekklesiologie gibt die Gemeinsame römisch-katholische/evan-

könne im *articulus stantis vel cadentis ecclesiae* nach wie vor keine Übereinstimmung konstatiert werden, die eine Gemeinschaft der Kirchen legitimieren würde.

Trotz dieser teilweise massiven Kritik und Polemik, die die Lehrverwerfungsstudie in ihren Aussagen zur Rechtfertigung hervorgerufen hat, scheinen ihre Ergebnisse in ihren Kernaussagen dennoch nicht widerlegt zu sein. Sie wurden darüber hinaus sogar kirchenamtlich rezipiert, und das gleichermaßen von den zuständigen Gremien der evangelischen Kirchen wie von der Deutschen Bischofskonferenz. In der evangelischen Stellungnahme wurde in der Feststellung, „daß wir Sünder allein aus der vergebenden Liebe Gottes leben, die wir uns nur schenken lassen, aber auf keine Weise, wie abgeschwächt auch immer, 'verdienen' oder an von uns zu erbringende Vor- oder Nachbedingungen binden können"[521], ein Fundamentalkonsens gesehen, der es möglich machte, die Lehrverwerfungen des 16. Jh. als den Partner nicht mehr treffend zu erklären.[522] Und katholischerseits konnte die Deutsche Bischofskonferenz feststellen, daß „sich im Verständnis der Rechtfertigung ein Grundkonsens aus dem Glauben an Jesus Christus als den einzigen Erlöser und Mittler aller Gnaden"[523] konstatieren lasse.

2. Die Sakramentalität der Kirche

Viele Kontroversen in der Ekklesiologie bündeln sich in der Vorstellung von der Sakramentalität der Kirche, einer der Zentralaussagen des Zweiten Vatikanischen Konzils, die evangelischerseits fast durchweg abgelehnt wird. Hier sieht man darin die Tendenz, die Kirche einem Bereich zuzuordnen, in dem es nur die schweigende oder lobpreisende Verehrung gebe, nicht aber das Bekenntnis der Sündhaftigkeit und die Kritik. Diese Konzeption zerstöre die Unmittelbarkeit zwischen Gott und Mensch, sie propagiere eine Integration des Heils in die Kirche, ohne die niemand das Heil erlangen könne. Die Lehre von der Kirche als Sakrament stelle das „Solus Christus" und damit die Botschaft von der Rechtfertigung allein aus Gnaden in Frage. Doch „nur ein einziges Sakrament kennt die Heilige Schrift, das ist Christus der

gelisch-lutherische Kommission, Kirche und Rechtfertigung, Paderborn – Frankfurt a. M. 1994.

[521] LV, S. 75.
[522] Vgl. dazu oben S. 174.
[523] Die Deutschen Bischöfe, Nr. 52, Bonn 1994, S. 10. Zur kirchenamtlichen Rezeption siehe oben S. 176f.

Herr selbst"[524], darum könne man sich gegen eine solche über Gott verfügende Ekklesiologie nur wehren. Die evangelischen Christen stünden vor der Frage: Kirche oder Rechtfertigung?[525] Weil aber die Rechtfertigungslehre das Ganze der Theologie bestimmt, stelle diese Konzeption einen Grundgegensatz zwischen den Konfessionen dar. Diese Wertung hat auch im katholischen Bereich ihren Niederschlag gefunden, auch hier wird verschiedentlich die Meinung vorgetragen, das Problem der Sakramentalität der Kirche sei die katholisch/evangelische Grundentscheidung, der Grund- und Wurzelgegensatz, der heute die Kirchen voneinander trenne. An dieser Stelle gebe es nur das Entweder-Oder. Wer die Kirche als Sakrament und ihre Grundlegung im göttlichen Heilsplan anerkennt, die Präsenz des Heils in ihrem Wirken und ihren Ämtern und die eschatologische Unverbrüchlichkeit der Zusage Gottes an sie glaubt, sei im Grunde katholisch, wer nicht, sei protestantisch. An dieser Stelle würde das Wesen des Katholizismus im Gegensatz zum Wesen des Protestantismus greifbar. Alle anderen Differenzen gründeten in dieser Grunddifferenz.[526]

Es kann nicht bestritten werden, daß sich verschiedentlich im katholischen Bereich Tendenzen finden, die unter Berufung auf ihre Sakramentalität die Kirche vor Kritik immunisieren wollen und in ihr Verehrung und Gehorsam ohne Rückfrage und Widerspruch fordern, die Ämter für sakrosankt halten und alles Bestehende gegenüber der Forderung nach Reform verteidigen.[527] Gegen diese Tendenzen richtet sich die protestantische Kritik mit Recht. Sehr wohl aber ist zu bestreiten, daß diese Tendenzen sich legitimerweise auf das Konzil berufen und daß sie die rechte Interpretation der Aussage von der Sakramentalität der Kirche darstellen.

Im der dogmatischen Konstitution ›Lumen Gentium‹ des Zweiten Vatikanischen Konzils lauten die ersten Worte in fast definitorischer Weise: „Christus ist das Licht der Völker. Darum ist es der dringende Wunsch dieser im Heiligen Geist versammelten Synode, alle Menschen durch seine Herrlichkeit, die auf dem Antlitz der Kirche widerscheint,

[524] So Luther in WA 6, S. 86.
[525] Zur Möglichkeit, die Konzilstexte in diesem Sinn zu lesen, vgl. G. Maron, Kirche und Rechtfertigung. Eine kontroverstheologische Untersuchung, Göttingen 1969.
[526] Darstellung und Kritik dieser Position: vgl. H. Meyer, Sündige Kirche?, in: ÖR 38 (1989), S. 297–410.
[527] W. Kasper schreibt: „Eine einseitige Herausstellung der Kirche als Ursakrament führt zu einem Bild der Kirche als einer quasi-mythologischen Hypostase, die völlig unkonkret und unfaßbar bleibt, die freilich auch völlig unangreifbar geworden ist" (Glaube und Geschichte, Mainz 1970, S. 294).

zu erleuchten, indem sie das Evangelium allen Geschöpfen verkündet. Die Kirche ist ja in Christus gleichsam das Sakrament, das heißt Zeichen und Werkzeug für die innigste Vereinigung mit Gott wie für die Einheit der ganzen Menschheit."[528] Als Grundaussage ist hier festzuhalten, daß die Kirche nicht in sich, sondern von Christus her verstanden wird, er, nicht sie, ist Licht der Völker, sein, nicht ihr eigenes Licht erstrahlt auf ihrem Antlitz. Diese Christusbezogenheit wurde durch den Begriff der Sakramentalität umschrieben. Die Konzilsväter taten sich mit dieser Terminologie nicht ganz leicht. Sie wollten zunächst im Rückgriff auf die Alte Kirche den Gedanken einbringen, daß hinter den einzelnen Sakramenten die kirchliche Wirklichkeit steht und daß somit Kirche als Ursakrament bezeichnet werden könne. Zufolge der Sakramentenlehre bewirken Sakramente, was sie bezeichnen. Sie verweisen nicht nur auf eine ihnen fremde und äußerliche Gnade, sondern sind gleichzeitig auch deren Ursache: Zeichen und Werkzeug zugleich und damit Realsymbole. In der Übertragung auf die Kirche heißt das: Eine sichtbare Gruppe von Menschen, die Kirche als Gemeinschaft von Personen, zeigt an und bewirkt die Einheit mit Gott und die Einheit der ganzen Menschheit. Die äußere Wirklichkeit, das sichtbare Element, ist die soziologisch faßbare, die sichtbare Größe Kirche. Diese wird Zeichen und Werkzeug für die Vermittlung unsichtbaren Heils, das Gott den Menschen zuspricht.

Diese Vorstellung hat eine lange und gewichtige Geschichte.[529] Zufolge neutestamentlicher Aussagen ist die Kirche Leib Christi, sie gründet im Heiligen Geist, im Wort Gottes, im Sakrament. Sie ist nicht einfachhin ein Zusammenschluß von Gleichgesinnten, sondern göttliche Stiftung und Einsetzung. Nach dem Epheserbrief ist Christus das Mysterium schlechthin, er ist der Heilsplan Gottes in Person. Mysterium ist darüber hinaus alles, was zu ihm gehört, und damit auch die Kirche. Insofern sie in den Heilsplan Gottes einbezogen ist, hat sie Anteil am Mysterium. Dies hat nichts zu tun mit Geheimnishaftigkeit oder gar Irrationalität. Kirche ist nach biblischem Verstand Mysterium, weil sie dem Heilsplan Gottes entspringt, nicht weil sie unbegreiflich oder gar jeder Kritik entzogen wäre. Cyprian von Karthago hat diesen Gedanken weitergeführt, als er Kirche als *„sacramentum unitatis"* bezeichnete, andere Kirchenväter sprechen vom Sakrament der Kirche im Rahmen ihrer Darlegung der Heilsökonomie. In den Credoformeln wird die Kirche als

---

[528] LG 1.
[529] Vgl. hierzu den Sammelband: Die Sakramentalität der Kirche in der ökumenischen Diskussion, Paderborn 1983, und darin insbesondere den Aufsatz von H. Döring.

Frucht des Geistes verstanden, sie ist sichtbare Gestalt für das Wirken des Geistes in der Welt. Die Vorstellung der Kirche als Sakrament prägte eine Ekklesiologie, die Kirche primär noch nicht als Institution, sondern als göttliche Stiftung, getragen vom Heiligen Geist, verstand. Sakramentalität betont die jeder menschlichen Aktivität zuvorkommende Wirksamkeit Gottes.

Mit der Ausbildung eines engeren Sakramentenbegriffs seit der Mitte des 12. Jh. und der Konzentration auf die einzelnen sakramentalen Zeichen trat diese Sicht in den Hintergrund. In der Konsequenz wurde die äußere, die institutionelle Dimension der Kirche immer mehr betont. Kirche wurde in der Folge primär von ihrer Verfassung, ihren Ämtern und Strukturen her verstanden, die Leib-Christi-Konzeption im Sinn einer Körperschaft als Rechtsverband interpretiert. Die Auseinandersetzung mit der Reformation verstärkte diese Tendenz. Kirche erschien kaum noch als geistliche Wirklichkeit, sondern fast ausschließlich als *societas*. Ihre Grundlegung im göttlichen Heilsplan reduzierte sich auf die Stiftung ihrer Ämter, besonders des Papsttums.[530] Im 19. Jh. wurde der Gedanke von der Kirche als Mysterium wiederaufgegriffen, und zwar in einem organologischen Leib-Christi-Verständnis. Hier wurde die Kirche als Fortsetzung der Inkarnation – als „*Christus prolongatus*" – verstanden, die seine irdische Existenz weiterführt.[531] Damit wurde die Gefahr einer Überbetonung der Kirche fast unausweichlich, Anfragen und Kritik an ihren Entscheidungen wurden zu einem Affront gegen Christus selbst. Eine Unterscheidung von Kirche und Christus, Kirche und Reich Gottes war kaum noch möglich, Christus und Kirche schienen zu einem Subjekt zu verschmelzen. Die Sünde in der Kirche war in dieser Konzeption nicht mehr denkbar.

Das II. Vatikanum wollte mit seiner Aussage von der Sakramentalität der Kirche zunächst die Engführung von Kirche auf Institution und Hierarchie aufbrechen. Kirche gründet in der Zuwendung Gottes zum Menschen, in seinem Heil, nicht in der Perfektion ihrer Ämter. Darüber hinaus sollte aber auch einer unkritischen Identifizierung mit Christus ein Riegel vorgeschoben werden. Die Kirche wurde nicht mehr als *Christus prolongatus* verstanden, sondern „nur" als Sakrament, als Zeichen

---

[530] Darüber hinaus, so schien es, braucht Gott in der Kirche nicht mehr zu wirken und einzugreifen, jetzt kann man sich ganz auf die perfekt organisierten Ämter verlassen. Johann Adam Möhler verspottete im 19. Jh. diesen „kirchlichen Deismus": „Gott schuf die Hierarchie, und für die Kirche ist nun bis zum Weltende mehr als genug gesorgt" (tzt D 5 II, Nr. 157).

[531] Dieser biblisch grundgelegte Gedanke bestimmte insbesondere die Möhlersche Ekklesiologie, er fand in der Enzyklika ›Mystici Corporis‹ Papst Pius XII. (1943) seine kirchenamtliche Rezeption.

und Werkzeug. Dies eröffnete die Chance, das Phänomen Kirche kritisch-realistisch und doch im Glauben zu umschreiben, ihre Heiligkeit und Sündigkeit zugleich auszusagen. Kirche ist nur Sakrament des wirkenden Geistes Gottes. Die Grenzen der verfaßten Kirchlichkeit sind nicht gleichzeitig auch die Grenzen der Wirksamkeit des Gottesgeistes. Kirche ist nicht das Reich Gottes. Sie ist aber wirksames Zeichen für die jetzt schon anwesende Liebe Gottes, wenn auch in aller Vorläufigkeit. Sie ist eine Zwischengröße. „Kirche verweist auf Gottes Geist, aber sie verfügt nicht über ihn, sie ist Wegweiser, aber oft ein verwaschener, unleserlicher und irreführender."[532] In aller Nüchternheit wird aber auch die andere Komponente des Sakramentsbegriffs ernst genommen: Die Jüngergemeinschaft ist ein geschichtlich wirksames Zeichen des Heils. Gott hat sich ihr eschatologisch zugesagt, darauf kann sie vertrauen. Wo die Kirche in ihren wesentlichen Vollzügen, in der Verkündigung des Evangeliums, der gottesdienstlichen Versammlung und der tätigen Diakonie lebt, „da geschieht nicht nur Menschenwerk, da ist der erhöhte Herr in seinem Geist mitten unter uns, da werden menschlich-geschichtliche Handlungen in all ihrer Gebrochenheit und Armseligkeit doch zum Ort göttlicher Nähe"[533]. Die Zusage des Heils ist eschatologisch unverbrüchlich.

Somit hat das Konzil im Wort von der Sakramentalität der Kirche Grundanliegen der reformatorischen Ekklesiologie aufgegriffen: Gerade als sündige Kirche ist sie Sakrament.[534] Wegen dieser Konnotation wurde die Vorstellung beim Konzil von konservativen Kreisen kritisiert, hier würden Amt und Hierarchie relativiert, die wahre Kirche verflüchtige sich zu einer unsichtbaren Größe, die mit der sichtbaren Gemeinschaft der Heiligen und der Sünder nicht mehr in eins falle. Diese Konzeption sei protestantisierend, sie mache die Kirche ungreifbar und die Hierarchie irrelevant.

Diese Argumentationsfigur hat sich inzwischen verschiedentlich fast

---

[532] Th. Schneider, Die dogmatische Begründung der Ekklesiologie nach dem Zweiten Vatikanischen Konzil, in: H. Althaus (Hrsg.), Kirche. Ursprung und Gegenwart, Freiburg i. Br. – Basel – Wien 1984, S. 79–118, hier S. 96.

[533] Th. Schneider, a. a. O.

[534] E. Jüngel macht in seinem Aufsatz ›Die Kirche als Sakrament?‹ darauf aufmerksam, daß nach Luther gerade in der Selbsterkenntnis der Kirche als Sünderin der Erweis für ihre wahre Heiligkeit liegt. Darum sei ein Verständnis der Sakramentalität dann legitim, wenn es die Kirche zu der Bitte führt: „Vergib uns unsere Schuld", nicht aber, wenn eine sündelose, in Heiligkeit erstrahlende Kirche über den sündigen Kirchengliedern etabliert werden soll (E. Jüngel, Wertlose Wahrheit. Zur Identität und Relevanz des christlichen Glaubens. Theologische Erörterungen III, München 1990, S. 311–334).

in ihr Gegenteil verkehrt. Angesichts mancher Versuche, die Kirche unter Berufung auf LG 1 einer quasi-sakramentalen Verehrung zuzuführen, wurden nun aber auch längst überwunden geglaubte Einwände protestantischer Kontroverstheologie gegen das katholische Sakramentsverständnis und die Ekklesiologie wieder ausgegraben. Es kann ökumenisch nicht förderlich sein, eine richtige und legitime Konzilsaussage gleichsam zum Wesen des Katholizismus hochzustilisieren, wenn sie in unmittelbarer Gefahr steht, innerhalb der katholischen Theologie weithin im Gegensatz zur Intention der Konzilsväter interpretiert zu werden und in der Konsequenz fast unausweichlich neue Barrieren zwischen den Kirchen aufzurichten.[535] Die mit dieser Aussage ursprünglich verbundenen Inhalte sind unverzichtbar und systematisch fruchtbar, und dies für alle christlichen Kirchen. Sie lassen sich aber auch in einer Sprachgestalt formulieren, die weniger Gefahren birgt, neue ökumenische Konflikte zu schüren und mißbräuchliche Verwendungen zu eröffnen. Soweit evangelische Theologen diese Terminologie für angemessen erachten[536] und sie in bilaterale oder multilaterale[537] Texte aufgenommen wurde, wird jedenfalls eine Interpretation beigegeben, die ein angemessenes Verständnis sicherstellt. Daß dies möglich ist, beweist, daß diese Kontroverse um die Sakramentalität die Kirchen keineswegs notwendigerweise trennt.

---

[535] So erscheint die Warnung von Otto Hermann Pesch recht plausibel: „Rundheraus gesagt: Ich halte diese Redeweise (obwohl richtig!) für gefährlich, weil gerade die Art, wie sie durchschnittlich interpretiert wird – in der Absicht, für einen großen Gedanken zu werben! – schier unüberwindliche Hindernisse und Ressentiments beim evangelischen Gesprächspartner aufbaut" (Das katholische Sakramentsverständnis im Urteil gegenwärtiger evangelischer Theologie, in: Verifikationen [Festschrift G. Ebeling], hrsg. v. E. Jüngel – J. Wallmann – W. Werbeck, Tübingen 1982, S. 317–340, hier S. 339).

[536] Vgl. hierzu die Deutung bei J. Werbick, Kirche, Freiburg – Basel – Wien 1994, S. 407–431, sowie die Darstellung bei H. Döring, Grundriß der Ekklesiologie, Darmstadt 1986, S. 100–166.

[537] So heißt es im Bericht der Vollversammlung des ÖRK 1968 in Uppsala: „Die Kirche wagt es, von sich selbst als dem Zeichen der zukünftigen Einheit der Menschheit zu sprechen" (Bericht aus Uppsala, S. 15). Aufgegriffen wurde der Gedanke bei der Weltversammlung von Glauben und Kirchenverfassung 1993 in Santiago de Compostela. Vgl. den Text der Gemeinsamen römisch-katholischen/ evangelisch-lutherischen Kommission, Kirche und Rechtfertigung, Paderborn – Frankfurt a. M. 1994, S. 68–74.

3. Das Problem der Heiligenverehrung

Die Heiligenverehrung stellt zwischen den katholischen und orthodoxen Kirchen einerseits und den evangelischen Kirchen andererseits ein Problem dar, das sich insbesondere in den Kontroversen um die Marienfrömmigkeit zuspitzt. Diese stößt bei evangelischen Christen fast durchweg auf Unverständnis und Kritik. Dabei wirft die Frömmigkeitspraxis mehr Probleme auf als die amtliche und die theologische Aussage.[538] Darum widmete sich die ökumenische Theologie und Theorie dieser Fragestellung bisher eher am Rande.[539]

Den Anstoß zur reformatorischen Kritik an der Heiligenverehrung bildete der Reliquienkult, der sich im 16. Jh. eng mit dem Ablaßwesen verbunden hatte. Die Reformatoren waren überzeugt, daß Gottes Recht auf alleinige Anbetung beeinträchtigt werde, wenn man in der Heiligenverehrung den religiösen Akt auf Geschöpfe ausdehne. Gott allein gebührt anbetende Verehrung, die Heiligen haben dagegen keinen Ort im Gebet. Durch die Heiligenverehrung werde die einzige Mittlerschaft Christi in Frage gestellt, das Vertrauen auf die Heiligen und ihre überfließenden Verdienste sei mit der Botschaft von der Rechtfertigung durch Christus und die Gnade allein nicht zu vereinbaren. Die Heiligen drängten sich zufolge dieser Kritik zwischen Gott und den Menschen, es entstehe gleichsam ein himmlischer Instanzenweg, der die Unmittelbarkeit des Glaubenden zu Gott aufhebe. Die calvinische Tradition erblickte darin einen Verstoß gegen den Grundsatz der Ehre Gottes. Wenn man Menschen die Ehre des religiösen Aktes erweist, werden sie mit Gott auf eine Stufe gestellt, so daß die Heiligenverehrung letztlich in einem falschen Gottesverständnis gründe. Außerdem, so die Reformatoren, findet sich in der Heiligen Schrift keine Begründung der Anrufung von Heiligen, so daß diese Praxis schon um der Treue zur Schrift willen in Frage gestellt werden müsse. Es sind also durchaus nicht Nebensächlichkeiten, sondern die zentralen Anliegen der Reformation, die in der Heiligenverehrung auf dem Spiel stehen. Deswegen rechnete Luther die Anrufung der

---

[538] Hier müssen allerdings die katholischen Mariendogmen von 1854 über die Unbefleckte Empfängnis und von 1950 über die leibliche Aufnahme in den Himmel ausgenommen werden, die sehr wohl zu Lehrkontroversen führten, die nicht einfach als ausgeräumt bezeichnet werden können. Dennoch zeigt die katholische Mariologie Interpretationsmöglichkeiten auf, die evangelische Christen wohl für akzeptabel ansehen können, auch wenn sie sie für sich nicht übernehmen wollen. Vgl. hierzu F. Courth, Mariologie, in: W. Beinert (Hrsg.), Glaubenszugänge Bd. II, Paderborn u. a. 1995, S. 299–398.

[539] Die wichtigste monographische Bearbeitung stellt dar G. L. Müller, Gemeinschaft und Verehrung der Heiligen, Freiburg i. Br. – Basel – Wien 1986.

Heiligen zu den „endchristlichen Mißbräuchen"[540]. Selbst wenn die Differenzen sich zunächst auf problematische Formen der Praxis konzentrieren, steht damit, wie es scheint, jeweils das Ganze kirchlicher Existenz zur Diskussion.

Bei einer Überprüfung der einzelnen Inhalte lassen sich allerdings im Gegensatz zu dieser schroffen Entgegensetzung weitgehende Konvergenzen aufzeigen. Bereits die ›Confessio Augustana‹ betonte fast alle traditionellen Elemente einer Theologie der Heiligen, wie sie sich von biblischen Ansätzen her und aus der Verehrung der Märtyrer und Bekenner in der Alten Kirche entwickelt haben.[541] Die CA kennt ein Gedächtnis der Frauen und Männer, die als Vorbilder des Glaubens verehrt werden, weil an ihnen Gottes Gnade und Heilswerk sichtbar geworden ist. Sie kennt den Dank für die Gnade, die den Heiligen zuteil wurde, und das Lob ihrer leuchtenden Werke. Der Artikel XXI „Vom Dienst der Heiligen" schließt den ersten Teil der CA ab, in dem die Punkte aufgeführt werden, in denen nach Melanchthons Überzeugung die Reformation mit den Altgläubigen übereinstimmt. In der Apologie zur CA wird unter Berufung auf biblische Aussagen festgehalten, daß Engel für die Menschen Fürbitte leisten und daß die Heiligen für die Kirche bitten.[542] In Bekenntnisaussagen reformierter Tradition werden die Heiligen als Freunde Gottes bezeichnet, die Teufel und Welt überwunden haben. Darum seien sie zu ehren und in ihrem Glauben nachzuahmen. Die Differenz reduziert sich damit auf das Problem der Anrufung von Heiligen in konkreten Anliegen, daß sie wirksame Fürbitte einlegen mögen. Alles andere ist nicht kontrovers.

In der Antwort auf diese Herausforderung hat das Konzil von Trient die Praxis der Reliquien- und Heiligenverehrung nicht einfachhin bestätigt, sondern ihr einen begrenzten Ort zugewiesen und dabei vor allem auf die Abstellung von Mißbräuchen gedrängt, die Anlaß zur Kritik geworden waren. „Die Heiligen, die zusammen mit Christus herrschen, bringen ihre Gebete für die Menschen Gott dar; es ist gut und nützlich, sie flehentlich anzurufen und zu ihren Gebeten, ihrem Beistand und ihrer Hilfe Zuflucht zu nehmen, um von Gott durch seinen Sohn Jesus Christus, unseren Herrn, der allein unser Erlöser und Erretter ist, Wohltaten zu erwirken."[543] In diesem Text wird deutlich, daß Trient die Anfragen der Reformatoren nicht einfach zurückwies, sondern sie positiv aufnahm und eine eigenständige Reform initiierte. Zunächst setzte sich

---

[540] Schmalkaldische Artikel II 2, in: BSLK, S. 424.
[541] CA XXI in: BSLK, S. 83 b/c.
[542] Apol XXI in: BSLK, S. 318.
[543] DH 1821.

im Konzil nicht die Auffassung durch, die Verehrung der Heiligen und ihre Anrufung sei heilsnotwendig und damit für den rechten Glauben unverzichtbar. Es heißt lediglich, es sei „gut und nützlich". Damit ist sichergestellt, daß auch nach katholischer Überzeugung diese Frömmigkeitspraxis nicht unverzichtbar ist. Das Fehlen von Heiligenverehrung darf weder Katholiken noch Nichtkatholiken als Verstoß gegen den Glauben angelastet werden. Das gilt auch für das ganze Feld der Marienfrömmigkeit. Sie wird empfohlen und als nützlich bezeichnet, sie ist aber keineswegs glaubensverbindlich. Damit scheint ein entscheidender Anstoß beseitigt.

Darüber hinaus bemühte sich das Konzil von Trient, jede Verdrängung des einen und einzigen Mittlers Jesus Christus auszuschließen. Es betonte die alleinige Mittlerschaft Christi, zu der die Heiligenverehrung nicht in Widerspruch treten dürfe. Diese könne also keinen Instanzenweg bedeuten, der die Unmittelbarkeit des Menschen zu Gott in Frage stellen würde. Ausführlich handelt das Konzil darüber, daß Mißbräuche, die sich eingeschlichen hatten, abgeschafft werden müßten. So „soll jeder Aberglaube bei der Anrufung der Heiligen, der Verehrung der Reliquien und dem heiligen Gebrauch der Bilder beseitigt, jeder schändliche Gelderwerb ausgeschaltet" werden.[544] Nur unter der Voraussetzung, daß diese Mißbräuche und sich daraus ergebende Fehlinterpretationen ausgeschlossen sind, wies das Konzil die Einsprüche zurück, all das sei Götzendienst, es stehe im Widerspruch zum Wort Gottes und widerstreite der Ehre des einen Mittlers Jesus Christus.[545]

Als positive und bleibende Gehalte der Lehre von der Heiligenverehrung, die auch in der reformatorischen Theologie akzeptiert werden können, selbst wenn sie dort nicht in gleicher Weise praktiziert werden, sind festzuhalten: In einem sakramentalen Denken haben die Dinge unserer Welt, alle Geschöpfe und auch der Mensch, einen Verweischarakter auf Gott. Er hat die Welt geschaffen, sie geheiligt und angenommen. Sie ist Ort seines Geistes und kann auf ihn hinweisen. Sakramentales Denken weiß, daß innerweltliche Gegebenheiten und damit auch Menschen die Kraft haben, Gott sichtbar zu machen, daß sie zu Zeichen und Werkzeugen seiner Gnade zu werden vermögen. Die Tatsache, daß diese Vorstellung im Lauf der Frömmigkeitsgeschichte auch zu mißbräuchlichen Konzeptionen und zu magischen Praktiken geführt hat, schließt eine rechte Deutung nicht aus.

---

[544] DH 1825.
[545] DH 1821. Von diesem Ansatz her entwickelt W. Beinert eine ökumenisch vermittelbare Mariologie: W. Beinert, Unsere Liebe Frau und die Frauen, Freiburg – Basel – Wien 1989; ders. – H. Petri (Hrsg.), Handbuch der Marienkunde, Regensburg 1984.

Während im evangelischen Denken der Glaube ganz auf das Hören des Wortes, auf die Verkündigung angelegt ist, betonen katholisches und orthodoxes Denken auch das Sehen, die gesamtmenschliche Erfahrung. Göttliche Wirklichkeit vermittelt sich demzufolge auch über das Bild. So wird im Heiligen sichtbar, was Gottes Erlösungswerk in der Welt getan hat. An den Heiligen werden das Erlösungswerk Christi und die eschatologische Zukunft des Menschen anschaubar. An ihnen wird deutlich, was Gott für alle Menschen bereitet hat, die sich im Glauben seinem Heil öffnen. Der Heilige wird gleichsam zur Gestalt der Gnade, die dem Menschen von Christus geschenkt ist. Auch das Dogma von der Aufnahme Mariens in die himmlische Herrlichkeit stellt Maria nicht auf die Seite Gottes, sondern es soll an Maria die Frucht der Erlösung und das Heil Christi deutlich machen.

Die Kirche ist *communio sanctorum*, Gemeinschaft der Heiligen, nicht nur Organisation, Institution oder Zusammenschluß von Menschen gleichen Glaubens. Diese Gemeinschaft der Heiligen umfaßt auch jene, die in vergangenen Zeiten als Vorbilder des Glaubens lebten. In der frühen Kirche wurde das Herrenmahl vornehmlich auf den Gräbern der Märtyrer gefeiert, mit ihnen wußte man sich in Gemeinschaft, auf ihrem Zeugnis wollte man aufbauen.[546] In dieser Gemeinschaft tritt einer für den anderen ein. Es ist biblisch gut belegt: Wenn ein Glied leidet, leiden alle mit. Heiligenverehrung gründet im Bekenntnis, daß die Vorbilder des Glaubens Anteil nehmen an unserem Geschick, daß sie als Brüder und Schwestern für uns eintreten, auch über den Zeitenabstand hinweg. Fürbitte bedeutet so verstanden nicht einen himmlischen Instanzenweg, als ob man sich an Gott nicht direkt wenden dürfte, als ob Christus zu ferne wäre und wir Zwischenzuständigkeiten bräuchten. Wo derartige Vorstellungen eine Rolle spielten, wo man sich etwa in der Marienfrömmigkeit lieber an eine verstehende Mutter wenden wollte als an einen gestrengen Vater, verfällt dies nicht allein der Kritik der Reformatoren, sondern auch des Konzils von Trient. Damit erschließt sich ein Verständnis der Fürbitte, das evangelischen Christen auch dann nicht als kirchentrennend erscheinen muß, wenn sie es selbst nicht praktizieren und rezipieren wollen. Die Grundvorstellung, daß Heilige Vorbilder des Glaubens sind, daß an ihnen exemplarisch deutlich und sichtbar wird, wie die Gnade Gottes wirkt, ist zwischen den christlichen Kirchen nicht kontrovers.

---

[546] Dies ist der Ursprung und das bleibende Recht des Reliquienkults. Der Gedanke der *communio sanctorum* ist aber auch dessen Grenze: Ohne Communiogedanken würde er leicht zur Magie verkommen.

VI. Konsequenzen theologischer Konvergenzen

1. Das Problem der Rezeption

Der Beitrag der Theologie zur Einigung der Kirchen konzentrierte sich schwerpunktmäßig auf den Abbau überkommener Lehrdifferenzen. Weil die Kirchen überzeugt waren, die jeweils andere Seite habe mit der göttlichen Offenbarung gebrochen oder sie in entscheidender Weise verkürzt, sie verschließe den Menschen den Weg zum Himmel, sie verwirkliche nicht die Kirche, die Jesus gewollt habe, also weil sie sich gegenseitig den rechten Glauben und das Kirche-Sein absprachen, kam es zu den Kirchenspaltungen. Natürlich spielten dabei immer auch zusätzliche Faktoren eine Rolle, etwa die Machtfrage, politisches Kalkül, kulturelle und sprachliche Eigenheiten und gegensätzliche Entwicklungen. Menschliche Unzulänglichkeiten gaben dem Prozeß eine zusätzliche Dynamik. Und nicht selten wurden Wahrheitsaussagen dazu mißbraucht, Machtansprüche zu kaschieren. Doch im Zentrum, so die Überzeugung aller Kirchen, waren es unüberbrückbare Glaubensgegensätze, die die Kirchen zwangen, sich gegenseitig zu verurteilen und die Gemeinschaft aufzukündigen. Und solche Gegensätze allein können Kirchenspaltungen auch heute noch legitimieren bzw. unvermeidlich machen, nicht dagegen kulturelle Besonderheiten, unterschiedliche Frömmigkeitsstile, historisch gewachsene Gepflogenheiten oder gar das Festhalten an der Macht. Dabei kann eine Einigung der Kirchen nur in einem Prozeß erfolgen, der die Kirchen in allen Dimensionen ihres Lebens umfaßt. Dennoch kommt der theologischen Bemühung eine unverzichtbare Bedeutung zu, weil Einheit ohne Wahrheit jedenfalls nicht das Ziel der Ökumene sein kann.

Mit dieser Erkenntnis war die Theologie herausgefordert, sich um eine Überwindung der bisher konfessionstrennenden Gegensätze zu bemühen. Als Ziel wurde angestrebt, Lehraussagen, die bisher kontrovers waren, nun gemeinsam zu formulieren, also einen Konsens zu erstellen. Dabei bleibt der Terminus „Konsens" „eher ein ungenaues Wort der Umgangssprache als ein klarer Begriff"[547]. Seine wissenschaftstheoretischen Implikationen blieben weithin unerörtert, eine Relation zwischen Konsens und Wahrheit wurde eher vorausgesetzt, als daß sie im einzelnen präzisiert worden wäre. Der Band ›Dokumente wachsender Übereinstimmung‹ versteht unter Konsens „das Erreichen einer theologischen Übereinstimmung, die nicht notwendigerweise alle Verschiedenheiten aufhebt, wohl aber die vorhandenen Verschiedenheiten so

---

[547] E. Lessing, Konsensus in der Kirche (TEH 177), München 1977, S. 7.

weit überwindet, daß kirchliche Gemeinschaft entstehen kann"[548]. Unterschiedliche Ergebnisse in der Bemühung um gemeinsame Glaubensaussagen zwangen dazu, den Begriff Konsens auszudifferenzieren. Man sprach von Basiskonsens, Totalkonsens, von Partialkonsensen. Der Lima-Text erklärte, „der volle Konsensus kann erst verkündet werden, wenn die Kirchen so weit gekommen sind, daß sie in Einheit gemeinsam leben und handeln"[549]. Die Erkenntnis, daß immer noch Differenzen bleiben, ließ mehr von Konvergenzen als Konsensen sprechen. Sie sollen eine Bewegung vom Dissens zum Konsens bezeichnen, wo sich Gemeinsamkeiten bereits formulieren lassen, aber die sichtbare Einheit noch aussteht. So versteht sich der Lima-Text als „Konvergenzerklärung".[550] Bei aller bleibenden Ungeklärtheit der Begriffe war es Ziel der ökumenischen Theologie, in den überkommenen Kontrovesen Konsense oder Konvergenzen zu formulieren, die die herkömmlichen Verwerfungen als nicht mehr um der Wahrheit willen nötig und folglich als überwindbar erscheinen lassen.

Die Ergebnisse waren beachtlich. Zu praktisch allen Fragen der Kontroverstheologie gibt es inzwischen eine Vielzahl von Konvergenzdokumenten. Ihre Zahl hat sich in den vergangenen Jahren geradezu sprunghaft vermehrt. Dem ersten Band der ›Dokumente wachsender Übereinstimmung‹, in dem 1983 die Konsenstexte von 1931 bis 1982 zusammengestellt wurden, folgte 1992 ein nicht weniger umfangreicher zweiter Band mit Texten aus den Jahren zwischen 1982 und 1990. Dabei wurden in beiden Bänden lediglich Konsensdokumente auf Weltebene veröffentlicht, Texte auf regionaler Ebene, von denen manche höchst bedeutsam sind,[551] wurden nicht aufgenommen. Es ist heute kaum noch zu überblicken, wer sich mit wem auf welcher Ebene worüber geeinigt und einen gemeinsamen Text darüber formuliert hat.[552]

---

[548] DwÜ I., S. 17.

[549] Vorwort, in DwÜ I., S. 547.

[550] Dabei bleibt offen, ob nicht notwendig jeder Konsens allein als Konvergenz möglich sein kann bzw. inwieweit Konvergenzen einen durchaus tragfähigen Konsens zu konstituieren vermögen.

[551] Besonderes Interesse verdienen Dokumente aus den USA und aus Frankreich.

[552] Aus dem Jahr 1980 stammt der Überblick von H. Meyer, Wer ist sich mit wem worüber einig? Überblick über die Konsenstexte der letzten Jahre, in: P. Lengsfeld – H. G. Stobbe (Hrsg.), Theologischer Konsens und Kirchenspaltung, Stuttgart u. a. 1981, S. 15–30. Eine Synopse zu ekklesiologischen Aussagen in Konvergenztexten hat erstellt M. Kappes, in: P. Neuner – D. Ritschl (Hrsg.), Kirchen in Gemeinschaft – Gemeinschaft der Kirche (ÖR. B. 66), Frankfurt a. M. 1993, S. 226–231.

Die Zahl der Konsensdokumente beweist, daß inzwischen fast alle christlichen Kirchen die ökumenische Verantwortung erkannt haben und sich dem Dialog zwischen den Kirchen stellen, sie ist gleichzeitig aber auch Zeichen der Krise der Konsensökumene. Sie zeigt, daß der Schritt vom theologischen Konsens zur Kircheneinigung bisher noch nicht erfolgte. Es ist bisher noch kaum gelungen, ökumenische Dokumente in den Kirchen und für ihre Verkündigung fruchtbar werden zu lassen. Ob dahinter ökumenische Interessenlosigkeit liegt oder konfessionelle Rechthaberei, ob die Übereinstimmungen doch nicht so tragfähig sind wie angenommen oder ob der Weg der Konsensökumene sich als Sackgasse erwiesen hat: Unbezweifelt ist, daß die ökumenisch-theologische Annäherung für die Kirchen als ganze kaum relevant geworden ist. Das Hauptproblem der Ökumene ist heute nicht mehr so sehr die Suche nach Einigung, sondern die Bemühung um deren Rezeption durch Kirchenleitungen, Theologen und Gemeinden.[553]

Die Hoffnung auf Rezeption richtet sich zunächst auf die Kirchenleitungen, bei denen die Reaktionen in aller Regel recht stereotyp sind. Man begrüßt den Text mit hohem Lob, wertet ihn als Beleg dafür, daß das Wort von der ökumenischen Stagnation widerlegt sei und dankt den beteiligten Theologen für ihren wichtigen Beitrag. In der Einzelargumentation hebt man die Aussagen hervor, die mit der eigenen Tradition übereinstimmen, dazu in Spannung stehende Ergebnisse werden mehr oder weniger freundlich kritisiert bzw. es wird gefordert, an diesen Stellen müsse der Dialog fortgeführt werden, um größere Präzision zu erzielen. Unausgesprochen bleibt, daß man ihn dann als zum Ziel gekommen versteht, wenn man sich auf das geeinigt hat, was der eigenen Tradition entspricht. Es gibt kaum Beispiele dafür, daß Kirchen, durch Konvergenz- oder Konsensdokumente herausgefordert, ihre Lehre oder Praxis überprüft oder gar korrigiert hätten.[554] Zu Kirchenunionen führte die Konsensökumene bisher nirgendwo. Selbst dort, wo Kirchen derartigen Dokumenten offiziell zugestimmt haben, blieb dies auf die ökumenisch Verantwortlichen beschränkt, während darüber hinaus in einer Weise gesprochen wird, als sei all dies nie gesagt worden. Sowohl in der gottesdienstlichen Verkündigung als auch in amtlichen Aussagen

---

[553] Zum gesamten Abschnitt, insbesondere zur Frage der Rezeption durch die Basis, siehe S. Pemsel-Maier, Rezeption – Schwierigkeiten und Chancen, Würzburg 1993.

[554] Speziell in den bischöflich verfaßten Kirchen wird häufig kritisch eingewandt, in den anderen Konfessionen gäbe es kein Lehramt, das verbindlich sprechen könne, so daß keine Basis für eine verläßliche ökumenische Verständigung bestehe.

zur kirchlichen Lehre wurden Erkenntnisse ökumenischer Dokumente bisher kaum fruchtbar.

Ähnliches gilt für die Rezeption durch die Theologen. Natürlich gibt es auch unangemessene Kritik, aber in vielen Fällen hat die Kritik gute Gründe für sich. Wer mit dem Maßstab der eigenen konfessionellen Herkunft an die Konsenstexte herangeht und sie von dort aus beurteilt, wird notwendigerweise Differenzen feststellen, und niemand kann die Theologen daran hindern, auf diese Punkte hinzuweisen. Damit wird die Bemühung um einen Konsens gleichsam infinitesimal.[555] Denn wo immer man meint, endlich einen Konsens gefunden und formuliert zu haben, wird dieser durch noch differenziertere Argumentationsstrukturen nur immer wieder in Frage gestellt und muß durch immer neue und noch subtilere Argumente wiederum gerechtfertigt werden. Die Konsensökumene ist von ihrem Ansatz her unabgeschlossen,[556] sie hat die inhärente Tendenz, sich gleichsam ad infinitum fortzusetzen.

Inhaltlich wird in der theologischen Kritik an den Konsensdokumenten immer wieder der Einwand laut, daß sie den Glauben allein als Lehre umschreiben und damit von ihrem Ansatz her ungeeignet seien, ihn als Akt und Vollzug zu verstehen. In ihnen werde nicht hinreichend deutlich, daß Christen, unabhängig von verbleibenden Unterschieden, längst gemeinsam glauben und im Einsatz für die Welt bereits zusammenarbeiten. Die Konsensökumene gäbe Themen, die vor allem im 16. Jh. aus bestimmten historischen Konstellationen heraus in den Mittelpunkt des Interesses gerückt waren, einen ihnen nicht zukom-

---

[555] Konsensdokumente sollen vom Ansatz her einem Anspruch genügen, der gar nicht einlösbar ist, nämlich Texte zu formulieren, in denen jeder Gesprächspartner seine eigene Tradition einschließlich seiner konfessionsspezifischen Gesichtspunkte ungeschmälert wiederfinden kann. Wo immer die Kirchen sachlich unterschiedliche Optionen getroffen und sich nicht nur mißverstanden haben, ist dieses Ziel utopisch. Der dennoch angestrebte Konsens kommt dann dadurch zustande, daß man entweder einen Formelkompromiß eingeht, der die Probleme umgeht und die Differenz überdeckt. Oder die beiden Positionen werden letztlich unversöhnt nebeneinandergestellt, und jeder der Partner bezieht sich auf die Passagen, die seinem speziellen Anliegen entsprechen. Oder „man kapituliert vor dem 'schwierigsten' Partner und läßt zu, daß dessen Perspektiven, Sprach- und Argumentationsmuster auf Kosten der anderen den Text dominieren" (O. H. Pesch, in: ders. – H. Fries, Streiten für die eine Kirche, München 1987, S. 95). Kein Wunder, daß sich in allen Kirchen schnell Stimmen zu Wort melden, die anmahnen, gerade ihr konfessionelles Erbe sei zu wenig zum Tragen gekommen.

[556] Vielleicht ist sie gerade deswegen mancherorts geschätzt, weil sie nie vor die Notwendigkeit verbindlicher Entscheidungen und ekklesialer Konsequenzen stellt.

menden Stellenwert, sie bleibe damit auf Probleme von gestern fixiert. Zur Einigung führe nicht der Weg in die Vergangenheit, sondern die gemeinsame Verpflichtung für die Gegenwart und die Zukunft. Man solle sich besser heute auf die Mitte des christlichen Glaubens und seine gegenwärtigen Herausforderungen konzentrieren, als weithin obsolet gewordene Kontroversen des 16. Jh. durch die Bemühung um ihre Überwindung letztlich neu festzuschreiben. Die verbreitetste Einstellung der Theologen zu den Konsensdokumenten aber ist deren Nicht-Beachtung. Der theologische Unterricht, jedenfalls wie er sich aus Hand- und Lehrbüchern erheben läßt, bleibt von den Konsensdokumenten weithin unberührt. Und in den Kirchen der Dritten Welt ist man der Konsensökumene gegenüber weitgehend gleichgültig und geneigt, in ihr einen typisch westlichen oder gar professoral-europäischen Luxus zu sehen, der für die Probleme dieser Kirchen von vornherein irrelevant sei.

Auf der Ebene der Gemeinden sind die Konsens- oder Konvergenztexte trotz erfreulicher Ausnahmen im ganzen wenig bekannt. Inhalt, sprachliche Gestalt und Zahl der einschlägigen Dokumente haben dazu geführt, daß die Basis mit ihnen wenig anfangen kann: Sie versteht die Texte nicht, hält sie für praxisfremd und findet in ihnen ihre Probleme nicht behandelt. Das einzige Gegenbeispiel ist das Lima-Papier und hier die Themenstellung Eucharistie und Interkommunion. Hier sind auch die Gemeinden interessiert, jedenfalls soweit die Argumente dazu dienen, die Trennung im Herrenmahl zu überwinden. Alle anderen Themen, auch die Frage nach Rechtfertigung und Amt, werden eher als Theologengezänk abgetan, das für die Praxis christlichen Lebens und kirchlicher Gemeinden nichts austrägt. Mehrheitlich sind die Gemeinden aller Konfessionen ökumenisch wenig motiviert und fühlen sich in den traditionellen Formen der Glaubensaussage und der Frömmigkeit eher heimisch als in neuen und noch kaum greifbaren Strukturen.[557] In ökumenisch aufgeschlossenen Gruppen herrscht der Eindruck vor, die trennenden Fragen zwischen den Kirchen seien nicht-theologischer Art, an der Kirchentrennung würde nicht um der Wahrheit willen festgehalten, sondern aus konfessioneller Rechthaberei und aus Machtgelüsten der Amtsträger. Einheit der Kirche werde nicht durch Glaubenskonsense verwirklicht, sondern durch gemeinsame Erfahrungen, durch die Gemeinsamkeit im Gottesdienst und im sozialen

---

[557] Entgegen der verbreiteten Vorstellung, die Gemeinden wollten die Ökumene, sie würden lediglich durch Kirchenleitungen und Theologen daran gehindert, scheint es, daß die Mehrzahl der Gemeinden ökumenisch nur sehr wenig aufgeschlossen ist. Vgl. hierzu die Studie des Ökumenischen Instituts Straßburg in: US 36 (1981), S. 92–97.

Engagement, und all das sei schon heute möglich, trotz aller Einwände
einer basisenthobenen Amtskirche und einiger rechthaberischer Theologen. So geprägte Kreise praktizieren die Einheit, sie leben in einem
post-ökumenischen Zeitalter und wollen sich durch theologische Que-
relen darin nicht beunruhigen lassen. So einseitig derartige Aussagen
auch sein mögen, sie haben zumindest darin recht, daß die Ökumene
der vergangenen Jahre darunter litt, daß die theologischen Durchbrüche in den Gemeinden nicht erfahrbar wurden, daß sie kaum Konsequenzen für den Gottesdienst und das Gemeindeleben zeitigten. Erhoffte Fortschritte in der Eucharistiegemeinschaft wurden jedenfalls
katholischerseits nicht realisiert, andere Erfahrungsbereiche für den
Vollzug und die Feier der Gemeinschaft wurden kaum angeboten. Konsensdokumente „antizipieren bereits eine Sozialgestalt der Kirche,
deren Verwirklichung noch aussteht", sie zielen auf eine Wirklichkeit
ab, die es noch nicht gibt und die sich darum der Erfahrung entzieht. Es
liegt in der Konsequenz der Sache, daß ihre Rezeption nicht gelingt.[558]

Dieser Kritik ist jedenfalls darin zuzustimmen, daß Konsenstexte für
sich allein die Spaltung nicht überwinden können. Die Einheit ist eine
Sache der Kirchen als ganzer, nicht allein eine Frage theologischer Einigung. Sie muß gelebt, geglaubt und in der Praxis der Gemeinden verwirklicht werden, damit sie Realität werden kann. Gemeinsames Tun,
vor allem auch gemeinsames gottesdienstliches Tun, ist für die Einigung
der Christenheit konstitutiv. Der ökumenische Prozeß kann sich nicht
allein auf theologisch-wissenschaftliche Bemühungen beschränken,
sondern er muß von der Kirche als ganzen getragen werden.[559] Aber innerhalb dieses Prozesses haben auch die Theologen einen Beitrag zu
leisten, und auf diesen kann nicht verzichtet werden. Die Trennung der
Christenheit erfolgte nicht allein um irgendwelcher Nebensächlichkeiten willen und nicht allein aus Machthunger, sondern weil man überzeugt war, die jeweils andere Seite habe mit der Botschaft Christi gebrochen, sie könne den Menschen den Weg zur ewigen Seligkeit und zum
Heil nicht mehr erschließen, weil sie die Wahrheit preisgegeben habe.
Wer diesen Wahrheitsanspruch und diese Herausforderung nicht ernst

---

[558] H. Döring, Ökumene auf dem Weg ins 3. Jahrtausend, in: Ist die Ökumene
am Ende?, Regensburg 1994, S. 31.

[559] Um dieses Zusammenspiel unterschiedlicher Dimensionen zu charakte-
risieren, entwickelte P. Lengsfeld eine „Kollusionstheorie", derzufolge der
Prozeß der Einigung als vielgestaltiges Geschehen aufgefaßt wird. P. Lengsfeld
(Hrsg.), Ökumenische Theologie, Stuttgart u. a. 1980, S. 36–68. Vgl. zum Ganzen
W. Beinert, Die Rezeption und ihre Bedeutung für Leben und Lehre der Kirche,
in: W. Pannenberg – Th. Schneider (Hrsg.), Verbindliches Zeugnis Bd. II, Freiburg
– Göttingen 1995, S. 193–218.

nimmt und die theologische Dimension nicht erkennt, wird weder der Kirchenspaltung noch dem ökumenischen Anliegen gerecht. Weil die gegenseitigen Verwerfungen in letztem Ernst um der Sache Jesu und um der Treue zu ihr willen erfolgten, müssen sie überwunden werden und können nicht einfach stehenbleiben. Die Geschichte der Ökumenischen Bewegung beweist, daß alle Einigungsbemühungen, die die Treue zur überkommenen Botschaft nicht ernst nahmen, immer nur zur Abspaltung von Gruppen führten, die diesen Prozeß nicht mitgehen konnten und wollten.[560] Unter Ausklammerung der Wahrheitsfrage kann die Gemeinschaft nicht werden. Die Konsens- und Konvergenztexte allein können die Einigung nicht tragen, aber sie leisten einen unverzichtbaren Dienst, der jedenfalls in seinen Ergebnissen von den Kirchen als ganzen rezipiert werden muß, wenn sie die Versöhnung tatsächlich anstreben.

2. Grundkonsens – Grunddifferenz

Nachdem das ökumenische Gespräch in fast allen traditionellen Kontroverspunkten weitgehende Konvergenzen jedenfalls zwischen den großen Kirchen aufzeigen konnte und es zunehmend schwieriger wurde, die Kirchenspaltungen zu legitimieren, wurde die These aufgestellt, alle diese Übereinstimmungen seien letztlich bedeutungslos, weil sie nicht von einem gemeinsamen, die Konfessionen umgreifenden Grundverständnis getragen seien. In ihrem Wesen, ihrem Grundansatz seien die Kirchen nach wie vor nicht nur verschieden, sondern sogar gegensätzlich bestimmt, so daß Bemühungen um Übereinstimmungen auf der Ebene der Einzelkontroversen lediglich Symptome kurieren, während die Krankheit unverändert weiterbestehe. Die formulierten Konsense hingen in der Luft, weil sie nicht auf einem Grundkonsens aufruhten. Eine Einigung der Kirchen sei davon abhängig, ob Übereinstimmung auch im konfessionellen Grundansatz erzielt werden könne. Dann seien die Einzeldifferenzen ohnehin überwunden, andernfalls blieben auch die schönsten Konsense verbale Kompromisse und seien buchstäblich grund- und bodenlos. Dieser konfessionelle Grundentscheid entzieht sich dabei einer direkten Thematisierung, denn er stellt nicht ein Einzelphänomen dar, sondern betrifft das Ganze einer Konfession und bestimmt sie in allen ihren Ausgestaltungen. Es ist im Grunde die traditionelle Frage nach dem Wesen einer jeweiligen Konfession, die hier wiederaufgegriffen wurde und die nun dazu führte, die Fort-

---

[560] Damit wird nicht behauptet, daß bei allen Einigungen, die zu Splittergruppen führten, die Wahrheitsfrage unverantwortlich überspielt worden wäre.

schritte der ökumenischen Theologie insgesamt in Frage zu stellen und die Konsensökumene der vergangenen Jahrzehnte als Irrweg zu erweisen. Damit muß sich diese These vor ihrem theologiegeschichtlichen Hintergrund ausweisen und bewähren.

Historisch gesehen dienten die Bemühungen um den konfessionsspezifischen Grundansatz zunächst dem Verstehen der jeweils anderen Seite. Denn auf einer ersten Stufe der konfessionellen Auseinandersetzung wurden lediglich Einzelphänomene zueinander in Beziehung gesetzt, so daß die gegnerische Position als wirres Konglomerat von Einzelhäresien aufgefaßt erschien.[561] Demgegenüber diente die Bemühung um den Grundansatz dazu, die fremde Konzeption in sich durchsichtig zu machen. Die Differenzen wurden nun nicht mehr allein in sich betrachtet, sondern je nach ihrem Zusammenhang mit der Mitte gewichtet. Der Vertreter der anderen Konfession erschien nicht mehr als dumm oder als böswillig, vielmehr wurde ihm zugebilligt, daß er innerhalb seines Ansatzes sinnvoll und redlich argumentiert und handelt,[562] er wurde ernstgenommen und in seinem Anliegen akzeptiert. Die Konsequenz dieser Betrachtung war in aller Regel allerdings, daß die Grundentscheide zumeist in gegenseitiger Exklusivität formuliert und alle Einzeldifferenzen auf einen Wesensgegensatz zurückgeführt wurden. Auch Übereinstimmungen zwischen den Kirchen standen unter ihrem Bann, sie ließen Gemeinsamkeiten nicht zu oder machten sie irrelevant. Die Bemühung um das Verstehen des anderen hat damit die Differenzen aus einem begrenzbaren Bereich herausgenommen und sie jeweils ins Grundsätzliche erhoben. Kontroversen waren damit nicht mehr für sich lösbar, sondern erschienen immer als Ausdruck eines Wesensgegensatzes, der in gegenseitiger Ausschließlichkeit formuliert wurde und der darum Konvergenzen oder einen Kompromiß oder auch nur die gegenseitige Anerkennung ausschloß.

Ein historischer Überblick über konkrete Bestimmungen des Wesensgegensatzes zeigt nun allerdings eine verwirrende Vielfalt.[563] Diese

---

[561] So legten auf dem Reichstag zu Augsburg 1530 die „Altgläubigen" in einer ersten Fassung der ›Confutatio den „Neugläubigen" nicht weniger als 404 Einzelhäresien zu Last. Der Kaiser war damit nicht einverstanden und verlangte, die Vorwürfe zu bündeln und sie auf das Wesentliche zu beschränken. Er hat damit letztlich gefordert, die Diskussion auf die Zentralpunkte zu konzentrieren, von denen sich die anderen Differenzen herleiten, also die Grundansätze miteinander zu vergleichen.

[562] Dieses Zugeständnis kann auch heute im Gespräch zwischen den Konfessionen noch keineswegs als selbstverständlich vorausgesetzt werden.

[563] Historische Beispiele sind nachgewiesen bei P. Neuner, Der konfessionelle

Thematik wurde vor allem im 19. Jh. intensiv erörtert. Die Bestimmung von Katholizismus und Protestantismus wurde festgemacht im Gegensatz von Transzendenz und Inkarnation, von Individualismus und Gemeinschaft, von nordischem und südländischem Menschentyp, von Wort und Sakrament, von Rationalität und Emotionalität, von Schauen und Hören, Sichtbarkeit und Unsichtbarkeit, Vernunft und Sinnen, Wissenschaft und Kunst, Idealismus und Realismus, Freiheit und Gehorsam, Glaube und Liebe, Wort und Wirklichkeit. Die Differenz wurde angesiedelt in einem gegensätzlichen Verständnis der Person und der Kirche. Besondere Bedeutung bis in die Gegenwart haben die Unterscheidungen von Kirche des Worts und Kirche des Sakraments, Kirche des Amts und des allgemeinen Priestertums, der Autorität und der Freiheit. Verschiedentlich wurden die Grunddifferenzen einander historisch zugeordnet, so daß Orthodoxie und Katholizismus als legitime, aber sachlich überholte Vorstufen des Protestantismus erschienen, als die petrinische Form des Christentums im Gegensatz zur paulinischen, die gegebenenfalls beide einmal durch das johanneische Christentum überholt werden müßten.

Seit den 50er Jahren wurde diese Diskussion praktisch aufgegeben. Die Fragestellung hatte sich in immer diffizileren Unterscheidungen totgelaufen, man hatte beinahe mehr Grund- als Einzeldifferenzen. Vor allem aber durch den Eintritt der katholischen Kirche in die Ökumenische Bewegung verlagerte sich die Thematik von den Gegensätzen zu Gemeinschaft und Einheit. Aus den nun allerorts entdeckten Übereinstimmungen wurde auf ein gemeinsames Fundament geschlossen. In Theologie und in offiziellen Kommissionen wurde nun formuliert, daß die Kirchenspaltung des 16. Jh. nicht bis an die Wurzel gegangen sei, man habe ein gemeinsames Verständnis der Mitte des christlichen Glaubens aufzeigen können oder erreicht. Die Übereinstimmung im Kern lasse darauf hoffen, daß auch in den noch offenen Fragen Übereinstimmung erzielt werden könne. Die römisch-katholisch/anglikanische Gesprächskommission ARCIC sprach sogar von einer „substantiellen Übereinstimmung" (substantial agreement): „Die Mitglieder der Kommission stimmen in der Überzeugung überein, 'daß, wenn in irgendwelchen Punkten noch Uneinigkeit besteht, diese aufgrund der hier erarbeiteten Prinzipien überwunden werden kann'".[564]

Grundentscheid – Problem für die Ökumene, in: Stimmen der Zeit 202 (1984), S. 591–604; vgl. auch ders. in: A. Birmelé – H. Meyer (Hrsg.), Grundkonsens – Grunddissens, Frankfurt a. M. – Paderborn 1992, S. 233–240.

[564] DwÜ I., S. 143. Im Text ›Das Herrenmahl‹ heißt es: „Noch verbleibende Differenzen befinden sich innerhalb eines Bereiches der Gemeinsamkeit".

Damit hatte der ökumenische Dialog Früchte gezeigt, die auf Konsequenzen drängten. Es kann nicht überraschen, daß der Prozeß der Annäherung an diesem Punkt einen Rückschlag erlitt und daß neue Argumente eingebracht wurden, die dazu dienten, die Umsetzung in die Praxis zu verhindern, die damit zweifellos verbundenen Risiken für die Kirchen zu vermeiden und die konfessionelle Identität wiederum zu unterstreichen. Außerdem waren Fragen der konkreten Umsetzung noch weithin ungeklärt und die Zielvorstellungen des Einigungsprozesses offen. Es ist wohl dieser komplizierten Diskussionslage und der Ungleichzeitigkeit des ökumenischen Fortschritts zuzuschreiben, daß nun unvermittelt die These von den einander widersprechenden und sich gegenseitig ausschließenden Grundentscheiden wiederauftauchte. In bezeichnender Parallele geschah dies jeweils in dem Augenblick, als eine Konfession sich offensichtlich in ihrem Selbstand und in ihrer Identität in Frage gestellt glaubte: katholischerseits in der Auseinandersetzung um das Amt, als die Anerkennung der Ämter in den Kirchen der Reformation als möglich erachtet wurde,[565] evangelischerseits in der Diskussion um eine katholische Anerkennung des Augsburger Bekenntnisses und um den Unionsplan von Fries und Rahner.[566] Um ökumenischen Durchbrüchen zu wehren, wurde wieder die These von den gegensätzlichen Grundansätzen aufgegriffen.

Die Frage nach dem konfessionellen Grundansatz ist ein dornenreiches Problem, wie die vorwiegend im 19. Jh. geführte Diskussion um eine Bestimmung des Wesens der Konfessionen beweist.[567] Es erwies sich als nicht möglich, Wesensbestimmungen zu formulieren, die die Konfessionen hinlänglich charakterisieren und sie gleichzeitig von anderen Kirchen abgrenzen. Keine Kirche ist einfachhin die Realisierung eines Grundentscheids. Wie immer man ihn bestimmt, man muß sofort

(Nr. 47, in: DwÜ I, S. 286). Das Dokument über ›Das geistliche Amt in der Kirche‹ formulierte: „Manches von dem, was man für 'typisch lutherisch' und 'typisch katholisch' hielt, wird als gemeinsames Erbe wieder entdeckt und verliert so mehr und mehr seinen trennenden Charakter" (DwÜ I., S. 329).

[565] Die wichtigste Stimme war hier Kardinal Ratzinger, der 1973 in der Auseinandersetzung um das Ämtermemorandum von einander ausschließenden Grundentscheiden katholischer und evangelischer Kirche sprach und der als Präfekt der Glaubenskongregation die Behauptung eines „substantial agreement" durch den ARCIC als unzutreffend zurückwies.

[566] E. Herms, Einheit der Christen in der Gemeinschaft der Kirchen. Die Ökumenische Bewegung der römischen Kirche im Licht der reformatorischen Theologie. Antwort auf den Rahner-Plan, Göttingen 1984.

[567] Vgl. dazu L. Lambinet, Das Wesen des katholisch-protestantischen Gegensatzes, Einsiedeln u. a. 1946.

zugeben, daß die jeweilige Konfession diesem Bild nur in sehr groben Zügen entspricht. Wer in diesen Kategorien denkt, steht in der Gefahr, Karikaturen darzustellen, wobei die Schwelle zur blanken Unterstellung oder Beleidigung leicht überschritten wird. Keine Konfession hat darüber hinaus auf ihren Grundentscheid ein Monopol. Für die wissenschaftliche Theoriebildung mag eine idealtypische Betrachtung fruchtbar sein, aber sie vermag den konkreten Konfessionen nicht gerecht zu werden und vor allem nicht die weitreichenden Konsequenzen zu rechtfertigen, die mit ihrer Hilfe gezogen wurden.

Eine Grunddifferenz müßte sich in konkreten Unterschieden und Gegensätzen äußern, denn anders als auf dem Weg über die Einzelphänomene bleibt das Wesen unerkennbar. Damit erweist sich eine grundsätzliche Trennung von Fundamentaldissens und Konvergenz in den Einzelproblemen als unhaltbar. Wenn in der ökumenischen Diskussion die Einzelfragen bis zu einem Punkt geklärt sind, an dem sie offensichtlich nicht mehr die Kraft haben, die gegenseitige Verurteilung der Kirchen zu legitimieren, besteht auch kein Grunddissens mehr, der sie fordern oder rechtfertigen würde. Konvergenz in den Einzelfragen offenbart Übereinstimmung auch in der Wurzel.[568]

3. Ökumenische Zielvorstellungen

Es war in der Ökumenischen Bewegung immer klar, daß Einheit nicht Einheitlichkeit oder gar Zentralisierung bedeuten könne. Christliche Einheit verlangt Vielfalt, nur sie kann der biblischen und historischen Überlieferung in ihrem Reichtum gerecht werden und die legitimen kulturellen Differenzen zwischen den Kirchen ernst nehmen. Dabei ergibt sich die Frage, welches Maß an Vielfalt und Vielgestaltigkeit möglich ist, ohne daß die Einheit dadurch Schaden leidet. Damit sind die Zielvorstellungen der Ökumene angesprochen, die die angestrebte Einheit umschreiben. Es zeigt sich, daß an dieser Stelle die christlichen Kirchen keineswegs übereinstimmen.[569]

---

[568] Die Problematik wurde intensiv von einer Arbeitsgruppe erörtert, die sich um das Straßburger Institut für Ökumenische Forschung gebildet hatte. Beiträge und Ergebnisse sind veröffentlicht in: A. Birmelé – H. Meyer (Hrsg.), Grundkonsens – Grunddissens, Frankfurt a. M. – Paderborn 1992.

[569] Nach dem Urteil von R. Frieling (S. 257) sind „die unterschiedlichen Vorstellungen von der Einheit der Kirche vielleicht das größte Hindernis für die Einheit der Kirche".

a) Traditionelle Einheitsvorstellungen der Kirchen

In der lutherischen Tradition gibt es eine Definition der Einheit, nämlich in der ›Confessio Augustana‹: „Dies ist genug zu wahrer Einigkeit
der christlichen Kirchen, daß da einträchtiglich nach reinem Verstand
das Evangelium gepredigt und die Sakramente dem göttlichen Wort
gemäß gereicht werden. Und es ist nicht not zur wahren Einigkeit der
christlichen Kirche, daß allenthalben gleichförmige Zeremonien, von
den Menschen eingesetzt, gehalten werden."[570] Die Kirche und ihre Einheit ist nach lutherischer Überzeugung also überall dort verwirklicht,
wo das Evangelium recht verkündet und die Sakramente, d. h. Taufe und
Abendmahl, gemäß der Einsetzung durch Jesus verwaltet werden. Wo
dies gegeben ist, ereignet sich nach lutherischer Überzeugung Kirche,
mit all denen, die dies verwirklichen, kann sich ein evangelischer Christ
in Kirchengemeinschaft fühlen. Nicht selten wurde das „satis est" im
Sinne einer Vergleichgültigung von Amt und Struktur ausgelegt, als ob
die Einheit letztlich eine unsichtbare Größe bleibe, die unbeschadet institutioneller Differenzen im Verborgenen bereits verwirklicht sei. Über
eine solche, letztlich nie faßbare Gestalt der Einheit könne und sollte
man nicht hinausgehen. In dieser Tendenz bescheiden sich manche Lutheraner mit dem Ist-Zustand: Sie erkennen an, daß sich Kirche in den
verschiedensten konfessionellen Traditionen ereignen kann, man hat
die Grenzen der Abendmahlsgemeinschaft weit geöffnet und gibt sich
damit letztlich zufrieden. Eine weitergehende Einigung anzustreben
würde gegebenenfalls gar dem „satis est" des Bekenntnisses widersprechen.

In der reformierten Tradition muß die Einheit sichtbare Gestalt annehmen, sie wird nicht zuletzt mittels des Rechts verwirklicht. Jede
Gemeinde muß die Einheit in der Verkündigung, in der Feier des Gottesdienstes und der Liturgie, im Amt und in der Kirchenordnung verwirklichen. Während Calvin in Genf Abweichungen nicht duldete und die Einheit der christlichen Gemeinde auch mittels staatlicher Gewalt her-
stellen ließ, war er auf überregionaler Ebene wesentlich toleranter. Es
stellte für ihn kein Problem dar, daß zwischen den einzelnen Städten, die
die Reformation durchgeführt hatten, das Glaubensverständnis und die
kirchliche Ordnung nicht unerheblich voneinander abwichen. Einheit
war Einheit am Ort, dort wurde sie sichtbar und erzwungen. Zwischen
den Orten dagegen sind in dieser Tradition auch schwerwiegende Differenzen durchaus tolerabel.

In der Fortführung dieser Tradition haben die meisten Freikirchen

---

[570] „Ad veram unitatem ecclesiae satis est …": CA VII, BSLK, S. 61.

alles Gewicht auf die Ortsgemeinde gelegt, die sich im Gottesdienst versammelt und die Werke der Nächstenliebe vollzieht. Auf diese beschränkt sich die Forderung nach Einheit, in ihr wird die Einheit mit
Christus realisiert. Über sie hinaus sind etwa die Kongregationalisten
höchstens an Aktionsgemeinschaften aus konkreten Anlässen, nicht dagegen an einer sichtbaren Einheit der Institution Kirche interessiert.
Jede Gemeinde ist zufolge dieser Tradition in sich völlig selbständig, sie
verlangt keinen organisatorischen Zusammenschluß, der über rein
praktische Zweckmäßigkeiten hinausgeht. Einheit wird am Ort gelebt
und dort nach innen und außen sichtbar. Hier erscheint sie sogar als
Kriterium rechter Kirche. Aber sie wird nicht durch übergemeindliche
Vereinheitlichung oder Autorität angestrebt.

Ein anderes Verständnis der Einheit findet sich in der anglikanischen
Theologie. Im ›Appeal to All Christian People‹ aus dem Jahr 1920 riefen
die anglikanischen Bischöfe die Christenheit zur Einheit auf. Als Voraussetzungen dafür nannten sie: 1. den Glauben, daß die Heilige Schrift
alles zum Heil Notwendige enthält, 2. die Anerkennung der altchristli-
chen Glaubensbekenntnisse, 3. die Anerkennung von Taufe und Abendmahl als von Christus eingesetzte Sakramente, 4. die Anerkennung des
historischen Bischofsamtes unter Anpassung an die Bedürfnisse der verschiedenen Gebiete und Völker.[571] Mit jeder Kirche, die diese vier Bedingungen erfüllt, wußten sich die anglikanischen Bischöfe in Gemeinschaft. Alles andere kann variabel bleiben; man kann es bei anderen akzeptieren, wenn es nur diese vier Grundpfeiler nicht in Frage stellt.[572]
Hier ist die anglikanische Tradition im Inneren wie nach außen für eine
breite Vielfalt offen. „Comprehensiveness" vermag auch Differenzen zu
überbrücken, die in anderen Kirchen als inakzeptabel betrachtet würden. Als unabdingbar erachtet der Anglikanismus dagegen, und das
führt über die anderen reformatorischen Kirchen hinaus, das historische Bischofsamt: Die bischöfliche Sukzession in ununterbrochener
Amtsnachfolge wird als äußeres Zeichen für Kontinuität und Apostolizität gewertet.

In der Betonung des Episkopats berührt sich die anglikanische Auffassung mit der Einheitsvorstellung der Orthodoxie. Ihr zufolge ist die
Kirche jeweils als Ortskirche verwirklicht, und diese steht unter der Leitung des Bischofs. Einheit der Kirche ist damit wesentlich Einheit mit
dem Bischof. Diese bischöflichen Kirchen sind in hohem Maße selb-

---

[571] Vgl. dazu oben S. 127.
[572] Das geht so weit, daß die anglikanische Kirche volle Kirchengemeinschaft
(full communion) mit den Altkatholiken aufnehmen konnte, obwohl die altkatholische Kirche sieben Sakramente anerkennt.

ständig; sie können sich von anderen Ortskirchen in Sprache, Liturgie und Frömmigkeitspraxis deutlich unterscheiden. Zwischen den Ortskirchen herrscht also Vielfalt. Ihre Gemeinschaft wird gewährleistet durch die Einheit der Bischöfe: dadurch, daß bei einer Bischofsweihe andere Bischöfe anwesend sind, daß Bischöfe in der Synode zusammenwirken, vor allem dadurch, daß sie gemeinsam die Eucharistie feiern. Durch diese Gemeinschaft der Bischöfe wahrt die Kirche nach orthodoxem Verständnis in aller Verschiedenheit ihre Einheit, und das nicht nur synchron, also jeweils zeitgleich zwischen den Ortskirchen, sondern auch durch die Geschichte hindurch, diachron. Die Bischöfe sind Zeugen und Repräsentanten der Tradition. Die Einheit mit dem Bischof gewährleistet gleichzeitig auch die Einheit mit dem Ursprung der Kirche, mit der Kirche der Apostel. Einheit kann dadurch realisiert werden, daß die anderen Gemeinschaften zur altkirchlichen Ordnung nach dem Zeugnis der ersten sieben ökumenischen Konzilien zurückkehren.

Als sich in der ersten Hälfte des 20. Jh. die Ökumenische Bewegung konstituierte, waren in ihr unterschiedliche Konzeptionen von Einheit vertreten, die keineswegs miteinander harmonierten. Die römische Kirche lehnte diese Bemühungen zunächst eindeutig ab. „Es gibt keinen anderen Weg, die Vereinigung aller Christen herbeizuführen, als den, die Rückkehr aller getrennten Brüder zur einen wahren Kirche Christi zu fördern, von der sie sich ja einst unseligerweise getrennt haben."[573] In Abwehr gegenüber der Ökumenischen Bewegung rief man die Christenheit auf, in den Schoß der römischen Kirche zurückzukehren.[574] Als Ziel der Einigung war hier allein die Rückkehr nach Rom vorstellbar.

Angesichts dieser Ausgangssituation kann es nicht überraschen, daß sich die Ökumenische Bewegung über die Gestalt der Einheit und in der Frage, welche Vielfalt legitim sei, nicht verständigen konnte. Das führte bereits 1927 in Lausanne zu einer erheblichen Ernüchterung, als die Modelle Föderation und Organische Union sich als nicht kompatibel erwiesen. Bei der Weltkonferenz 1937 stellte Faith and Order drei Konzepte kirchlicher Einheit nebeneinander, zwischen denen eine Entscheidung nicht möglich war: praktische Zusammenarbeit in einem Bund selbständiger Kirchen; Abendmahlsgemeinschaft, die auch die „Austauschbarkeit von Mitgliedern und kirchlichen Verrichtungen"[575] umfaßt, sowie die Körperschaftliche Vereinigung oder Organische Union als institutioneller Zusammenschluß zweier oder mehrerer Kon-

---

[573] A. Rohrbasser, a. a. O., S. 408.
[574] So in der Ablehnung, bei Faith and Order mitzuwirken, und insbesondere die Äußerungen in ›Mortalium animos‹. Vgl. dazu oben S. 138–140.
[575] Zitiert nach Frieling, S. 259.

fessionen zu einer geeinten Kirche. Bereits zwei Jahre nach der Gründung des ÖRK erklärte der Zentralausschuß 1950 in Toronto, keine Mitgliedskirche müsse eine bestimmte Lehre über das Wesen der kirchlichen Einheit annehmen. Der Ökumenische Rat der Kirchen war lange
Zeit genötigt, sich mit der Aussage zu bescheiden, daß er „den Gedanken der Einheit der Kirche vertritt und sich gleichwohl weigert,
sich eine bestimmte Lehre von der Einheit der Kirche zu eigen zu machen"[576].

b) Organische Union

Diese Enthaltsamkeit in Fragen der Einheit blieb allerdings nicht das
letzte Wort. Es war vor allem die Gründung der „Church of South India"
(1947), die für eine neue Dynamik in der Ökumenischen Bewegung
sorgen sollte. Die Missionskirchen zeigten sich immer weniger bereit,
die Kontroversen, die im 16. Jh. die Christenheit im Abendland gespalten hatten, unbefragt zu übernehmen und „Spaltungen, für die wir
nicht verantwortlich waren und die uns sozusagen von außen auferlegt
worden sind"[577], weiterzutragen. In Südindien wurde eine Kirchenunion geschlossen, in der die Einheit aller Christen in dieser Region als
wichtiger erschien denn die Einheit mit den Mutterkirchen, aus denen
sie hervorgegangen waren. Einheit wurde in Anlehnung an reformierte
Vorstellungen als Einheit am Ort verstanden.

Dieses Modell sollte im Ökumenischen Rat entscheidende Dynamik
entfalten. Wiederum in Indien, nämlich bei der Vollversammlung in
Neu-Delhi 1961, konnte der ÖRK erstmals ein Modell der Einheit formulieren, das sich eng an die Erfahrungen der Kirche von Südindien anschloß: „Wir glauben, daß die Einheit … sichtbar gemacht wird, indem
alle an jedem Ort, die in Christus getauft sind und ihn als Herrn und Heiland bekennen, durch den Heiligen Geist in eine völlig verpflichtete Gemeinschaft geführt werden."[578] Ziel des Einigungsbestrebens sollte
sein: Einheit an jedem Ort in organischer Union. Kirchen werden dadurch geeint, daß sie gemeinsam ein Glaubensbekenntnis erarbeiten,
Übereinstimmung erzielen über die Sakramente und über das Amt, daß
sie gemeinsam den Dienst der Verkündigung und der Diakonie vollziehen und daß sie sich eine gemeinsame Struktur geben, die es ihnen
erlaubt, nach innen und nach außen als eine Kirche in Erscheinung zu
treten.

---

[576] W. A. Visser't Hooft, Ökumenische Bilanz, Stuttgart 1966, S. 111.
[577] Zitiert nach Rouse-Neill II, S. 89.
[578] Neu-Delhi 1961, S. 130.

c) Konziliare Gemeinschaft

Innerhalb des Einheitsmodells von Neu-Delhi schienen die traditionellen Konfessionen keinen legitimen Ort mehr zu haben. Ihre Überwindung erschien als der Preis, der für die Einheit der Kirche am Ort
bezahlt werden müsse. Die Alternative lautete: Ökumene statt Konfessionen. Gegen diese Wertung, Horte einer starren Konfessionalität zu
sein, wandten sich die konfessionellen Weltbünde. Die meisten von
ihnen konnten nicht nur auf eine lange Geschichte zurückblicken,
älter als jene des ÖRK, sondern auch auf ein imponierendes Werk
kirchlicher Einigung, indem sie die Kirchen gleichen Bekenntnisses
weltweit zusammenzuführen vermocht hatten. Sollte diese schon bestehende Einheit, die die Ortskirchen gleichen Bekenntnisses bereits
weltweit miteinander verband, nun zugunsten der neu zu konstituierenden Einheit am Ort preisgegeben werden? Was nützt organische
Einheit, wenn sie sich auf den Ort beschränkt, all die anderen Orte
aber kaum noch in den Blick nimmt? Wird hier die Einheit nicht allzusehr atomisiert?

Von diesen Gedanken war die Diskussion in den Jahren nach Neu-
Delhi bestimmt.[579] Die Vollversammlung 1968 in Uppsala entwickelte,
nicht zuletzt durch das Konzil in Rom angeregt, die Vision einer „Konziliaren Gemeinschaft" der Kirchen. In mehreren Konsultationen war
Konziliarität als Strukturprinzip von Kirche dargestellt worden. Dietrich
Bonhoeffer hatte bereits 1934 ein Friedenskonzil angeregt: „Nur das
eine große ökumenische Konzil der Heiligen Kirche Christi aus aller
Welt kann es so sagen, daß die Welt zähneknirschend das Wort vom
Frieden vernehmen muß."[580] Die Kirchen sollten, so die Vollversammlung in Uppsala, „auf die Zeit hinarbeiten, wenn ein wirklich universales Konzil wieder für alle Christen sprechen und den Weg in die Zukunft weisen kann"[581]. Damit war der Blick eröffnet hin auf die weltweite Ökumene. In Uppsala wurde die Katholizität als Wesensmerkmal
der Kirche wiederentdeckt und konsequenterweise das Einheitsmodell
von Neu-Delhi erweitert: „So möchten wir der Betonung von 'allen an
jedem Ort' hier ein neues Verständnis der Einheit aller Christen an allen
Orten hinzufügen. Das fordert die Kirchen an allen Orten zur Einsicht
auf, daß sie zusammengehören und aufgerufen sind, gemeinsam zu

---

[579] Die Entwicklung der Einheitsvorstellungen innerhalb des ÖRK bis Uppsala 1968 wird dargestellt und eindringlich kommentiert durch H. Döring, Kirchen unterwegs zur Einheit, München – Paderborn – Wien 1969.
[580] D. Bonhoeffer, Gesammelte Werke Bd. I, München 1965, S. 219.
[581] Bericht aus Uppsala 68, S. 14.

handeln."[582] Ziel ist hier eine Kirche, die ihre Katholizität, ihre universale Gemeinschaft mit allen Kirchen, dadurch zum Ausdruck bringt, daß, wie man formulierte, die organisch geeinten Ortskirchen untereinander „konziliar" verbunden sind. Allerdings verbanden sich mit dem Begriff der Konziliarität unterschiedliche Erwartungen. Man konnte dabei an eine Gemeinschaft selbständiger Konfessionskirchen oder organischer Unionen ebenso denken wie an Synoden evangelischer Prägung oder an Bischofsversammlungen.

Die Vollversammlung 1975 in Nairobi machte deutlich, daß „Konziliarität" im Sinne des ÖRK keine Preisgabe des Modells der Organischen Union bedeute, sondern primär das Verhältnis der Ortskirchen zueinander beschreibe. Diese sind selbständig, vielgestaltig, kontextuell von ihrer Kultur und den sozialen Gegebenheiten geprägt. Untereinander sind sie in einem Netz zwischenkirchlicher Beziehungen verbunden, das als „Konziliare Gemeinschaft" bezeichnet wird. Konfessionelle Besonderheiten haben innerhalb dieses Modells jedenfalls in den Ortskirchen keinen Platz: „Organische Union, in der getrennte Denominationen eine einzige Körperschaft bilden, ist eine Art Tod, der die denominationelle Identität ihrer Mitglieder bedroht."[583] Zur Festschreibung der organischen Union am Ort hat Nairobi als Aufgabe des ÖRK in die Verfassung aufgenommen, „die Kirchen aufzurufen zu dem Ziel der sichtbaren Einheit im einen Glauben und der einen eucharistischen Gemeinschaft"[584].

d) Säkularökumenismus

Neu-Delhi war ein Höhepunkt der Ökumenischen Bewegung gewesen. Das Ziel der Einheit schien bestimmbar, die Basisformel wurde erweitert und nun trinitarisch formuliert. Beides ermöglichte den meisten orthodoxen Kirchen, dem Ökumenischen Rat beizutreten. In Rom waren die Vorbereitungen für das Konzil in vollem Gange. Es zeichnete sich die Hoffnung ab, dieser Prozeß könne weitergehen: Eine weitere Auffüllung der Basis bis hin zu einem umfassenden Glaubensbekenntnis und der Beitritt immer neuer Kirchen, vor allem der römischen Kirche, lasse vielleicht doch aus dem Rat die *una sancta* werden.

---

[582] Bericht aus Uppsala 68, S. 14.
[583] Bericht aus Nairobi 75, S. 30. In der weiteren Entwicklung wurde der Begriff der Konziliarität dann erweitert und auch auf das Zusammenleben innerhalb der Ortskirchen übertragen. Ursprünglich aber diente er zur Beschreibung des Verhältnisses der Ortskirchen zueinander.
[584] A.a.O., S. 327.

Doch diese Hoffnungen erwiesen sich als trügerisch. Als man verspürte, daß auf dem bisherigen Weg nicht so geradlinig würde fortgeschritten und über die theologische Arbeit allein die Einigung nicht durchgesetzt werden könne, begann eine neue Richtung zu dominieren, die schlagwortartig mit dem Begriff „Säkularökumenismus" bezeichnet wird. Einheit der Kirche sollte durch gemeinsames Tun, gemeinsames politisches Engagement realisiert werden. „Der Glaube trennt, die Praxis eint", lautete nun das Schlagwort. Diese Idee war nicht neu. Traditionell stand das Problem von Frieden und Gewaltverzicht im Mittelpunkt der Botschaft der sog. „Friedenskirchen", also den Brüder-Kirchen, den Mennoniten und den Quäkern. Eine der drei Wurzeln, aus denen der Rat hervorgegangen war, die Bewegung für Praktisches Christentum, war durch sie geprägt, und schon die zwischenkirchliche Freundschaftsarbeit im 19. Jh. dachte zunächst nicht an Lehrübereinstimmung, sondern an Zusammenarbeit im sozialen Bereich und in der Verantwortung für die Welt. Im Kontext der „Weltkonferenz für Kirche und Gesellschaft" (1966) und der Vollversammlung in Uppsala (1968) bekam diese Richtung neue Dynamik, die „Theologie der Revolution" wurde auch in der Ökumene relevant. Plötzlich standen im Mittelpunkt der Verlautbarungen die Forderung nach Gerechtigkeit und der Protest gegen unterdrükkerische und ausbeuterische Gesellschaftsstrukturen. „Der Christ ist darum gerufen, ein radikales Nein zu den Machtstrukturen zu sprechen, die den Status quo verlängern und um den Preis der Ungerechtigkeit gegenüber seinen Opfern stärken. Er muß darum auch entsprechend handeln."[585] Die Frage der Einheit der Kirche trat eher in den Hintergrund und die Weltverantwortung dominierte, gemeinsames Tun erschien als bedeutsamer als die Aufarbeitung überkommener Lehrdifferenzen, deren Gegenwartsbedeutung vielfach kaum noch erkannt wurde. Diese Weltverantwortung stand zunächst unter den Stichworten Frieden und Gerechtigkeit, spätestes mit Vancouver 1983 kam die Problematik der Ökologie dazu.

Die Einheit der Kirche wurde in diesem Kontext mit der Hoffnung auf die Einheit der Menschheit und die Einheit mit der Schöpfung zusammengesehen. Durch gemeinsames Tun könnten nicht allein die Spaltungen in Welt und Gesellschaft überwunden, sondern auch die Einigung der Christenheit gefördert werden. Soziale und politische Aktionen, bis hin zum Antirassismusprogramm, sollten nicht allein Hilfe leisten gegen Unterdrückung und Ausbeutung, sondern Zeichen setzen und gleichzeitig die Kirchen zusammenführen. In Aktionsgemeinschaften sollte Einheit werden. J. B. Metz entwickelte das Konzept einer „indi-

[585] Kirche und Gesellschaft 1966, Zitiert nach Frieling, S. 301.

rekten Ökumene". Einer Verständigung der Kirchen würde am besten gedient „durch die je eigene Auseinandersetzung der christlichen Kirchen und ihrer spezifischen Traditionen mit einem 'dritten Partner', nämlich mit den Problemen und Herausforderungen der Welt von heute." Wenn sich die Kirchen diesen Herausforderungen stellen und „dies tun ohne Rücksicht auf die konfessionellen Differenzen und so handeln, *'etsi non darentur'* [586], als würden sie nicht bestehen, wächst ihnen eine Einheit zu, innerhalb derer die traditionellen Kontroversen gegebenenfalls „mitgelöst" werden.

Doch bald mußte man erkennen, daß auf diesem Weg auch neue Differenzen entstanden, daß Kirchen, die im Bekenntnis eins waren, sich durch unterschiedliche Stellungnahmen zu praktischen, politischen Fragen voneinander trennten. Man sprach sogar von „ethischen Konfessionen". Die Praxis ist keineswegs so eindeutig, wie hier zunächst vorausgesetzt wurde. Die Kritik an den Kirchen, die das Apartheid-System in Südafrika stützten und ihm eine moralische Rechtfertigung lieferten, führten die Kirchen des ÖRK noch zusammen, doch in fast allen anderen Fällen zeigten sich auch die Ambivalenzen der Konzentration auf die Praxis und die Differenzen, die sich in ihr entzünden konnten. Der Gedanke der Aktionsgemeinschaft in konkreten Fragestellungen bei bleibender lehrmäßiger Differenz, das Zusammenleben und Zusammenwirken von Kirchen, die lediglich dadurch geeint sind, daß sie sich in ihrem Anderssein gegenseitig respektieren, konnten keine überzeugende Vision für die Einigung der Christenheit darstellen.

e) Versöhnte Verschiedenheit

Die überkommenen Konfessionen erschienen innerhalb des Modells der organischen Union und der Konziliarität als die eigentlichen Störenfriede, die es zu überwinden galt, damit Einheit werde. Andererseits konnten gerade sie darauf verweisen, bereits eine jeweils weltweite Gemeinschaft zwischen Kirchen gleichen Bekenntnises verwirklicht zu haben. Nicht zuletzt war es die Anschauung des römischen Konzils, das eine lebendige Einheit über staatliche, kulturelle und ethnische Grenzen hinaus vor Augen führte. Sollte diese bestehende Einheit zugunsten zu bildender organischer Unionen jeweils am Ort aufgelöst werden? Unter der Federführung des Straßburger Instituts für ökumenische Forschung des Lutherischen Weltbundes wurde intensiv der Beitrag der Konfessionen, insbesondere der Weltbünde, für die Ökumeni-

---

[586] J. B. Metz, Reform und Gegenreformation heute, Mainz 1969, S. 33, 37.

sche Bewegung dargelegt. In diesem Zusammenhang tauchte fast unvermittelt die Vorstellung einer „versöhnten Verschiedenheit" auf; der
Lutherische Weltbund machte sie sich bei seiner Vollversammlung 1977
in Dar-es-Salam zu eigen. Versöhnte Verschiedenheit will nicht die konfessionellen Identitäten und die gewachsenen Frömmigkeitsformen zugunsten neu zu bildender organischer Unionen preisgeben, sondern die
überkommenen Besonderheiten bewahren, sie aber miteinander versöhnen. Die Verschiedenheiten werden dabei weder ausgelöscht noch
einfachhin konserviert und unverändert beibehalten. Vielmehr sollten
sie ihren trennenden Charakter verlieren. Insofern bedeutet versöhnte
Verschiedenheit nicht bloße Koexistenz, es wird nicht der Status quo legitimiert und die Einheit unsichtbar. Zur Versöhnung gehören nach
Aussage des Lutherischen Weltbundes die gegenseitige Anerkennung
der Taufe und der kirchlichen Ämter, die Herstellung eucharistischer
Gemeinschaft und die Einheit in Zeugnis und Dienst. Dagegen ist nicht
gefordert, daß die Kirchen sich auch organisatorisch vereinheitlichen,
gewachsene Traditionen aufgeben und eine einheitliche Institution
bilden.[587] Einheit soll dadurch werden, daß die heute bestehenden Konfessionen trennende Hindernisse überwinden, ihre gegenseitigen Verwerfungen zurücknehmen, sich gegenseitig anerkennen, nicht aber,
daß sie sich in neu zu schaffende Einheiten auflösen.

Dieses Modell der versöhnten Verschiedenheit fand auch im katholischen Raum Zustimmung. Kardinal Ratzinger umriß als ökumenisches
Ziel, daß die Kirchen „Kirchen bleiben und doch eine Kirche werden"[588].
So verstanden erweisen sich die Konfessionskirchen als Gestalt der
Ökumene, „als Lebensformen der ökumenischen Gemeinschaft. In
diesem Glaubenshorizont sind die verschiedenen christlichen Konfessionen gerade nicht Zeichen eines exkommunizierenden Wider-
spruchs, sondern Träger und Promotoren einer lebendigen Vielfalt, die
keinen Gegensatz zur Einheit, sondern die pluralisierende und in diesem Sinn bunte Ausprägung dieser Einheit selbst" darstellt.[589]

Die unterschiedlichen Vorstellungen der Einheit, insbesondere die
der organischen Union und die der versöhnten Verschiedenheit waren
offensichtlich nicht miteinander zu vermitteln, die Frage der Einheit erschien als nicht lösbar. Außerdem zeigte die ökumenische Diskussion,
daß bei allen Konvergenzen auch Verschiedenheiten und Gegensätze
blieben, die nicht versöhnbar waren. Und soweit in den Konsens- und
Konvergenzpapieren Übereinstimmungen formuliert wurden, führten

---

[587] Dies ist die Konsequenz des „*satis est*" in CA VII.
[588] J. Ratzinger, Theologische Prinzipienlehre, München 1982, bes. S. 203ff.
[589] K. Koch, Gelähmte Ökumene, Freiburg i. Br. – Basel – Wien 1991, S. 37.

diese nicht zu einer Überwindung der Kirchenspaltungen. Heinrich
Fries und Karl Rahner stellten zur Diskussion, ob die Einigung nicht nur
mittels einer „Urteilsenthaltung" realisierbar sei. War damit die Konsensökumene nicht am Ende? Mußte man nicht ganz neue Wege gehen
und über Möglichkeiten einer Gemeinschaft auch bei nicht versöhn-
baren Gegensätzen und trotz fortwährender Widersprüche nachden-
ken?

f) Ökumene in Gegensätzen

Von dieser Problematik herausgefordert entwickelte der Deutsche
Ökumenische Studienausschuß (DÖSTA) in einer Studie über ›Ökumenische Theoriebildung‹ die Vorstellung von einer „Einheit in Gegensätzen". So wie der biblische Kanon Verschiedenheiten und Gegensätze
umschließt, so sollte auch die Ökumene eine Einheit anstreben, in der
Gegensätzlichkeiten und Widersprüche ihren legitimen Ort behalten.
Ziel sei nicht Konsens oder Versöhnung, sondern „aus Verschiedenem
und Gegensätzlichem den einen lebendigen Glauben zu vernehmen"[590].
Oscar Cullmann entwickelte in der Auseinandersetzung mit H. Fries
und K. Rahner die Vorstellung von einer Einheit durch Vielfalt[591], Erich
Geldbach sprach von der „Ökumene in Gegensätzen"[592], Hans-Martin
Barth empfahl als Ausweg „Streiten verbindet"[593]: Man solle sich gegenseitig zugestehen, verschieden und gegensätzlich zu sein, und die Einheit im Prozeß der Auseinandersetzung selbst suchen. In dieser Denk-
richtung wurde als Lösung vorgeschlagen, sich nach dem Motto „We
agree to differ" gegenseitig gerade in seiner Unterschiedlichkeit und
Widersprüchlichkeit zu akzeptieren, Differenzen nicht zu überwinden,
sondern sie anzunehmen und darin die Gemeinschaft zu erkennen.
Dabei ging man zumeist davon aus, daß die in den Gegensätzen reali-
sierte Einheit sehr wohl auch eine Anerkennung der Taufe und eine Gemeinschaft im Herrenmahl zu legitimieren vermöge. Konrad Raiser
propagierte 1989 einen Paradigmenwechsel in der Ökumenischen Bewegung, demzufolge die Ökumene nicht mehr die Einheit anstreben
solle, sondern die Hausgenossenschaft, wie sich ja auch das Wort *oikos,*

---

[590] Deutscher Ökumenischer Studienausschuß, Theologie der Ökumene –
Ökumenische Theoriebildung, in: ÖR 37 (1988), S. 205–221, hier S. 214.
[591] O. Cullmann, Einheit durch Vielfalt. Grundlegung und Beitrag zur Diskussion über die Möglichkeiten ihrer Verwirklichung, Tübingen 1986.
[592] Bensheimer Hefte Nr. 66, Göttingen 1987, S. 129–177.
[593] H.-M. Barth, „Alle eins" oder „Streiten verbindet"?, in: Deutsches Pfarrer-
blatt 83 (1983), S. 474–477.

Haus, im Ursprung des Begriffs „Ökumene" findet: „Hausgenossen sind gleichberechtigt und doch verschieden; sie schaffen sich das Haus nicht selbst, sondern werden eingegliedert, 'hinzugetan'; auch die Schwachen, die Abhängigen, die Zweifelnden und Nicht-Engagierten gehören zum Haushalt Gottes als vollgültige Hausgenossen. Im einen Haus des Vaters gibt es viele Wohnungen und nicht nur *eine* verpflichtete Gemeinschaft. Hausgenossenschaft schließt volle Partizipation für alle Mitglieder des Haushaltes ein."[594] Hausgenossenschaft verwirklicht sich dadurch, daß jede Ausgrenzung entfällt, trotz aller bleibenden Differenzen. Bei Raiser umschließt Hausgenossenschaft sehr wohl auch die klassischen Aspekte kirchlicher Einigung: Anerkennung der Taufe, Gemeinschaft im Wort und im Herrenmahl, Zusammenarbeit im Auftrag für die Welt. Aber die hier geforderte „Konvivenz", die Gemeinschaft im Leben, nicht in der Lehre, tendiert darauf, zu einer offenen Größe, einem „Haus ohne Wände"[595] zu werden. Das Dialog-Programm des ÖRK suchte den Austausch auch mit den nicht-christlichen Religionen. Dabei wandte man sich eindeutig gegen synkretistische Tendenzen, aber man war überzeugt, daß die in der christlichen Botschaft angelegte Forderung nach Gemeinschaft auch eine Gemeinschaft mit den Religionen möglich macht. Im Anschluß an Gedanken von E. Levinas wurde nun die Forderung erhoben, Ökumene solle sich damit zufriedengeben, den Andern anders und den Fremden fremd sein zu lassen. Bemühung um Einigung wurde dagegen als Versuch der Vereinnahmung diskreditiert.

g) Das Modell der Koinonia

Als man in der Ökumenischen Bewegung erkennen mußte, daß die Hoffnung auf eine institutionelle Einheit der Kirchen wohl nicht realistisch sein kann, aber auch die Vorstellung einer Einheit in Gegensätzen nicht allgemein akzeptiert wurde, trat der Begriff „Koinonia" ins Zentrum der Überlegungen. Er hatte zunächst den Vorteil, daß er auch in den Kirchen, die sich im ökumenischen Prozeß eher als schwierig erwiesen, besondere Bedeutung entfaltet hatte. Dies gilt zunächst für die römische Kirche, die sich im II. Vatikanum der Communio-Ekklesiologie geöffnet hatte. Die Orthodoxie konnte im Modell der Koinonia die altkirchliche Konzeption selbständiger bischöflich verfaßter Ortskirchen einschließlich der Pentarchie erkennen. Der Anglikanismus ver-

---

[594] K. Raiser, Ökumene im Übergang, München 1989, S. 160.
[595] D. Ritschl, in: ders. – P. Neuner (Hrsg.), Kirchen in Gemeinschaft – Gemeinschaft der Kirche, Frankfurt a. M. 1993, S. 122.

steht sich selbst als Gemeinschaft von Kirchen, und die reformatorischen Kirchen bis hin zu den Freikirchen und ihrer Schwerpunktsetzung auf die Ortsgemeinde vermochten hier ihr traditionelles Konzept
von der Föderation unabhängiger Kirchen wiederzuentdecken. Doch
trotz der Differenzen in der inhaltlichen Füllung war der Begriff „Koinonia" in den verschiedenen christlichen Traditionen heimisch. Darüber hinaus erschien er als geeignet, die legitimen Verschiedenheiten
der Kirchen positiv zu werten, so daß sie einer umfassenden Gemeinschaft nicht notwendigerweise entgehenstehen müssen. Zudem vermochte die Vorstellung von der Koinonia auch die Verpflichtung der Kirchen in Gesellschaft und Welt auszudrücken, denn die Forderung der
Gemeinschaft endet nicht an den Grenzen der Kirchen. Es erschien wesentlich realistischer, als ökumenisches Ziel eine Gemeinschaft von Kirchen anzustreben als deren Einheit.

Das Modell der Koinonia setzte sich vor allem in den Vollversammlungen des ÖRK 1991 in Canberra und von Glauben und Kirchenverfassung 1993 in Santiago de Compostela durch. Canberra war die erste Vollversammlung, die nicht mehr unter einem christologisch formulierten
Leitthema stand, sondern pneumatozentrisch-trinitarisch ansetzte und
schon damit deutlich machen wollte, daß der spätestens seit Lund 1952
dominierende „christozentrische Universalismus" mit seiner Tendenz
auf die Einheit der Kirche durch eine Sicht abgelöst werden solle, die vor
allem die Gemeinschaft der Kirchen und deren Gemeinschaft mit Welt
und Schöpfung ins Zentrum stellte.[596] Dabei hat Canberra deutlich gemacht, daß Gemeinschaft nicht bedeuten könne, „anything goes", so als
würde einfach der Status quo legitimiert und der Ruf zur Umkehr hinfällig, wenn man nur die Beziehungen zwischen den Konfessionen mit
freundlicheren Termini darstellt. Vielmehr wurde als Verständnis der
Einheit umschrieben: „Die Einheit der Kirche, zu der wir berufen sind,
ist eine Koinonia, die gegeben ist und zum Ausdruck kommt im gemeinsamen Bekenntnis des apostolischen Glaubens, in einem gemeinsamen
sakramentalen Leben, in das wir durch die eine Taufe eintreten und das
in der einen eucharistischen Gemeinschaft miteinander gefeiert wird,
in einem gemeinsamen Leben, in dem Glieder und Ämter gegenseitig
anerkannt und versöhnt sind, und in einer gemeinsamen Sendung, in
der allen Menschen das Evangelium von Gottes Gnade bezeugt und der
ganzen Schöpfung gedient wird. Das Ziel der Suche nach voller Gemeinschaft ist erreicht, wenn alle Kirchen in den anderen die eine, heilige, ka-

---

[596] K. Raiser erblickte in der Rückbesinnung auf den Bedeutungsgehalt „Ökumene: Die bewohnbare Erde" einen Paradigmenwechsel in der Ökumenischen
Bewegung (Ökumene im Übergang, München 1989, S. 134ff.).

tholische und apostolische Kirche in ihrer Fülle erkennen können."[597] Gemeinschaft ist nicht eine Legitimierung bestehender Trennung, sondern die gegenseitige Anerkennung in Wort, Sakrament und Dienst. Sie umfaßt auch das Verhältnis zwischen Kirche und Welt, richtet sich also nach außen und wird in der Bemühung um die Verbesserung der Welt und in der christlichen Diakonie konkret. „Die Kirche ist berufen, Versöhnung zu verkündigen und Heilung zu wirken, Trennungen aufgrund von Rasse, Geschlecht, Alter, Kultur und Hautfarbe zu überwinden und alle Menschen in die Gemeinschaft mit Gott zu führen."[598] Diese Vorstellung von Koinonia wurde bei der 5. Weltkonferenz für Glauben und Kirchenverfassung aufgegriffen und weitergeführt. In der Botschaft dieser Konferenz wurden die theologische Grundlegung der Koinonia und der aus ihr hergeleitete Auftrag für die Welt zusammengesehen: „Gott will die Einheit für die Kirche, für die Menschheit und für die Schöpfung, weil Gott eine Koinonia der Liebe ist, die Einheit von Vater, Sohn und Heiligem Geist."[599] Als Bild des trinitarischen Gottes hat die Kirche zum Zeichen der verheißenen Gemeinschaft der Menschheit zu werden und durch ihren konkreten Einsatz für die Welt zum Werkzeug für ihre Verwirklichung zu werden.

Diese Interpretation des Koinonia-Begriffs muß sich vor der biblischen und der altkirchlichen Verwendung des Begriffs „Koinonia", „Communio", legitimieren, um nicht zu vorschnellen und zweifelhaften Schlüssen zu führen. Diese theologische Grundlegung wird in den ökumenischen Dokumenten eher angedeutet, als daß sie ausgeführt wäre. Im Neuen Testament[600] und in der Deutung der Alten Kirche bezeichnete Koinonia zunächst nicht die Gemeinschaft der Christen untereinander, sondern die Beziehung zwischen Gott dem Vater und dem Sohn sowie die Gemeinschaft zwischen Gott und seinem Volk durch den Geist. Die Idee der Communio wird also neutestamentlich nicht hergeleitet aus dem Bedürfnis des Menschen nach Geborgenheit und Sicherheit, es geht primär auch nicht um das Verhältnis der Christen oder der Kirchen zueinander, sondern um das rechte Verständnis Gottes sowie um den Bund, den Gott mit seinem Volk geschlossen hat. Man muß also theologisch hoch ansetzen, um das biblische Modell der Communio in seiner Tragweite zu erfassen. Zunächst ist Koinonia eine Aussage über

---

[597] Bericht aus Canberra 91, Frankfurt a. M. 1991, S. 174.

[598] A. a. O., S. 174.

[599] Die Botschaft ist veröffentlicht in: ÖR 42 (1993), S. 476–479.

[600] J. Hainz, KOINONIA, Regensburg 1982. Vgl. dazu auch Communio/Koinonia. Eine Stellungnahme des Instituts für Ökumenische Forschung Straßburg, in: US 46 (1991), S. 157–176.

den Gott, der selbst bereits als Gemeinschaft existiert. Jede der göttlichen Personen hat ihr Sein darin, daß sie über sich hinaus ist und bezogen auf die anderen Personen, zu ihnen in Relation steht. Gott selbst erscheint damit als Gemeinschaft, als Fülle und Austausch und darin als Einheit. Die Gemeinschaft der göttlichen Personen ist nach christlichem Verständnis Urbild jeder Einheit.

Dieses Konzept von Einheit als Gemeinschaft hat im abgeleiteten Sinn auch ekklesiale Konsequenzen. Die Kirche wird in diesem Kontext vom trinitarischen Gott her verstanden, sie erscheint als „das von der Einheit des Vaters und des Sohnes und des Heiligen Geistes her geeinte Volk"[601]. Kirche als Gemeinschaft gründet demzufolge in der Gemeinschaft der göttlichen Personen. So wie der Vater, der Sohn und der Geist aufeinander bezogen sind und in ihren Relationen zueinander existieren, so ist auch die Einheit der Kirche zu denken,[602] die sich damit als Gemeinschaft, als Fülle und Vielfalt erweist. Kirche kann nur in Vielfalt und Dialog, als Einheit in Gemeinschaft leben, jeder ist auf den anderen verwiesen, lebt auf ihn hin und durch ihn. Keiner ist für sich allein, keiner kann für sich allein glauben. Dialog und Gemeinschaft bilden darum nicht nur eine äußere Organisationsform oder Methode, sondern sie konstituieren das Kirche-Sein selbst. So wie der Vater, der Sohn und der Geist aufeinander bezogen sind, so müssen Einheit und Gemeinschaft die Kirche prägen.[603] Nur wenn Kirchen ihren Binnenbereich nach diesen Grundsätzen gestalten, können sie auch ökumenefähig sein.

Das Koinonia-Verständnis muß darüber hinaus das Verhältnis der Ortskirchen zueinander bestimmen. Nach biblischem Sprachgebrauch sind sowohl die Gemeinde am Ort als auch die universale Gemeinschaft der Glaubenden Kirche.[604] Die Kirche am Ort ist nicht nur ein Unterbe-

---

[601] So Cyprian von Karthago, wie er in LG 4 zitiert wird.

[602] Die altkirchliche Vorstellung, nach der die Kirche als die Ikone, das Abbild der trinitarischen Gemeinschaft existiert, ist vor allem in der orthodoxen Theologie festgehalten worden. Die katholische Kirche hat den Gedanken im II. Vatikanum wiederaufgegriffen.

[603] Von diesem Gedanken her müßte sich das Zusammenwirken der unterschiedlichen Aufgaben, Funktionen und Ämter in der Kirche gestalten. Dies wird näherhin umrissen in P. Neuner – D. Ritschl (Hrsg.), Kirchen in Gemeinschaft – Gemeinschaft der Kirche. Studie des DÖSTA zu Fragen der Ekklesiologie (ÖR. B. 66), Frankfurt a.M. 1993.

[604] Die Beschreibung des Verhältnisses zwischen Ortskirche und Universalkirche mittels des Begriffs der „Koinonia" prägte bereits das von der Gemeinsamen Arbeitsgruppe der römisch-katholischen Kirche und des ÖRK erstellte Studiendokument ›Die Kirche: lokal und universal‹ von 1990, in: DwÜ II, S. 732–750.

zirk der Universalkirche, andererseits ist die Universalkirche nicht nur
ein nachträglicher Zusammenschluß von Ortskirchen. Auch die universale Gemeinschaft aller Christen wird biblisch als Kirche bezeichnet.
Sie ist Kirche, nicht sekundäre Organisationsform oder bloß äußere Föderation oder Weltbund. Das bedeutet, daß keine Ortskirche sich iso-
lieren darf und kann, daß sie vielmehr in Beziehung steht mit den anderen Ortskirchen, daß diese untereinander ein Geflecht bilden, in dem
jede Kirche von jeder anderen empfängt und ihr gibt. Jede Ortskirche ist
notwendig immer schon über sich hinaus, sie verwirklicht in ihrer Offenheit auf die anderen Ortskirchen die Gemeinschaft der universalen
Kirche.[605]
Dieses Modell könnte auch die ökumenischen Beziehungen der Kirchen bestimmen, wenn sich die Konfessionen als Teilkirche der universalen Kirche verstehen könnten. Dabei bedeutet „Teilkirche" analog
zum Begriff Ortskirche nicht eine Untergliederung der Universalkirche, sondern ihre konkrete Realisierung. Sie ist Kirche, in der sich das
vollzieht, was Kirche zur Kirche macht. Aber gerade als solche darf sie
sich nicht von den anderen Teilkirchen absondern, sondern ist auf die
Gemeinschaft mit ihnen verwiesen. Die Koinonia mit ihnen ist konstitutiv für ihr Kirche-Sein, ohne sie würde nicht nur etwas fehlen, sondern
ihre Existenz als Kirche wäre tangiert. Zielvorstellung ist innerhalb
dieses Modell nicht eine organisatorische Universalkirche, sondern
eine Gemeinschaft von Kirchen, von denen jede im vollen Sinn das
Kirche-Sein realisiert und darin von allen anderen anerkannt wird und
in ihrer Bezogenheit auf die anderen Orts- oder Teilkirchen die universale Kirche konstituiert.[606] Es ist nicht eine Beschreibung des Ist-
Zustandes, sondern Modell der künftigen Ökumene, daß die heutigen
Konfessionen eine Gemeinschaft bilden, in der sie sich wie Ortskirchen
zueinander verhalten und in ihrer Gemeinschaft untereinander jeweils
ihr Kirche-Sein realisieren. Eine sich so gestaltende Koinonia wäre
fähig, Zeichen zu sein auch für die Einheit der Menschheit.

---

[605] Diese Verhältnisbestimmung von Ortskirche und Weltkirche gilt vom
theologischen Ansatz auch für die römisch-katholische Kirche. Es ist auch für sie
nicht richtig, die Weltkirche mit Rom gleichzusetzen und sie als weltweit organi-
sierte Stadtkirche Roms zu sehen. Vielmehr ereignet sich die universale Kirche
am Ort, indem die Ortskirchen miteinander in Beziehung stehen. „Katholisch
sein heißt ... in Querverbindungen stehen" (J. Ratzinger, Das neue Volk Gottes,
Düsseldorf 1969, S. 215).
[606] Eine historische Grundlegung dieses Ansatzes gibt J. Werbick, Kirche,
Freiburg – Basel – Wien 1994, S. 328–332.

REGISTER

Personen

Sachen